U0121113

国家出版基金项目
NATIONAL PUBLICATION FOUNDATION
"十三五"国家重点
图书出版规划项目

晚清思想史资料选编
1840—1911

第十二卷

主编 郑大华 俞祖华

选编 刘 平 俞祖华 贾小叶

任 青 刘 纯 周 游

马守丽 朱映红 郑大华

岳麓書社·长沙

第十二卷目录

2. 立宪派的立宪诉求与国会请愿运动

引　言

清政府宣布预备立宪之初，曾使立宪派激动了好一阵子。但不久他们就发现，清政府的预备立宪与自己的立宪要求相差甚远。于是之后立宪派和清政府在立宪问题上便矛盾、争吵不断。概而言之，立宪派与清政府在"立宪"问题上的矛盾、争吵主要集中在以下两个方面：第一，立什么样的宪？是实行日本式的二元君主立宪制？还是英国式的虚君立宪制？清政府主张的是前者，而立宪派心仪的是后者。清统治者认为，"我国而行立宪，当仿日本为宜"。揆诸清政府所设计的立宪方案，实际上是日本明治立宪的翻版。在众多的立宪国中清统治者为什么要以"日本为宜"，选择日本的立宪模式呢？因为与英国式的虚君立宪制等其他类型的立宪制度比较，日本的二元君主立宪制更适合清统治者维护自身利益、较少变革旧的政治制度的要求。而立宪派要求的是英国式的虚君立宪制，君主的权力要受到相当的限制。梁启超就明确指出："立宪政体非他，君权有限而已。"第二，什么时候立宪？是按步就班，长期筹备？还是速开国会，尽早立宪？与第一个问题一样，清政府主张的是前者，而立宪派心仪的是后者。其实，最早提出立宪要有一定时间的预备期的是立宪派。梁启超于 1901 年发表的《立宪法议》一文就依据日本明治初年宣布立宪而 20 年后才真正实行的经验认为，中国立宪至少要有 10 年到 15 年的预备期，以便为实施宪政做好必要的准备工作。但后来随着清政府预备立宪的宣布，尤其是清政府在随后的官制改革中对国会与责任内阁制的回避，引起了立宪派的强烈不满，加上同盟会领导的反清革命运动的持续高涨，使立宪派认识到如不赶快立宪，清王朝就有被推翻的可能。于是他们改变了初衷，要求清政府速开国会，尽早立宪，并为此发动过大规模的国会请愿运动。这一运动从开始发动到失败，大致经历过三个发展阶段：第一阶段，1907 年秋到 1908 年夏，各立宪团体和各省分别进行请愿签名活动；第二阶段，1909 年 10 月到 1910 年 11

月，各省联合发动三次大规模的请愿运动；第三阶段，1910 年 12 月到 1911 年 1 月，奉天省和直隶省的第四次请愿遭到清廷弹压，请愿运动彻底失败。

梁启超

政闻社宣言书

今日之中国，殆哉岌岌乎！政府芠瞀于上，列强束胁于外，国民怨讟于下。如半空之木，复被之霜雪；如久病之夫，益中以沴疠。举国相视，咸儳然若不可终日。志行薄弱者，袖手待尽；脑识单简者，铤而走险；自余一二热诚沉毅之士，亦彷徨歧路，莫审所适。问中国当由何道而可以必免于亡，遍国中几罔知所以为对也。夫此问题亦何难解决之与有？今日之恶果，皆政府艺之，改造政府，则恶根拔而恶果遂取次以消除矣。虽然，于此而第二之问题生焉，则政府当由何道而能改造是也？曰：斯则在国民也已矣。夫既曰改造政府，则现政府之不能自改造也甚明。何也？方将以现政府为被改造之客体，则不能同时认之为能改造之主体。使彼而可以为能改造之主体，则亦无复改造之必要焉矣。然则孰能改造之？曰：惟立于现政府之外者能改造之。立于现政府之外者为谁？其一曰君主，其他曰国民。而当其着手于改造事业，此两方面孰为有力，此不可不深察也，今之谭政治者，类无不知改造政府之为急。然叩其改造下手之次第，则率皆欲假途于君主，而不知任责于国民。于是乎有一派之心理焉，希望君主幡然改图，与民更始，以大英断取现政府而改造之者。或希望一二有力之大吏，启沃君主，取现政府而改造之者。此二说者，虽有直接间接之异，而其究竟责望于君主则同。吾以为持此心理者，其于改造政府之精神，抑先已大刺缪也。何也？改造政府者，亦曰改无责任之政府为有责任之政府云尔。所谓有责任之政府者，非以其对君主负责任言之，乃以其对国民负责任言之。苟以对君主负责任而即为有责任，则我中国自有史以来以迄今日，其政府固无时不对君主而负责任，而安用复改造为？夫谓为君主者，必愿得恶政府，而不愿得良政府，天下决无是人情。然则今之君主，其热望得良政府之心，应亦与吾侪不甚相远，然而不能得者，则以无论何国之政府，非日有人焉监督于其旁者，则不能以进于良。而对君主负责任之政府，其监督之者惟有一君主。君主之监督，万不能周，则政府惟有日逃责任以自固。非惟逃之而已，又且卸责任于君主，使君主代己受过，而因以自谢于国民。政府腐败之总根原，实起于是。故立宪政治，必以君主无责任为原则。君主纯超然于政府之外，然后政府乃无复可逃责任之余地。今方将改造政府，而还以此事责诸君主，是先与此原则相冲突，而结果必无可望，然则此种心理之不能实现也明甚。同时复有一派反对之心理焉，谓现在政府之腐败，实由现在之君主卵翼之，欲改造政府，必以颠覆君统为之前驱。而此派中复分两小派，其一则绝对的不承认有君主，谓必为共和国体，然后良政府可以发生。其他则以种族问题搀入其间，谓在现君主统治之下，决无术以得良政府，此说与希望君主之改造政府者，虽若为正反对，要之，认政府之能改造与否，枢机全系于君主。则其谬见亦正与彼同。夫绝对不认君主，谓必为共和国体然后良政府可以发生者，以英、德、日本之现状反诘之，则其说且立破，故不必复深辩。至搀入种族问题，而谓在现君主统治之下，必无术以得良政府者，则不可无一言以解之。夫为君主者，必无欲得恶政府而不愿得良政府之理，此为人之恒情，吾固言之矣。此恒情不以同族异族之故而生差别也。今之君主谓其欲保持皇位于永久，吾固信之，谓其必坐视人民之涂炭以为快，虽重有憾者，固不能以此相诬也。夫正以欲保持皇位之故，而得良政府，即为保持皇位之不二法门，吾是以益信其急欲得良政府之心，不让于吾辈也。而惜也，彼方苦于不识所以得良政府之途。夫政府之能良者，必其为国民的政府者也。质言之，则于政治上减杀君权之一部分而以公诸民也。于政治上减杀君权之一部分而以公诸民，为君主计，实有百利而无一害，此征诸欧美日本历史确然可为保证者矣。然人情狃于所习，而骇于所未经，故久惯专制之君主，骤闻此义，辄皇然谓将大不利于己，沉吟焉而忍不能与，必待人民汹汹要挟，不应之则皇位且不能保，夫然后乃肯降心相就。降心相就以后，见夫缘是所得之幸福，乃反逾于其前，还想前此之出全力以相抵抗，度未有不哑然失笑。盖先见之难彻，而当局之易迷，大抵如是也。故遍征各国历史，未闻无国民的运动，而国民的政府能成立者，亦未闻有国民的运动，而国民的政府终不能成立者。斯其枢机全不在君主而在国民。其始也必有迷见，其究也此迷见终不能久持。此盖凡过渡时代之君主所同然，亦不以同族异族之故而生差别也。而彼持此派心理者，徒着眼于种族问题，而置政治问题为后图。种瓜得瓜，种豆得豆，毋惑夫汹汹数载，而政治现象迄无寸进也。由后之说，则君主苟非当国民运动极盛之际，断未有肯毅然改造政府者，夫故不必以此业责望于君主。由前之说，则虽君主毅然欲改造政府，然必有待于国民，然后改造之实乃可期，夫故不能以此业责望于君主。夫既已知舍改造政府外，别无救国之途矣，又知政府之万不能自改造矣，又知改造之业，非可以责望于君主矣，然则负荷此艰巨者，非国民而谁？吾党同人，既为国民一分子，责任所在，不敢不勉，而更愿凡为国民之一分子者，咸认此责任而共勉焉。此政闻社之所由发生也。

西哲有言，国民恒立于其所欲立之地位。斯言谅哉！凡腐败不进步之政治，所以能久存于国中者，必其国民甘于腐败不进步之政治，而以自即安者也。人莫不知立宪之国，其政府皆从民意以为政。吾以为虽专制之国，其政府亦从民意以为政也。闻者其将疑吾言焉，曰：天下宁有乐专制之国民？夫以常理论，则天下决无乐专制之国民，此固吾之所能信也。虽然，既已不乐之，则当以种种方式，表示其不乐之意思，苟无意思之表示，则在法谓之默认矣。凡专制政治之所以得行，必其借国民默认之力以为后援者也。苟其国民，对于专制政治，有一部分焉为反对之意思表示者，则专制之基必动摇，有大多数焉为反对之意思表示者，则专制之迹必永绝。此征诸欧美日本历史，历历而不爽者也。前此我中国国民，于专制政体之外，曾不知复有他种政体，则其反对之之意思无自而生，不足为异也。比年以来，立宪之论，洋洋盈耳矣，预备立宪之一名词，且见诸诏书矣，稍有世界智识者，宜无不知专制政体，不适于今日国家之生存。顾在君主方面，犹且有欲立宪的之意思表示，虽其诚伪未敢言，然固已现于正式公文矣。还观夫国民方面，其反对专制的之意思表示，则阒乎未之或闻，是何异默认专制政体为犹适用于今日之中国也。国民既默认之，则政府借此默认之后援以维持之，亦何足怪？以吾平心论之，谓国民绝无反对专制之意思者，诬国民也；谓其虽有此意思，而绝不欲表示绝不敢表示者，亦诬国民也。一部分之国民，盖诚有此意思矣，且诚欲表示之矣，而苦于无可以正式表示之途。或私忧窃叹，对于二三同志，互吐其胸臆；或于报纸上以个人之资格发为言论。谓其非一种之意思表示焉，不得也。然表示之也以个人，不能代舆论而认其价值；表示之也以空论，未尝示决心以期其实行。此种方式之表示，虽谓其未尝表示焉可也。然则正式之表示当若何？曰必当有团体焉，以为表示之机关。夫团体之为物，恒以其团体员合成之意思为意思，此通义也。故其团体员苟占国民之一小部分者，则其团体所表示之意思，即为此一小部分国民所表示之意思。其团体员苟占国民之大多数者，则其团体所表示之意思，即为大多数国民所表示之意思。夫如是则所谓国民意思者，乃有具体的之可寻而现于实矣。国民意思既现于实，则必非漫然表示之而已，必且求其贯彻焉。国民诚能表示其反对专制之意思，而且必欲贯彻之，则专制政府前此所恃默认之后援，既已失据，于此而犹欲宝其敝帚以抗此新潮，其道无由。所谓国民恒立于其所欲立之地位者，此之谓世。吾党同人，诚有反对专制政体之意思，而必欲为正式的表示。而又信我国民中，其同有此意思同欲为正式的表示者，大不乏人。彼此皆徒以无表示之机关，而形迹几等于默认，夫本反对而成为默认，本欲为立宪政治之忠仆，而反变为专制政治之后援，是自污也。夫自污则安可忍也！此又政闻社之所由发生也。

夫所谓改造政府，所谓反对专制，申言之，则不外求立宪政治之成立而已。立宪政治非他，即国民政治之谓也。欲国民政治之现于实，且常保持之而勿失坠，善运用之而日向荣，则其原动力不可不还求诸国民之自身。其第一着，当使国民勿漠视政治，而常引为己任。其第二着，当使国民对于政治之适否，而有判断之常识。其第三着，当使国民具足政治上之能力，常能自起而当其冲。夫国民必备此三种资格，然后立宪政治乃能化成。又必先建设立宪政治，然后国民此三种资格乃能进步。谓国民程度不足，坐待其足然后立宪者妄也。但高谈立宪而于国民程度不一厝意者，亦妄也。故各国无论在预备立宪时，在实行立宪后，莫不汲汲焉务所以进其国民程度而助长之者。然此事业谁任之？则惟政治团体，用力常最勤，而收效常最捷也。政治团体，非得国民多数之赞同，则不能有力。而国民苟漠视政治，如秦越人之相视肥瘠，一委诸政府而莫或过问，则加入政治团体者自寡，团体势力永不发达。而其对于国家之天职，将无术以克践。故为政治团体者，必常举人民对国家之权利义务、政治与人民之关系，不惮哓音瘏口，为国民告，务唤起一般国民政治上之热心，而增长其政治上之兴味。夫如是，则吾前所举第一着之目的，于兹达矣。复次，政治团体之起，必有其所自信之主义，谓此主义确有裨于国利民福而欲实行之也。而凡反对此主义之政治，则排斥之也。故凡为政治团体者，既有政友，同时亦必有政敌。友也敌也，皆非徇个人之感情，而惟以主义相竞胜。其竞胜也，又非以武力，而惟求同情。虽有良主义于此，必多数国民能知其良，则表同情者乃多。苟多数国民不能知其良，则表同情者必寡。故为政治团体者，常务设种种方法，增进一般国民政治上之智识，而赋与以正当之判断力。夫如是，则吾前所举第二着之目的，于兹达矣。复此，政治团体所抱持之主义，必非徒空言而已，必将求其实行。其实行也，或直接而自起以当政局，或间接而与当局者提携，顾无论如何，而行之也必赖人才。苟国民无多数之政才以供此需要，则其事业或将蹶于半涂，而反使人致疑于其主义。故为政治团体者，常从种种方面，以训练国民，务养成其政治上之能力，毋使贻反对者以口实。夫如是，则吾所举第三着之目的，于兹达矣。准此以谈，则政治团体诚增进国民程度惟一之导师哉。我中国国民，久栖息于专制政治之下，倚赖政府，几成为第二之天性。故视政治之良否，以为非我所宜过问。其政治上之学识，以孤陋寡闻，而鲜能理解，其政治上之天才，以久置不用而失其本能。故政府方言预备立宪，而多数之国民，或反不知立宪为何物。政府玩愒濡滞，既已万不能应世界之变，保国家之荣，而国民之玩愒濡滞，视政府犹若有加焉。丁此之时，苟非相与鞭策焉提挈焉，急起直追，月将日就，则内之何以能对于政府而申民义，外之何以能对于世界而张国权也？则政治团体之责也。此又政闻社之所由发生也。

政闻社既以上述种种理由应于今日时势之要求，而不得不发生。若夫政闻社所持之主义，欲以求同情于天下者，则有四纲焉。

一曰实行国会制度、建设责任政府。

吾固言之矣，凡政府之能良者，必其为国民的政府者也。曷为谓之国民的政府？即对于国民而负责任之政府是也。国民则夥矣，政府安能一一对之而负责任？曰：对于国民所选举之国会而负责任，是即对于国民而负责任也。故无国会之国，则责任政府终古不成立。责任政府不成立，则政体终古不脱于专制。今者朝廷鉴宇内之势，知立宪之万不容已，亦既涣汗大号，表示其意思以告吾民。然横览天下，从未闻有无国会之立宪国，故吾党所主张，惟在速开国会，以证明立宪之诏，非为具文。吾党主张立宪政体，同时主张君主国体。然察现今中央政治机关之组织，与世界一般立宪君主国所采用之原则，正相反背。彼则君主无责任，而政府大臣代负其责任。此则政府大臣无责任，而君主代负其责任。君主代政府负责任之结果，一方面使政府有所诿卸，而政治末〔未〕从改良；一方面使君主丛怨于人民，而国本将生摇动。故必崇君主于政府以外，然后明定政府之责任，使对于国会，而功过皆自受之。此根本主义也。

二曰厘订法律、巩固司法权之独立。

国家之目的，一方面谋国家自身之发达，一方面谋国中人民之安宁幸福。而人民之安宁幸福，又为国家发达之源泉，故首最当注意焉。人民公权私权，有一见摧抑，则民日以瘁，而国亦随之。然欲保人民权利，罔俾侵犯，则其一，须有完备之法律规定焉以为保障；其二，须有独立之裁判官厅，得守法而无所瞻徇。今中国法律，大率沿千年之旧，与现在社会情态强半不相应，又规定简略，惟恃判例以为补助，夥如牛毛，棼如乱丝，吏民莫知所适从。重以行政司法两权，以一机关行之，从事折狱者，往往为他力所左右，为安固其地位起见，而执法力乃不克强。坐是之故，人民生命财产，常厝于不安之地，举国僢然若不可终日。社会上种种现象，缘此而沮其发荣滋长之机。其影响所及，更使外人不措信于我国家，设领事裁判权于我领土。而内治之困难，益加甚焉。故吾党以厘订法律巩固司法权之独立，为次于国会制度最要之政纲也。

三曰确立地方自治、正中央地方之权限。

地方团体自治者，国家一种之政治机关也。就一方面观之，省中央政府之干涉及其负担，使就近而自为谋，其谋也必视中央代谋者为易周，此其利益之及于地方团体自身者也。就他方面观之，使人民在小团体中，为政治之练习，能唤起其对于政治之兴味，而养成其行于政治上之良习惯，此其利益之及于国家者。盖益深且大，世界诸立宪国，恒以地方自治为基础。即前此久经专制之俄罗斯，其自治制亦蚤已颁布，诚有由也。我国幅员辽廓，在世界诸立宪国中，未见其比。而国家之基础，又非以联邦而成。在低级之地方团体，其施政之范围，虽与他国之地方团体不相远，在高级之地方团体，其施政之范围，殆埒他国之国家。故我国今日颁完备适当之地方自治制度，且正中央与地方之权限，实为最困难而最切要之问题。今地方自治之一语，举国中几于耳熟能详，而政府泄泄沓沓，无何种之设施，国民亦袖手坐待，而罔或自起而谋之，此吾党所以不能不自有所主张而期其贯彻也。

四曰慎重外交、保持对等权利。

外交者，一部之行政也，其枢机全绾于中央政府。但使责任政府成立，则外交之进步，自有可期。准此以谈，似与前三纲有主从轻重之别，不必相提并论。顾吾党所以特郑重而揭橥之者，则以今日之中国为外界势力所压迫，几不能以图存，苟外交上复重以失败，恐更无复容我行前此三纲之余地。故吾党所主张者，国会既开之后，政府关于外交政策必谘民意然后行；即在国会未开以前，凡关于铁路、矿务、外债，与夫与他国结秘密条约、普通条约等事件，国民常当不息于监督。常以政治团体之资格，表示其不肯放任政府之意思，庶政府有所羁束，毋俾国权尽坠，无可回复，此亦吾党所欲与国民共荷之天职也。

以上所举虽寥寥四纲，窃谓中国前途之安危存亡，盖系于是矣。若夫对于军事上、对于财政上、对于教育上、对于国民经济上，吾党盖亦皆薄有所主张焉，然此皆国会开设后、责任政府成立后之问题。在现政府之下，一切无所着手，言之犹空言也，故急其所急，外此暂勿及也。

问者曰：政闻社其即今世立宪国之所谓政党乎？曰：是固所愿望，而今则未敢云也。凡一政党之立，必举国中贤才之同主义者，尽网罗而结合之，夫然后能行政党之实，而可以不辱政党之名。今政闻社以区区少数之人，经始以相结集，国中先达之彦、后起之秀，其怀抱政治的热心，而富于政治上之智识与能力者，尚多未与闻，何足以称政党？特以政治团体之为物，既为应于今日中国时势之必要，而不得不发生。早发生一日，则国家早受一日之利，若必俟国中贤才悉集于一堂，然后共谋之，恐更阅数年，而发生未有其期。况以中国之大，贤才之众，彼此怀抱同一之主义而未或相知者，比比皆是，莫为之先，恐终无能集于一堂之日也。本社同人，诚自审无似，顾以国民一分子之资格，对于国家应尽之天职，不敢有所放弃。且既平昔共怀反对专制政治之意思，苟非举此意思而表示之，将自侪于默认之列，而反为专制游魂之后援。抑以预备立宪之一名词，既出于主权者之口，而国民程度说，尚为无责任之政府所借口，思假此以沮其进行，则与国民相提挈以一雪此言，其事更刻不容缓。以此诸理由，故虽以区区少数，奋起而相结集，不敢辞也。日本改进党之将兴也，于其先有东洋议政会焉，有嘤鸣社焉，以为之驱除。世之爱国君子，其有认政闻社所持之主义，为不谬于国利民福；认政闻社所执之方法，为足以使其主义见诸实行，惠然不弃，加入政闻社而指挥训练之，使其于最近之将来，而有可以进而伍于政党之资格，则政闻社之光荣，何以加之！又或与政闻社先后发生之政治团体，苟认政闻社所持之主义，与其主义无甚刺谬，认政闻社所执之方法，与其方法无甚异同，惠然不弃，与政闻社相提携，以向于共同之敌，能于最近之将来，共糅合以混成政党之资格，则政闻社之光荣，又何以加之！夫使政闻社在将来中国政党史上，得与日本之东洋议政会、嘤鸣社有同一之位置，同一之价值，则岂特政闻社之荣，抑亦中国之福也。此则本社同人所为沥心血而欲乞赉此荣于我同胞者也。

问者曰：政闻社虽未足称政党，而固俨然为一政治团体，则亦政党之椎轮也。中国旧史之谬见，以结党为大戒，时主且悬为厉禁焉，以政闻社置诸国中，其安从生存？政府摧萌拉蘖，一举手之劳耳。且国中贤才，虽与政闻社有同一之政见者，其毋亦有所惮而不敢公然表同情也。应之曰：不然。政闻社所执之方法，常以秩序的行动，为正当之要求。其对于皇室，绝无干犯尊严之心；其对于国家，绝无扰紊治安之举。此今世立宪国国民所常履之迹，匪有异也。今立宪之明诏既屡降，而集会结社之自由，则各国所咸认为国民公权，而规定之于宪法中者也。岂其倏忽反汗，对于政治团体而能仇之？若政府官吏不奉诏，悍然敢为此种反背立宪之行为，则非惟对于国民而不负责任，抑先已对于君主而不负责任。若兹之政府，更岂能一日容其存在以殃国家？是则政闻社之发生，愈不容已。而吾党虽洞胸绝膑，而不敢息肩者也。取鉴岂在远！彼日本自由、进步两党，与藩阀政府相持之历史，盖示我以周行矣。彼其最后之胜利，毕竟谁属也？若夫世之所谓贤才者，而犹有怵于此乎，则毋亦以消极的表示其默认专制政体之意思，而甘为之后援耳。信如是也，则政府永不能改造，专制永不能废止，立宪永不能实行，而中国真从兹已矣。呜呼！国民恒立于所欲立之地位，我国民可无深念耶？可无深念耶？（《政论》第一号，1907 年 10 月 7 日，署名"宪民"）

为国会期限问题敬告国人

自第二次请愿国会既被沮挠，本报曾著一论，极陈政府处置之失当。非有意袒国民以掊政府也，凡以急国家之难而已。今更据前论所树义，按诸各方面人人之利害关系，敬述所怀以效忠告焉。

第一　敬告监国摄政王

吾常谓我国民所以汲汲请速开国会者，非鹜此名以为高也，恐过此以往，吾国将永无开国会之时也。质而言之，则循现今之政治组织而不变，恐不待九年筹备之告终，而国已亡矣。此非吾一人之私言也。最近滇督李君、粤督袁君、吉抚陈君、鄂藩王君之封奏，其对于现政府之涂饰敷衍、瞀乱横恣、众怨酿乱之实状，皆已痛切敷陈，不遗余力。李君折中，且有"势必终归于无形之溃裂，九年以后情状可知"等语，盖厝火积薪之象，久为天下所共见。范蔚宗所谓自中智以下靡不审其崩离者，今日当之矣。即彼内外臣工之循例报告、粉饰太平者，亦何尝不知现在时局，儳焉不可以终日？顾敢于以此欺皇上欺我王者，宁亡国灭种而必不肯舍一己一时之富贵利禄已耳。夫彼辈本以官职为传舍，以国家为利孔，精华已竭，褰裳去之。国亡之后，挟腰囊以走租界，或作赘子孳妇于外国，犹不失为富家翁，为计亦良得。若我监国摄政王，则安能比之？中国存则我王安富尊荣，中国亡则我王虽欲为长安一布衣，岂可复得！汉臣刘向有言，陛下为人子孙，守持宗庙，而今国祚永移，降为皂隶，纵不爱身，奈宗庙何？我王即不自为计，宁能不为皇上计，不为列祖列宗在天之灵计也！夫谓有国会而必可以救亡，虽草莽臣亦岂敢遽作此武断？虽然，无国会而一听现政府之实行恣虐不负责任，则有死无生，其势已洞若观火。即使开国会而无救于亡，则亦等亡耳，而况乎有国会犹或可以图存于万一也！夫国会既开之后，则政府不得不对于国会而负责任，滥竽与舞文，皆不如今日之易易。故向政府请愿国会，诚无异与狐谋其皮。若我监国摄政王则何有焉？徒以无国会之故，代彼等负任蒙劳，凡百偾张，凡百丛脞，悉以诿卸于王之一身，彼等自处于至安，而贻王以至危，王果何爱于彼等而袒护之恐不力也。夫以彼等之禄位与国家之景命较，则国家重乎？彼等重乎？以彼等之容悦与先帝之付托较，则先帝重乎？彼等重乎？夫以国事专托诸彼辈之手，其成效若何，亦既可睹矣。然则我王将躬亲庶政而不以托诸彼辈耶？王即大贤，而精力固有所限，岂能政无大小而悉亲之？故王之所得为者，不过对于彼辈而为最高之监督已耳。夫以王一人自为监督，其事劳而势必不克周，则何如以耳目分托诸国会，而王乃不致自疲于察察也。呜呼！是在王之择善而能断也已矣。

第二　敬告政府诸公

政府诸公所以沮挠国会者，凡以国会不便于己而已。夫国会之与〔于〕政府，如姑之于妇，居政府者恒以有国会为不便，非独吾国惟然也，即东西诸国亦有然。政府之嫌忌国会而不欲其速开，亦无足怪。虽然，他国政府虽或嫌恶国会，而其所以对待之者则有道矣。昔日本明治当十一二年以后，人民之要求国会者风起水涌，其政府顽然不为动，就外观论之，若与吾政府酷相类，而不知彼政府于此十年中，事事急起直追，人民方趋而政府已驰，人民之进以尺，政府之进以丈。盖当时日本政党遍国中，各揭橥政纲相号召。而政党每主张一政策，政府必立即窃取而实行之，以夺其翘异之标帜。政党每指摘一弊端，政府必立即反省而尽改之，以绝其攻击之口实。彼其政府固日日思胜伏民党也，然其所以胜伏之者，非恃势迫，非恃利诱，与之争政策之建设而务胜之，与之争人才之延揽而务胜之。使全国人觉前途无穷之希望，皆缘政府而得达。故其恃政府之心，过于恃民党，而民党遂不得不屈于政府。彼日本直至今日而议院政治犹未成立者，皆以此也。（德之比斯麦亦用此政策。）吾以为政府诸公诚嫌恶国会而欲缓其成也，则惟有精白乃心以尽瘁于国家，使人民咸颙颙焉生出恃政府希望政府之心，则其渴欲急得国会之心，自相消而日减杀。不见乎数年前革命说遍天下，自预备立宪之诏既颁，乃如汤沃雪乎？夫一诏则安能有此奇效？希望心有所寄，则民气不期靖而自靖也。及乎以诸公当预备立宪之冲，而前此一线之希望，复永断绝于诸公之手。故夫前此约以九年开国会而民安之，今兹约以九年开国会而民哗之者，非民之靖于昔而嚣于今也。希望既绝于彼，乃不得不转而向于此也。政府诸公乎，诸公而果能自信有道焉以系续人民之希望，而保我国家，毋至沦胥于公等之手者，则国会之开，微论迟至宣统八年也，即更阅十八年、二十八年，吾民无怼焉。而不然者，则毋宁速开国会以责任公诸国民，而无取独专其罪。今两无一遂，进退失据，徒以一身为怨毒所归，国家一旦不讳，则三家磔蚩尤，千刀剒王莽，公等受祸之烈，必有过于寻常人万万者，公等其亦一念之否耶？夫公等所以靳国会期限于此数年间者，不过曰数年以后，吾将一瞑不复顾，即不尔，亦将营菟裘以终老，其时虽有艰巨，已非吾事，吾且利用此国会未开之数年间，侈然自恣，厚封殖而长子孙云耳。夫使时势而果能如公等所期，则为计亦良得，而无如祸害之相煎逼于内外者，万不许尔尔。以公等之才居公等之位，而复怀抱公等之心理，则不及五稔，而中国必为公等所断送，万无可逃避。夫公等断送中国，中国诚厄矣，而公等所谓自丰殖以长子孙者，于彼时则亦何有焉？语曰：左手据天下之图，右手揓其胸，愚者不为。公等之智，胡乃见不及此？

第三　敬告各督抚

近数十年来，督抚之系民望也，恒过于军机大臣及各部长官。非必督抚之才皆优越于彼辈也，其责任较专，其展布较易也。故中央虽万几丛脞，而有一二贤督抚，则一方之民，犹食其赐，自一二年来假筹备宪政之名，行似是而非之集权政策，而督抚始不可为矣。督抚失职不平，渐奋起而与中央争，争之不能胜也，乃反其本。于是责任内阁之重要，渐为督抚中之贤者所同认。夫责任内阁为今日救中国之不二法门固已，然亦思责任内阁之名，果何所丽而立乎？夫使对于君主而负责任者，即称之曰责任内阁也，则我国之有责任内阁，已数千年，岂复劳诸公之陈请？责任内阁云者，必有纠问责任之机关与之对待，然后能存立者也。而以君主当此机关，则其最不适者也。以君主而纠问大臣责任，其所得结果，惟有二途：一曰仍躬亲庶政，而代大臣负责任；二曰委耳目于中涓新进，以掣大臣之肘。二术殊趋，而内阁责任之不能成立则一也。是故有国会则有责任内阁，无国会则无责任内阁。今语人以责任内阁之当速立，人多信之；语人以国会之当速开，人多疑之，此犹谓惟食可以救饥，而又云可以无炊也。夫今者请设责任内阁之诸督抚，皆督抚中之贤而忠者也。其于责任内阁与国会相依为命之理，岂犹有所未莹，而独举彼而遗此者？殆不欲太触政府之忌，而期其易行耳，不知天下事未有本不立而末能存者。今惟日言责任内阁，而于纠问责任之机关，不置一辞，吾恐政府不久必将举现在之军机处各部，易其名号以徇于众曰：此责任内阁也。至彼时而责任内阁四字，将成为藏垢纳污之一名词；而今之渴望责任内阁者，且将以责任内阁为诟病矣。夫无责任内阁，则今后之督抚，将一事不能办，此事势之既显著者也；而无国会则责任内阁无从成立，又学理之不可易者也。故督抚无论为国家全局起见，为本官职掌起见，皆当竭全力以速国会之成。悠悠万事，惟此为大。舍此不务，虽日夕劬精于职守，亦具臣已耳。

（附言）政府之所以敢于稽延国会期限者，以请愿国会之辈人微言轻耳。诚得数省督抚联合上奏以为国民请愿之后援，则政府固不得不慑。各督抚而信现在政府诸公可以托国也，则吾复何言？而不然者，则督抚诸公为国大臣，其与国休戚之谊，宜视齐民为更重。试问舍速开国会外，更有何术使政府稍负责任，政策稍得统一，而拯国家于至危之渊者？吾愿贤督抚一熟审之。吾尤愿在督抚幕府之诸彦，更取此中消息一参之。

第四　敬告国中有闻誉之诸君子

两次请愿之见拒，其原因虽多端，而请愿代表之人微言轻，实其一也。夫所谓微也轻也，就社会上之客观的地位言之也。社会地位，原非能限人，然虽有豪杰之士，欲得社会之尊敬，固非一朝一夕所可几及。况在今日之中国，凡百德慧术智，皆不循自由竞争之原则，士之自拔于流俗，益以不易乎。今代表数十人中，吾所曾晤识者，虽未及什一，特其器识之必有以异于常人，此则天下所共信矣。而政府当道则易而侮之，谓是乃少年新进，所代表者未必为真正之民意也；代表虽复怀异才、抱血诚，独于其年之少其进之新，则无术以自解。然国民固非不欲举耆宿硕望以为代表也，诸代表非不欲广引耆宿硕望以同事也，而无奈所谓耆宿硕望者，或冥然不识此事关系之重大，或虽识之而持重观望，不肯以身为天下先，于是乎少年新进乃不得不以绵力独任其难。夫难则何足恤，而事乃坐此不获济矣。昔日本之请愿国会也，领衔者为副岛种臣、板垣退助，皆中兴元勋，身为大臣，翻然挂冠，以为民倡者也。俄国之请愿国会也，领衔者为特尔璧哥意（Wuebctskoi），以侯爵而为大学教授者也。（此为俄国第四次请愿国会之领

衔者，即千九百〇五年六月二十日所上书也。其年八月十九日，俄皇遂颁
召集国会之诏。）而其他署名之人，连袂捧呈者，盖国中知名士咸集焉。是
以彼两国政府不得不重视之，而请愿因以有效。今我国所谓耆宿硕望者，
其顽旧之辈不足责，亦有明知此举为救时良药，顾不肯以名为天下倡；或
仅虚列一名而不肯以身当实行之冲，徒以大任责诸后起之秀，致其事不见
重于世。揆以春秋责备贤者之义，则事之不就，诸君子不得不分其咎也。
今国事且益急矣，亡征且益著矣，从万死中以求一生，仍舍速开国会外无他
术。第三、第四次之请愿，我国民应非所敢避，顾吾所祷祀以求者，则国中
有闻誉之诸君子，咸奋然投袂而起以为民倡率而已。夫有闻誉于国中者，其
与国家休戚之关系加密，则其忧国也宜加勤，其受社会之恩也加深，则其报
社会也宜加厚。若谓舍速开国会之外而别有救中国之术也，吾愿诸君子更有
以语我来；如其无之也，则诸君子不此之任而更谁任也！

第五　敬告一般国民

凡人各有其性之所近，各有其业之所宜，欲使全国人民而悉为政治上
之运动，非惟事所不能，抑亦理所不可。虽然，今日中国之请愿国会，则
与寻常之政治运动有异。其在现今已立宪之国，各政党之政见，虽有异同，
要之皆以国利民福为前提，任行其一，于国皆有裨。故政党以外之人民，
袖手以观其成败，固无伤也。即当日俄等国要求国会之时，其政府虽偏于
专制，然其政府诸人固犹有忠于职务之心，而才识尤足以济之，不过施政
非本于民意，与近世政治原则稍相龃龉已耳，未尝缘此而厝国家于危险之
渊也。故国民虽不过问之，犹可以无大咎。若吾国今日之形势，则全与彼
异。譬之犹以破舟航巨浸中，外遇飓风，下丛礁石，而船主及船中一切执
事者，既不知驾驶为何术，加以日饮亡何而不事事，而吾侪乃不幸而适以
此时乘此船，眼看其覆沉即在旦夕。覆沉之后，则同葬鱼腹而无术以自免。
于斯时也，胥谋开一会议以讲保全此船之策，吾侪虽非人人尽谙驾驶，然
一舟之大，安保无一二人稍谙之者，足以匡船主之不逮？借曰竟无其人，
而会船主有所惮慑，稍止酒以自念其职，则犹或可以图存于万一。今之请
愿国会，亦若是已耳。苟在船之人而犹有不表同情不相臂助者，则必其全
无人心者也。夫我国民之漠视国事，数千年于兹矣，恶根性种之已深，诚
非顷刻所能遽易。虽然，吾民亦未知其现时所处之地位为何如耳；即或薄

有所知，亦不审谁为为之，孰令致之耳。呜呼！我民其听之：夫孰使我百业俱失，无所得衣食者？政府也。夫孰使百物腾踊，致我终岁勤动而不得养其父母者？政府也。夫孰使我一粟一缕之蓄积皆供吏胥之婪索者？政府也。夫孰使盗贼充斥，致我晷刻不能即安者？政府也。夫孰使我祖宗丘墓之墟为他国宰割分崩者？政府也。政府日绗吾臂而夺吾食，日要于路而劫吾货。吾呼号颠沛而政府不我救，吾宛转就死而政府不我怜。吾以吾生命财产乃至吾子孙托之于现政府也，既非一日，而今且瞬息与之同尽。天地父母生我，我不能坐以待死；我素习圣贤之教，亦决不肯犯上作乱以自取戾。故吾惟愿得一国会，使我举其所亲信之人，代我一察政府果尚能托命与否。而吾思所以自救之术，亦得因其人以自达。质而言之，则吾国今日之请愿国会，匪敢云进国家于富强也，冀国家万一不亡而已；匪敢云增吾侪人民之幸福也，冀取千百之饿殍，救活其一二而已。呜呼！我国民即不爱国，宁不爱吾身？即不爱吾身，宁不爱吾父母及吾子孙？呜呼！我国民其念之，苟无国会以监督此政府，则不及五年，我国四万万人之生命，必有三分二断送于其手。吾身及吾父母子孙，其安能幸免也？言念及此，则今日人生第一大事，舍请愿国会，岂有他哉！愿我民思所以自处也。

第六 敬告农民

立宪政治者，国民政治也。欲宪政之成立，必须令国民中坚之一阶级，知政治之利害切己而思参预之，然后其精神有以维持于不敝。彼欧美诸国，多以工商为国民中坚者也，而我国则以农为国民中坚者也。故开发农民之政治思想，实今日中国第一急务也。抑中国农民之必当要求国会，则尤有说。国会之滥觞，本以代议士为租税义务之代价，而中国现行租税，则其什之九皆农民所负担也。各国租税，立有系统，按诸财政原则，务求公平。我国则漫不之省，而惟偏于一方。故往往素封之家，一纳一铢正供；而终岁勤动之小农，则诛求到骨。今国家岁入仅当岁出之半，百政待举，司农仰屋，所以弥其缺者，仍不得不罗掘于民。则惟有将旧税设法增加税率，重规叠矩；或多立名目，更设新税，而要之其负担必归于农民则一也。畴昔农民之苦，已不可支，比年以来，百物腾踊，益复憔悴无人理。盖以获不偿劳之故，废田不耕者，既所在皆是矣，若更重以朘削，则农民除转死沟壑外，更无他途。此实至浅之事势，稍一思而可得之者也。若有国会，则于政府财政计画，必当严为监督；租税系统，不容不斟酌至善，万不许如今日之毫无纲纪，偏枯一至此极。如是则国之石民，庶可稍苏，而元气或可维持于万一。失今不为，更阅数年，则老弱转沟壑，壮者散四方，凋瘵而不可复，虽有善者，无能为矣。故国中无论何种人民，其祸福皆视国会之有无，而关系最切者，尤莫如农。盖有国会则生，无国会则死也。夫以今日农民，已极困顿，救死且恐不赡，而欲其有余裕之心力，以涉想于政治问题，诚属至难之事。虽然，有物于此，得之则生，不得则死，则无论若何劳苦倦极，皆不能不蹶起以求，人之情也。故农民特未知无国会之害一至此极耳，苟其知之，吾故信其未有不呼天吁地以期其成者。而大陈此义以唤醒农民，则士君子之责也。吾愿各省之请愿同志会亟致力于此也。

第七　敬告国中有资力之人

今世界为资本竞争时代，国中有资力之人，国之宝也。虽然，处今之世，欲求资本之安全发达，不可不以国家为后盾。而政治腐败，则有国家等于无国家者也。吾国人于政治与生计之关系，见之不莹，执素封之人，语之以政治上之活动，未有不掩耳却走。虽然，试思今日盗贼载涂，庋百金于箧，而夜卧遂不能帖席者，谁实使之乎？试思今日各市镇倒产纷纷，人人皆有朝猗顿而暮黔娄之惧者，谁实使之乎？苟稍一深思，当能知凡百忧患，皆由政府失政，是以及此。况乎以今日之现象，明末饥民流寇之祸，数年之内，万不能免，一届彼时，玉石同烬，而受祸最烈者，为席丰之家，此历史上之明效矣。借曰幸免此难，然犹当知欧美诸国，挟其产业革命之力以横压我国，其锋之锐莫可当，以大资本临小资本，遇之者必成齑粉。彼欧美近二三十年来，中产之一阶级，久无术以自存，悉降为劳佣矣，今此横流既泛滥我国中，受者其安有幸？故今日中国之有资力者，真所谓危若朝露也。于万死中求一生，惟希望有善良之政府，实行保护产业之政策，庶几有所怙恃而获即安。而非有国会，则善良政府，断无出现之期，又事势之共见者也。故有资力之人，渴望国会，固宜更甚于齐民也。夫今日少数志士，日日奔走骇汗，号呼于国中，以冀国人之一寤。其间来往讲演之川费，印刷物之出版费，非稍宽余，则难以普及，此事理之可揣而知者。而有资力之人，以为事不关己，莫肯声援，此岂惟放弃国民义务，抑亦拙于自谋也已矣！

第八　敬告留学生

日本所以能立宪者，其主动力谁乎？学生也。俄罗斯所以能立宪者，其主动力谁乎？学生也。土耳其所以能立宪者，其主动力谁乎？学生也。无论何国，过渡时代，未有不以学生为其枢者也。数年以前，我国学生，虽复甚嚣尘上，而捧一腔热诚为政治上之活动者，尚大有人。风尚所蒸，举国犹含朝气。今则何其惫也。岂政府涂饰敷衍之政策，曾不足以欺绝无知识之乡愚者，而多数学生乃为所欺乎？抑政府以彼区区至污浊之官职、至微薄之薪水，以驯伏学生者，而学生之大部分，遽乃入其彀中，百炼钢化为绕指柔乎？不然，则今日之事，宁有急于速开国会者？而学生之声援此运动者，何无闻也？夫对外问题，学生攘臂以争者，往往而有。吾岂敢谓对外权利可以漠视，曾亦思以现在无责任无意识之政府，其对外政策，安从确立？对外政策皆不立，日日断送权利，层出不穷，乃于事后而谋补救，所能补救者几何？此所谓不揣其本而齐其末也。呜呼！使国中多数人能移其对外之精神以对内，则国中政治现象，其腐败或不至如今日之甚也。

第九　敬告资政院议员

以吾党所观察，则谓资政院绝不含有国会之性质者也。而政府所主张，则谓资政院能养议员之精神为国会之基础者也。二说是非，姑勿深论。洵如政府之说，则资政院议员对于国会问题，有其特别责任，抑章章矣。吾以为资政院议员对于此事之责任，盖有二端：一曰直接之责任，二曰间接之责任。直接之责任者何？政府之对于资政院，其本意不过以为装饰品而已。虽然，亦既设之，则固不能视同无物。其章程所列权限，虽复卤莽灭裂，不成片段，然既已见界者，其势固不易反汗。苟议员能将章程内之职权，坚抱之而莫肯放弃，则其效力比诸御史之封奏、报馆之论文固自稍优，政府亦不能不稍有所慑，而秕政或可减杀于万一。况乎政治上势力之消长，原非法律条文所得而限。各国宪政发达之结果，能使裁抑民权之法规成为僵石者，比比然也。资政院议员若能抱定谕旨中国会基础一语以为宗旨，在在以国会之精神行之，则此虽鸡肋，固未易轻弃也。（资政院议员之责任，吾别为文论之。）间接之责任者，则院章中本有受理人民请愿之一条。今第二次请愿，既经拒绝，将来都察院复肯代奏与否，诚未可知。则第三次请愿之上达天听，资政院实责无旁贷。苟并此不务，则资政院真成赘疣，而议员非独隳国民之信用，且负君上之委任矣。愿议员早图之。(《国风报》第一年第十八、第十九期，1910 年 8 月 5 日、8 月 15 日，署名"沧江"）

论请愿国会当与请愿政府并行

《国风报》载笔者，谨述民意拜手稽首扬言曰：吾侪小民，不胜大愿，愿大皇帝蠲其大惠，赉吾侪以国会。《国风报》载笔者，谨赓载述民意拜手稽首扬言曰：吾侪小民，不胜大愿，愿大皇帝蠲其大惠，赉吾侪以政府。问者曰：请愿国会，东西诸国有行之者矣。请愿政府，则吾未之前闻。甚矣吾子之好为戏言也。应之曰：不然。请愿云者，于其所无之物而急欲得之，乃陈其所愿望而竭诚以请也。政府与国会，同为国家不可缺之机关。东西各国国民，当其无国会之时，则请愿国会。吾国今日固无国会也，故吾国民当竭诚尽敬以请愿国会；抑吾国今日固无政府也，故吾国民尤当竭诚尽敬以请愿政府。问者曰：有是哉，子之诞也。无政府云者，近今欧西犷悍之民所揭橥以为倡乱之名号耳，孰谓吾国现状而乃若是？且今之印累累绶若若，挟魁柄作威福以临乎吾上者，非政府也耶？应之曰：子未识政府之为何物也，吾无以晓子。子既曰吾国有政府，则政府果安在，子其有以语我来。于是有复者曰：军机大臣，则政府也。虽然，吾有以明其不然也。军机大臣者，则当唐虞时纳言之官，所谓出纳王命王之喉舌耳。入傺直而听受之，出誊黄而记注之，其职盖合留声机器与写字机器为一体。当今科学昌明之世，殆不必以人为之，而直可以铁与电为之。用铁与电，其视今日之军机大臣，必愈能尽职而且无弊也。借曰必须人也，则今者各银行各公司之书记员，足以当之矣。更上者，则内阁总理大臣之秘书官，足以当之矣。认铁与电为政府，夫安得曰有政府？即认书记员秘书官为政府，又安得曰有政府？夫政府也者，一方面为全国政治之所自出，一方面又为全国行政机关之总枢者也。（政治与行政意义之区别，参观本报附录《宪政浅说》第二章第三节。）今全国之政治，虽大半假涂于军机处以出，而军机处则已非政治之所自出。若夫全国之行政行为，试问岂有一项焉经军机大臣之手以处办之者？是故谓军机大臣即政府，无有是处。

于是又有复者曰：各部之尚书侍郎，即政府也。虽然，吾有以明其不然也。政府者，一国中不可无一而不容有二者也。今国中有十部，谓部部皆为政府耶，则是有十政府；谓十部共为政府耶，则部与部之间，如秦与越之相视其肥瘠，如人与鳀之各殊其趋舍。譬有人于此，集文义不相属之十字而指为一句，集经纬不相接之十线而指为一布，识者亦孰不笑之？而不幸我国之各部，乃有类于是。夫政府者，统一而有组织之机关也。如人身然，五官百骸，各有所司顾，未尝凌乱而相犯也，又未尝离瘰而不相即也。二者有一，则人而非人也已矣。而不幸我国之各部，乃有类于是。是故谓各部即政府，无有是处。

亦有复者曰：会议政务处及宪政编查馆，其或有一焉可以当政府。虽然，吾又有以明其不然也。会议政务处，骤视其名号，颇有类于各立宪国之内阁会议。然今之置此职，不过以位置赢老恋栈之闲员，除列席之军机大臣外，自余皆伴食也。而其决议又丝毫不能生法律上之效力，其职之不足轻重，五尺之童，类能知之矣。宪政编查馆，则今者庶政，动皆与闻，诚不失为有力之一机关。然按其实际，则亦等于外国之一法制局耳，一法典调查委员会耳。夫政府也者，其命令，其行为，皆直接与国民以拘束力者也，而此两署之职权，皆不能有此。是故指会议政务处或宪政编查馆为政府，更无有是处。

于是更有复者曰：我大皇帝与监国摄政王，则政府也。是其然否且勿论，虽然，此大不敬之言也。夫大皇帝为一国之元首，总揽国家之统治权，司国家之最高机关，而凡百机关皆统焉。政府则辅弼大皇帝者也，国会则协赞大皇帝者也，法院则以大皇帝之名而维持大皇帝所布之法律者也。如心君然，百体咸率其令，顾不能指目一体以为心君。任举一体以指目心君，此如庄生所谓耳目鼻口不能相通，其亵心君莫甚。大皇帝亦尔，总诸机关，而非一机关所得私。一机关而欲私挟大皇帝以自重，其亵大皇帝莫甚。且我宪法大纲中，不明言君上神圣尊严，不可侵犯耶？而政府者则在政治上为全国众矢之的，人人得而侵犯之者也。国会之弹劾恒于斯，集会演说之抨击恒于斯，报馆之嬉笑怒骂恒于斯。试观今世各国，虽以贤才处政府，未有不遭攻难以致身无完肤者。甚至讦其隐慝，毛举细故，作为种种媟亵尖刻之谣谚图画以挪揄之。使在常人，则名誉赔偿之诉讼必起，而处政府者不敢校也。故政府者，实人人得而侵犯之者也。所以者何？盖祁寒暑雨，怨咨万无可逃，而监谤防川，有国之所大戒。夫惟万目睽睽以具瞻政府，万口嗷嗷以交谪政府，然后政府之职，庶克举矣。若是乎政府者，实众毁之所归，而万不容以神圣尊严之君上当其冲者也。是故指我大皇帝与监国摄政王为政府，益无有是处。

是四者皆不足以当政府，然则我国更乌睹所谓政府者？质言之，则一无政府之国而已。呜呼痛哉！夫孰知拥土地二万方里、聚人民四百余兆、有历史四五千年之堂堂中国，乃竟以无政府闻于世界也！惟无政府也，故我大皇帝虽有高天厚地之恩，而无人奉行之以湛汪濊于吾民。惟无政府也，故内外百僚之行政，无所禀承。惟无政府也，故各部各省，支离灭裂，各从其好，各营其私，无所统一，无所督责。惟无政府也，故虽以一部一省一司一局，毫不能知其权限责任所在，而百事败于掣肘、废于丛脞。惟无政府也，故始终未尝有一通筹全局之政策，而凡百庶政，皆以矛盾而相消。惟无政府也，故一切政治皆失其继续性，吏民无所适从。惟无政府也，故法令如牛毛，皆成纸上空文，无一能见诸实行。惟无政府也，故官吏不事事而莫之问，朘削焎脍吾民而莫之罪。惟无政府也，故列强耽耽以咕嗫我脔割我而莫之知莫之御。惟无政府也，故水旱繁兴。惟无政府也，故疠疫洊袭。惟无政府也，故盗贼蜂作。惟无政府也，故学绝道丧，廉耻扫地。惟无政府也，故民穷财尽，饿殍塞途。惟无政府也，故使我大皇帝我监国摄政王宵衣旰食于上，尧肤如腊，禹足胼胝，而无一人能分其忧代其劳。惟无政府也，故使吾国民困苦颠连于下，而无所控诉。惟无政府也，故使吾民之劳苦倦极疾痛惨怛者，求其故而不得，乃致怼于天地之不仁，而以君上为怨府。惟无政府也，故他国人视我国为一无所属之广原，抉其藩，破其门，入其堂，踞其室，游行自在，若无人焉者。惟无政府也，故有土地而如无土地，有人民而如无人民，有主权而如无主权，乃至有国家而如无国家。呜呼痛哉！无政府之害，壹至于此。

今也吾侪处此无政府之国，为无政府之民，如舟泛巨浸怒涛搏击而无其柁，如车上峻坂俯临无地而无其轮，如师陷重围敌军肉薄而无其旗鼓，如儿啼抱中声息仅属而无其乳保。是故吾侪小民之望得一政府也，如渴望饮，如饥望食，如寒望衣，如暍望荫，如风雨望蔽，如蹩望杖，如瞽望相，如临河望筏，如陟险望梯，如久病望医，如大旱望云霓霖雨。西方之人亦有言：恶政府固恶也，犹愈于无政府。吾侪小民，今且不敢遽惟良政府是望也，惟望有政府，如彼久饥者，不敢望膏粱，且望粗粝；如彼久寒者，不敢望文绣，且望短褐；乃至如彼久病者，不敢望和缓，且望中医。虽得有如日本之井伊直弼政府，虽得有如奥大利之梅特涅政府，虽得有如俄罗斯之坡鳖那士德夫政府，吾侪小民，犹得仰首伸眉以自夸于世界曰：自今以往，吾固为有政府之国，吾固为有政府之国之民也。

是故《国风报》之载笔者，谨述民意拜手稽首扬言曰：吾侪小民，不胜大愿，愿大皇帝蠲其大惠，赉吾侪以政府。（《国风报》第一年第七期，1910 年 4 月 20 日，署名"沧江"）

宪政浅说

叙

今举国竞言宪政。政府曰：自今以往，吾将为立宪国之政府也。国民曰：自今以往，吾将为立宪国之国民也。然还观上下之所举措及其言论，则无一焉与当世诸立宪国相类。匪惟不相类，而且适得其反。夫天下事物，必先具其体乃能致其用，玉辂诚美，苟辐毂不备，则致远之效，不如椎轮。衮冕诚华，苟幅领不完，则章身之施，不如短褐。夫专制政体虽可厌恶乎，然犹且积数千年之斟酌损益，有种种机关，种种精神，以互相维系，确然成为具体之一事物，而吾民之习而安之也亦已久。此如车之有椎轮，衣之有短褐也。今以其不适于时势，故革焉而易之以立宪。夫革焉而易之，宜矣。然立宪政体，又别有其种种机关，种种精神，以相维系然后体始具，而其机关其精神，又无一可与专制政体相袭者也。今不务所以整饬此机关，发育此精神，而惟思窃其名。名者实之宾也，实之不存，而名顾可以久窃乎？况夫所假之名未归，而固有之实先丧。新机关新精神百不建设，而旧机关旧精神，惟取其恶劣者保存而滋长之，其善良者则破坏而无所复余。此如寿陵余子学步于邯郸，新步未成，而故步全失，不至匍匐而归焉不止也。吾思之，吾重思之，今吾国人言宪政者，虽甚嚣尘上，而其能识宪政为何物者，度千百中不过一二，其余则皆耳食雷同不求甚解也。夫未能知而责以行，此必不可得之数矣。吾思之，吾重思之，吾国人讲治国平天下之术，已数千年，其政治能力决非弱于他国，而今也迫于内忧外患，上下矍然而起，乃始舍其旧而新是谋。其中诚有大不得已者存，然则凡今之言宪政者，其汲汲然亟欲知宪政之为何物，度必有若饥渴之于饮食者矣。而国中先觉之士，于兹事寡所论述。借曰有之，则或专明一义，偏而不全；或驰骛学理，博而寡要。夫天下事理恒相待而始成立，不举大体而欲专明一义，则并此一义而不能明，有固然矣。若夫侈陈奥衍之学理，则人将视为专门之业，望洋而叹，其能精读而彻解者，复几人哉！吾国人所以不能得宪政常识，而立宪国民之资格久而不具者，皆此之由。吾为此惧，不揣固陋，辄述所知，演为浅说。非敢效敝帚之享千金，亦庶几铅刀之资一割云耳。

例言

一本书所论者，兼政治学、宪法学、行政学三科之范围。

一本书陈义但举纲要，行文力求流畅，务使读者引兴弥长，乐而忘倦，故聚讼之学说，干燥之法文，概不征引。

一本书所用名词，务使尽人易解，但学术上用语，以正确为第一义，故其中恒有为吾国人所不习见者，读者稍留意，自能得之。

一本书虽不欲侈谈学理，然所论述者，往往非原本学理则不能明其故，著者惟务以至浅之文达至深之理而已，既竭吾才，无以加焉，读者谅诸。

一本书虽简短，苟能精读而会通之，则政治常识实已粗具。自今以往，一切官吏及有选举权之公民，苟并此常识而无之，实不足以生存于立宪政体之下。凡读本报者，无论若何繁忙，望必全书寓目，则著者之荣幸，何以加诸！

第一章　国家

·第一节　国家之意义·

立宪政体者，政治之一种也。而政治者，国家之所出也。故欲知宪政之为何物，必当先知国家之为何物。国家二字之义，骤视之，一若愚夫愚妇可以与知；细按之，则积学鸿儒，犹或苦于索解。若欲穷原竟委，则国家若何而发生？若何而成立？若何而消灭？其实质上之性质若何？其法律上之性质若何？其所向之目的若何？凡此者累数十万言而不能尽。别成为国家学之一专科，此非本书之所遑及也。本书之旨，则在略明国家之体，乃得借以推论其用耳。

　　试执途人而问之曰：何者为中国之国家？则其答语之能当者寡矣。必将有人曰：地球图上画出中国之土地，即中国国家也。虽然，吾有以明其不然也。自洪荒甫辟之时，即有此土地，而未始有此国家。且土地屡有迁移，而国家不缘而易位。康熙乾隆朝，增数万里之地，而国家如故也。近二十年来，弃数千里之地，而国家如故也。更举一至显之例以明之。昔者太王居邠，因避敌而迁于岐，所领土地，前后不相袭，而周之国家如故也。然则指土地以为国家，无有是处。或将有人曰：户口册上有中国国籍之人民，即中国国家也。此积民成国之说，百年前欧洲学者所乐道也。虽然，吾有以明其不然也。谓国家之性分寄于各人耶，则我国四万万人，应为四万万国。谓累集四万万人便成为国耶，则集砖千万块，不得命之为屋；集木千万片，不得命之为舟。盖物各有其本性，集多数同性之物于一处，只能增其分量，而不能变之使成他物，此一定之理也。然则指人民以为国家，无有是处。或又有人曰：吾侪所尊敬亲爱之中国皇帝，即中国国家也。此君国同体之说，古代相传最久者也。虽然，吾又有以明其不然也。若谓君即国、国即君，则共和国之无君者，应不得称之为国。而今之法国美国，谁则谓其非国者？且使君与国果同为一物，则一君之崩殂，一旧国当随之而灭；一君之嗣统，一新国当缘之而生。然而德宗皇帝上宾，我国家非攀髯以俱去；今上皇帝龙飞，我国家非附翼而始来。不宁惟是，有明废而圣清兴，我国家犹是三百年前之国家也。三代秦汉以来，易姓数十，我国家犹是二千年前之国家也。然则指君主以为国家，无有是处。是故土地、人民也者，国家之要素也，而非即国家。君主也者，国家之最高机关也，而非即国家。譬诸学校然，谓校舍即学校不可也，谓生徒即学校不可也，谓校长监督即学校亦不可也。学校固不可无校舍、无生徒、无校长或监督，而此三者皆非学校。学校之为物，别自有其体焉，以寓乎三者之中，而超乎三者之上。惟国家亦然。

　　然则国家果何物乎？曰：

　　国家者，在一定土地之上，以权力组织而成之人民团体也。

　　此义尚恐不易索解，请更缕析言之。

　　第一，国家须有一定之土地。无土地则国家无所与立，此尽人所能知者。然有土地而不一定、犹不足称为国家，如彼游牧之族，逐水草迁徙，是部落也，非国家也。国家领有一定之土地，谓之领土。

第二，国家须有人民。此亦理之至易明者。但其人民不必有亲族血统之关系，徒以同栖息于一地域故，利害相共，而自然结合，谓之国民。

第三，国家须有权力。盖以多数人民同处于一地域之内，其利害相同者固多而相异者亦不少，使人人各利其利而莫能相下，此之所欲，彼或挠之；彼之所恶，此或主之，任情以行，无所统属，则野蛮之群聚耳，岂复成国！国也者，必统一有秩序而始成立者也。如何而后能使之统一而有秩序，必也有命令焉者，有服从焉者。以我之命令，而强制人使不得不服从，谓之权力。国家具有此权力，谓之统治权，无统治权者则非国家。亦惟国家始能有统治权。无论何人，皆不能强制他人。人之得强制他人者，必其为国家机关而代国家行此权者也，如君主及一切文武官吏是也。否则由国家法律赋与以此权者也，如地方自治团体及民法上之一切私权是也。国家之特质，实在于是。

以上三端，学者称之曰国家成立三要素。领土、国民，要素之有形者也；统治权，要素之无形者也。三者结合为一，字曰国家。

第四，既知国家以三要素结合而成，则其形状大略可识矣。然欲明其法律上之性质，则尤当知国家为组织而成之一团体。团体二字，本于《管子》，其含义盖甚精且富。比者国人袭东语而滥用之，往往失当。盖团体之义如其字，谓相团结而成为一体也。苟不能成为一体者，则不得称以团体。所谓一体者，如人体然，有意识，有行为，对于内而能统一，对于外而能独立者也。夫人也者，以三十余种原质为其有形要素，以灵魂为其无形要素，诸要素合而为一，不能分离。而心君宅中，官骸从令。其与他人对待，则独立而成一我相。凡团体皆须具此性质，故此团体皆有人格。人格云者，谓法律上视之为一个人也。而国家者，则最高最大之团体，而具有人格者也。明乎此义，则知指土地为国家固不可，即指人民指君主者为国家亦皆不可矣。国家实超然立于君主与人民之上而自为一体者也。

昔人惟误解国家之义，故良政体久不得立。而今世立宪国种种制度，大率由此义阐发出来。不明此义，则不能知其立法之所以然。读者幸毋忽诸。

我国文之"国"字，古文但作"或"。许氏《说文》之释或字曰："从口，从戈以守一，一地也。"其用意之精，含义之富，真不可思议。从口所以表国民也；从一，所以表领土也；从戈，所以表统治权也。文字中以口字表众人者最多，如合字同字之类皆是也。惟武然后有权力，故以戈表焉。人在地上，戈以守之，国家三要素具矣。从圣犹恐其义不明，乃加口以环周其外，云三者团结而成为一体也。苟能好学深思，深知其意，则岂必丐余沥于远洋也哉！

· 第二节 国家机关 ·

国家既为一团体，然团体之意思行为，必赖有机关而始得见者也，故次当论国家机关。机关者何？如轮船火车之有机器也，团体曷为而必赖有机关。盖团体者，法律上之人格而视之与人同类者也。既曰与人同类，则必有意思焉有行为焉而能为权利义务之主体。虽然，人也者，有形之人格也，故无所待于外，而能自决其意思自运其行为。团体不然，集多数之分子而成，而又自为独立之一体，与其分子不同物，漠然而无实形之可指也，故其意思其行为，必假诸有形之人以寄而达之。其所假之人，即其机关也。此征诸股分公司而最易见也。凡公司皆自有其债权债务，而与股东之债权债务不相蒙，是其独立而为权利义务之主体也。凡公司皆有其所向之目的、所定之计画，是公司自有其意思也。恒从其目的依其计画汲汲以经营之，是公司自有其行为也。是其性质与有形人丝毫无异者也，独所异者，公司不能自表其意思，而必赖股东总会以表之；公司不能自运其行为，而必赖司理监查及一切执事人以运之。股东总会诸股东以及司理监查一切执事人，皆以有形人而司公司之机关者也。凡团体机关，其性质皆准是。惟国家亦然。君主也，大统领也；国务大臣也，一切行政司法大小官吏也；国会也，行选举权之公民也，皆国家之机关也。

国家机关，可分两种，一曰直接机关，二曰间接机关。直接机关者，司机关之人，非受他机关所委任，乃直接从宪法所规定，缘法律事实之发生；或经法律行为之顺序，而自然得其地位者也。（此语颇晦，然其义必如此乃备，观下文自明。）例如公司之股东总会，从商法所规定，公司一成，即随之而存立者也。其在国家，则君主大统领及国会议员，皆属于此种。盖君主之嗣统，其权利本于宪法及皇室大典，遇有先君崩殂之一种法律事实，则从而得之。议员之就职，其权利本于宪法及议院法，经过投票选举之一种法律行为，则从而得之。是皆非由他机关所委任者也。间接机关则不然，司机关之人，由他机关所委任，而受委任之人，更得举其职权内之事务，转委任于他机关。例如公司之司理人，受委任于股东总会，而一切执事，又受委任于司理人也。其在国家，则自国务大臣以下，一切文武内外大小官吏，皆属于此种。

凡国家机关，无论为直接者为间接者，其在法律上皆无人格而不得为权利义务之主体。盖机关不过供国家使用之一器具，以国家之目的为目的，而非别自有其目的者也。故机关与司机关之人，其界限必须分明。司机关之人，其本身则有人格而能为权利义务之主体者也。非惟对于个人有之，即对于国家亦有之。如官吏有受廉俸之权，议员有受岁费及特别保护之权，此皆对于国家而官吏议员本身之权利也。虽然，官吏代国家以命令人民，征租税焉，课徭役焉，此非官吏本身之权利，而国家之权利也。议员议决法律，协赞豫算，亦非议员本身之权利，而行国家之权利也。即君主亦然。君主有受皇室经费之权，有神圣不可侵犯之种种特权，此其本身之权利也。至其为国家机关而行统治权，则所行者亦非其本身之权利而国家之权利也。吾国人畴昔于此义辨之不具，故往往公私混淆，而种种秕政，缘之而起。言宪政者不可以不留意也。

各机关有以一人独裁而司之者，有以多人合议而司之者。一人独裁者，如君主大统领，及各官署之惟有一长官者是也。多人合议者，如国会、审计院、合议裁判所，及我国一部中而有尚书侍郎数人者是也。何种机关当用何式，此俟下方各章分论之。但无论为独裁为合议，而机关之性质，不缘此而生差别。

间接机关，一国中恒有多数，可勿具论。直接机关，则一国中不可无一个，而又不可多于二个。其仅有一个者，则君主是也；其兼有两个者，则君主与国会或大统领与国会是也。缘直接机关之或仅一个或兼两个，而政体之差别生焉。其有两个直接机关者，则两者权力之大小，决不容平等，平等则无从统一矣，故其中必有一焉为最高机关。缘最高机关之所在有异同，而国体之差别生焉。今别分节以释之。

· 第三节　国体 ·

国体之区别，以最高机关所在为标准。前人大率分为君主国体、贵族国体、民主国体之三种。但今者贵族国体，殆已绝迹于世界，所存者惟君主民主两种而已。君主国者，戴一世袭之君主以为元首。苟其无国会，则此为唯一之直接机关，自即为最高机关，可勿深论。即有国会者，亦大抵以最高之权归诸君主。故曰君主国体也。民主国者，人民选举一大统领以为元首，复选举多数议员以组织国会。而要之其最高机关，则为有选举权之国民，故曰民主国体也。

寻常言君主民主之别者，大率以其元首之称为王称为皇帝而由世袭者，则命之曰君主国；其元首称为大统领而由选举者，则命之曰民主国。虽然，此未可以一概论也。等是世袭君主也，而其权力之大小，往往悬绝。如英皇之视日皇，日皇之视俄皇，名称虽同，而实权迥异矣。故有君主世袭之国，而法理上只能称为民主国体，不能称为君主国体者，如欧洲之比利时是也。比利时自一八三○年与荷兰分离而自立，戴一世袭之君主，然据其宪法所规定，则以国会为一国最高机关，而君主不过受国民之委任为行政之首长而已，故其职权与法国之大统领毫无所异。使一旦废世袭而为选举，易君主之名而称之曰大统领，然比利时国内之秩序，未尝因此而稍破也，史家亦绝不以革命目之。故比利时之国体，非君主而民主也。观于此则国体之区别从可识矣。

复次，有以国家结合形态而区别国体者，则其种类曰单一国，曰复杂国。单一国者，如我中国及英、法、俄、日等皆是，其性质为人所共知，不必赘论。复杂国者，以二国或多数国相结而为共同团体也，复分二种：一曰君合国，二曰联邦国。君合国者，两国而同戴一君主者也，如奥大利之与匈牙利，三年前那威之与瑞典皆是。联邦国者，多数国相联合为一大国，而割其统治权之一大部分以属之者也，如瑞士以二十五州联合而成，美国以四十五州联合而成，德国以二十二君主国三共和国联合而成是也。君合国之性质，虽与单一国无甚差别，独联邦国则有大相异者存。近世言国法学者，恒以此为聚讼之一端焉。以其与我国国体无关，故不复缕述也。

·第四节　政体·

政体之区别，以直接机关之单复为标准。其仅有一直接机关，而行使国权绝无制限者，谓之专制政体。其有两直接机关，而行使国权互相制限者，谓之立宪政体。大抵专制政体，则君主国行之最多，如我国数千年来所行者是也。虽然，民主国亦非无专制者。若仅有一国会而立法、行政、司法之大权皆自此出焉，则其国会虽由人民选举而成者，亦谓之专制，如欧洲古代斯巴达、罗马之元老院皆是也。又使虽有行政首长与国会两者并立，而国会毫无权力、徒为行政首长之奴隶者，则亦谓之专制，如罗马之该撒、屋大维为公修尔（公修尔者，罗马行政首长之名）时代，英国克林威尔、法国拿破仑第一为执政官时代，法国拿破仑第三为大统领时代，皆是也，故立宪与专制之异，不在乎国体之为君主民主，而在乎国权行使之有无制限。夫制限之表示于形式者，则两直接机关对峙而各行其权是也。今就现世之君主立宪国而举其特色，则有三焉。

第一，民选议会。议会谓国会也。凡立宪国必有国会，以多数议员组织成之。其议员或全部分由人民选举，最少亦须一大部分由人民选举。国会之职权，虽各国广狭不同，而其最要而不可阙者有二：一曰议决法律，二曰监督财政。法律非经国会赞成不能颁布，豫算非经国会画诺不能施行。凡所以限制君主之权，无使滥用也。是故无国会不得为立宪；有国会而非由民选，不得为立宪；虽有民选国会，而此两种权力不圆满具足，仍不得为立宪。

第二，大臣副署。凡立宪国君主之诏敕，必须由国务大臣署名，然后效力乃发生。署名者，以定责任之所攸归也。盖立宪国之君主，神圣不可侵犯，一切政治，不能负责，故违宪失政之举，皆以大臣尸其咎。善则归君，过则归己，义宜尔也。故为大臣者，遇有违宪失政之诏敕，则宜力争；争之不得，则宜辞职。苟不争不辞，而贸贸然署名，则其辅弼无状明矣，故人人得起而责之。此立宪国最要之一条件也。若夫虽署名而仅自处于奉令承教，动辄诿过君上者，则不得为立宪。

第三，司法独立。凡立宪国皆有独立之审判厅以行司法权。何谓司法？谓遵法律以听狱讼也。何谓独立？使审判官于法律范围之内，能自行其志，而不为行政官所束缚也。审判官如何然后能不为行政官所束缚？凡任此者必终身在其职，苟非犯法或自行乞休，则虽以法部大臣，亦不能褫革之左迁之，如是则无所顾忌，而审判始得公平，人民权利，始获保障矣。此又立宪国之一重要条件也。

举此三条件，规定于宪法中，而不许妄动，谓之立宪。立宪之制，首行于英国，而法人孟德斯鸠撮举其精神，著为《法意》一书，命之曰三权分立制。三权分立者，谓立法权。由国会行之；行政权由国务大臣行之；司法权由独立审判厅行之也。虽然，分立云者，非鼎峙而无所统一也。立法、行政、司法，总名曰统治权。统治权之体不可分，可分者乃其用耳，故有君主以立乎国会、国务大臣、审判厅之上以总揽此权。君主之行立法权，则以国会协赞之形式出之；君主之行行政权，则以大臣副署之形式出之；君主之行司法权，则以审判厅独立之形式出之，斯乃所谓立宪也。故三权之体，皆管于君主，此专制国与立宪国之所同也。三权之用，其在专制国君主，则率其所欲，径遂而直行之。其在立宪国之君主，而分寄之于此三机关者，以一定之节制而行之。此则其所以异也，此亦言乎君主国也。若在民主立宪国，则此三权之体，管于国民；而其用之分寄，亦与此同。

明乎此，则政体之区别，从可识矣。若夫立宪政体优于专制政体之故，则次章论之。

第二章　政治

·第一节　国家之功用·

政治者，丽于国家以行者也。欲明政治之意义，必当先知国家之功用。欲论政治之得失，必当先审国家之目的。故循序而论之。

国家以何因缘而建置耶？人曷为而必乐有国家耶？以此发问，能言其故者盖寡矣。厌世者流，辄称道羲轩以前睢盱浑噩之象，指其部落不分、刑政不设者，谓为郅治之极，其意盖谓国家为无用之长物，此一说也。及最近数十年前，则有极偏激之社会主义，有横暴之无政府党，欲尽取全世界之国家而倾覆之融化之，其意盖谓国家之为物，非徒无益而且有害，此又一说也。夫吾侪日生息于国家中，若覆载于天地而不知其高厚也，则亦相忘焉已耳。夫惟有此二说，则国家功用所在，有导吾侪以不得不研究者。

荀子曰：天下之害，生于纵欲。欲恶同物，欲多而物寡，寡则必争矣。离居不相待则穷，群而无分则争。穷者患也，争者祸也。救患除祸，则莫若明分使群矣。此推原国家之所以不得不建，政令之所以不得不设，而归本于人类生存竞争之一大原则。此即近世西儒达尔文、赫胥黎、斯宾塞辈所诧为独创之新理，而以之演为学说披靡一世者也。今从其说而论列之，则人类以求生存之故而不免于争者有四焉：一曰人类与其他生物之争。古代草木畅茂、禽兽逼人之时，人类须常与爪牙争食是也。二曰个人与个人之争。普通之私争是也。三曰阶级与阶级之争。平民之对贵族，窭人之对富豪，俗徒之对僧侣等是也。四曰地域团体与地域团体之争。甲部落之对乙部落，甲州郡之对乙州郡，甲国家之对乙国家是也。由泰西学者所说，则谓竞争为进化之母。夫竞争果为有益与否，且勿具论。要之，欲恶同物，欲多物寡，既为宇宙自然之现象，不争且无以自存。虽曰无益，势固有不得避者矣。而此四种竞争中，言夫第一种，则人类今已处于全胜，其争殆息，可勿复论。其第二第三种，凡在文化稍深之社会，其竞争之形式已渐变，程度已渐杀，而其所以能尔者，恒赖有国家，此亦俟下方别论之。若夫第四种，则今日正当其争最剧之时，而将来且日进而未有艾者也。

荀子所谓"离居不相待则穷，群而无分则争"，可谓尽人之性也已矣。人欲自缮其生，则必借通功易事，其不得不为群者势也。然使群内所属之个人相阋无已，或群内复为小群，相阋无已，则其群未有能坚树者也。不能坚树于内，则固不足以竞于外矣。夫人非土地则无以为养，故凡群必有所宅，此地域团体所由生也。然或以生齿日滋，所资以为养者不给，则不能不有所攻取于外。或他群狡焉思启，谋攘夺吾之所资以为养者，则不能不有所以捍御之。此即所谓地域团体之竞争。而数千年以迄今日，其范围愈推而愈广，其手段愈接而愈剧者也。此种竞争，若归劣败，则全群之人，举无以自存。然则欲群之能胜于外，固不可不先求坚树于内；欲求坚树于内，则不可不首取害群之事物而镇压之消灭之；欲镇压消灭彼害群之事物，非有强制力焉不可得也。一群中所有强制力，命之曰统治权。既有统治权，斯国家之形成矣。是故由任意结合之社会，进而为强制组织之国家，实事势所不得不然，而亦人道之极致也。此国家功用之存于社会的方面者也。

夫统治权既以强制为用，则国人皆当服从，斯不自由莫甚焉。而一国中有司国家机关而行强制权者，有仅服从于国家而被强制者，斯不平等莫甚焉。于是有谓国家之建置，仅以拥护强者之权利，而以弱者为其刍狗者。无政府党之所以欲破坏国家，殆为此也。虽然，谓不自由不平等之所攸起，由于有国家，而国家强制力消灭后，则自由平等之幸福立见，此大惑也。夫物之不齐，物之情矣。当国家未建之始，其强陵弱、众暴寡、智欺愚、勇威怯之象，视今日盖数倍焉。人徒见国家虽建，而国中仍不乏无告之民，而不知苟无国家，则无告者乃真无告也。复次，国家既建，则个人之自由，每被限制固也。虽然，自由之范围，虽视前为狭，而范围内之自由，其确实之程度，则视前为增。盖国家者，所以确定个人自由之界而为之保障者也。使自由而无界，人人各得随其力之所及而伸缩之，则社会之劣而弱者，将常为强而优者之鱼肉而无所逃命矣。由此言之，则社会中劣弱之阶级，其深赖有国家也甚明。然则国家得毋不利于优强之阶级乎？是又不然。前此之强者，不过有事实上之权力而已。及经国家承认以后，则变为法律上之权利。仅恃事实上之权力，一旦众弱联合而踣之，未可知也。既为法律上之权利，苟蒙不当之反抗，则又可以求保护于国家矣。是故无国家，则强者弱者举受其敝；有国家则强者弱者举蒙其利。此国家功用之存于个人方面者也。

明乎此义，则国家以何因缘而建置，人曷为而必乐有国家，从可识矣。

·第二节　国家之目的·

国家之功用，既如此其大，然如何而后能全此功用乎？则必有其所由之道。循斯道以往而期于必至，是曰目的。国家之目的，则政治之方针所由取决也，故中外古今之言政者，未有不首谨于是。

虽然，国家目的之一问题，实数千年来未能解决之宿题也。在昔古代专制国，认国家为君主一人之私产，则有谓国家最大之目的，在于拥护君位者，而其政治方针，即循此目的以行。此不必征诸远，但观我国而可知也。我国历代之制度，及百官所司之职，大率在平时则以供奉君主，有事时则以翼卫君主而已。其间虽亦有关于国事民事者，然视之不甚重，行之亦不力也。此说也，与国家之性质、国家之功用全相反背，其悖谬固不俟辩。反之，而中外贤哲，多有谓国家专以利民为目的者。如孟子曰：民为贵，社稷次之，君为轻。其余儒家道家言类此者，不可枚举。而泰西十八九世纪之交，卢梭、孟德斯鸠诸哲所持论，大率认国家为人民之公产，谓国家最大之目的，在于使人民得其所欲。即现今英国中多数人民，亦尚主此说。近世硕学边沁、斯宾塞辈，其代表也。此说也，固含有一面真理，其所举者，原不失为国家目的之一种，然谓国家舍此别无目的，或谓此为国家诸目的中之最大者，则皆误也。夫使国家而果以人民个人之利益为目的，则祁寒暑雨欲恶各殊，国家亦何术以每人而悦之者？而论者或曰：是宜三占从二，以最大多数之利益为标准也（边沁之说）。虽然，多数者固人也，少数者亦人也，同为国家之一分子，而徒以少数故，遂不得沐浴膏泽，此何理也！况国家之施政，往往有牺牲个人之利益，予人民以莫大之苦痛（如战争及负担租税）。而君子或未以为非者，则又何也？故此说虽若优于前说，而其不足取则一也。

原两说之蔽，皆由误视国家为一物，而不知国家之实为一人。夫曰私产曰公产，皆民法上所谓物权也，为权利之客体者也；而国家则有人格也，为权利之主体者也。夫惟有人格者，为能自有其目的，若夫物则只以供人之目的而已。故如甲说，则国家者，君主所资以达其目的之具也。如乙说，则国家者，个人所资以达其目的之具也。而国家则块然绝无目的者也。充甲说之弊，则君主可以蹂躏国家，以自佐其娱乐；可以将国家之全部或一部，移赠于人，以自救其困危。充乙说之弊，则国家虽当极危急之时，人民有不欲战者，不能强使战；国家虽当极贫困时，人民有不欲纳税者，不能强使纳。盖理想一误，而事实随之，故辨之不可不早辨也。

然则国家之目的果安在？曰：其第一目的，则其本身（即国家全体）之利益是也。其第二目的，则其构成分子（即国民个人）之利益是也。盖国家功用之巨，既具如前此所云云，然欲常全此功用勿使失坠，则第一义必当先使此国家常存于天壤；不惟常存而已，又必当然使之发荣滋长，常能应于时势，而尽其职。譬诸人然，既以吾身为足以系天下之重，则必自爱惜而毋或妄戕贼之；不惟毋戕贼而已，而又必思所以日进其强健之度，此所谓本身之利益也。虽然，国家之功用，凡以其为国民所托命而已。而国民苟不存，则所谓国家者，亦不可得见。故国家常当兢兢焉惟国民之利益是图，此事理之至易睹者也。譬诸爱身者，务使四支〔肢〕百体，各得其所，而为相当之发达各肢体之苦乐，即全身之苦乐也。此所谓构成分子之利益也。

政治也者，即所以求达此目的之具也，大政治则曷为而有美恶乎？曰：其由之而能达此目的者美也，其由之而不能达此目的者恶也。此两种目的能骈进而调和者美也，此两种目的或偏举而相妨者恶也。然则其绝对的美恶，可得指乎？曰：是难言之。盖同一目的也，而所以达之之手段，各殊其涂。譬由上海以适京师，或航黄海之舟，或遵芦汉之路，两皆可致，而互有其短长，此政治之所以容论争者一也。又国家全体之利益，与国民个人之利益，语其归宿，虽究竟必出于一致，而当其进行之际恒若不免相妨。惜物力则国用或阙而要政荒，充国用则物力或伤而民生戚。尊在宥则或损国家之威重，务干涉又恐窒人民之自由。图百世之利则目前之负担者重，而或取怨咨，徇一时之急，则将来之大计贻误，而或致追悔。凡此种种，利害相倚，不可得兼，皆可以持之有故，言之成理。斟酌于缓急轻重，则随各人所判断以为是非。此政治之所以容论争者二也。夫明于此义，斯乃可与论政治矣。

· 第三节　政治之意义 ·

何谓政治？据普通学者所说，则曰：政治者，国家为自达其目的所行之手段也。此其义虽若甚包举，然细按之，则有嫌其未尽者，有嫌其太泛者。盖国家之行动，必借其机关以为代表。然政治事项，其行之者不徒在国家机关，虽以人民个人之资格，亦常得参与之。（此非指人民在国会之参政权也，若国会则固国家一机关矣。）如近世立宪国之有政党，其为物固绝不含有国家机关之性质，而一国之政治问题，实什九由政党提倡之且解决之。然犹曰：此为多人结合之一种团体也。至如报馆以个人之力而政治往往托命焉，此又不必立宪国为然也。即在专制国，其以一二人之意见言论生出政治上大变动者，古今中外历史数见不鲜矣。故以政治专属于国家行为，其义有所未尽也。谓政治所以达国家之目的，是已，然国家之目的，具如前述，一曰为国家本身为〔谋〕利益，二曰为构成国家之个人谋利益。夫此两者之利益，其范围浩乎无垠，举天下事物，殆无不可以纳于其中，则政治且日不暇给矣。是故当于其中画出一部分焉为社会的问题者，如宗教、言语、文学、生计诸事项，由社会上自然发达，而未尝劳国家之特为经画者皆是也。（此等事项，虽或以社会公共之力，使之为人为的发达，然苟非劳国家之特为轻画，则不名以政治。）除此以外，则皆属于政治范围乎？曰：未也。凡一切关于国利民福之事项，其已决定方针，著于宪典者，则变成为行政事项，或司法事项，而不得复谓之政治事项。例如国家既决定收某种租税，其若何征收之法，则行政问题，非政治问题也。例如国家已以法律认定人民某种权利，其若何保护此权利，则司法问题，非政治问题也。所谓政治问题者，乃在此租税之是否当征，此权利之是否当认。其他百事，可以类推。是故政治问题者，其是非得失常有讨论之余地，而当一国中一时代辩争之剧冲者也。社会问题者，未成为政治问题者也。行政及司法问题者，政治问题之已过去者也，盖社会事项欲确指其何种决不能成为政治问题者，天下无有，但当时之人不认此事为全国治安荣悴之所关，不提出以求国家之举措者，则不为政治问题。例如保护劳佣，均节贫富，在今日欧美各国为最大之政治问题，在吾国则不成问题也。即在欧美当二十年以前，亦不过一种社会问题，而未得列于政治问题也。又如我国开设国会，在今日为最大之政治问题，三年以前则犹未成问题也。政治问题与社会问题之区别在此。政治问题之已过去者，则蜕变而为行政或司法之问题。例如宣布宪法、召集国会，在我国固为现在最大之政治问题，在欧美诸国，前此固亦尝为政治问题，今则已不复成问题也。又如废科举、兴学校，当十年前，为我国最大之政治问题，今则已不复成问题也。政治问题与行政及司法问题之区别在此，试为图以明之。

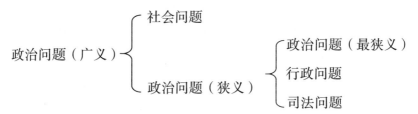

（《国风报》第一年第一、二、四、六期，1910 年 2 月 20 日、3 月 2 日、3 月 21 日、4 月 10 日，署名"沧江"）

国会与义务

缩短国会期限之诏旨有云："今者民气奋发，众论佥同，自必于人民应担之义务，确有把握。"此所谓应担之义务者，其词颇浑含，不知所指，然证以谕文前段云："第恐民智尚未尽开通，财力又不敷分布。"合诸前后语气，则所谓义务者，自必为负担租税之义务无疑。而江督张人骏电奏亦云："窃虑议院骤开，议员识解未抒，担负无力。"又云："可否将通国财政预算应加之数提出，就资政院未闭会各省人民代表暂未出京之时，订定切实负担，借以速集巨款，巩固财用。"其用意殆亦与谕旨中之所谓应担之义务者相发明。此实朝列大老共通之心理也。即今年所编之预算案，据道路所传言，原拟不提出于资政院。后此几经会议，谓此岁入不足之七千余万，可以责资政院以负担。其提出之动机，实系于是。此尤为此种心理之直接表见者也。要之，政府心目中之国会，全欲借之以为头会箕敛之具，以开国会为朝廷对于人民所颁之大赉，而谓人民对于政府所需索者，应有以为酬。呜呼！此实误谬之见也。

此误谬之所由生，固缘政府诸公于事理瞢无所识，亦由前此人民之期成国会者，往往以此言歆动政府，而坐是增其迷想。夫以政府之冥顽不灵，难以理喻，则设此权词以导之于善，原不失为一种手段。虽然，若使政府长此不解国会之性质，则将来宪政之进行，其障碍将不可纪极。今者资政院之削减豫算，已大反政府初意所期。窃意政府中之多数人，必将有以资政院负担无力，将来国会亦将尔尔，而因以此荧圣听者，是故吾不能无言。

英人有恒言曰："不出议员则不纳租税。"此盖当要求参政之始，以此为劫持政府之一武器。而其后展转传讹，一若以议员与租税相交易，而为受偿之代价，此大误也。凡政治上之权利，同时即为政治上之义务，此实学理上之一大原则，放诸四海而皆准者也。既为本国人民，应得与闻本国政事，故得选举议员与得被选举为议员，固可称之为人民一种之权利。既为本国人民，不容置本国政事于不问，故选举者必躬自投票，被选者必须常列席，亦可称之为人民一种之义务。然则国家之设国会，谓之赋人民以新权利焉可也，谓之课人民以新义务焉亦可也。而所课之新义务非他，乃即存于国会其物之自身者也。夫国会其物之自身，本已含有义务之性质，而乃云以之与他种义务相交换，是以义务为义务之代价也，其不词亦甚矣。人民既负担应与闻国政之义务，同时又负担应纳租税之义务，此两种义务，皆不容逃避，而各自独立并存，彼此绝无因果之关系。指纳租税为开国会之代价，是无异指服兵役为纳租税之代价，稍解事理者，当知其非矣。

然历观各国，大率当国会未开以前，赋敛稍苛，民辄侧目而视。及国会既开之后，租税岁增，民犹安之若素者，非其民谓国家既赉我以国会，我应有所为偿也；尤非国会议员，能有权指挥所代表之人，使各出所蓄以为献也。盖国会之对待机关为政府，政府所编之豫算，即为其所持政策之缩影。国会协赞预算与否，即为国民承认政府所建政策与否之表征。既承认此政策，则不能不承认彼实行此政策所需之经费。彼人民之乐于负担增重之义务者，非以有国会之故而乐之也，以政策之同吾所欲而乐之耳。故使政策而常能同民所欲，虽无国会，国库亦何患乏财？使政策而不能同民所欲，则就令国会唯阿以将顺政府，亦安能绞民之臂而取之也？（若以强力压制，则虽无国会，政府亦何尝不可以绞民臂？但不能禁其不铤而走险耳。若国会溺职而为恶政府爪牙，其结果亦犹是也。）而人民于国会所协赞之预算，大都无异言者。则以既有国会以与政府相对待，则政府之政策，总不至太反乎人民之所欲所恶，故国会虽不能直接使人民增负义务，而常能间接使人民增负义务，皆此之由也。

夫广土众民之国，其府库未有患贫者也。国家取诸民而不为虐者，其涂非一，然非有财政上之专门学识者，不能察税源之所在，而取之悉如其分；又非有种种精密完备之机关，则虽可取之税源，日横于吾前，而决无术以取之。夫以我国现在之岁入，惟以田赋盐课厘金为大宗，而縢以烦苛之杂捐，其负担之者，皆生计觳苦之小民，而素封之家，往往不输将一钱。是求税源于久涸之地，而丰泽者反弃置不顾，此安能责人民之不负义务？盖政府自始未尝取其应负之义务而课之也。比者耳食外事，于他国现行之良税目，亦既有所闻而思效之矣，殊不知一种税目之所以得行，必赖有种种行政技术以为之辅。他勿具论，即如烟酒两税，多取不为厉民，而各国恒恃此为岁入巨项，此尽人所同知也。然其征收之繁难多弊，亦在诸税中为特甚，各国财务行政家几经阅历失败，再四变革，而始渐得良法。吾徒观其岁计表，艳羡其穰穰充牣，而岂知其所以得此者，固粒粒辛苦也。其他诸税，亦何莫不然？吾于其所有之机关，无一能具；于其所操之技术，无一能解。而政府官吏，徒欲晏安坐啸，日几幸受廛之氓，各辇金以致诸司农，天下固有不劳而获若此者耶？是岂人民不负义务，毋亦政府未尝以义务易义务而已。明夫此义，则中国现在财政竭蹶之由，从可识矣。

夫国会之所以能使人民负义务者，非有他谬巧。盖国会既建，则彼绝无财政上专门学识之人，决不能滥尸一国理财之重任；而縢贫遗富之租税制度，决不能为国会所容，司度支者乃不得不悉心以探索适当之财源，使彼在法宜负义务之人，各应于其力所能及而遍负之，则岁入之增焉者一矣。人民负担力随其富力而增长，畴昔政府不事民事而反縢之，民富日蹙，而税源日涸。国会既建，常督责政府为民兴利，故能税则不改，而所收日丰，则岁入之增焉者二矣。畴昔行政机关，丛脞腐窳，国会既建，纠绳綦严，政府非综核名实，洁己奉公，决不能以自存。综核名实，则虽繁难之税目亦可举办，而应纳者无所逃；洁己奉公，则断不至收税行政之费，反浮于所收之税，则岁入之增焉者三矣。今世立宪国财政，所以日舒，而人民负担岁增乃不觉其重者，胥是道也。谓非赖国会以致此焉不可，谓国会能直接以致此焉亦不可也，何也？其所以能致此者，全恃良政府，而国会则所借以求得良政府之一手段也。

今政府全不解此理，困而不学，惟知责望人以负担义务。今试如张人骏之意，与各代表各议员订定切实负担，而各代表各议员居然应允，则殆可谓尽义务也已矣。然试问其所应允者，能自任之乎？不能自任，则归而派捐于其乡井，能有力强制其乡人，使不得不捐以自践其言乎？然则所谓订定者，毋亦一种无效之要约已耳。夫张氏之持论，太幼稚可笑，原不足深辩。就令有进于此，政府提出某项某项增税案，而议员居然赞成，则亦可谓尽义务也已矣。然试问以现在麻痹腐败之政府，能有道焉以施行此新税，而使其征收无罣漏无侵蚀乎？然而虽赞成增税，其有补于国家财政之岁入者又几何？又就令机关备，技术完，所欲取于民者，无不如志矣，然犹当视民力所能任者何如。孟子曰：用其二而民有殍，用其三而父子离。人民之对于国家，虽曰有绝对的服从之义，然苟诛求极于所不能堪，则虽刮骨，亦恐无所得。政府徒见夫他国人口不及我什之一，而财政岁入动十数倍于我，辄睊睊焉诮吾民之不负义务。曾亦知他国人民之富力，其与我果相去何等耶？应负担之义务，是否确有把握，惟政府宜知之，吾民则何能自言焉？吾民且未知政府将欲课我以若何程度之义务，而何把握之可言！在政府之意，岂不曰今日汝所求于我者而既汝许，则他日我所求于汝者宜勿我拂，夫我民则安敢拂政府者，又岂好拂政府者？然亦当视其所以命之者何如。若夺人父母之养，冻馁其妻子，而语之曰：此汝义务不可不尽。夫孰能听之？今政府日日与吾民言义务，吾欲其将义务二字下一界说焉耳。

吾更欲为政府诸公进一言，天下事责任所在，即权力所在也。欲保持权力，其术莫妙于多负责任。凡放弃其固有之责任者，实则将其固有之权力退让与人已耳。他勿具论，即如均节财用之权，固宜操诸政府，而国会不过从旁批评以匡救其失，此立宪君主国之通义也。故政府之编制预算，既规定国家所万不可缺之政费，同时必指定相当之财源以支应之。其有不给，则别设法以取盈于民。夫设法以取盈于民，则易贾民怨，固也。然此顾安得避传有之，贾而欲赢而恶嚣乎？今政府既欲取盈，而又不愿自贾怨于民，于是乎有奇怪不可思议之宣统三年预算案出现。收支不相偿七千余万，而乞资政院为之弥缝。夫预算之编制权与议定权各有所归，酌盈剂虚，以均出入之衡，此编制权所有事，宜归政府者也。自非若共和政体之美国，未有举此两权而悉畀诸国会者。今政府日日忧大权之旁落，而独于此最重要之编制、预算权，则拱手以让诸资政院，无他，惮负责任而已。而其于缩短国会期限，即申言应负义务之有无把握，其意不过欲年年任意滥加岁出，而岁入一部，则抵死不肯自为戎首，惟以责诸将来之国会已耳。此非吾逆诈亿不信之言，观乎今年各省提出于谘议局之预算，大半有岁出无岁入，而中央预算，亦委其岁入不足之部分于不顾，则政府心理，昭然若揭也。信如是也，其不至破坏君主立宪之精神而不止也。

英国者，立宪政体之祖国也，而其国会之议决财政也，对于岁出部分，不能为要求新经费之提议；对于岁入部分，不得为增加新税目税率之提议。于一七〇六年、一八五二年、一八六六年，屡次以法律严示其限制。其名相格兰斯顿，谓彼国财政基础之固，全系乎此。由此言之，则能课人民以负担租税之义务者，惟政府耳，而国会乃绝对的不应有此权。我政府之理想，与英人相去抑何远耶！（《国风报》第一年第三十四期，1911 年 1 月 11 日，署名"沧江"）

立宪政体与政治道德

孔子曰：为政在人。其人存则其政举，其人亡则其政息。此天下古今之通义，言治道者所莫能易也。自近世法治人治之辨兴，于是始有持为政在法之说者。夫法之不善，则不足以维持国家于不敝，斯固然矣。顾苟有其人，则自能审度时势，以损益诸法而善用之；苟非其人，则虽尽取天下古今至善之法以著诸官府，其究也悉成具文，而弊之与法相缘者，且日出而不知所穷。故法与人虽不可偏废，然有人而法自随之，其道为两得。徒法无人，并法亦不能以自存，其道为两丧也。

为政在人云者，非谓一二人云尔，凡与政事有系属之人人皆统焉。其在专制政体之国，则君主及其疏附先后者，皆为政者也。其在贵族政体之国，则国之巨室，皆为政者也。其在立宪政体之国，则自执政大臣以逮小吏，自国会议员以逮司选之公民，皆为政者也。苟得其人，则无论何种政体，皆足以致治；苟非其人，则无论何种政体，适足以生弊。谓立宪政体之优于他种政体者，非谓其本质确有优劣之可言，亦曰立宪政体之为政者，其于得人之道，则较易焉耳。

为政者所不可缺之具二，曰德曰智。然德优而智绌者，其于增益之也至易。诚以求焉，虚以受焉，缉熙光明，一反掌间事耳。昔日本伊藤大隈辈，号称名相，而其初借外债以筑铁路也，拟结倒授太阿之约，其议拒治外法权也，乃至欲参用外人为司法官。诸类此者，不可殚述。此皆今日稍有识者所能知其非，彼贸然行之，其愚殆不可及。而功卒在社稷者，靡他之忠可矢，故不远之复匪艰也。若夫智具而德荒者，其獭祭耳食之所识知，良足以距人于千里之外。顾言说甚美，而所行皆适得其反。不宁惟是，假名于新法之当举，因以为奔竞权要位置私昵之路；借口于旧习之通变，益以佐弁髦礼义、捐弃廉耻之资。故政治智识日进，而政治道德日退，使人反忆念畴昔之故见自封而砥节自守者，叹为凤毛麟角，不可复睹，则天下之忧方大矣。

我国政体之趋于立宪也，时势所不得不然也。今五大部洲中，无复能有一国焉率专制之旧而自立于天地者，故处士号呼之于下，而先帝英断之于上。今者立宪之一语，亦既人口诵而家耳熟，而朝野上下，亦且谓八年以往，吾国之方英美驾德日，可操券而待矣。虽然，吾尝闻诸法儒孟德斯鸠曰：凡一国之立，必有所恃。专制政体之国恃威力，少数政体之国恃名誉，而立宪政体所恃以立国者则道德也。夫道德之为物，无论何国，固不可以斯须去，而孟氏独于立宪国三致意者，岂不以他种政体，尚有他术焉可以济道德之穷，而立宪政体，则舍此而悉无所丽也。请言其理。立宪政体之最可贵者，在其权限之严明。然正以权限严明故，故行政部有莫大之威权，非他种政体所可同年而语。立乎其上者虽有一君主，而君主以神圣不侵之资格，不负政治上之责任，势固不容察察为明，一一综核政府之设施，而代之受过。故得以限制政府之威权而使轨于正者，惟恃一国会。然国会之对于政府，仅能为立法上之监督与政治上之监督而已，若行政上之监督，在法固非国会之所得施。而国家诸种行为中，其与国利民福关系最繁而影响最捷者，实莫如行政。就令政治之方针不误，法制之大体适宜，而奉行之勤怠虚实，与夫宽猛缓急之间，其结果之良恶，可以悬殊。夫奉公于行政部之人，则亦多矣，上自国务大臣，下逮庶人在官者，靡所不统。有一失职，民害乃滋。故立宪国之行政官吏，各对于其职务而负严重之责任，以受上级官厅之监督，其上级者又受其更上级者之监督，夫必事事毛举而监督之，亦何术可以克周者？必也一切官吏，先皆有忠于职务之诚意，断不至为大德之逾闲，然后于其所不逮者及其所失误者而指挥之是正之云尔。若一国官吏，悉自忘其身之为国民公仆，而惟思假公职以牟私利，恬然不以为耻，一邱之貉，而监督又安得施？此普通官吏之道德系国家安危者一也。下僚之不德，长官得而纠之；长官不德，而纠之之道殆穷。夫一国之行政部，必有其最高机关，在东西各国，则中央内阁诸大臣也；在我国现制，则中央各部尚书侍郎，复益以各省督抚也。此皆舍君主及国会以外，无一人能纠其责任者。而立宪国之君主，既已以垂拱为治，则国会实为唯一之督责机关。靡论此最高官吏者，常得借口于行政职权之独立，以逃国会之干涉也。就令政治上之德义问题，为国会所得干涉。然国会之召集，期限有定，闭会中渎职之举，俟下次开会而始图匡正，势已等于亡羊，而贻国家以不可复之损失者，抑既多矣。况乎执政以弹劾获罪，在泰西宪法史中，目为不祥，其事固不可以屡见。然使衮衮当道，举皆以德义为弁髦，则虽劾一人而去之，继其后者犹吾大夫崔子，则多此一次之扰扰，果何为也？又况国会之力能进退执政与否，又视乎其国之宪法条文及其政治习惯何如，而决非新进之立宪国所能望也。故夫今世立宪国国会之监督执政也，必其执政先有恤民忧国之诚意，其所设施固无一不以国利民福为前提。特其政策之权衡于先后轻重缓急间者，见智见仁，利害非可一言而决，则占之舆论以定其从违云耳。若执政心目中，本无国家无国民，其所以误国病民者，不在措施之失宜，而在行谊之负疚。于此而欲借国会以为匡救，其所能匡救者几何哉？此执政方镇之道德系国家安危者二也。然此犹为国会议员能尽其职者言之耳。使议员各能金玉自守，不淫于富贵，不屈于威武，代表正当之舆论，为国民后援，则虽有不肖之执政，犹将有所惮而不敢自恣，且或畏民岩而思引退焉。而不然者，诱之以利禄，怵之以祸害，能使之幡然尽弃其所守以党于敌，则国会以及一切地方议会，乃不啻为蠹国殃民之官吏傅之翼。前此失政溺职，尚或狼顾而惧清议之随其后，今乃得明目张胆而号于众曰：吾种种秽德罪业，皆从国民之所欲而行之者也。是何异国民自举代表人授之刃而使揕吾胸也。是恐一虎之择肉有所未尽，而复豢群狼以为之扈从也。是故人民所举议员，苟得其人，则常能闲节政府使轨于正，诒人民以莫大之利。苟非其人，则缘此所蒙之害亦如之。此国会及地方议会议员之道德系国家安危者三也。由是言之，则孟氏谓立宪政体惟恃道德以立国者，岂其欺我哉！

今之设辞以挠宪政者，辄鳃鳃然以程度不足为忧，唯吾固亦忧之。虽然，彼所忧者曰人民程度问题，吾所忧者，则官吏与人民共通之程度问题也；彼所忧者曰智识程度问题，吾所忧者，则道德程度问题也。夫使官吏之程度已足，惟人民之程度不足，则策厉陶冶以助之长，至易易耳。彼二十年前之日本，岂不然哉！若乃官吏之程度，万不能为立宪国之官吏，则吾真不知如之何而可也。使道德之程度已足，惟智识之程度不足，则甘受和、白受采，稍傅益之，将日进而无疆焉。若乃道德之程度，与立宪国所需者相背而驰，则朽木不可雕，粪墙不可圬，吾又安知其所终极也？今之立宪而曰预备也，岂非惧程度之未足，故少辽缓之以期诸将来也？顾将来可以增进者智识程度耳。若道德程度，则岂有所待焉？人人诚能以自厉，虽一跃而凌驾世界诸先进国可也。而不然者，虽预备数十百年，吾敢必其无寸效之可睹，而何有于八年哉？又况乎持吾之所谓道德程度者以绳我国人，不惟不见其日进也，而反见其日退。今且若此，则江河日下以迄于八年，吾更安知其作何状也？呜呼！吾见夫畴昔巧宦猾吏之魁桀，今悉以宪政能员闻矣。吾见夫畴昔以爱国豪杰自命者，一入恶浊之社会而与之俱化矣。吾见夫负笈于外怀所学而归者，悉唾弃之，而别求所以媚世之术矣。夫岂无一二自好之士，则将为世所摈而渐即于劣败之林。受侪侣之嗤点而引以为戒耳，至使人想望十年以前之人心士俗，翏然有余思焉。朝颁一章，则为显宦多开一罔利之路；夕开一局，则为鄙夫多辟一奔竞之门，循此以往，逮其所谓豫备之悉备，而民且无噍类矣。昔于令升之论晋史也，曰行身者以放浊为通而狭节信，进仕者以苟得为贵而鄙居正，当官者以望空为高而笑勤恪；毁誉乱于善恶之实，情慝奔于货欲之涂；选者为人择官，官者为身择利；悠悠风尘，皆奔竞之士，列官千百，无让贤之举，而断之以国之将亡，本必先颠。今也一国之风习，以视令升所痛哭者何如？若是，将陆沉之不暇，而安用此虎皮蒙马之宪政为也？呜呼！千圣百王之缔造此国土、涵育此文明以诒我子孙也，盖非易焉，其忍及吾躬而斩之也。诗曰：嗟我兄弟，邦人诸友，莫肯念乱。谁无父母？吾果杞人也欤哉？

然则如之何？曰：我大夫为民所具瞻者，其亦念民生之不易，祸至之无日，其庶几精白乃心，以禳此浩劫而还我太平。即不尔者，亦愿虽以其全为吾子一身计，而仍出其余以为国民计。则疾虽不瘳，其或不增剧焉。虽然，吾之言，老生常谈也，吾知闻吾言而怵惕于其心者，什不一二。其有一二，则将曰似此狂澜，岂吾力所能障？毋宁随之以汩流而扬波也。顾吾抑尝闻诸湘乡曾子矣，曰：风俗之厚薄奚自？自乎一二人之心所向而已。又曰：转移习俗而陶铸一世之人，非特处高明之地者然也，凡一命以上，皆与有责焉。天而不亡中国也，其庶几有闻曾子之言而兴者也。（《国风报》第一年第三期，1910 年 3 月 11 日，署名"沧江"）

责任内阁与政治家

今日建设责任内阁之议，渐成为朝野之舆论，国民噪之于下，督抚争之于外，而资政院主之于中。虽宫廷枢府，亦渐渐为所动。夫畴昔吾国人固莫或知责任内阁之为急也，今则全国人憔悴虐政，宛转就死，穷而返本，知致我于死者之由，何道矣？资政院开，有所谓政府委员者出，谓足以为院中质问之鹄，而其等于儿戏，抑众所共睹。资政院以不得要领之故，不得不穷极其敝矣。督抚前本与各部尚侍立于同等之地位，除循例奉行之细故外，罕能掣其肘。今则中央集权之说昌，各部动下训令，督抚非复前此之能孤行其志。而各部令如雨下，无所统一，朝颁夕改，此矛彼盾，实无以为奉行之准。于是始思所以职其咎者矣。由此言之，责任内阁者，实应于今日时势最急之要求，人人心目中所希望，若饥渴之于饮食。事势既已至此，则朝廷虽有雷霆万钧之力，固无道以遏之。故责任内阁之名称之出现于中国，殆旦夕间事，此吾所敢决言也。虽然，是遂足以为中国之福乎？吾不能无疑。

责任内阁者何？举全国之政治而负其责任也。惟政治家为能负政治之责，故必有政治家然后责任内阁得立。而今也举国中有足称为政治家者与否，吾实不能无疑。今请遵严格以论列政治家之定义，而勘以国中人物，果有足以当此焉者否也。

一曰：凡政治家有所计画，必须以国家利害为前提。盖政治也者，国家意思之现于实者也。苟所计画者而非国家之利害，斯不得谓之政治矣。故政治家常须自念其身为国家之公人，将自己一身之利害与国家利害，画清界限。当其执行国家政务之时，则惟知有国家之利害，而断无或假国家之力以自牟其私利，此政治家首当具之条件也。此不徒立宪国之政治家为然也，即专制国之政治家亦有然。我国之管子、商君、诸葛武侯、张江陵，泰西古代，则希腊之来喀瓦士、罗马之该撒，近世则普王腓力特列、奥相梅特涅，皆专制之雄也。然言大政治家者必举之，亦曰其所计画，悉以国家利害为前提而已。虽其政策有时偏袒一部分人之权利，若有所私。虽然，彼固认此一部分人为国家之中坚，谓特别保护之，正所以谋国家之利益也。抑彼且有时设种种方法，以扩张自己之权力，保持之惟恐失，其迹更类于营私。虽然，所以尔尔者，自信吾一身能任国家之重，而非立于此地位，则无以行吾志。故其目的仍在国家之利害，而其扩张拥护一己之权力者，不过借以为达此目的之手段而已。夫其政策果与国家利益之范围相合与否且勿论，其一身果能任国家之重与否且勿论，要之，其心目中常以国家利害为前提者，则可谓之政治家。反之而以一身利益为目的，而以政治为达此目的之手段者，决不得谓之政治家。是故商君政治家也，而李斯非政治家；王荆公政治家也，而蔡京非政治家。何也？以其宅心立身之基础，本相异也。今中国盈廷官吏，试一抚心自问，其果有能具此条件者乎？上自大臣，下逮小吏，何一非借政治以为肥身保家之计？即其稍治政法学者，亦不过曰，当今之世，非借此以哗世取宠，则不能自致于荣途云尔。彼之学政治谈政治，皆其手段而非其目的也。此而可谓之政治家，则国中政治家，盖车载斗量矣。夫国家者，无形之法人也。无形之法人，自有其目的，自有其意思，而恒借司理机关之人，以现于实。今也司理国家机关之人，悉忘却此机关之为国家而设，反认为为我而设。是故本应为官择人以人治事者，今则变为为人择官以事奉人，国家机关徒以供个人营私罔利之涂径。故惟有个人之意思目的，而国家之意思目的，全无所托以表见，则等于无而已。夫国家而无意思无目的，则形魄虽具，而营魂已亡，欲其久存于天壤间，岂可得耶？

二曰：凡政治家必须建立一有系统之政策，而务所以实行之。一切政治，无非为国利民福起见，然必如何然后国利民福可以致，是当策画之。若此者谓之政策，有涉于全体之政策，有一时一事之政策。虽然，无论如何，其精神常须一贯，而其系统常须相属。盖政治也者，各种政务结构而成之一种状态也。而彼各种政务，决非能种种互相离立，而常彼此相待，前后相衔。故有时欲办甲事，必先办乙事；而欲办乙事，又须先办丙事。如是相引，以至无穷。若徒逐枝叶而不探其根本，此如羡他人园卉之艳，采撷以系诸吾树，而此树终无着花之期。若徒知体要而不审其条理，此如抱登高望远之志，不拾级而妄类升龙，则此身终难举向上之实。而所尤忌者，则今日方建一策，明日即建一与此策正反对之策；甲机关方办一事，而乙机关即办一与此事不相容之事。此如治病者，不审脉理，医药杂投，或任进本症禁忌之物品，欲不速其死亡，不可得也。

是故号称政治家者，（第一）其眼光须能洞察国内国外之大势，审己国之位置，而定现在将来之目的如何。（第二）当举全国政务，通盘筹画，推其缓急轻重，毋徒沾沾局于一部之利害。（第三）须察各种政务之连络关系，而细究其因果相维之理，毋使其以此妨彼，以今妨后。（第四）凡有新发生之政务，无论为豫定者为意外者，而所以处置之道，常持既定之大计画以权衡之，毋使相抵牾。如是则庶乎为有系统之政策矣。然即此已足乎？未也。盖政策云者，本兼道与术而言之，两者合而始全其用。道者何？国利民福之所在是也，即国家之目的也。术者何？即所以能达此目的之手段也。夫所谓术者，非阴谋诡道之谓也。人事自有曲折，而因应贵有权衡。虽有善良之治道，苟行之无术，则将徒托空言，或蹶于中道而生他弊。治术之为物，缘政治家本人身分之差别而有差别，缘所处之国政体之差别而有差别。（例如以君主而为政治家者与以臣民而为政治家者其操术不同，在朝政治家与在野政治家操术不同，立宪国政治家与专制国政治家其操术亦不同。）虽非可一概论，然有为凡政治家所必当谨之术焉。（第五）凡无论在何种政体之国，而政治之反于民之所好恶者，终不能圆满施行。故必须设法使多数舆论，协赞我政策。（第六）一切政治，皆赖机关而行，故欲办一事，先整备关于此事之机关。（第七）司机关者必以人，故欲设一机关，必须物色能司此机关之人，无则设法养成之。（第八）无论何种政策，若行之有名无实，或半途尽废，则弊常余于利。故必须设法使此政策实施，不能蒙混，持续不能破坏。能具此八者，谓之政治家，缺一焉，非政治家也。是故仅能胪举学理，而于所以推行之方法不屑意者，不得谓政治家，范蔚宗所谓坐谈西伯也。仅能奉长官之教令，处理一局部之事务者，不得谓政治家，贾生所谓俗吏之所务在于刀笔筐箧而不知大体也。准此以谈，则中国今日盈廷衮衮，果有一焉足当政治家之目者乎？使有政治家，何至筹备立宪之规画，卤莽灭裂，为世诟病。使有政治家，何至各部各省之施政，樊然殽乱，渺然若不相知。使有政治家，何至一切设施，朝令夕改，有同儿戏。使有政治家，何至奏报行移，悉成具文，上下相蒙，莫或过问。若是乎，吾国之无一政治家盖章章矣。

夫秉国钧者而不具此八德，则必无从建统一之政策而务实行之。其于政治家之称，所愧已多矣。然使果能清白乃心，而常以国家利害为前提，则自能举贤以自佐，集思以广益。昔宗资成瑨，委政于范滂、岑晊，而自乃坐啸画诺，后世未尝不诵其贤。即日本维新之初，三条实美、岩仓具视辈，柄政十余年，其人实碌碌无所短长，然延揽群英以资夹辅，卒成其功名。若是者，虽无政治家之才能，然固有政治家之德量。记曰：甘受和，白受采。此之谓也。使他日责任内阁成立之时，得有此等人以尸其位，则吾国民犹或可以含责任内阁之赐。然此顾可得望耶？吾不能无疑。

夫以绝无政治上学识经验之人，而加以置国家利害于不顾，以此而组织责任内阁，则其现象当何如？吾求诸当世诸国而得一先例焉，曰朝鲜。朝鲜自光绪二十一年以后，其主告天誓庙颁大诰十四条，其第三条即为建设责任内阁。自兹以往，朝鲜有责任内阁者，殆二十一年矣。而朝鲜之有今日，即其责任内阁之赐也。吾国将来之责任内阁，果有以异于彼所云乎？吾实疑之。

昔者有化石谷焉，自五金之属，以及珊瑚、翡翠、珉琳、琅玕，乃至凡百动植物汇，苟入之者，必成顽石。中国盖此类也。自海禁既开以来，泰西所谓自然界之文明、社会界之文明，其灌输于我国者何啻千数百事，而无一不化为僵石以尽。今者责任内阁又踵至矣。吾知非久必将举现在所谓军机处、会议政务处、宪政编查馆及彼十一部与夫各未裁撤之大小衙门糅而合之，命之曰责任内阁。举现在据此要津之人人拘而集之，命之曰责任内阁之阁员。如斯焉已耳。信如是也，则吾国民之望有此责任内阁，果何为也哉？

虽然，吾所惧者尚不在是。惧乎除当道斗筲以外，而国中亦卒无政治家而已。苟使在朝者虽无政治家，而在野者尚有政治家，则国固未始遂不可救。夫今之政府，虽百事敷衍，然先帝既定立宪以为国是，为人臣子，终不敢以反汗。自今以往实已有容在野政治家发生之余地。资政院、谘议局之两法定机关，虽权力至为薄弱，能善用之，则其可举之职固不乏。况国会期限之缩短，国民所以呼吁之者，既已如此其迫切，度终必有以回天听。于彼之时，在野政治家回旋之地，益广漠而不可限。诚有其人乎，则当此危急存亡之际，国家之艰巨，终不得不集于彼躬，至竟有能行其志之一日。即其时未至，而使在朝者视之隐若敌国，不得不有所惮而自策勉，而思及举贤自佐、集思广益之一途，则政治现象，其亦必有以异于今日。今也并此其人者而无之，此吾之所以悁悁而悲也。夫在朝之政治家诚不能无所待，若在野之政治家，则人人皆可以自勉，斯岂不在我耶？呜呼！吾国民其有自勉于此者乎？吾虽为之执鞭，所忻慕也。

今者中国时局之亟，中智以下，靡不汲汲忧亡，虽然，此何足道者！夫国家艰巨之境遇，无论何国，无论何时，莫不有之。然或为境遇所压而遂即衰亡，或能战胜境遇而反趋强盛，则视其国人所以负荷之者何如。勿征诸远，即如普国当七年战争之时，以区区一弹丸，当四五强国。累战之后，人民死亡将半，举国鞠为茂草，其艰难为何如？又如德国当大革命后，比户喋血，百业俱尽，而全欧列强，联军压境，其艰难为何如？又如日本当维新伊始，八百年封建社会，一旦破坏，而天子无尺土，府库无一钱，其艰难为何如？又如意大利，经数百年之分裂，无复共主。外之则为二三强邻扼其吭，内之则教徒借无上之威，其艰难为何如？是故今日中国时局，虽危如累卵，然以比于彼数国之当时，则险艰之程度，尚未或如彼其甚也。

然彼诸国者，不惟不缘是以得亡，且缘是以致强。古人有言，殷忧启圣，多难兴邦。苟其国而有政治家也，则外界之种种压迫，非直不能沮国家向上之机，反以此淬厉其精神，增长其元气。而彼政治家者，经动心忍性、困心衡虑之结果，其器识日以宏达，其心思日以致密，其技能日以娴习，则一举而挈其国以拔诸九渊而跻诸九天，固意中事耳。夫彼数国之所以兴，其食在朝政治家之赐者仅十之一二，而食在野政治家之赐者，乃什而八九。吾国民视此，其亦可以无馁矣。

要而论之，一国之政治，一国国民所公共同造出也；一国政治上之责任，一国国民所公同负荷也。有在野之政治家，不患无在朝之政治家。有负责任之国民，不患无负责任之政府。吾愿谈责任内阁者，于此中三致意也。（《国风报》第一年第二十六期，1910年10月23日，署名"沧江"）

中国国会制度私议（节选）

此文为余两年前所著，曾一登于某报。某报以事中辍，故所登者不及什一，遽戛然而止。去年东京学界创设谘议局事务调查会，发行一机关报，曰《宪政新志》，因举全稿赠之，乃得以所怀抱就正于国民。此著者无上之荣幸也。惟一年以来，时事变迁，余之所见，与昔日亦不能不小有异同。因取原稿略为订正，再附本报读者取《宪政新志》所录者参校之，当益见其用意所存。惟全文十余万言，须连载十余号始毕，或致读者生厌，则余知罪矣。

悬谈

天下无无国会之立宪国，语专制政体与立宪政体之区别，其唯一之表识，则国会之有无是已。我德宗景皇帝，外鉴世变，内察舆情，既已涣汗大号，定中国为立宪政体，而期以九年之后，召集国会。大业未就，鼎湖遗痛。举国臣民，思所以奉戴末命，而惩于执政者之慢而不及事也，相率伏阙，吁请提前召集。虽承温诏，勉以少安无躁，然自是国人益知国会为立宪国民所一日不可缺，等于日用饮食，今而后乃得当以报先帝矣。夫无国会固不成其为立宪，然非谓宪法未布以前，即不能召集国会。今欧美诸立宪国，彼英国为不文宪法，其国会发达于数百年以前，固不俟论。自余各国，亦大率先有国会而后有宪法。其宪法什九为国会所参与制定。其宪法与国会并时成立者，惟一日本耳。我国立宪当尽采世界之所长，岂必专师日本？然则我今上皇帝，或俯鉴国民之诚求，而于此一二稔中，遽责以此大任，亦意中事耳，就令期以晚成，不变前议，而宣统八年之距今日，为时几何？然则我国民今日汲汲为国会之预备，已有日不暇给之势。研究国会，实国民今日惟一之义务也矣。

抑闻之，政治者，人类之产物也。而一国之政治者，又一国国民之产物也。凡人类有普通性，故政治大体之良恶，其标准固不甚相远。凡一国国民有特别性，故政治细目之适否，其裁择必因乎所宜。夫国会之万不可以不立此大体良恶之问题也，各国之所同也。国会组织之方法当若何，权限之范围当若何，此细目适否之问题也，一国之所独也。今世国家之能立于大地者，殆莫不有国会。但其国会之内容，无一国焉能与他国悉从同者。岂非以历史惯习之互殊，现存事实之各别，其势固有不容尽相师者耶？然则居今日而倡国会论，有必当注意者二事焉：一曰各国国会共同之要素，宜如何吸收之；二曰我国国会应有之特色，宜如何发挥之也。此中国国会制度私议之所由作也。

第一章　国会之性质

·第一节　法律上之性质·

国会者，国家之机关也。欲知国会之为何物，必当先知国家机关之为何物。欲知国家机关之为何物，又必当先知国家之为何物。

国家者何乎？自古迄今，学者纷纷论争，为说可汗万牛。今不具征辨。据今世多数学者所信之说，则国家者，一人格而为统治权之主体者也。必根本此义，然后机关之说乃得明。盖国家者，法理上视为一人。虽然，乃法人而非自然人也。凡人类皆自有其意思焉，自有其行为焉。自然人有然，法人亦有然。顾自然人之意思行为，自发表而自执行之，其事至易见。法人之意思行为，因其无生理上之性质也，故不能自发表自执行，而势不得不假诸机关。欲明此理，莫如征诸商事上之公司。公司者，法人而为权利义务之主体也。但公司不能自管理自经营，而必赖诸人。其人或为司理，或为董事，或为监查，要之皆公司之机关也。此等人所管理经营者，非为自己而管理经营，实为公司而管理经营。此机关之说也。惟国亦然，有元首，有国会，有各种各级之行政官，有司法官。国家有具足之统治权，而分掌诸此等人，此等人之行动，非为自己而行动，实为国家而行动，此国家机关之说也。

人身有各种机关，交相为用而不相侵轶。脑司思，血轮司荣卫，四支司动作，耳目司视听，有不备谓之不成人，惟国亦然。其机关必非单一也，而甚复杂。国会既为国家机关之一，欲知其性质必当先知其属于何种类之机关；欲知国会属于何种类之机关，必当先知国家机关之种类。

国家机关之分类有二法：一曰就其机关之所由发生以分类者；二曰就其机关之所有权限以分类者。

就其所由发生以分类，则国家之机关可分为二类：一曰直接机关，亦称独立机关；二曰间接机关，亦称委任机关。直接机关者，以特定之人，遇法律事实之发生，从于法律所规定，而自然得就国家机关之地位者也。间接机关反是，必缘特别之委任行为，受他机关之委任，而后得就国家机关之地位者也。此其例取证于私法上最为易明。如为人后者得继袭其所后者之遗产，此所谓法律所规定也。所后者一旦死亡，此所谓法律事实之发生也。两者相合，而世袭遗产之权利，遂以成立焉。所后者虽无法律行为（如遗嘱），而于此权利无损也。国家之直接机关，有类于是。如前皇大行之事实发生，则宪法或皇室典范所指定当纽之人，自应继体。其所以得就此地位者，宪法命之，而非别有他机关以命之也。故君主国之君主，国家之直接机关也。又如国会之议员与夫共和国之大统领，因有选举中程之事实发生，自然为大统领为议员。其所以得就此地位者，亦宪法命之，而非别有他机关以命之也。故共和国之大统领，国家之直接机关也。而凡立宪国之国会，亦国家之直接机关也。若夫间接机关，则与此异，必经他机关之法律上委任行为而始成立。如一切官吏之必经君主或长官之委任是也。专制国之直接机关惟一，曰元首。立宪国之直接机关必二，曰元首与国会。故其机关之权由间接委任而来者，必非国会，惟直接独立者乃为国会，此万国国会共通之性质也。就其所有权限以分类，则国家之机关，可分为四类：一曰大权机关，二曰立法机关，三曰行政机关，四曰司法机关。三权分立之说，倡自孟德斯鸠，论治者以为立宪政体最重要之精神。三权者何？立法权、行政权、司法权是也。虽然，国家不可以无统一，极端之三权分立，不足以见诸事实。故后之学者，益以大权而为四焉。就普通之观念，则大权机关，掌诸元首；立法权机关，掌诸国会；行政权机关，掌诸政府及其属吏；司法权机关，掌诸裁判所。信如是也，则国会之性质，可以一言而解，无待词费。虽然，谓国权之分科，宜有此四者，诚无间言。谓此四权必分属于四机关，而丝毫不相杂厕，则事实上万不可行，而各国亦无此成例。以国会论，其重要之职权，在于立法，固也。然指国会为立法机关，则无论按诸何国国会，皆有名实不相应之点。盖立法权由君主、政府、国会三机关共同行之之国，什而八九，则不能指为国会所独有。而近世各国国会之权能，除参与立法事业以外，尚更仆难数。彼强指预算为法律者，为无理之牵附，无论矣。其他依于批评、质问、议决、协赞、上奏、弹劾、事后承诺等种种方法，对于一切之政治，无洪无纤，而皆得行其权。则国会之性质，跨通于政治之各方面，而不徒限于立法明矣。不宁惟是，彼国会者，于政治的权能之外，往往明侵入于彼三权之范围，此则随各国宪法所规定而互有异同者，今概述之。

一曰国会时而为单独之大权机关或与他机关共同而组成大权机关也。大权机关之作用不一，而其最重要者，则改正宪法权也。盖宪法位于一切法律之上，为国家之根本法，其有改正，则国家之组织，可缘此而大变更。故此权实国家之最高权，而持此权者，即于国家上得行其莫御之势力者也。就各国法制考之，则德国之国会，为单独之大权机关者也。英美法日诸国之国会，皆与机关共同而组成大权机关者也。考德国宪法，皇帝对于法令不能行"不裁可权"。（不裁可权者，谓凡法律必经元首之裁可乃为有效。故元首对于国会决议之法案，苟不同意者，则可以不裁可而使之无效也。）凡通过两院之法案，不必经皇帝裁可，而直成法律。而改正宪法，一依寻常立法之通例，故皇帝不能以不裁可妨害之。以法理论，国会实一国最高机关，皇帝不过其从属。国会虽变更宪法，使皇帝失其地位可也。故曰单独之大权机关也。（但皇帝以普鲁士王兼之，其权力非常伟大，故此事实无从发生。然此乃政治上之问题，非法理上之问题也。）英国改正宪法，亦一依寻常立法之成例。而英国寻常之立法，君主及两院，皆有发案权，而君主复有不裁可权。故就法理上论之，英国实以国会与君主共同组织大权机关者也。（亦就法理上言耳，若就政治上言，则英国国王不行此不裁可权已二百余年。故英国国会事实上实为单独之大权机关也。）其他欧洲诸立宪君主国亦大略相同。（其改正宪法之手续，虽非皆与寻常立法之手续同，但君主与国会皆有发案权，而国会之议决权与君主之裁可权相辅而完成之，则其以国会与君主共行此权明矣。）美国改正宪法之手续，最为复杂。盖得国会两院议员三分之二以上同意，可以发议；得各州立法部三分之二以上同意，可以召集人民会议。至其议决之法，则或经各州立法部四分之三以上承认，或经人民会议四分之三以上承认，两法任国会择其一。由此言之，则美国国会虽不能独力改正宪法，而提倡改正、参与改正，最有力焉，故曰与他机关共同而组成大权机关也。法国宪法之改正，或由两院发议，或由大统领要求而经各院过半数之议决，则可以此起案。至其决议，则将两院议员集为一团，变其名曰国民议会，以其议会过半数之议决，则为有效。故法国国会，亦与他机关共同而组成大权机关者也。但法国大统领，无绝对的不裁可权，则国会之权，为尤重矣。日本之改正宪法，惟天皇有发案权，而国会无之，其权视他国稍为薄弱。然改正案非经国会之议决，不能有效，则此权非天皇所独占亦甚明。故日本之国会，亦与君主共同组织大权机关者也。此其大略也，若其详更于别章续论之。

二曰国会时而兼为司法机关也。英国之贵族院，其得行司法权者有三：一曰审判贵族所犯特种之罪，为刑事裁判所；二曰审判庶民院议决起诉之弹劾事件，为弹劾裁判所；三曰审判特种之控诉事件，为最高控诉裁判所。美国元老院，执行司法权者有一，曰审判代议院提出之弹劾事件。俄国参议院其执行司法权者有四：一曰决定各联邦对于帝国是否履行宪法上之义务；二曰各联邦内所起诉讼，其性质非民事事件为管辖裁判所所不能裁判者，则裁判之；三曰调停各联邦内所起宪法上之争议；四曰各联邦政府有拒绝人民之裁判者，为受理之。法国元老院得行司法权者有二：一曰审判大统领及国务大臣之犯罪，二曰审判妨害国家安宁之罪。意大利之元老院，得行司法权者有二：一曰审判叛逆罪为高等法院，二曰下院弹劾国务大臣时为弹劾裁判所。此其大略也。

三曰国会时而兼为行政机关也。德国联邦参议院，其权力本在君主之上，故各国君主所有行政之大权，多集于其手。语其大者，则一曰皇帝缔结条约，必须经参议院之承诺；二曰参议院得发布行政命令；三曰参议院得皇帝之同意，可以解散下院。其他如美国之元老院，其得参与行政权者亦有二：一曰大统领缔结条约，必经其承诺；二曰大统领任用官吏，有一部分必经其承认。此外各国国会之兼行政权者，尚往往而有，于第□章更别论之。

准此以谈，则国会权限之所及，如此其广漠而复杂。且各国宪法所赋与于彼者，其广狭又万有不齐。然则就所有权限以类别国家机关，而欲确指国会之属于何类，盖亦难矣。虽然，若弃小异，取大同；略形式，称精神，抽象的以求各国国会普通之地位性质，则亦有焉。曰国会者为制限机关以与主动机关相对峙是已。凡立宪之国家，必有两直接独立之机关相对峙。而此两机关者，其中必有一焉，能以自力发动国权，对于人民而使生拘束力。若此者谓之主动机关。又必有一焉，不能以自己之意思，直接以生拘束国民之力，顾能以其力制限主动机关之发动国权，非得其同意，则不能有效。若此者谓之制限机关。其在前者，则元首也。其在后者，则国会也。故苟无制限主动机关之权者，必非国会。惟有此权者，乃为国会。此又万国国会共通之性质也。

· 第二节　政治上之性质 ·

前节从法理上以论国会之性质，既已略明厥概矣。然欲使其性质益加明了，则更非从政治上观察之不可。

竞争者进化之母，此群学家之名言，而实天地间不刊之公理也。人类始于竞争，中于竞争，终于竞争，竞争绝则人类亦几乎息矣。社会滥觞于图腾。合无量数之图腾，经若干之岁月，而成为种落。合无量数之种落，经若干之岁月，而成为国家。国家者实政治势力竞争之成果也。及其既成国家之后，而势力之竞争，并非缘此而减杀也。非惟不减杀，抑加激烈焉。试观中外古今万国数千年之历史，舍政权竞争外，复有何事实？而其血污狼籍〔藉〕也，则既若是矣。夫竞争者，于事实上诚不可免，于理论上亦诚不可无。然使其程度过于剧烈，且无终局决胜之途，则国民能力，将尽消磨，而国将不可以立。于是乎识者乃汲汲谋所以止争节争之法门。中外古今雄主英相所画之政策，达人哲士所著之政治学书，一言蔽之，亦曰谋所以止争或节争而已。于是乎有欲举全国之势力，集于一点，而此外之势力，则务所以摧锄之、抑压之，使其不堪竞争而日即于消灭，此专制论之所由起也。夫专制论之在政治界，固不能谓其无一节之理由，亦不能谓其无丝毫之功德，各国经过之历史，盖未有不尝食其赐者矣。虽然，社会日进化，政治现象日趋复杂，国中各方面之势力，日日句出萌达，发荣滋长，终非以人力所得强制。制之愈甚，蓄之愈久，则其激而横决也亦愈烈，不旋踵间而势力遂溃出此一点之外，于彼于此，过额在山，迨夫几经惨憺收拾之以移于他之一点，而其不旋踵而溃，亦犹是也。则息争之策，乃适为奖争之媒，于是乎专制之道乃穷。后起之哲，积前古无量经验，知夫争之必末由息也，而惟谋所以节之。一方面使其人人可以竞争，时时可以竞争，在在可以竞争，毋令其怨毒久蕴，一发而失其常态。一方面而为之画一范围焉，使其竞争行于此范围之中，而毋或侵轶。以奖励竞争之形式，行调和竞争之精神，此立宪论之所由起。而有神其用之一物焉，则国会也。

　　国会之为用，凡以网罗国中各方面政治上之势力，而冶诸一炉。而其用之尤神者，则民选制度也。国会非以杜绝竞争，而以奖励竞争。国会者诸种政治势力交战之舞台也，而宪法则其交战条规也。其最显著者，为君主与人民之争。两造各有其强有力之武器，互相制限而不得以独恣。其次显著者，为人民与人民之争。各阶级各地域各党派，各有其所认为利害者，莫肯相下，而其胜负消长，壹于选举场中决之。故国会者自选举召集开议以迄闭会解散，刹那刹那，皆可谓在内乱交战之中。但昔之战也，炮火相见；今之战也，兵不血刃。昔之战也，阴诈相尚；今之战也，鼓乃成列。此无他焉，昔也无所谓国际法上之交战条规者存，而今乃有之也。

　　我先圣之教曰平天下，又曰天下国家可均，又曰不患寡而患不均，不患贫而患不安。平均者实图安之不二法门，而前此无量数国家之所以常濒于危，皆国中含有不平不均之种子，阶之厉也。然则欲平均，其道何由？亦曰委诸自由竞争而已。夫势力以竞争而相增长，亦以竞争而相减杀，此物理学之公例也。如甲之势力，本优于乙，乙惧劣败也，必伸张其势力，务与甲平。迨乙既与甲平，甲又惧劣败也，必更伸张焉使进一级。甲进一级，而乙之追逐而进者亦犹前也。如是展转相引，而所进之级数，遂罔知底极。此相增长之说也。竞争之始，常欲尽敌而返，人之情也。虽然，此惟敌之可侮者为然耳。若我之力自谓可以尽敌，敌之力亦自谓可以尽我，则我终无术以尽敌，敌亦终无术以尽我，则势必各钝其锋，而以交让终焉。此相减杀之说也。故夫有国会之国，其国会之势力加大者，其君主与政府之势力亦比例而加大。国会中各党派，甲派之势力进于前者，乙派之势力，亦恒比例而进于前。此相增长之明效也。君主以国会势力之大，而不敢蔑视国会；国会以君主势力之大，而不敢凌轹君主。其甲党之视乙党，乙党之视甲党亦然。此相减杀之明效也。势力相增长，则全国各方面，皆生气勃勃，精力弥满，以之竞于外而莫能御矣。势力相减杀，则无复相搏噬，而常保衡平，措国家于万年不拔之基矣。此国会之为用也。

故就政治上以论国会，则国会者代表全国人民各方面之势力者也。惟其代表人民之势力也，故不可不以人民选举为原则。惟其代表全国各方面之势力也，故国中若有他种特别势力，亦不可以不网罗之。其网罗之也，或用特别之选举法，或用选举以外之他法，则因其所宜，此皆例外也。各国国会之组织，其内容虽各各不同，至其为代表全国人民各方面之政治的势力，则无不同也。

既明国会之性质，则可与语中国之国会制度矣。

第二章　国会之组织

·第一节　二院制·

第一款　二院制与一院制得失比较

今世各国国会，大率以二院组织而成：或称为上院、下院，或称为第一院、第二院，或称为贵族院、平民院，或称为元老院、代议院，或称为参议院、代议院，或称为贵族院、众议院。其用一院制之国，惟德国二十五联邦中之十九小邦，与希腊、门的内哥及中美洲之三小国耳。自余各国，殆无不采二院制者，其故何由，试略论之。

国会制度滥觞于英，各国踵而效之，不过近今百余年间耳。故欲知国会之沿革，不可不求诸英史。而英国国会，则初本一院，后乃析为二院者也。当一二一五年大宪章之发布，本由贵族僧侣出死力以得之，自此以贵族僧侣之两分子组织为一团体，以参与国政，实为国会之嚆矢。其后以亨利三世之专制，酿成内乱。一二六四年，革命军起，一战而胜。翌年革命军首领孟德弗召集国会于伦敦，命每县每市各选出代表二人，实为平民参与国政之始。自此而国会由贵族的性质，一变而为贵族、僧侣、平民之混合团体。其后平民之势力日增，至一三三三年，遂乃异军特起，别建一平民院，以与贵族院相对峙，而贵族院遂还一二六四年以前之旧观。此盖附庸蔚为大国，几经变迁而成者也。尔来数百年间，政治现象虽百变，而二院制确乎不拔。至最近百年来，遂为欧美各国相率仿效，浸淫以遍于世界。此决非政治社会上毫无根据之偶然现象，而实为达国家之目的计，有不容已之理由存焉，不可不察也。

国家之为人格，前既言之矣，既为人格，则必自有其意志焉，自有其行为焉。虽然，国家者，非如自然人有生理上独立之形体也，故其意思行为，不得不借机关以表见。而承乏此机关者，必自然人也。国家行为之机关当若何组织，今且勿论，独至其意思机关，则机关之尤重要者也。当由何道以组织使完全，实天下古今最难解决之问题也。于是有欲以单独一人为国家意思机关者，此独裁政体之所由立也。此在国家幼稚时代，或可采用，及其进化达于若干程度之后，而欲恃不完全之人类（人类者不完全之上等动物也，此西哲亚里士多德名言），以独力而作成真正之国家意思，在理在势，皆所不能。此可积无数之经验以证明之者也。一人既不可，其第二法则惟用多人，用多人则何种人当之乎，此又一难问题也。于是有欲以特别优秀之阶级当之者，则贵族政体之所由立也。然少数贵族，其不能作成真正之国家意思，亦与君主独裁相去不远。其遗蜕不能久存于今之社会又章章也。然则欲建设理想的善良政治，势不可不以国民全体之意思，为国家意思。而合国民全体以聚议于一堂，在今日之国家，势所不逮，故不得不以代议制度而自即安。代议制度，果足以成真正之国家意思，为绝对的善良之制度乎？是非所敢言，然以不完全之人类，安从得完全之政治？故谓代议制度，为现在所有最良之制度，决非过言。

代议制度之精神，其一则在以国民全体之意思，为国家意思也，其二则在使之能以适当之方法，发表其意思也。为达第一目的，则不可不使社会各方面，皆有代表人。为达第二目的，尤不可不设置适当之机关，以调和代表人之意思。而二院制者，实应于此二目的之必要而起者也。无论何国，其国内必包含种种分子，其分子皆各有其特殊之利益。既有特殊之利益，则此之所利，或即彼之所害，而利益之冲突生。苟无以调和之，则所谓真正国家之意思者，终不可得见。虽然，为调和此等利益起见，而欲设许多之独立机关，使各自代表其利益，非惟事实上万不能致，抑许多独立机关，杂然并陈，非惟不能谋调和也，而愈以奖冲突。故于一方面，使之各代表其利益；同时于他方面，为设一范围，以范围内之压制为调和，此二院之所由建也。默察今世各国情实，大抵于其国中有互相矛盾之二大主义存焉。其在历史上本有贵族之国，其最相冲突者，则贵族主义与平民主义也。在联邦制度之国，其最相冲突者，则联邦主义与国民主义也。如英如日，属于前者，如美如德，属于后者，而二院制即以代表此二大主义而成立者也。英日之上院，代表贵族主义，其下院则代表平民主义也。德美之上院，代表联邦主义，其下院则代表国民主义也，此二院制第一之理由也。

然则其国苟无此等特别理由者，遂无取于二院乎？曰：是又不然。二院制之利，尚有其通于各国者四焉，请一一举之。一曰可以免国会之专横也。吾党固绝对的主张国会，而又绝对的不主张专制。君主专制固专制，而国会专制亦专制也。以一院而成之国会，最易为党派所支配。苟政党之道德不完全，则易成为国会专制，而其弊不可胜言。有两院则彼此互相监督，而其弊可以减杀也。二曰可以防轻躁之行动也。以今日人类之德智，其程度犹远未完全。仅以一个之立法体，为国家意思机关，则或认不确之证据以为事实，或蔽于感情而持偏见，往往难免。若有二院，虽非谓能尽矫正此弊，而所裨固已多多矣。盖常能以甲院之异同，而促乙院之反省。彼此互竞，而事理可趋于正确，意见可趋于公平。三曰可以调和国会与他机关之抵触也。国家分设诸机关，原出于不得已，而诸机关之互相联络，各保平衡，实为维持国家秩序之第一义。而监督机关之国会，与执行机关之政府，常相冲突，又事理所必至也。其冲突若过甚，则为两虎相斗，必有一毙。或国会强政府为其奴隶，充其量可以流于无政府。或政府强国会为其奴隶，充其量可以返于专制。此皆历史上数见不鲜之前车也。二院制虽亦非能尽免此弊，然以校一院则固减杀矣。四曰可使优等之少数者得机会以发挥其能力于政治上也。凡一院制之国会，势不得不以民选之唯一方法组织而成。而仅恃民选之一方法，则有时或因选举人耳目之遗漏，或优秀之人物不愿竞争选举，或以不投身政党故，而选举不能制胜，以及其他种种理由，致优等之少数者，不得立于政界。故必更有一院焉，其议员资格不必纯由民选以发生，然后能网罗全国之势力，以集于国会也。合此数端视之，则二院制确有其政治上之理由，而不得以偶然现象目之也甚明。

至二院制之害，则为议事迟缓也，国费增加也，有少数压多数之虞也，缺统一也。此十九世纪前半纪法国人力主一院制时学者所借以为口实也。然两害相权取其轻，两利相权取其重，近世学者，辩之甚明，今不必枚举之。

第二款　中国当采二院制之理由

二院制殆成各国国会普通原则，既已若是。而论者对于中国将来之国会，犹有主张一院制者，吾盖习闻之。而日本之博士有贺长雄氏，亦其一人也。问其理由，不过曰：中国之国体既非如英日之有贵族，亦非如德美之为联邦，既无分立二院之必要，且除人民平等选举以外，亦更无他种要素以别成一院也。吾以为此似是而非之言也。无论二院之利，有通于万国者，如前所述，即专就我国论，亦不能谓无特别必要之理由也，请以次举之。

我国贵族制度，自秦以来，几度淘汰，至本朝而殆尽，故以贵族为组织上院之要素，吾党所最反对也（别详本章第二节第二款）。虽然，吾国固君主国也。既为君主国，自不能绝对的无所谓特别阶级者存。而国会者，以代表全国各方面之势力为目的者也。既有此特别阶级，虽其势力范围不大，固不可不谋所以代表之。且中国国会者，非本部二十行省之国会，而全帝国之国会也。本部之外，尚有两大区域焉，其面积埒于本部者，曰蒙古，曰西藏。本部阶级制度，虽消灭殆尽，而彼两部乃适得其反，舍特别阶级外，更无势力之可言。使国会议员纯由人民平等选举之一方法以发生，则此两部者，将永见屏于国会之外，非所以保国家之统一也，此我国国会应采二院制之理由一也。

我国虽非联邦制，然以幅员太大，国情之复杂特甚，即以本部及满洲二十二行省论，其气候兼寒温热三带，其地势兼山谷、平原、海濒三种。各省利害，绝非同一。且其冲突之点甚多，非有以代表而调和之，不足以副国家意思机关之实。在人民选举之下院，其员额比例于人口，大省之人口数十倍于小省而未已，则各省所出议员之数，势不得不相悬绝。虽以法理论，国会当代表全国而非代表地方，然丰于所昵而俭于所疏，人之常情，为议员者亦安能免？如是则（难）保无以大省之利益，牺牲小省之利益，而国家均衡，或自此破焉。故于比例人口以行选举之一院外，尤必须有平均代表各省之一机关，然后两者相剂，而适得其平，此我国国会应采二院制之理由二也。

此二理由乃其最大者，尚有若干之小理由，更于次节分论之。若夫二院通于万国之四利，则亦为我之所同，虽无他特别之理由，犹当采之，况其有乎？故我国将来国会应如各国普通之例，分设两院，无可疑也，至其名称，则英国日本，以贵族为要素，故称贵族院，其非吾之所应采，固无待言，若参议院、元老院等称，亦觉未适。直名为上议院、下议院，又嫌有轩轾于其间。若称第一院、第二院，则孰应为第一而孰应为第二者，无已。则称为国会左院、国会右院，似尚比较的平稳也。以后即用此名而分论之。

· 第二节　左院之组织（旧称上院）·

第一款　各国左院之组织比较

各国左院之组织，最为复杂。且缘各国历史上之差别，而大有异同。今举英、法、德、普、意、美、日七国之制而比较之。

第一项　英吉利王国贵族院之组织

英国之贵族院，以左方之议员组织而成。

（一）合并王国之世袭贵族

（甲）公爵议员	二十五人
（乙）侯爵议员	二十二人
（丙）伯爵议员	百二十三人
（丁）子爵议员	二十七人
（戊）男爵议员	三百八人
（二）爱尔兰选出之贵族	二十八人
（三）苏格兰选出之贵族	十六人
（四）僧侣贵族	
（甲）大僧正	二人
（乙）僧正	二十四人
（五）法务贵族	四人
合计	五百七十九人

世袭贵族缘其身分而有例得为议员之资格。以其职为世袭故，凡男子之为人后者，于其所后者死亡之时，即为议员。若未成年者，则逮其成年时

即为议员。

锡封贵族为国王特权，然实际由大宰相奏请行之。其列于贵族者，以有勋劳于国家为主，然时有出于政略上之理由者。又向例，凡平民议院长满任，则列为贵族。

爱尔兰议员，由爱尔兰贵族团体选举，终身在其任，有死亡则补选。苏格兰议员，由苏格兰贵族团体选举，每会期选之，会期满则资格消灭。

僧侣贵族中，惟康特比里及约克之二大僧正，伦敦、达哈谟、温治士达之三僧正，一就职后，照例即为议员。其余二十一名之僧正，须经上司之任命，乃得为议员。

法务贵族议员，由国王任命，终身在其任。

第二项　法兰西共和国元老院之组织

法国元老院之组织，自第三共和政治以来，已三变其制。据现行法律，则由各县或殖民地选出，其数比例于人口。计选出十人之县凡一，选出八人之县凡一，选出五人之县凡十，选出四人之县凡十有二，选出三人之县凡五十有三，选出二人之县凡十，选出一人之县及殖民地凡八，都为三百十二人。

选举会之组织：选举会于各县或各殖民地之首都开之，以左方之议员组织而成。

（一）其县选出之代议院议员

（二）其县之县会议员

（三）其县之郡会议会

（四）其县各乡市会所选出之代表人。此项代表人之数比例于其市乡会议员之数。如其市乡会有议员十人者，则出代表一人，有议员二十人者，则出代表二人，其详细见现行元老院选举法第六条。

法国自代议院议员以迄市乡会议员，皆由人民普通选举。今元老院议员，由此等议员选举。则元老院议员，实普通选举之间接选举也。

被选资格：须为法国臣民，满四十岁以上享有公私权者。惟前代君主之遗裔，现役军人及受禄官吏，不得被选。（但现役军人中，除海陆军将官、参谋官、预备参谋官，不在此数。受禄官吏中，除国务大臣、各省次官、全权大使及公使、警察总监、大审院长、会计检查院长、巴黎控诉院长、大审院检事长、会计检查院检查官长、巴黎控诉院检事长、大僧正、僧正等，不在此数。）

议员年限：以九年为期，每三年改选其三分之一。

第三项　德意志帝国联邦参议院之组织

德国联邦参议院以帝国内二十五邦政府所任命之议员组织而成。计普鲁士邦十七人，拜宴邦六人，索逊邦、威丁堡邦各四人，黑逊邦、巴敦邦各三人，米格堡沙仑邦、布郎沙威邦各二人，其余十七邦各一人，都凡五十八人。

德国联邦参议院，有最当注意者一事，则其所重者，非议员之数，而投票之数是也。例如普鲁士得投十七票，其余十七小邦各得投一票。但普国所派议员，不必定派十七人，虽仅派一人，亦有投十七票之权。

凡投票，每邦议员，其可否必当同一。如普鲁士议员赞成者，其十七票必举皆赞成。拜宴议员反对者，其六票必举皆反对。议员各自以其意见投票，于一邦中而有异同，宪法所禁也。此其法理无他焉，各邦之议员，皆为代表其本邦政府而来。其所发表之意思，即为本邦政府之意思，一邦之政府，不容同时而有相反之两意思也。

议员年限无一定，由各邦政府可以任意随时召还，随时改派。

第四项　普鲁士王国贵族院之组织

普国之左院，名为 Herrenhons，盖特别阶级之意。今强以贵族院名之，其组织最为复杂，今列举之。

（一）王族议员（由敕选）

（二）世袭贵族议员（及年者，不待敕选，当然有此资格）

（甲）前代二王室之宗子

（乙）十八家故侯之宗子（此项故侯昔尝在国内分土以治，其后见灭于普者）

（丙）一八四七年列于贵族之侯伯子爵家之宗子

（丁）国王特赐与此权之贵族

（三）敕选终身议员

（甲）内廷四大官

（乙）由各团体荐举而国王敕任之者。其有荐举权之团体如左

（子）三大教会之僧侣贵族

（丑）各州伯爵联合会

（寅）大地主联合会（现今属此门阀者凡十一家）

（卯）旧家富族联合会

（辰）大学校（有此权者凡九校）

（巳）大都市（现今有此权者凡四十三市）

（丙）国王任意敕任者。其员数无定员，其年龄限三十岁以上。

第五项　意大利王国元老院之组织

意大利元老院，凡王族成年者，例得为议员。其余由国王任意敕选之，但其所选者限于左方之资格。

一、大僧正及僧正　二、代议院议长　三、曾三度为代议院议员者或六年间为代议院议员者　四、国务大臣　五、国务大臣之书记官　六、全权大使　七、曾奉职三年以上之全权公使　八、大审院长及会计检查院长　九、控诉院长　十、奉职五年以上之大审院检事总长　十一、奉职三年以上之控诉院部长　十二、奉职五年以上之大审院及会计检查院之评议官　十三、奉职五年以上之控诉院检事长　十四、陆海军大将中将及服役五年以上之少将　十五、在职五年以上之国务评议员　十六、曾三度任议长之县会议员　十七、奉职七年以上之县知事　十八、在职七年以上之学士会议员及高等教育会议员　十九、有功劳于国家者　二十、接连三年以上纳直接国税三千利黎以上者。

其员额无制限，其任期终身，其年龄满四十岁以上。

第六项　北美合众国元老院之组织

美国元老院，由各州之立法部每州选出议员二名组织而成。美国之初建，其加盟之州十有三，故其议员之数二十有六。至今日其加盟之州四十有五，故其议员之数九十。

议员被选者须具三条件：（一）年龄三十岁以上，（二）九年以上为美国臣民，（三）为所选出之州之住民。

各州不问其区域之广狭，人口之多少，其所选出之议员，不能逾二名，亦不得不及二名。如纽约州有人口七百余万，奈华达州仅有人口四万，而有选出议员之权利，毫无差别。此谓之平均代表主义，与德国联邦参议院所采之不平均代表主义绝相反者也。又谓之代表地方主义，与法国元老院所采代表人民主义绝相反者也。其投票权委诸议员之自由，各州之立法部，不得以训令束缚之，故同一州所选出之议员，对于同一议案，甲赞成而乙反对，实数见不鲜之事也。此又与德国参议院制绝相反者。盖两国建国之历史及其性质，本有大相径庭者存也。

议员之年限，以六年为期，每二年改选其三分之一。故美国元老院，亦与各国左院同，其性质为永久的，为继续的，决无全部变更之事。恰如活水之湖，旋注旋泄，旋泄旋注。其内容之一部，常无变也。加之每二年新选之议员，不过三分之一，比较的属于少数，易为旧议员所同化，故元老院之固定性益强。

第七项　日本帝国贵族院之组织

日本贵族院议员，以左方之五种人组织而成。

（一）皇族。凡皇族达于成年者，不待敕命，当然为议员。

（二）公侯爵。凡有公侯爵者，满二十五岁，不待敕命，当然为议员。

（三）伯子男爵互选。有伯子男爵而满二十五岁者，由同爵中互选。其中选者，不待敕命，当然为议员。属于本项之议员，其数不得过百四十三人，而在此数中，伯子男爵各比例于其总数而定之。

（四）有勋劳于国家及有学识者。受敕任为议员，但其年龄须满三十岁以上，其数不得过百二十五人。

（五）多额纳税者。于各府县中纳多额之直接国税者，每十五人互选一人，其中选者受敕任为议员，但年龄须满三十岁以上。

日本贵族院议员，就其身分言之，可分三类：一曰皇族议员，第一种属焉。二曰华族议员，第二第三种属焉。三曰敕任议员，第四第五种属焉。

就其取得议员资格之方法言之，可分四类：一曰依于法律之结果而当然为议员者，第一第二种属焉。二曰依于选举之结果而为议员者，第三种属焉。三曰依于敕任而为议员者，第四种属焉。四曰选举与敕任相待而始为议员者，第五种属焉。

其议员之年限，可分三类：一曰世袭者，第一第二种属焉。二曰终身者，第四种属焉。三曰以七年为任期者，第三第五种属焉。

第八项　比较

以上所述各国左院之组织，各具特质而无一同者。此盖由各国各异其历史，各异其国情，故由历史国情所演之制度，自不得不异。此事势之当然，无足怪也。虽然，于樊然淆乱之中，折衷之以求其共通之原理，则亦有焉。

第一，左院所代表者　国会之目的，就法理上论之，则代表全国人民之意思也。就政治上论之，则代表全国各方面之势力也。夫国家之人的要素阙惟国民，然则国民所选举而成之机关，其于全体意思为最近，其于全国势力亦为最强，此无可置疑者也。故各国国会右院，皆用单一之原则，曰国民平等选举，其所根据之理由即在是也。虽然，用此单一之原则，而谓必能举全国各方面之势力网罗无遗乎，则大不然。盖各国历史之发达，各殊其形，而当其前此发达进行中，则于普通势力外，必更有其特别势力一种或数种焉，久蟠踞于社会中而不可拔。此种特别势力之性质，为善为恶，且勿具论，但夫既有之，斯不可以蔑视之。苟蔑视之，则国家秩序之破坏，或即由此生焉。各国国会之右院所以代表一国中之普通势力，其左院则所以代表一国中此种之特别势力者也。

此种之特别势力，其种类国国不同。语其大者则有二：一曰特别阶级之势力，二曰地方区域之势力。

其以左院代表特别阶级之势力者，则如前所举英普意日诸国是也。而其所谓特别阶级者，可分为二大别：一曰历史上传来之特别阶级，二曰天然之特别阶级。所谓历史上传来之特别阶级者，盖前代之余烬，将绝而未能遽绝者也。其在前代，固尝握全国之莫大势力，舍彼以外，几无复他势力存。及社会变迁进化，物换星移，一般人民之势力，句出萌达，彼辈乃日立于退婴之地位。虽然，取精用宏，魂魄犹强。百足之虫，死而不僵。其势力终有未能尽侮者。苟于普通机关之外，别不思所以代表之，则游魂可以为厉，而害将及于国家。此其物维何？在一般之君主国有一焉，曰贵族；而在畴昔政教不分之国，更益以一焉，曰僧侣。前举之英普意，与夫欧洲多数国之左院，大率以代表贵族僧侣为主要者也，而日本左院则以代表贵族为主要者也，此种历史上传来之特别阶级，其对于国家为有害无利，固无待言，顾其存而勿废，则有不得已焉者矣。

所谓天然之特别阶级者，此吾所杜撰之名词也。此名词似甚骇人听闻。虽然，物之不齐，物之情也。一社会中必有其才能学识，崭然优出于其侪者焉。度量相越，遂与常人划然若两阶级。此阶级非有形的而无形的也，非人造的而天然的也。此阶级之势力，非常伟大，国家之生存发达往往赖之，民选代议之制，其目的固在得此阶级之人。然此阶级之人，仅以民选而得尽网罗之乎？是又不然。其人或前此久在行政机关有勋劳有阅历者，或为军人而尽瘁国防者，或以教育等业为其天职者，或为学者而专以发明学理为愉快者，或立身于实业界而指导国民经济者。此其人大抵不愿竞争选举。故右院中往往无其位置，然苟能集为一团，责之以参与国政之义务，则其势力之影响于国利民福者，至远且大。故各国恒于其左院谋所以代表之，普鲁士、意大利、日本等国之敕任议员，即据此理由而设置者也。而英国国王有创设贵族之权亦为此也。

此两种特别阶级之外，尚有其他之特别阶级焉，曰富族阶级是也。富族阶级，仍可纳于前此两种之中，盖有借祖父之业以富者焉，历史上传来阶级之类也。有自运其才能以致富者焉，天然阶级之类也。而普鲁士有大地主及旧家富族之议员，意大利有纳直接税三千利黎以上之议员，日本有多额纳者互选之议员。凡皆所以代表此阶级也。

其以左院代表地方区域之势力者，则如前所举德法美诸国是也。构成国家之人的要素为人民，其物的要素则为土地。故土地之势力，其影响于国家者恒甚大。今世无论何国，其国境非自始焉而即若兹其庞大也，盖皆尝有无数之小部落焉，星罗棋布。经若干岁月，用种种并吞联合之方法，而始成今日之国家；而当其未成为今日之国家以前，心目中惟见其有一地方之利害。而此遗传性由来甚久，根柢甚深，虽至成为今日之国家以后，而湔拔终不能以尽。此种势力，亦在普通势力以外。以国民平等选举之机关，不足以代表之。而此势力之伟大，不让于特别阶级。使蔑视焉，则国家将或缘此而失其衡平。此势力最显著者，则联邦制度之国家也。以其所建联合之大国，其历史甚新，而国内之小国，其历史甚旧也。其次显著者则幅员辽廓之国家也。幅员辽廓之国家，其中央政府，与地方人民之关系甚浅薄。一般人民，见不及远，故往往视地方利害，较国家利害为重也。此二者本皆非国家之良现象，然既有此事实，则不可无以善应之。各国恒以左院代表此势力，其理由为此而已。

代表地方势力之法，有采平均代表主义者焉，如美国、瑞士是也；有采不平均代表主义者焉，如德意志帝国是也。平均主义，其原则也。不平均主义，其例外也。德国之采此主义，纯出于政略上之理由，盖由彼为联邦帝国，以普王兼皇帝，非借此制不能维持也，此稍治国家学者，应能知之。

其在联邦国之左院，必以地方势力为唯一之要素，固已。即在单一国之左院，亦未尝不以此势力为重也。其最著者，莫如法国，盖亦以此为唯一之要素焉。然法并非如德美，有不能不如是之理由，特以彼之国情，舍此别无可以为左院之要素者耳。故法国之左院，其形式虽为代表地方，其精神实仍代表人民，盖其右院为人民直接选举而成，其左院为人民间接选举而成也。其他如英国有代表爱尔兰、苏格兰之议员，如普国有四十三都市荐举之议员，皆含代表地方势力之性质者也。

今刺取若干国之制度，观其左院所代表者，为表如下：

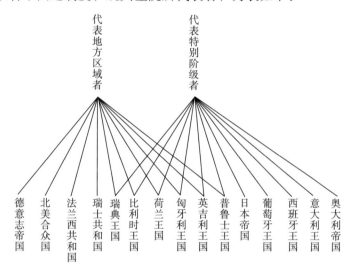

第二，选定左院议员之方法　选定左院议员之方法，有通于各国之一原则焉，曰非如右院议员之由人民直接选举是也。其有选定之权者，在英国则国王也，在法国则选举会也，在德国则各邦之元首也，在普国则国王也，在意国则国王也，在美国则各州之议会也，在日本则天皇也。以上美法德意四国，选定权之所自出，参观前款所举法制，言下自明。独至英普日三国，其议员多有不待敕命者，乃谓其权在王及天皇何也？盖此种议员，或自君主之血统而生，而其世袭贵族之得有身分，亦自君主予之，故其得议员之资格，实皆自君主也。由此观之，无论何国之左院议员，皆必有立乎一般人民以外之一机关以选定之。此左院之特色也。虽然，此不过形式上为然耳。若语于实际，则无论何国，皆有人民之意思，以隐于其后，而为此机关之原动力，又不可不察也。如彼法国左院议员之选定权在选举会，而选举会实由人民所选之代议院议员、县会郡会议员及乡市临时所出之代表人组织而成，是一般人民之间接选举也。美国左院议员之选定权，在各州议会。而各州议会，由一般人民选举而成也，亦间接选举也，此其至易见者也。英国此权在国王，而国王之创设贵族，必待大宰相之奏请然后行。而立夫大宰相之后者，则右院也。立夫右院之后者，则人民也。是人民经三重之间接，以选出左院议员也。独至德国联邦及普意日诸国，既非间接选举，而政党内阁之习惯，又未确立，故左院议员之选定权，若与人民绝无关系。然普国之敕任议员，半须由各团体荐举，则人民参预者已多矣。即其他诸国，凡君主之行动，无一不经国务大臣之副署，而国务大臣必对于人民所选举之右院而负责任。然则谓左院议员之选定，毫不参以人民之意思，固不可也。左院虽代表特别势力，而仍略受普通势力之节制，此其所以有调和之利，而不致反扬冲突之波也。

第三，左院议员之任期　议员之任期各国不同，且即在一国中，亦往往缘种类而生差别，有世袭者，如英国之贵族，意大利、普鲁士、日本之皇族，日本之公侯爵，普鲁士之诸旧家宗子等是也。有终身者，如英国之爱尔兰贵族、僧侣贵族、法务贵族，意普日诸国之敕任议员等是也。有设一定之年限者，如日本之伯子男爵多额纳税议员及美法国之议员皆是也。有不设年限者，如德国参议院议员是也。以上所列举，虽极参差，然亦有通于各国之一原则焉，曰无或同时而变更其议员之全部是也。英德意日诸国不必论，即如美法两国，其任期有一定者，然或每二年改选其三分之一，或每三年改选其三分之一，与右院之当总选举时全行除旧布新者不同。此盖使左院有固定永久的性质，防意见变动之太急剧，为国家百年大计应如是也。

第四，左院议员之数　议员之数，亦各国不同，有取定额主义者，如德美法是也。有取不定额主义者，如意大利是也。有折衷两者之间，一部分定额一部分不定额，而不定额之一部分中，亦立一限制，不能超此限以外者，如英日是也。定额主义，惟专含代表地方之性质者能行之，其有代表特别阶级之性质者，殆难采用。然使于不定额中，绝无限制，常不免太为政略所利用，而损其价值。如意大利尝同时新任七十余议员，史家引以为笑柄，故采折衷主义者，其有鉴于此矣。

以上述各国比较竟，请斟酌损益，按以我国情实，为中国左院组织私案。

第二款　中国国会左院组织私案

中国国会必须采两院制，前已述其理由。今以我国国情与各国国情比较，凡为彼所独有而我所无者则弃之，凡为彼我所共有者则采之，凡为我所独有而彼所无者则创之，为中国国会左院组织私案。

第一项　中国不能以左院代表贵族之理由

国会制度，滥觞英国，英国左院纯以代表贵族，其他欧洲诸君主国，大率效之，日本且以贵族名其院焉。我国耳食之士，横此二字于胸中，牢不可破，一若君主立宪国之左院，舍此更无成立之要素者。嘻，甚矣其陋也！各国之有贵族，实其国历史所传来燔而未尽之余烬，物理学上所谓惰力性也。无论何国，皆尝经过贵族专政时代，进而为君权统一时代，更进而为民权发达时代。此三时代者，其次第所必经者也，但其经之或迟或早，或久或暂，有久淹滞于第一时代，而不能脱离，及其一旦脱离之而入于第二时代也，则以悬崖转石之势，一跃而直进于第三时代者。亦有久脱离第一时代，而淹滞于第二时代，迟之又久，乃能渐入于第三时代者。凡国家之属于前一种者，则第一时代与第三时代之距离甚近，虽当民权发达之际，而贵族之惰力犹存，欧洲诸国及日本是也。其属于后一种者，则以两时代之距离甚远，民权未发达以前，而贵族之惰力，已澌灭以尽，我中国是也。此两时代距离最近之国，莫如日本，日本当明治四年废藩置县以前，犹在第一时代，然已有万机决于公论之诏。至明治二十三年，遂开国会，其间可称为第二时代者，实此二十年之间耳。而此二十年间，已刻刻变化。民权之种子，播之甚广，而溉之甚熟。盖第一时代与第三时代，可谓紧相衔接。一方面则新势力浩浩滔天，一方面则旧势力犹耽耽负嵎。故当其建设国会，既汲汲焉思所以代表新势力，尤惴惴然思所以代表旧势力，势使然也。其次则英国。英国于第一第二两时代，皆曾经两度，然后入于第三时代。而当其第二次经过时，则第一时代与第三时代距离甚近者也。英国当撒（克）逊时代，贵族极盛。及那曼朝统一，王权大恢。此第一次所经过也。然此现象不过百年，至一二一五年，贵族僧侣，逼王以发布大宪章，创设巴力门，贵族之力复大张。然未几而亨利三世复揽大权。至一二六四年，革命军起，而人民参加巴力门之例遂开，相距不过五十年间耳。盖英国国会之创建者，乃由贵族，而非平民，故其注重于代表贵族，亦固其所。其余欧洲各国，民权之发达，大率正当贵族势力最猖披之时。如彼法国，盖当路易第十四时，始入于第二时代。而第一时代之余波，犹未衰息。盖十八世纪末之大革命，与其谓之对于君主之革命，毋宁谓之对于贵族之革命也。以其为对于贵族之革命，故将阶级一扫而空，驯至为今日之制。虽然，其间犹经两拿破仑，以第二时代之政略，一再鼓铸之，而惰力乃克尽去，然固已血污狼藉数十年矣。盖固有之势力，不可侮如是也。欧洲中原诸国，自神圣同盟以后，始入第二时代，而第三时代已同时进行。故第一时代之旧势力，与第三时代之新势力，恒在短兵相接之中，彼政治家不能不谋所以调和之，有固然也。抑吾辈论欧洲贵族，尤有一物焉，与彼同性质，而相狼狈者，不可不察焉，则僧侣是也。欧洲各国，政教混淆，而僧侣之一特别阶级，常握无限大权于政界。故日本之旧势力仅有一，而欧洲之旧势力则有二。以对付此二旧势力故，乃纳诸左院而代表之，使鬼有所归而不为厉，此中政治家之苦心，而实特别国情迫之使然也。

　　吾中国历史之经过乃大异是。吾国当春秋时，贵族势力，达于全盛，然已为第一时代之尾声。至战国七雄，纷设郡县，登庸寒畯，既已入于第二时代。秦壹海内而益张之，命天下之人皆为黔首，确然立四民平等之原则。此原则中于人心，日深一日。刘汉君臣，皆起微贱，益举贵族余烬而摧弃之。自兹以往，第一时代之惰力性，虽未尽泯，而微微不振。死灰偶燃，旋踵即灭。汉初犹国与郡杂置。景武以降，悉变为关内侯矣。典午复裂土以封，南北朝则五等之爵，仅遥领食邑矣。六朝门第之界限甚严，唐代兴科举而白屋公卿，视为常事矣。明代虽封亲藩，而不能有治外法权于各省督抚之下矣，洎夫本朝，益整齐而画一之，贵族根株，划除净尽。今制所谓宗室，自亲王以下，至于奉恩将军，凡九等，仅拨予以庄田，以抵古之汤沐邑。其世袭也，每代降一等，至于闲散宗室而止。功臣自一等公以下，至于恩骑尉，凡二十六等。二十六等之人皆予俸，无官受世职单俸，有官受双俸。其世数一等公袭二十六次，以是为差。此种世爵，除区区荣誉之称谓，及薄田薄俸外，一切权利义务，无以异于齐民。且以递降世袭，故除极少数之世袭罔替者外，无能保持其地位于永久，终必至等于齐民而后已焉。彼日本板垣伯，近倡一代华族之论，举国目笑存之，而不知我固行之已久矣。准此以谈，则所谓贵族专政时代之惰力性，在我国历史上，久已云过天空，至今日而无复丝毫影迹之可寻。欧洲人民流亿万人之血，以求所谓法律上之四民平等者。我则以历史上自然发达之结果，先民蓄之，吾侪获之，此真我国可以自豪于世界者也。加以我国宗教，夙尊自由，政权教权，两不相涉，欧洲各国所谓僧侣之一怪物，吾国人曾不解其所谓。故此种特别阶级，更无自发生。夫欧洲之贵族僧侣，咸有广大之领土，能行统治权于其所属之领土及教会，生杀予夺，悉为所欲为。问我国之世爵，有如此者乎？欧洲之贵族僧侣，既垄断国中土地之大部分，顾不负纳税服役之义务。问我国之世爵，有如此者乎？一言蔽之，则彼之贵族匪惟名而已，而且有绝大之特别势力于社会者也。我之世爵，无丝毫特别势力于社会，而惟其名者也。国会者，所以代表国中各方面之势力，而非以代表各种名称者也。在彼不幸而有此障害国家进步之一种厌物，而又无术以拂而去之，不得已乃拓阶前尺地，以为位置，使与他种势力，自由竞争，则优胜劣败之结果，冀其如幢幢鬼影，黯淡以没而已。我幸而此厌物之束于高阁者，已二千年，明镜无翳，好相具足。自今以往，方将扫除庭院，置酒高会，乃无端欲起家〔冢〕中枯骨，被以衣冠，而坐诸堂皇，何其不祥也！今之言中国当设贵族院者，盖此类也。昔孔子与门人立，拱而尚右，二三子皆尚右。孔子曰："甚矣！二三子之好学也，我则有姊之丧故也。"夫欧洲、日本左院之代表贵族，则姊丧尚右也，他之不学，而惟此之学，是得为善学矣乎？

　况吾国欲以左院代表贵族，非惟事理有所不可也，抑且事势有所不能。在我昔代，周爵五等，春秋三等，其在今世，普爵三等，英法五等，多至于五而止矣。英法普之爵主，其地位皆自数百年前封建时代，传袭以迄于今，前此与其君主俱南面而治，有不纯臣之义。例诸我国，则汉初之韩成、魏豹、田儋也。其近世所命之新华族，不过少数耳，故合全国之有爵者，其数固非甚少，抑亦非甚多，我国则异是。若限于公侯伯子男五等爵，有此权利耶？则除宗室之镇国公辅国公、外戚之承恩公及蒙古公外，满汉公爵，举国无有。康乾咸同间用兵，其得侯伯子男者虽不乏，然照例递降世袭，不数十年，已降至轻车都尉以下。其有世袭罔替字样，能保其地位于永久者，惟曾左李三家之三侯一伯耳（此外尚有一二与否，不甚确记，即有亦不足破吾说）。为此三家，而特设一贵族院以宠异之，成何体制！且自一等公以至恩骑尉，此二十六等爵者，以其最高之等，与最下之等比较，虽相去悬绝，若以其相次之爵比较，则相去仅一间耳。三等男应有此权利，一等轻车都尉，以何理由而独无？一等轻车都尉有此权利，其二三等以何理由而独无？三等轻车都尉有此权利，骑都尉、云骑尉、恩骑尉何以独无？夫以李臣典、萧孚泗一偏裨耳，徒借金陵陷陈之一役，得封子男。以李续宾一代名将，不过轻车都尉。谓臣典、孚泗应有此权利，而续宾即不应有此权利，此何理也？是故不以世爵为组织上院之要素则已耳，否则其范围非起一等公讫恩骑尉不可。而举国中骑都尉、云骑尉、恩骑尉，车载斗量，即欲如日本伯子男爵之议员，以互选就职，亦何从悉调集之，为一团体以合选乎？且彼辈在社会上，果有何种固有特别之势力，而必须别置代表之理由，果何在也？故中国贵族议员之设置，无论从何种方面论，皆持之不能有故，言之不能成理也。故吾党所主张者，中国国会左院以无贵族为原则，惟其间有例外二焉，下方别论之。

第二项　中国不必以左院代表富族之理由

日本左院，有多额纳税之一种议员，此非代表贵族而代表富族也，其渊源盖本于普国旧宪法之第六十五、六十六两条（一八五四年已削除），而奥大利、意大利、西班牙之左院亦有此制。其法理论所根本，则孟德斯鸠之《法意》也。孟氏之说，近世学者，已驳击不遗余力。故欧洲各国，采之者已甚稀。日本学者，对于此制，亦纷纷攻难，想其改正，亦在早莫耳。夫欧洲诸国，所以有此制者，以彼去封建时代未远，大地主之势力，至为庞大，不可无所以代表之。盖与贵族僧侣议员，有同一之性质，不得已也。苟无此不得已之理由，而捧心效颦，斯亦何取？此则日本当时立法家之陋，不能为讳矣。我国惯例，以众子平均袭产为原则，与欧洲各国长子单独袭产者全异。大地主之特别势力，更无自发生。故此制当决然抛弃，无可疑者。

既将此两种要素排去之，则吾国左院应采之要素，有可言焉，今列举之。

第三项　应设皇族议员之理由及其限制

问者曰：子既排斥代表贵族主义，而复主张皇族议员，夫皇族非贵族之一种耶，何其矛盾也！应之曰：不然，彼则其原则也，而此则其例外也。凡天下事皆起于不得已而已。得已则吾欲已；不得已，则虽有圣哲，亦末如之何也。欧洲日本一般之贵族，皆不得已者也。我国则普通之贵族，其得已者也。贵族中之皇族，其不得已者也。我国政体，固不可不为立宪。而国体又不可不为君主，此凡有识者所同认矣。既为君主国，而欲国中特别阶级，绝对的无一存者，此盖不可致之事焉。故今世各君主国，虽以臣民之公私权一切平等为原则，而必有一二例外焉，则皇族是也。本朝法制，皇族私权，殆与齐民立于同等之地位，其公权之特别者亦甚希。且祖制不许亲贵任军机大臣，将来责任内阁成立，更不容以行政之地位，亵皇族之尊严。故皇族参与政治之权，惟在国会行之耳。国会左院，特设皇族议员，以示优异，盖揆情度理，而皆惬者也。

各国皇族之取得议员资格也，其方法有二：一曰达于成年即当然为议员者，英日意奥等国是也；二曰经君主敕任乃为议员者，普班等国是也。我国自宗室觉罗，皆为皇族，其数盖数十万。则第一法之不可采，固无待疑。若用第二法，则与普通之敕选议员无异，亦非所以示亲亲之意。吾以为仍当采第一法，而略加限制。其限制维何，则贝子以上是也。今亲王之世袭罔替者，除开国八亲王外，尚有成贤亲王、怡贤亲王、恭忠亲王、醇贤亲王及今之庆亲王，凡十三家。自余则依定制，皇子封亲王，亲王子降袭郡王，郡王子降袭贝勒，贝勒子降袭贝子。今若以成年之贝子以上，当然有为左院议员之权利。则有此权利者，为皇帝之子孙曾玄，且必为其小宗之宗子者也，似此则斟酌于亲疏厚薄之间，而适得其平矣。若夫有特封贝子以上之爵者，则出自天家殊恩，既有此爵，即随之以得有议员身分，亦固其所。

第四项　应设代表各省议员之理由

此其理由，于本条第一节第二款，既略言之矣，抑更有当申论者。我国行政区划，辽阔无垠，以面积埒全欧之一大国，仅区为二十二行省，此由因袭元明之陋，诚不衷于理论。虽然，其成为历史上之事实，已垂千年，迄今已有积重难返之势。欲为急剧改革，将酿无量之芬乱。且以如此大国，中央政府与初级地方自治团体之距离，势不得以不远。于此两者之间，而欲如各国通例，仅置一级之地方官厅，以仰承而俯接，其力将有所不逮。故于各国所谓最高地方官厅之上，尤必当有一官厅焉，其性质界于中央与地方之间者，是即省也。省之区域，无论或率现制之旧，或改革而缩小之。要其性质，皆当与欧洲日本诸国，所谓地方最高官厅者有别，其权限范围，必须加广，当为政治的，而不仅为行政的，此吾党所主张也。惟其然也，故吾国虽非联邦国，而一切制度，有时不可不采及联邦国所经验者以为渊源。而中央与地方相维系相调和之道，尤不可不三致意。此盖根于历史上、地理上有极强之理由，而非吾党之好持异论也。而国会左院，所以必应设代表各省议员之理由，即在是矣。

各国左院代表地方之例，其方法有三：一曰平均定额代表者，如美国是；二曰不平均定额代表者，如德国是；三曰比例人口代表者，如法国是。德国别有其政略上之理由，与吾国无关，其不必采不俟论。法国比例人口，与右院之选举，同一渊源，不过彼直接而此间接耳。故一地方，其在右院占多数者，其在左院亦必占多数，其在右院仅少数者，其在左院亦仅少数。如此则于代表地方之目的，不能贯彻。故我国当仿美国，以平均定额代表为宜。

其各地方平均之额，美国瑞士，皆每州二名。澳洲联邦，则每州六名。我国幅员埒于美国，人口且远过之，而美国本部为四十四州（并夏威夷为四十五），我仅二十二省，彼适当我之倍。今依美国之数，嫌其太少，依澳洲之数，又嫌其太多。折衷之，则每省四名，其可也。凡各君主国之左院，其议员之分子虽复杂，然必有一种认为中坚者。日本之五等爵议员，其左院之中坚也。我国则应以代表各省之议员为中坚者也，故总数八十八名，其可也。

选定此项议员之权，当安属乎？德国则属各邦之行政首长，美国则属各州之议会，法国则别为选举会以选举之。德国之制非我所宜采不俟论，美国之制嫌其范围稍狭。当如法国，别组织一选举会以行之。此选举会之组织法，当委诸各省。使斟酌本地情形以行，不必严定划一之法。大抵以该省所选出之国会右院议员，及其省会议员为主，而益以全省大团体之议员，如全省教育总会议员，全省总商会议员等最善矣。

既为选举，则必有任期，任满则改选焉。法国任期九年，每三年改选其三之一。美国任期六年，每二年改选其三之一。其所以不全部改选者，以左院应含继续的性质。而美法两国之左院，除此项议员外，更无他项。若全部改选，是失其继续性也。我国不然，此项议员，不过占左院之一部分，故可以同时全部改选，无取学步于彼，所以免烦杂也。但其任期必当视右院议员之任期为较长，其改选不必与右院之总选举同时，此无他焉，二院制之精神应如是也。

第五项　应设敕选议员之理由

本章本节第一款之第八项，尝言国民中有天然之特别阶级。而欲网罗此阶级之人，以入于国会，则仅恃人民选举，不足以完满达其目的。（人民选举固可以达此目的之一大部分，特未能尽耳。）然则于人民选举之外，不可不别求一机关以当此任。此机关在共和国无从得之，而在君主国可以委诸君主，君主而绝对的适于任此机关乎？虽非敢言，然比较的其适焉者也，是我国所当采也。

各国敕任议员之法，亦各不同，有君主与他机关协同行之者，如英国王敕选议员，必须经首相之奏请是也。（英国法律上并无此明文，但已成惯习。英国最大之势力则惯习也。）有君主单独行之者，如日本、意大利是也。（但立宪国君主一切敕命皆须经国务大臣副署，是亦不能纯指为单独行为也。）有两法兼用者，如普国此项议员之一部分，由各团体荐举，其一部由国王任意自择是也。其被选人资格，有规定之于法律者，如意大利、日本是也。其间复分二类，有用抽象的规定者，如日本但言有勋劳于国家及有学识者是也。有用具体的规定者，如意大利列举二十余种之资格是也。有不规定之于法律者，如英普等国是也。（消极的资格则各国皆有规定，不在此论。）今请言我国所当采用者，其被选人资格，将如日本之抽象的规定乎？所谓勋劳学识者，将以何为标准？究其极不过凭君主之主观的认识而已。是规定与不规定等也。将如意大利之具体的规定乎？则人物之种类，千差万别，实无从枚举。意大利所举者，徒注重练达于国务之人耳。申言之，则大率久于其任之行政官、司法官及军人也。而在所列举资格以外之人，虽有贤才，亦将限于法律，而不得被选，此必非立法之本意也。故吾以为毋宁如英普等国不规定之之为愈也。至君主当单独以行此权乎？抑当与他机关协同以行此权乎？吾以为兼采普英两国之制最善，即其中一部分由指定团体荐举，而君主任命之；一部分由首相奏请，而君主任命之。如是庶几可以举野无遗贤之实矣。但以法理论，则荐举奏请之权，虽在他机关，而任命与否之权，仍在君主，又不待言矣。若夫何种团体应有荐举权，吾犹未能指出之。此则俟诸将来国民进步之趋势何如也。

第六项　应设代表蒙藏议员之理由

今之策中国者，其眼光仅见有本部，而此外则视如无物，此真大惑不解也。所谓大清帝国者，除本部及满洲东三省、新疆外，尚有其三大区域等，曰内外蒙古，曰青海，曰西藏。并此三区域，其幅员更广于本部。此而恝焉置之，则天下孰有不可置者矣！我国古来之思想，其对于属境，不过名义上羁縻勿绝而已，未尝有行圆满之主权以辖治之者。独至本朝之于蒙古、西藏也不然。其在中央，置理藩院以管之。其在该地，置将军及办事大臣、参赞大臣等以镇之，不可谓非国家观念之一进化也。虽然，我国政治，素主放任，不主干涉。其在本部，犹且有然，至属地而益甚。驯至此三大区域者，与中央之关系日薄一日，几于彼此皆忘为同一国家。夫其种族、语言、文字、习俗，既与本部满汉之人，划若鸿沟，其能相结合为一国民之原素，本甚薄弱，所恃者惟政治上之联锁耳。并此联锁而弛之，盖不至分裂为异国而不止也。畴昔中央之军事行政，其力之能及于彼者尚厚，夫今则既成强弩之末矣。而外之复有强邻耽耽环伺，威迫利诱，百出其技以动摇之。而一发苟牵，全身将动。此三区域一旦解体，则帝国将随之而覆亡。为今日计，宜亟求使之与本部政治上之关系，日加切密，此实国家前途一大方针也。其所以实行此方针者，条理万端，而国家之意思机关，使其得以参与焉，又其第一义也，此吾党所以主张设代表蒙藏议员之理由也。

国家之意思机关，合左右两院组织而成，此代表蒙藏之议员，当属之何院乎，使其能与本部臣民，一切平等？两院俱有，固甚善也，无如其程度有所不逮也。其一，则右院议员之选举，必比例于人口，我国人民太众，大率须数十万人乃出一议员，而彼地人口稀疏，部落复杂，境域寥廓，选举万不能行也。其二，我国右院必不能遽行普通选举，惟行制限选举，其制限或以教育程序，或以财产，然无论用何种，而彼地之人，皆将无一能中程者也。夫国会选举法，必当通于全国，不能随意为一地方议设特别法明矣。如是则彼三区域者，实无可以出代表于右院之途，此吾党所以主张在左院特置代表蒙藏议员之理由也。夫在左院而别置一种议员，以代表国内之特别地域，此其事非自我作古。彼英国左院之有爱尔兰、苏格兰贵族议员，其前事之师也。

然则此种议员，当以何方法发生乎？申言之，则其选定权当何属乎？曰：此又当分别论之。

蒙古者百数十部落，逐水草以居，而未尝有一总机关能管其中央者也。就地理上略分之，曰内蒙古，曰外蒙古，曰青海蒙古。以其人民之势力，全蛰伏于酋长之下也，故不能用选举。以其部落太多也，故不能每部落出一代表人。今拟内蒙古以盟为单位，照乌达盟出三名，哲里木盟、锅〔锡〕林郭勒盟、乌兰察布盟各出二名，卓索图盟、伊克昭盟各出一名，凡十一名。外蒙古以部为单位，土谢图汗部出四名，车臣汗部、三音诺颜部各出三名，札萨克图汗部出二名，凡十二名。此外则塔尔巴喀台、阿拉善额济纳各出一名。青海蒙古亦以部为单位，和硕特部出二名，绰罗斯部、辉特部、土尔扈特部、喀尔喀部各出一名，凡五名。都凡蒙古议员三十一名，由该盟该部各旗之酋长互选之。

西藏者，稍具国家之形，有中央政府以统一之，非如蒙古之不相统属者也。而又黄教之根据地，宗教之势力压倒政治之势力者也。故其选出议员之方法，亦应与蒙古不同。今拟由达赖喇嘛指定四名，由达赖班禅指定三名，由噶伦布及诸第巴互选三名，都凡十名，皆须经驻藏大臣认可。则作为议员，必由喇嘛班禅指定者，代表宗教势力也，喇嘛班禅分有此权者。喇嘛所指，代表前藏；班禅所指，代表后藏也。第巴有此权者，代表宗教以外之势力也，第巴本须经奏准于皇帝，乃得就职，与喇嘛班禅同，故并有此权，于法理正合也。必经驻藏大臣认可者，驻藏大臣本代表皇帝以总揽全藏之大权，全藏一切政治，本须经过此机关，乃达于中央也。

问者曰：英国之直辖殖民地，日本之台湾，皆未尝出代表人于其国会，为其程度相去之太远也。今蒙藏之在我国，正与彼类，而子必汲汲于其代表，何也？应之曰：不然，英国宪法，本为大英王国之宪法，而非大英帝国之宪法，其国会亦然，故宪法不适用于殖民地。殖民地不出代表人于母国国会，理有固然也。日本之得台湾，在其施行宪法之后，故暂时未施行于彼，亦非无理由。而学者之攻难，已不少矣，我中国今日而施行宪法，其宪法为二十二行省之宪法耶？抑全帝国之宪法耶？今日而开设国会，其国会为二十二行省之国会耶？抑全帝国之国会耶？使非全帝国之宪法、之国会，是将以立宪开国会而破国家之统一也。既为全帝国之宪法、之国会，而宪法乃不适用于国中之一大部分，国中一大部分，对于组织国会而无出代表之权，此何理也？此吾党就法理上之立脚点，而敢自信所主张之不误者也。若夫政略上之立脚点，其关系尤重大，前固言之矣。

问者又曰：如子所论，借此以抚绥蒙藏，诚适宜之政略矣，然中国尚有未经同化之两族焉，曰回曰苗。仿蒙藏之例，而使其出特别代表于国会，不亦可乎？应之曰：此政略之可采与否，且勿论。借曰可采，而无如太悖于法理。何也？国家之要素，惟有国民，而无所谓民族。蒙藏之设特别代表，乃以代表蒙古、青海、西藏诸地方区域，而非以代表蒙古种人、唐古忒种人也。回苗两族，与一般国民同占住居于二十二行省之中，其万不能为之设特别代表，其事至明。

问者又曰：蒙、藏、青海三大区域之臣民，仅有出代表于左院之权利，而剥夺其出代表于右院之权利，宁得谓平？应之曰，此非可以剥夺言也。将来右院选举法颁行，其选举人、被选人之资格，必泐定之。使蒙藏住民而有此资格者，则其享有此权，仍与他地住民无异也。特现今事实上可决其绝无此种人，虽划出选举区，执行选举事务，亦徒然耳，故不如已也。以吾党对于经营蒙藏之方针，则一方面奖励殖民，移本部过剩之人口以实之，一方面施适宜之教育，促其住民以同化。此非属于本论之范围，暂勿喋喋。然使吾党之理想实行以后，蒙、藏、青海三区域，能与本部程度相接近，则举本部一切制度而措之，何斩之有焉！

问者又曰：蒙藏住民，能通国语国文者，盖极少数，其所选出之议员，又未必即在此少数者之中。其列于国会，则伴食耳，而安能举代表之实耶？应之曰：此则事实上问题，而非立法家所问也。夫伴食于国会者，岂必其在不通国文国语之人？以英国为立宪祖国，其右院六百余人中，常立于议场而振振有词者，不过十数人，此外皆伴食者也。夫宁得因此而废之？设蒙藏议员之本意，全在使之与中央之关系，日加密切，但使能有议员驻于京师，而常出席于国会，则虽始终不发一议，而所裨固已多多矣。况国文国语，可学而能，置诸庄岳，旦夕间事耳，而何足为病也？或者之说，谓蒙藏议员，当附一能通国语之条件，非此则不能就其地位。吾不谓然，国会之目的，在能代表各方面之势力而已。蒙古各盟各部所互选之人，西藏喇嘛、班禅、第巴所指定之人，必其可以代表方面之势力者也。虽然，未必其能通国语者也，若以国语一条件制限之，是以附属之条件牺牲本来之目的者也，是无异限制蒙藏人使永远不得出代表而已，斯吾党所不能附和也。

更有一小节当附论者：此项议员之性质，应有一定之任期者也。今拟皆以四年为一任期，以右院行总选举时，同时改选之。若右院缘解散而行总选举，则不在此数也，各国左院议员之任期，最短者皆在六年以上。此所拟者，似失于短，然交替稍频繁，则其输入文明于彼地也亦较易，此立法之意也。

第七项　左院议员之数

以上所举左院议员之种类，尽于是矣。尚有应论及者一事焉，则议员总数是也。各国左院议员总数，有取不制限主义者，若英若普若意是也；有取绝对制限主义者，若德若美是也。有取相对制限主义者，若日本是也。吾以为我国宜取相对制限主义也。日本左院议员中，其总额有制限者凡两种：一曰伯子男爵议员，总数不得过百四十三人；二曰敕任终身议员，总数不得过百二十五人。盖此两种议员，实日本左院之中坚，故使其数略相当也。我国将来之左院议员、可区之为二部分：一曰敕任者；二曰非敕任者。非敕任者，则皇族议员、代表各省议员、蒙藏议员之三种是也。敕任议员之总额，应不能过于彼三种议员合计之总额，此于无制限中寓制限，所谓相对制限也。

今请综举前所拟者，列为一表。

（种类）	（人数）	（任期）	（选出者）
（一）皇族议员	约四十人	世袭	法律之结果
（二）代表各省议员	八十八人	七年	各省选举会
（三）敕选议员	百五十人以内	终身	皇帝
（四）蒙古贵族议员	三十一人	四年	有权者互选

（五）西藏议员　　　十人　　　　四年　　　　喇嘛、班禅、第巴

· 第三节　右院之组织（旧称下院）·

各国右院之设，皆平等以代表全国国民，故必以人民所选举之议员组织而成。此惟一之原则，通于万国而无或异者也。但其选举法亦有不能从同者。今请广搜诸家学说，比较各国法制，而示我国所当采择焉。

第一款　选举权

第一项　普通选举与制限选举

第一目　各国制度比较

人民选举议员之权，名曰选举权。选举权之广狭，各国不同。可分为普通选举与制限选举之两种。普通选举者，谓一切人民皆有选举权也。制限选举者，谓以法律指定若干条件，必合于此条件，或不及于此条件，乃得有选举权也。代议制度滥觞英国，而英国则取制限主义者也。故后进诸国，往往效颦。虽然，社会日进步变迁，所立制限，颇难恰适于时代之要求。各国大学者大政治家，深感其弊，倡议废之，而此说日占势力，各国纷纷见诸实行。此普通选举与制限选举之利害得失问题所由日滋也。

虽然，所谓普通选举云者，乃相对的名词，而非绝对的名词也。无论何国，万不能举全国人民当呱呱堕地之始，而即皆有选举权。故如属性之制限、年龄之制限等，无国无之。然学者于此等制限，不认为制限。质而言之，则所谓制限选举者，实专指财产制限或教育程度之制限而已。故吾于前者，欲名之为普通制限选举，于后者欲名之为特别制限选举。今请举各国制限之种类表示之。

（一）普通制限　实则与无制限等也。故凡有此种制限者，学者通称为普通选举。

（甲）国籍制限　谓必为本国臣民者也。外国人不能享有公权，久成为万国之通义。然各国法制，例必首载此条。就中美国规定尤严。盖美国入籍之例甚宽，其民多由他国迁徙而来也。故美国各州法制，于此项常规定其年限（美国无合众国通行之选举法，其法皆听各州自定之，故选举人之资格各州不同，此项之国籍制限，或有须入籍一年以上者，或有须二年、三年乃至五年以上者不等）。

（乙）属性制限　谓必须男子也。现世界中女子有选举权者，惟美国之

哥罗拉特州、埃达荷州、乌达州、约明州，及澳洲之西奥省与纽西兰，自余各国，无不设此制限。

（丙）年龄制限　此各国所同有也，但亦分两种。

（子）以私法上之成年为制限者　英法美诸国是也。诸国民法，皆以二十一岁为成年。私权公权，皆自其年得行使之。

（丑）别定其制限者　德国日本是也。德国民法，以二十一岁为成年。日本民法，以二十岁为成年。成年后得行使私权，惟选举公权，皆至二十五岁始有之。

（丁）住所制限　谓必有一定之住所也。调制选举人名簿及行选举时，种种事件，皆与住所相附丽。故各国选举法，皆以住所为必要条件，亦固其所。然既有此制限，则臣民之侨寓异国者，其选举权自暂时停止。而浮浪乞丐之徒，无家可归者，亦自不得有此权，其事甚明。

以上四种制限，除第二种之属性制限美国不著明文外，自余则万国莫不有之，然实则与无制限等。苟所制限者而仅在此，斯谓之普通选举矣。

（二）特别制限　特别制限者，于此四种之外，尚更有其他之制限者也。复分两种：一曰消极的特别制限；二曰积极的特别制限。

（一）消极的特别制限　消极的特别制限者，以法律规定若干条件，凡不在此条件之内者，其人皆有选举权也。复分四种。

（甲）公权行使制限　谓有事故不得行使公权者也，如疯癫人及罪人之类是。今举各国之例。

英国　（一）精神错乱者。（二）犯叛逆罪者，及选举时行不法行为而受刑之宣告者。

美国　（一）精神错乱者。（二）剥夺公权者，谓曾为议员或官吏，已宣誓拥护宪法，而复有叛乱或通敌之行为者也。但以议院三分之二投票，可解除此制限。

德国　（一）被后见者。（二）为犯罪而剥夺公权或参政权者。

法国　（一）被后见者。（二）被剥夺公权及参政权者。（三）特禁止选举权之行使者。（四）犯强窃盗、诈欺、赌博、背誓、亏空官帑、浮浪、乞食等罪者。

日本　（一）禁治产及准禁治产者。（二）剥夺公权及停止公权者。（三）

处禁锢以上之刑者。

（乙）财产变动制限　凡宣告破产者，皆停止选举权，万国通例也。

（丙）阶级制限　各国多指定某种阶级之人，不得有选举权，然有以其为贵族之故而被制限者，亦有以其为贱族之故而被制限者。今举各国之例。

英国　凡贵族皆不得有右院之选举权，惟爱尔兰贵族，除现任左院议员者外，不在此限。

日本　华族之户主，不有选举权。

丹麦　为人奴仆者，不有选举权。

美国　前此杂色种人及奴隶，不有选举权，一八七〇年，削除此制限。

（丁）职业制限　特种职业之人，不得行使选举权，各国多有其例。今列举之。

英国　特种之官吏，为警察官及管理选举之官吏等。

法国　服现役之陆海军人。

美国　各州不同，有全无制限者，有制限军人者，有并制限官吏者。

日本　（一）现役之陆海军人。（二）官立、公立、私立学校之学生及生徒。

此外虽行普通选举不立财产制限之国，而贫民无职业须仰他人之补助以自活者，往往夺其选举权。

以上四种，虽号为特别制限，然一般国民中，在此制限者寡，不在此制限者众。故仅有此制限，而无其他制限者，仍不失为普通选举也。

（二）积极的特别制限　积极的特别制限者，谓以法律规定若干条件，必合此条件者，乃得有选举权也。学者所称制限选举，专指此类。其最通行者，为财产制限，则教育程度制限。

（甲）财产制限　此英国历史上之遗物也，今各国尚多效之者。试举其例。

英国　英国选举权之财产制限，最为复杂。今略举之。

（甲）英伦人之财产制限。

（一）有自由所有地，其每年纯价格在四十喜林以上者。（但此财产必须由相续、占有、婚姻、契约、遗言、教职或官职，而取得者。）

（二）有自由所有地，其每年纯价格在五磅以上者。（凡非依前项所列诸原因以取得财产者，须适用此项。）

（三）有登记所有地，或自由所有地以外之土地，其每年纯价格在五磅以上者。

（四）有左列之借地权者。

（1）借地期限六十年以上，每年纯价格五磅以上者。

（2）期限二十年以上，纯价格十磅以上者。

（乙）苏格兰之财产制限。

（一）有每年纯价格五磅以上之土地，或相续财产者。

（二）有左列之借地权者。

（1）有一代借地权或五十七年以上之借地权，其价格在每年十磅以上者。

（2）有十九年以上之借地权，其价格在每年五十磅以上者。

（丙）爱尔兰之财产制限。

（一）有自由所有地，每年纯价格在五磅以上者。

（二）有某条件之借地权者。（其条件凡四类，今避繁不遍举之。）

其不有以上所列举之不动产权利，而仅占有每年价格十磅之土地或家屋者，苟能合左方所列三条件之一，即得有选举权。

第一　占有期间之制限。凡占有者，从调制选举人名簿之时起算，溯前十二个月间，于其县内或市内，占有此等财产者。

第二　住居之制限。其在英伦，须于调制人名簿前六个月间，其在苏格兰，须于前十二个月间，在市内或距市七英里之内，占有住居者。（但英伦苏格兰之县，爱尔兰之州及县，不设此制限。）

第三　关于纳税之制限。必须纳救贫税者。

其赁屋而居之人，所赁者为每年价格十磅以上之屋，即得有选举权。

法国　变迁最多。当国会初开时，设财产制限。大革命后废之。帝政时代复置之，及路易十八世王政回复时，制限极高（百二十佛郎之直接税），虽中产之家，犹不能有选举权。第三共和以后，全废之。今为普通选举。

比利时　旧制以岁纳税百法郎以下、二十法郎以上者，得有选举权。今改为等级选举制，别详次项。

普鲁士　虽行普通选举，而实兼用等级选举制，别详次项。

意大利　每年纳税十九锭八十生丁以上者，得有选举权。但能读书写字者，免除制限。

那威　有五十士皮埃之土地所有权者，或赁借之者，皆得有选举权。但曾任官吏及公职者，得解除此制限。

索逊　纳三马克以上之国税者。

日本　纳地租十元以上，已满一年者，又纳地租以外之直接国税十元以上，或地租与其他直接国税合计十元以上，已满二年者。

俄罗斯　（1）有财产，或终身年金，或纳税之不动产者。（2）曾纳住所税或工业税者。（3）有营工商业之证据者。（4）独租房屋一所者。又别有劳动者团体选举权，每工场自五十人以上者，得出一代表人；千人以上者，则每千人增加一人。

以上所举财产制限之例，有以所有财产为标准者，有以岁入所得为标准者，有以所纳国税为标准者。其制限之率有高有下。如以日本人生活程度之低廉，而其率为十元，此其最高者也。若索逊者，殆可谓之无制限之制限矣。如俄罗斯虽以纳税为标准，而不规定其税率，又更宽矣。又如英国，其条件虽极复杂，然正以复杂之故，于甲项不合格者，于乙项得合格。据其所规定，凡赁屋而居之人，皆得有权，故英民之不有权者亦仅矣。俄罗斯亦然，赁屋而居者，皆得有权。凡合于此条资格者，虽与纳税条件不相应，而其权如故矣。俄制又凡有营工商业之证据者，皆得有权，则其制限之解除者益宽。而劳动团体之别有选举权，更无论矣。又如意大利等国，其财产条件虽不轻，然但能读书写字者，即可以免除，自义务教育行，而所谓制限者，殆悉归无效矣。以上所举诸国，虽号称为行财产制限，然按诸实际，殆皆与普通选举无择。其可称为完全制限者，惟日本而已。盖财产制限之废止，实世界大势之所趋也。

（乙）教育程度制限　有专用财产制限之国，有专用教育程度制限之国，有两制限兼用之国。

意大利　能读书写字者。　葡萄牙　同。

美国中之若干州　能读宪法且解其文义者。　澳洲联邦　同。

英国　大学卒业生，不必合于财产制限之条件，亦有选举权。

比利时　有高等教育程度者，得有复杂之选举权，别详次项。

以上二种，最狭义之制限选举也。前所列四种之消极的制限，以无制限为原则，以制限为例外。此所列二种之积极的制限，以制限为原则，以免制限为例外。故惟此独专制限选举之名也。

第二目　我国不当采制限选举之理由

选举资格，既不能绝对的无制限，所当问者，其制限条件之多寡严宽而已。今请将前列十种制限，校以我国情形，而论其孰为当采者，孰为不当采者。

（一）国籍制限　当采，不待说明。

（二）属性制限　当采。男女分业，实社会成立发达之一要件。虽在人民程度极高之国，女子选举权法案，犹艰于通过，我国更无论也。

（三）年龄制限　当采。但以仿日本最宜。

（四）住所制限　当采。但有一例外焉，即侨寓他国之国民，应否尽停其选举权，此政略上之一问题也。以普通之法理论，万无设置选举权于他人国中之理。又为旧学者之所说，谓代议士为租税之代价，则侨民纳租税甚少，虽停其权亦宜。虽然，我国民在境外者，六百余万，可以敌中小国一国之总民数，而所居之地，皆非我国权所及之殖民地，其公权既切不能享有，此数百万人永失其权利之一大部分，情实可怜。况彼侨民者，其财力颇不薄，若能使之与祖国关系日加切密，则于殖产兴业，殊有裨益。故设法使之与母国人民，有同一之选举权，实政略上所不容已也。至其方法则今犹未思得其最良者，大约其选举人名簿，由领事调制之，其投票则或在领事馆，或用通信投票，二者必居一于是。此无他国成例可援，惟自我作古而已。

（五）公权行使制限　当采。凡民法上禁止行使私权者，则公权自亦在应禁之列也。

（六）财产变动制限　当采。破产者害及多人之权利，故其权利一部分，亦应减也。

（七）阶级制限　各国阶级制限之例，有特制限贵族，使不得有选举权者；有特制限贱族，使不得有选举权者。制限贱族者，此古代蛮俗之余烬耳。其在今日，一切法律，皆以四民平等为原则。于同一国民中，而强分某类之人，为应有参政权，某类之人应无之，其事为大谬于法理。故在现世各立宪国，此种不平之制，殆绝迹矣。我国法制，四民平等之理想发达最早，良足以自豪于世界。虽然，其余烬亦有未能尽灭者，如娼优皂隶之子孙，及各地之世仆，与夫江淮间之乐户，广东之蛋户，贵州之独家等类，咸不能有应试任官之权。凡此之类，私权虽略与齐民平等，而公权则殊不完全。虽为数甚微，究不免为文明法制之一污点。自今以往，实施宪政，必当并此区区之翳云，拂拭以尽。故制限贱族之制，其必不当采，可无疑矣。至于各国中，有制限贵族者，则非以剥夺其参政权，实因其在他方面，已有此权，伸于彼者例当诎于此耳。推原国会分设二院之意，原为网罗国中各方面之势力，而剂之使底于平。其在有贵族之国，既以左院代表贵族之特别势力，则其所以厚于贵族者，亦云至矣。使其在右院更得与齐民竞争，则右院之势力，复得被垄断其一部分，所享权利，太过优异，而两院之权衡，或自兹破焉。英日等国，右院议员之选举权，独靳于贵族，盖理论上所当然也。惟中国则与彼异，举国中既无所谓贵族之一阶级存，而左院又非以代表特别阶级为其要素，除皇族及蒙古王公、西藏僧侣外，举国中无一人能缘其身分，而得有特别之参政权者。夫既不能缘身分而得此权于甲方面，自不能缘身分而失此权于乙方面，此事理之至易明者也。故此种阶级制限，吾国当决然舍去。无可疑也。

（八）职业制限 各国之设职业制限，或制限特种官吏，或制限军人。其制限特种官吏者，大率以执行选举之官吏为主，凡以防弊也。其制限军人者，则不使军人参与政治。其第一之理由，防势力之滥用。其第二之理由，则又国家机关分业之原则，应如是也。此我国所当采者也。惟日本选举法，于此两种之外，复有制限学生之例，求诸各国，未之前闻，按诸法理，亦难索解，此诚一奇异之制也。夫谓以其为学生之故，而即不应与闻政治，此其理由果何在乎？谓学生多少年不解事耶，则既有年龄制限，以为之坊矣。日本之制，满二十五岁乃有选举权，夫学生则大率皆在二十五岁以下者也，有此制限，则学生之不得选举权者，已十而八九矣。其有一二年逾二十五而犹为学生者耶，必其人之好学，逾乎寻常，而现在各大学之专攻科者也，否则亦在各大学第三四年级者也，否则亦前此为逆境所限，幼而失学，后乃发愤而补修者也。凡此之人，皆国民中之尤优秀者也。乃徒以其为学生之故，而遂至不能享尽人所同享之公权，是何异国家特设此法制，以惩罚彼好学之民也。彼及年之学生，不欲放弃此权者，计惟有废学以就之耳，是国家奖励人民以不悦学，而于国家果何利也？故日本之有此制，实吾所百思而不能得其解者也。吾国教育事业，方始萌芽，其普及之程度，视他国相去远甚。自今以往，为助长国家进步计，谓宜导多数成年以上之国民，使之向学，为法政简易科、师范简易科、农工商学简易科与夫各种学业之补习科等，多多益善。其中年国民之为学生者，亦多多益善。而一国政治之原动力，方得赖此辈以转捩之。若如日本之制，凡为学生者不得有选举权，此何异举凡神骏，皆系枥中，而惟恃驽骀以致千里也！夫在教育未普及之时，则优秀之民，逾中年而为学生者必多。就政略上论，万不宜夺其选举权。既如是矣，若在教育普及以后，则国民在二十五岁以上者，大率已脱学生籍，此制限殆包含于年龄制限之中，而规定直同于无效。故吾以为吾国将来国会右院议员之选举权，但如日本德国之例，以二十五岁为制限而已足，至日本学生无选举权之陋制，则其绝对的不可采者也。英国宪政之祖国也，特设大学选举区以优异学生，而示别于齐民。善良之政略，不当如是耶？若日本之立法家，吾诚苦于索解其用心之所存耳。

（九）财产制限　普通选举与制限选举之分界，其最重要者，实在财产。各国学者之论争，此其烧点也。今请先述彼都之学说，次勘我国之情形，乃定所去取焉。代议制度者，英国之名产也。而以财产制限定选举之资格者，又其同时产出之副产物也。英国右院（即庶民院）之成立，在十三世纪末，曷为发生此右院，则参与征税权，实其惟一之目的也。盖当时之理想，谓不经纳税者之许诺而擅课其税，于义为不当。故凡有纳税之义务者，则当其课税之前，有先与商议之权利。所谓不出代议士不纳租税之一格言，实当时右院成立之根本的理由也。洵如是也，是出代议士之一权利，实国家对于纳税之国民，而予以相当之报酬。其不负纳税义务之贫民，例无报酬，其不得享此权利也亦宜。虽然，就法理方面观察之，此观念其果适当矣乎？是不可不亟辨也。使选举权之性质，而属于报酬的也，则不纳税者不得受此报酬宜也。然报酬则必当比例于价值，投桃而报李，斯为报矣。投木瓜而报琼琚，则匪以为报矣。不纳税者与纳税者，同一权利，报酬诚可云不公。少纳税者与多纳税者，同一权利，报酬独得云公乎？诚以报酬主义为根据也，则充类至尽，必当举全国纳税之人民，而第其等差。其纳若干者，得权利若干分；增纳若干者，则增得若干分；又增纳若干者，则又增得若干分。纳税者之等级无穷，权利之等级亦与之为无穷，必如此斯可云公矣。而试问国家有此政体焉否也？况乎租税之种类，又千差万别。直接税固租税也，而间接税亦不得谓非租税。近世财政学日进步，各国间接税之收入，且骎骎驾直接税而上之矣。一国中人，则谁不纳间接税者？虽贫至乞丐，苟尚能活其生命，则所资以活其生命之物品，国家先必有所以取之者矣。（此又不徒间接税为然也，即以直接税论，凡纳税者恒转嫁其税于人。如农民纳土地税，而当其以粟入市时，则必将此税项算入谷价中，而还取诸买主。故实际担任此税者，乃食粟之人，而非耕田之人也。他例是。）而谓仅纳直接税者，宜有报酬，其纳间接税者，则不宜有报酬，又安得云公也？不宁惟是，使以报酬主义为根据也，则凡纳税者，皆不可以无报酬，无论其愿受与不愿受，能受与不能受，而义固不可以不予之。则有未成年之孤子，有已丧偶之嫠妇，而拥有极大之财产，其所负纳税义务，独多于他人者，固不可不予之以选举权。即不尔，亦应予其代理人以选举权。而各国固未闻有此制焉，则报酬之谓何也？然则以报酬主义解释选举权，其触处皆不可通，盖章章矣。此无他焉，古代人民于公权之性质，未甚明了，往往以私权之观念比附之，而不知二者截然非同物也。夫国家与人民之关系，非以市道交也。国家命人民以义务，则命之而已，非必有所报酬而后能命也。人民对于国家所应享之权利，则享之而已，非近〔必〕缘报酬而后能享也。人民之纳税，其当然之义务也，非待国家有所偿于我而后纳之。如曰必待国家有所偿于我而后纳税，则又必当待其别有所偿而后当兵也。乌乎可也？人民之有参政权，其当然之权利也，非取偿于国家而后有之。如曰缘取偿而后有参政权，则其他一切公权（如要求裁判权、各种自由权等），苟别无他道焉为索偿之理由者，将遂无自以得之也。乌乎可也？然则纳税之义务与参政之权利，二者各自独立，万不容并为一谈。而谓选举权与财产有若何之关系者，其说盖无以自完也，况乎人民之行选举也，于一方面为其权利焉，于一方面又为其义务焉。曷为谓之权利？谓当组织此国家重要机关时，人民应得参与其事也。曷为谓之义务？谓此重要之国家机关，凡国民必当尽其力以组织成之也。以权利论，苟将报酬主义之一迷见除去，则断不能谓惟有财产者，宜有此权利，其无财产者，则不宜有此权利。以义务论，尤不能谓惟有财产者宜负此义务，其无财产者，则不必负此义务。然则谓选举权与财产有关系者，果无说以自完也。

就政治方面观察之，则其说之不可通，抑更甚焉。十三世纪时代，英国人之理想，盖谓凡人民缘国会之职务，而感其利害者，则不可不参与于国会之组织。纳税人则感其利害者也。盖当时国会唯一之职务，在承诺租税；其唯一之权利，在监督会计。其在今世国会所有诸职权中，当时所能有者，惟协赞豫算承诺决算之一职权耳。纳税人既特感苦痛，故不能听当轴之任意取盈，而必思容喙于其间，此庶民院发生之动机也。其不纳税者，既不感此苦痛，自无必须容喙之理由。衡以理论，可云至当。而当时间接税之项目甚少，其无财产者，大率无纳税之义务，此选举权所以不及之也。虽然，此惟彼时为然耳，若在今日，则间接税以附庸蔚为大国。国会所议决之财政案，其负担之者，岂必有土之人，举国上自王侯，下逮乞丐，罔不与焉。然则就令今之国会，其权限一如昔之国会，所问者仅在预算决算而已，而感其利害者，固不徒在财产家矣。况乎今世国会之性质，则大异是，其职权非徒在协赞租税云尔。凡国家立法事业，一切参与之，而其监督权且及于行政。国会之性质，既已递嬗递进，达于今日之地位，则凡国会之一举一措，其影响直及于国民全体，无论纳税者与不纳税者，其所感之利害，皆同一焉。于此而犹划出一鸿沟，谓惟纳税者宜参预国会之组织，其不纳税者，则无须焉，此诚百思而不得其解者也。夫谓与国会职权有利害相关者，斯宜参预国会之组织，此国会起源时所适用之原理也。在彼时之国会，而以财产为标准，正所以适用此原理。在今日之国会，而犹以财产为标准，则岂惟非适用此原理，毋亦适得其反而已。夫使此原理果真确，而财产制限之选举法，已无理由可以存立，而况乎此原理又非其至焉者也。夫国家之目的，一方面谋国内人民之利益，一方面仍须谋国家自身之利益。凡国家一切机关，皆兼为此两目的而设置者也。谓人民各因其个人利害之故，而始参与国政，此不过十八世纪前个人主义之理想。近世国家主义大明，此说之缺点，稍有学识者能知之矣。使国会而仅以个人利害关系而建设也，则凡一国之人，无论贵贱贫富、老幼男女，其利害孰不受影响于国会？遵此论据，则其归结，不可不举国民而悉畀以参政权。而无论何国，皆不尔尔者，则以国民参政权，实由两要素相结合而成，其一则政治上之利害关系也，其二则适当行使之之能力也。必具备此两要素之人，乃畀以参政权，斯可以得完善之意思机关，而国家之目的达矣。故选举人之资格，必当以此二者为衡。而此二者之中，其第一种则凡国中人民，无不有此关系，更无所容别择之余地，可无论矣。其第二种，则当以何者为标准，以辨别国民中之孰为有政治能力，而孰为无之耶？此实最难之问题也。今世各国通例，凡未成年之幼童，或私法上虽认为成年，而公法上未认为成年者，与夫神经错乱，须人保护者，皆确认其为无政治上之能力，而不予以选举权。此盖无所容其辨争者。其女子亦假定其为无政治上之能力，而不予以选举权，然起而为难者，且振振有词矣。但从政策上利害着想，则在今日之社会，此假定终不可以不承认。此年龄属性等制限所由立，而按诸政治学之原理，可谓不相刺谬者也。然则除此等消极的制限以外，凡丁年之男子，皆予以选举权，如当世所谓普通选举者，遂得谓其于政治学之原理适相吻合乎？是又不然。政治学之原理，谓凡有政治上之能力者，斯当有参政权，然则无政治上之能力者，不当有参政权甚明。而谓凡丁年之男子，皆有政治上之能力，则无论何国，其事实皆不尔尔也。然则欲适用政治学之原理，使圆满无遗憾，除非得一人焉具有佛世尊、耶稣基督之神慧，能随时一望而知国中人之孰有政治能力，而孰为无之者，眘然划一界线以识别之，无铢黍之忒，乃因其识别，而定选举权之予夺焉，斯可矣。然此事既万不可期，即学理之圆满适用，终不可望。故曰：人类不完全，而政治无绝对之美。既无绝对之美，则两害相权取其轻，两利相权取其重。多数有能力之人民，得参政权，其利甚重；而少数无能力者，滥竽其间，其害较轻。此普通选举制得以成立之理由也。若夫以财产之有无，定选举权之有无乎，苟衡以学理，必当先立一前提焉，曰：凡有财产者，皆有政治能力者也；凡无财产者，皆无政治能力者也。而此前提果正确乎？不待问而有以知其不然矣。财产与政治能力，决非能常相一致，故财产与选举权决不容有特别的关系。英国之设财产制限，其历史上之遗蜕耳。英人以善保守闻于天下，其习惯无论当理不当理，皆无宁过而存之，以次递变，必千数百年，而蜕化乃尽焉。他国无历史上之理由，乃必并其缺点而学之，所谓画虎不成，终类狗者也。（英国虽号称用制限选举，然经几度之沿革，其制限已极低微。今则凡有住居能独立营生计者，皆有选举权矣。参观前所举法制便知其详。现在日本人之有选举权者，不过百分中之二分二强；英国人之有选举权者，则百分中之十七分强，故学者往往以英国列诸普通选举之国，亦非无故也。）

　　夫持制限选举论者，不过曰：民之为道，有恒产者有恒心，无恒产者无恒心。以无恒心之人，而使之选举议员，则将损议员之价值，而贻隐患于国家也。且赤贫之人，易动之以货利，恐被买收其投票，而所选举者非出于良心之自由也。由前之说，则必求所以增进选举人之道德及其智识，使之能鉴别议员候补者，而择善以举之，然后议员之价值乃不损，固也。然欲达此目的，决不能取标准于财产，何也？其在教育不普及之国，则贫民之无道德无智识者固属多数，即富人亦岂能独优焉？彼纨袴子弟，不辨麦菽者，比比然矣。孟子之言，谓比较的如是，而非谓绝对的如是，斯未可以一概论者也。若夫今世诸立宪国，以行强逼教育为原则，凡及岁之儿童，不论贫富，皆有就学之义务。其曾受国民教育者，即应认其为有国民资格，而于财产之有无，果何与也？由后之说，则贿赂运动之弊，无论用何法而皆不能尽免。但选举人数多者，则其行贿运动也较难，选举人数少者则较易。例如仅有百票，即能选出一议员，则作弊甚易；若需千票，则作弊难矣；进而及万票，则更难矣。而行财产制限，则以有选举权者甚少之故，而供作弊者以多途。试举其例，如日本现制，约平均十三万人而出议员一名，但日本每百人中，有选举权者不过二人而强，故平均得二千票内外，即可中选。英国现制，约平均五万四千人而出议员一名，但英国每百人中，有选举权者十七人而强，故必平均得九千票内外，乃可中选。夫九千票之作弊，难于二千票之作弊，此不待智者而决矣。故以财产制限选举为防弊之良法者，而不知其结果乃适得其反也。

　　夫设立国会之本意，原欲使多数国民，闻与国政，则其与国家之关系日益切密，而爱国心自油然而生。若以财产制限之故，而使大多数人，不能感国家与己身之利害关系，则将流于少数政治，其反于立宪之本意甚明。况乎国中一大部分人无选举权，则民智愈开，而不平之分子愈增，其结果必助长资本家与劳动者之轧轹，而国家将受其敝。故现今欧美各国，其大势皆趋于普通选举，而财产制限之制度，殆沦为历史上之僵石，良有由也。

以上仅就普通学理观察之，而财产制限之毫无理由，既若是矣。若按诸我国今日之国情，则其万不可采，更有可断言者。行财产制限之国，其鉴定财产之方法，虽有种种，而最直捷者，则以纳直接国税若干为标准是也。各国所行直接税，其种类繁夥，如地税、家屋税、动产税、营业税、所得税等，皆属焉。我国今日所现行者，则惟地税之一种耳，其他各种，吾信虽国会成立后，迟之又久，而犹未易采行者也。然则我国若用财产制限，其得为标准者，仅地税耳。而我国旧制，赋税极轻，每亩正供，不过一二钱。若仿日本之例，以纳十元者得有选举权，则非有地五十亩以上者，不能得此权，恐国民之有权者，千人而不获一矣。然又不能据此而遽断定国中有财产之人之果为极少数也。盖有每岁所入，视拥田百亩者之所入，数倍或数十倍，而未尝纳一文之直接税于国库者，比比然矣。如显宦之俸给，干员之薪水，豪商之股份，是其类也。财产制限行，是此辈皆无选举权也。不宁惟是，我国田制，率由户领，其法律上之所有权属于户主。而各省习惯，以父子兄弟同居为美德，上流社会，辄数代不析产。故虽巨万之富，而为子弟者，终未尝以自己之名义，输正供于国家。财产制限行，是此辈皆无选举权也。不宁惟是，凡以游宦或经商而入籍于他省者，于其新入籍之地，无土地所有权者居多数。财产制限行，是此辈皆无选举权也。不宁惟是，京旗及各省驻防，大率以官为家，或恃军籍薄饷以自活，而有田之人，千不得一。财产制限行，是此辈皆无选举权也。夫以游宦经商入籍他省者，苟其本籍置有产业，犹可以申告于所流寓之地，免致失权。若夫京旗驻防，本无恒产者，岂不缘此制限，而最重要之公民权，遂永丧失耶？以立法之偶失当，使国中一部分之人，惊骇迷惑，几疑国会之设，为剥夺旗人权利。莠民乘之，或反以煽动民族之恶感情，以阻宪政之进行，则其祸害及于国家者，非细故也。未按诸普通学理，而财产制限之不可取也既如彼，衡诸中国事势，而财产制限之不可取也复如此，此吾党所为决然反对之，而不容假借也。

问者曰：今者与人言国会，犹或致疑于程度之不足，而生异论。今更与言废财产制限，是并日本所未能及者，而欲一蹴几之，其毋乃更资人以口实，而沮国会之成立？则何如仍承认制限之说，无惊里耳也。应之曰：不然。吾党正惟冀国会急底于成，愈不得不反对财产制限之议。盖财产制限，必待税法整理，然后能实行。而非国会成立以后，恐税法终无整理之期。今若以财产制限，为国会选举必要之条件，则政府将借口于税法之未整理，以谢国民之要求，是不啻为反对国会论资以武器也。吾之斤斤然排斥财产制限者，岂好辩哉？不得已也。

（十）教育程度制限　教育程度制限，有以之为制限之唯一条件者，有以之为财产制限之解除条件者。其以之为制限之唯一条件者，则必须有及格之教育程度，乃得行选举权也，如意大利，及美国中之若干州，及澳洲联邦是。其以之为财产制限之解除条件者，谓以财产制限为原则。但教育程度较高之人民，则虽所有财产不及格，亦得有选举权，此其例外也，如英比等国是。今吾党既不主张用财产制限，则所谓解除条件者，自无所附丽，不必更论。若夫不立财产制限，而惟以教育程度为唯一之制限，则按诸学理，其说较完，宜若可采者也。但此程度当以何为标准，又属一问题。若所悬之格太高，则仰攀甚难，而大多数之国民，不免向隅。例如以中学校或高等学校毕业为及格，则恐有豪农巨贾，纳多额之国税，而犹见摈于选举权以外者。若所悬之格太低，则与无制限等，何必多此一举？例如以能读书写字者，或以小学校毕业为及格，则在行强迫教育之国，凡及年之民，罔不有此程度，是亦无制限之制限而已。故此种制限，各国多弃而不取，良有由也。以中国论，现在教育尚未普及，人民之无智识者居多数，则以教育程度，略示制限，实为最宜。如美国及澳洲之制，其至可采者也。虽然，于此复有一困难问题出焉，曰欲察人民之教育程度，当用何术是也。求其公平确实，势不得不出于试验。而试验之手续，非徒繁难，即流弊亦不可胜防。恐选举诉讼，层见叠出，适以增国会成立之阻力。故窃谓不如并此制限而豁除之之为愈也。

问者曰：既财产制限与教育程度制限，两皆不用，则纯粹的普通选举矣。夫普通选举之制，虽以今日之日本，犹未遽适用，而谓中国乃能贸然行之，无乃骇人！应之曰：普通选举，为世界大势所趋，日本学者主张之者十而七八，其选举法之改正，殆将不远矣。至谓日本一般人民之程度，能远过于我国，吾不敏，未之敢承。故谓日本现行制限选举，则我必当步其后尘，无有是处。况乎吾党所主张者，又在复选举，而不在单选举。既用复选举，则第一次之选举人，更无取乎多立制限。故即使如论者之说，谓我国民程度远逊日本，仍不足以为病也。若夫主张用复选举之理由，当更端论之。

普通选举，固为吾党最后所主张，特恐崇拜日本者流，或将引彼中解释派之学说，振振有词，以惑观听，无已，则请斟酌英俄意葡之制，于普通中仍略示制限可乎？一曰须能识字写字者，此教育程度之最低制限也。此种制限，不必别行试验，但用记名投票制（其制别详次款），令选举人自书姓名，及所举人之姓名，其不能书或所书舛误者，则其票即为无效，则其所寓制限，固已多矣。在欧美各国，贫富悬隔，而教育普及，故此种制限，不足云制限。惟财产制限，乃足云制限。若我国现在，则贫富不甚悬隔，而教育太不普及，故财产制限反不足云制限，而此种制限，却足以为制限。二曰须自构一屋或租一屋而居者，此英俄之制也。但我国为家族主义之国，故凡与父兄或其他尊属同居者，皆应得适用此条件焉。三曰须有职业者，此俄国之制也。惟彼专言工商业，我则当普及于一切职业，然后其义乃完。以此三种为制限，其第二第三种，则调制选举名册时之制限也。其第一种，则投票时之制限也。似此则选举权不至太滥，而于学理事势，皆有当矣。

以上之意见，则可拟关于选举权之法文如下。

第某条　凡帝国民臣，年龄满二十五岁以上之男子，能读书写字，而具有以下二项资格之一者，得有选举权。

一　自构一屋或租一屋而居，满一年以上者。但与父兄或其他尊属同居，亦可。

二　满一年以上有职业者。

第某条　左方所揭者，不得有选举权。

一　禁治产者及准禁治产者。

二　受破产宣告未复权者。

三　剥夺公权者，及停止公权者。

四　受禁锢以上处刑之宣告者。

吾之为此论也，读者慎毋以我为梦想泰西之文明，而不顾本国之程度也。吾确信如此办法于我国之现情，有百利而无一害；又确信非如此办法则我国国会恐无成立之期。论者犹有疑吾说者乎，毋亦其脑识中为日本现行制度所充塞，误认以为天经地义，而不克自拔耳。夫日本制度，稗贩泰西，其支离灭裂不成片段者，抑多多矣。事事而步趋之，以求其肖，其不贻东施之笑者几何？

第二项　平等选举与等级选举

普通选举之衷于学理，适于我国事势，夫既言之矣。但普通选举之中，复有平等选举与等级选举之差别。平等选举者一人一权，举国同等是也。等级选举者，限于某种类之人，特有优异权，不与齐民伍是也。其方法亦有二种：一曰复数投票制度，二曰分级投票制度。

复数投票制度者，普通人民，一人得投一票，惟法定某种之人得投二票或三票是也。此制度约翰·穆勒极称道之。英国、匈牙利、瑞典之选举公共团体议员用之。其用以选举国会议员者，今惟比利时一国。比利时于一八九四年，改定选举法，凡二十五岁以上之男子，一人得投一票。其满三十五岁已结婚者，或虽鳏而有嫡子者，且每年纳五佛郎之人税者；又满二十五岁而有价值二千佛郎之不动产者；或岁收百佛郎之地租者，皆得投二票。其卒业于高等学校者，及曾任法定之某种官职者，皆得投三票。此法律颁定之后，其年行总选举，其选举人总数一百三十七万六百八十七人，内有一票者八十五万三千六百二十八人，有二票者二十九万三千六百七十八人，有三票者二十二万三千三百八十一人，总票数凡二百十一万一千一百二十七票。

分级选举制度者，将有选举权之人，统计其纳税之总额，齐其多寡，而分为若干级，每级所举议员之数同等是也。例如有选举权者十万人，其纳税之总额为一百万，其所应出之议员为九十人，分之为三级，则每级得科三十三万余，得议员三十名。以十万人所纳税额比例分之，其第一级以五千人能纳税三十（三）万余者，则五千人之投票，得举议员三十人。其第二级以二万人能纳税三十（三）万余者，则二万人之投票，得举议员三十人。其第三级以七万五千人乃能纳税三十（三）万余者，则七万五千人之投票，亦仅得举议员三十人。此法日本之市町村会选举用之。国会选举用此法者，今有普鲁士，而索逊、瓦丁堡等国之制，亦略相似。普鲁士之制，类分全国公民，第其纳税最多额，合之而得直接税总额三分之一者，名之为第一级选举人。第一级选举人之外，其纳税次多额，合之而得所余总额三分之一者，名之为第二级选举人。自余则为第三级选举人。每级各选举议员三分之一。而据一八九三年之统计，则全国人民，属于第一级者为百分之三有奇，属于第二级者为百分之十二有奇，属于第三级者为百分之八十四有奇云。

此两种等级选举制度，凡所以救普通选举之流弊也。盖极端的普通选举行，少数之富者，或不免为多数之贫者所压。其在欧洲今日之社会，尤所难免，此调和之制所由设也。然而普国之制，其调查极繁重，而计算难精确，非税法整理后，无从实行，我国现时不能学步，固无待言。且就其制度之本质论之，亦未可称美备。盖贫者压富者，固非国家之福；即富者压贫者，亦非国家之福，而此制则愈富之人，其特权愈重故也。不宁惟是，其所谓三级者，又非能合全国而均算之，以泐为三级也。如普国之制，分全国为若干之选举区，每区各等其纳税之率，以为三级。然同此率也，在甲区列于第一级，而在乙区列于第三级者，往往有之，其不公平莫甚焉。（如甲区有十万人，其纳税总额为十万元，而其中有多纳税者三十人，合其所纳之税即当全区税额三分之一，则平均须每人纳税千元以上，乃得有第一级之选举权。乙区有八万人，其纳税总额为五万元，而其中有多纳税者三百人，合其所纳之税乃能当全区税额三分之一，则平均每人纳税五十余元，已得有第一级之选举权。夫纳税五十余元者，在甲区应编为第三级者也，而在乙区乃得列于第一级，是不公之甚也。故此等制度，在市乡村会议员之选举行之，犹可以收哀多益寡之效。（然日本市町村会选举用此制，学者犹多议之。）若施诸国会选举，则利不足以偿其弊矣。

若夫比利时复数投票之制，就学理上论之，不失公平，就政策上观之，颇多善果，学者或称为最良之选举制，良非无由。但其中注重于财产条件者颇多，我国欲完全仿效之，尚须待税法整理以后，今则病未能也。或先仿其一部分，凡有科第官职及学堂毕业文凭者，得有投两票之权，亦未始不可。

第二款 被选举权

被选举权之资格，其制限恒视选举权为宽，此近世各国之通则也。今述诸国法制沿革，而比较之，推求其立法之意，以示我国所当采择焉。

（一）财产制限 前此欧洲各国，其选举权用财产制限时，被选举权亦有制限，且视选举权为更严。如纳税若干得有选举权者，其被选举权必纳税更多，乃始有之。英国旧时之国法，法国一七八九年十二月廿二日之选举法，及一七九一年九月三日之宪法，西班牙之哥特士宪法，与夫德意志诸国旧时之国法，其他一八四八年以前欧洲多数国之国法，皆以此为原则。独比利时一八三一年之宪法，其所规定，与此正反对，选举权虽尚存财产制限，被选举权则悉免除之，而一任众望之所归。此实近世法制之先河也。其次则卢森堡首仿其例。及一八四八年以后，欧洲各国，于选举权既陆续改用普通选举之制，同时于被选权，举前此之制限悉废止之。驯至一八八五年，英国亦从其例。日本宪法成立最后，其被选权亦不设财产制限，与选举权异。今列举各国之例，分为三种。

（一）选举权、被选举权皆无财产制限者，德、奥、比、美、西、法、瑞等国。

（二）选举权有财产制限、被选权无之者，英、日、意、瑞典、卢森堡等国。

（三）选举权无财产制限、被选权有之者，葡萄牙。

由此观之，被选权以财产为制限，现今世界，除葡萄牙一国外，殆无类例。此何以故？盖推原制限之本意，不过欲使议员得适当之人才，而人物之与资产，决非可成正比例者，但使为众望所归，则虽原宪黔娄，曾无损于参政之资格。此所以免除制限之一理由也。况就令强立制限，彼贫乏之议员，临时设法增纳租税，以求中程，亦非难事，则有制限与无制限等。此又所以免除制限之一理由也。虽以日本宪法之幼稚，其关于此项，犹不能不采各国普通之制，抑可见公理所在，不容诬矣。我国必当效之，更何待疑？

（二）年龄制限　各国被选举人之年龄制限，有与选举人同者，如英德是也。英之选举人以二十一岁为及格，其被选举人亦同。德之选举人以二十五岁为及格，其被选举人亦同。有高于选举人者，如美、法、意、日是也。美、法、意选举人皆以二十一岁为及格，而美、法之被选举人，须二十五岁乃及格。意之被选举人，须三十岁乃及格。日本选举人，以二十五岁为及格，其被选举人，则三十岁乃及格。亦有低于选举人者，丹麦是也。丹麦选举人，以三十岁为及格，其被选举人，则二十五岁已及格。此各国法制比较之大概也。为议员以参议国政，必须稍富于经验者，乃为适才，故以三十岁为制限，诚不为过。但按诸实际，则三十岁以下之人，能中选者实甚稀，故此制限，殆等于无效。若其有之，此则汉诏所谓有如颜回子奇不拘年齿者也。然则年龄制限，虽稍降格，似亦无妨，惟所关非巨，但如各国通例，亦庶几耳。

（三）住所制限　前此各国旧制，凡被选举人，必须在本选举区有住所者，乃为合格。至今美国，尚仍此制。自一八四八年以后，欧洲各国，皆废止此制限。其因沿未革者，今惟余瑞典与那威耳。日本为立宪之后进国，亦仿各国通制，不设此制限。住居东京之人，往长崎为议员候补，法律所不禁也。原住居制限之本意，盖缘畴昔人民国家观念未明，误以一地方所出之议员，为代表本地方之利益。故必以有籍贯于本地方者，乃得与其选，亦无足怪。今则学理大昌，而议员为代表全国非代表该选举区之义，各国宪法，且有著为条文者，则籍贯制限，徒示不广，而失立法之意明矣。夫使被选之人，必限于为本选举区之住民，苟本区无适当之人才，势不得不滥竽充数，饰驽骀以为上驷，其损议员之价值莫甚焉。而他乡之人，其有奇才异能，为我所知者，亦以格于例而不获以登荐剡，此亦非使选举人尊重良心之道也。昔汉制郡守辟曹椽必限于本郡人士，后以不便，乃弛其禁。今之被选举权，亦应如是矣。况我国习俗，省界县界等谬见，深中人心，其为国家统一之障害莫甚焉。苟被选举权犹与籍贯相属，将使无知之民，与前此之学额同视，此疆彼界，较短量长，则其于国会代表国民之意，不亦远乎？故豁除住所制限，非惟学理所当然，抑亦我国情形所必要也。

（四）职业制限　各国被选举人资格，于其职业上，每立种种制限，今举数国以明其例。

英国　左方所列各种之人，不得被选为右院议员。

（一）贵族　英苏贵族，绝对的受此制限，惟爱尔兰贵族，非现任左院议员者，则有被选权。

（二）僧侣　在英苏之国立教会及罗马旧教会奉教职者。

（三）特种之官吏　（1）司法官，（2）管理选举事务之官吏，（3）理财官。

（四）受领恩给者　谓凡受领王室之恩给者，但受文官恩给及外交恩给者，不在此限。

（五）承办官业者。

美国　凡现任合众国之行政官、司法官，皆不得被选为议员。

法国　左方所列之各种人，不得被选为右院议员。

（一）前代君主之遗裔。

（二）服现役之海陆军人（但将官及参谋官，不在此限）。

（三）受禄官吏（但国务大臣、各省次官、全权大使、星县知事、警视总监、大审院长及检事长、会计检查院长及检查官长、巴黎控诉院长及检事长、大僧正、僧正等，不在此限）。

（四）于选举区内有管辖权之某种官吏，不得为该管区所选出之议员。

日本　左方所列之各种人，不得被选为右院议员。

（一）华族之户主。

（二）现役中及召集中之陆海军人。

（三）官立、公立、私立学校之学生及生徒。

（四）神官、神职、僧侣，其他之宗教师、小学校教员，及罢此等职后未满三月者。

（五）承办官业人，及承办官业公司之役员。

（六）有关系于选举事务之官吏，不得为该管区选出之议员。

（七）宫内官、判事检事、行政裁判所长官及评定官、会计检查官、收税官吏、警察官吏。

（八）府县会议员，不得兼为国会议员，中选者例辞前职。

以上所举各国制度，如法国之限制前代君主遗裔，纯以维持共和国体，此我国所无，不必深论。如英国限制贵族之一部分，日本限制华族之户主，皆所以贯彻两院制之精神，使左右院不相侵越，我国既无贵族，则此亦无取效颦。今所亟欲研究者，则为官吏得任议员与否之一问题。此实通于各国之大问题，而未易遽断者也。今请述两方之沿革及其理由，乃按诸我国情势，定取舍焉。

此项之制限，又分两种：一曰禁止中选，二曰禁止兼职。禁止中选者，谓凡在制限内之人，其中选者，法律上直认为无效也。禁止兼职者，谓凡在制限内之人一旦中选，则或辞议员而保持前此之地位，或抛掷前此之地位而承诺为议员，二者任择其一也。明此二者之区别，则可以观诸国之法制。

凡国会种种制度，殆皆滥觞于英国，被选权之限制官吏，亦其一也。英人立法之本意，原以防国会之势力，为君主所利用，故不徒禁现任官吏之为议员而已。其现任议员，一旦经君主拔擢而为官吏，则立失其议员之资格，必须辞职后再被选举，乃得安其位。在前此为保国会之独立起见，殆不得不然，今则情势已大变，而此旧习犹因而不革，则英人保守之天性然也。

美国则左右两院议员，其任期中皆不得就官职。盖三权鼎立主义，实为美国宪法之特色，其划为鸿沟，不相杂厕，亦固其所。

其在欧洲大陆，则分为法国法系与德国法系之两大派。法国法系，以限制官吏为原则，以不限制为例外，荷兰、葡萄牙等国属焉。德国法系，以不限制官吏为原则，以限制为例外，比利时、意大利、奥大利、匈牙利、瑞士、丹麦、瑞典、那威等国属焉。今先言法国。

法国一七九一年六月十三日之法律，及同年九月三日之宪法所规定，凡任官职者，不得兼为议员，或就此，或就彼，任择其一。其立法之意，本非欲排斥官吏于国会之外，亦非防政府侵国会之权，实以当时之国会，经年常开，曾无闭会之时，两职相兼，则事实上无以完其任务也。自兹以往，其制度翻覆多次，而毕竟无以大异于其旧。一七九二年六月二十四日之宪法，全解除此制限。共和三年果〔某〕月五日之宪法，又复之。拿破仑之宪法，再解除之。七月革命后，以一八三〇年九月十二日之法律，又复之。当拿破仑之既亡，路易第十八之初复位也，其选举法一遵拿破仑之旧，不加制限于官吏。既而不胜其弊。盖当革命时代，地方官皆由选举而就职，故地方官干涉选举之弊，自无从生。及拿破仑得政，实行中央集权，县知事郡长，皆在政府监督之下屡奉政府之讽示，悍然干涉选举，以助政府党之中选。路易十八承之，益利用此策略。据一八二四年之统计，议员四百三十人中，官吏居其二百五十云。此种官吏议员，纯鹰犬于政府，国会殆为政府之隶属机关，而失其独立之性质。积弊至此，穷则思变，有固然矣。当时国民已极力运动回复限制官吏之制，而无大效，仅于关系选举事务之官吏，稍加节制而已。逮七月革命后，而此限制，大加扩张，凡县知事郡长、师团旅团司令官、收入官、支出官吏、收税官、登记所长及判事检事，于其管辖区域内之选举区，不得为被选人。又不徒在职中为然耳，即退职后六个月间，尚受此限制。其县知事及郡长，及财政官吏，全禁议员之兼职。故虽在管辖地以外之选举区被选出者，辞彼就此，只能择其一。又仿英国之制，凡现任议员拔擢为官吏者，则议员之资格随消灭。此法案前此虽屡经提出，而屡次失败，直至一八三〇年，始见施行。自兹以往，议员与官吏之职，不得相兼，遂为法国确定之原则。拿破仑第三时代，更充类至尽，虽国务大臣，亦不许兼为议员。及第三共和政体成立以后，始有例外之例，即国务大臣、次官、全权大使等十数种之官吏，许其兼职，前段所举之制是也。

德国之沿革与法国正当反对。德国所采之原则，则官吏与议员之职得相兼也。此原则自初期之宪法，已采用之，直至于今，守而勿失。其联邦内间有数国，限制国务大臣及最高行政官厅之官吏，不得为议员，此盖受法国之影响，迷信三权分立主义使然。一八四八年以后，变革殆尽矣。此外则有数国焉，仍存例外之例，或限制某种官吏，于其管辖区域内，不得被选，所以防干涉也。或限制会计检查官，不得兼为议员，所以使会计检查院，超然于政府、国会两者之外，而保其独立之地位也。然此不过仅少之例外而已，其二者得兼之原则，未尝缘此而破坏也。夫德国所以采用此原则者，其故安在？其一缘德国联邦中，多属小国，苟将官吏摈诸国会以外，则议员将乏适当之才。其二缘德国官吏之分限，受法律上圆满之保障，当其执行权限内之职务，纯具独立之性质，非长官所得威劫。故官吏之为国会议员者，不必其党于政府，时且为反对党之领袖，虽兼职不足为国会病。以此特别之理由，故其所采主义，与法国适成反对，亦奚足怪？坐是之故，法国政府常欲援引官吏于国会之中，而人民反抗之。德国则反是，其政府常欲排斥官吏于国会之外，而人民亦反抗之。当一八六七年，北德意志同盟诸国之讨议宪法案也，谓官吏往往在国会反对政府，破坏服务纪律，故所拟宪法草案第二十一条云："联邦各国之官吏，不得有被选举权。"此草案提出，满场一致反对之，率不得通过。故官吏之有被选资格，非特联邦内之各国为然也，即帝国国会亦有然。此德国法制沿革之大概也。

日本则斟酌于德法两法系之间，而略近于英国。如前所引选举法，限制某种之官吏，不得有被选举权，其余普通之官吏，则但使无妨于其职务，许与议员相兼。（众议院议员选举法第十五、十六条）此盖于日本之国情，颇适合云。

今请按诸学理，以评德法两制度之得失。官吏与议员相兼，其弊有四：（第一）官吏为议员者多，则将旷行政之职务，就中地方官为尤甚。（第二）以官吏而为议员候补，则缘运动选举之故，常与政党生关系，坐是对于一般人民，不能公平以尽其职。就令不加入政党，而当竞争选举时，要不能不市欢于一部之人民，随在可为执法之障。（第三）若官吏于其管辖区域得为议员候补人，难保不滥用职权以自求中选。（第四）官吏以党于政府为恒，使官吏议员多，则政府易行其不正之势力于国会，以损国会之独立。反之，若官吏在国会动与政府为难，则于官纪大有妨害。法国制度，凡以防此弊而设也。虽然，若将一切官吏悉摈诸国会以外，其弊亦有二：（第一）对于人民中之大阶级，剥夺其重大之权利，揆诸法理，实为不公。（第二）就国家全体利害言之，官吏社会中，其历练政务学识才能卓越者不少，禁之使不得为议员，则国会缘此而失许多优秀之人物，就中小国寡才，尤以为病。德国制度，凡以防此弊而设也。

由此观之，此两制者，各有利病，殆难骤判其劣优。若欲定所适从，惟当察本国之国情以为断。今请调诸我国。（第一）我国境土寥阔，交通不便，外省之与京师，往返动逾年载，外官兼任议员，事实上已居不可能之数。若京官与外官，异其权利，则法理宁得谓平？（第二）我国地广人众，而前此任官之法，实不足网罗国中之奇士，草野怀瑾握瑜之侪，正苦于无以自表见。国会既开，可辟一涂径以尽其才，若多数坐位为官吏所垄断，国会且销沉其朝气。（第三）我国官吏，非如德国之久经训练，其政治上之智识，实未见其能优异于齐民。国会虽缺此一部分之人，不足为病，间有振奇之辈，则辞现职以就议席，谅非所吝。（第四）我国官吏分限，未能受法律上严重之保障，故属吏伺长官鼻息，习以成性，官吏议员多，则国会必成政府之隶属机关，而损其独立。据此四理由，则我国将来制度宜采法国主义，而不宜采德国主义甚明。虽然，亦尚有例外焉。（第一）国务大臣及各部次官，宜不在此限。盖政务官与事务官，其性质本自不同，不能与普通官吏同视。若国务大臣及次官，不许入国会，则国会与政府隔阂太甚，而政治之运用，将欠圆滑。故法国当第二帝政时，虽曾立此制限，及第三共和后，旋且废之。若美国之株守三权分立主义，则既病于夏畦矣。此我所宜鉴也。（第二）各员外候补官，宜不在此限。我国候补候选等官之多，为万国所未闻，此辈无丝毫之职务，原不必名之为官吏社会。而其中多中流人士，才识优越者非寡，以任议员，颇为适宜。若其现任要差者，则与实职同科，自当援普通之例，必辞差乃能就选，又无待言。

以上所举四种制限，其最重要者也。此外各国制度，尚有种种制度，请一括总评之。

（一）制限军人　各国制度略同，盖军人服从之义务，视官吏为更重，其性质本不宜为国会议员。且以军人投入政争涡中，尤非国家之福。故各国率皆禁之，我国亦宜从同。

（二）制限僧侣　欧洲各国多有之，日本亦然。欧洲前此政教不分，僧侣恒跋扈于政界，以害施政之统一，其限制之，盖非得已。日本效颦，识者已笑为无病之呻吟，我国则更无取义矣。

（三）制限归化人　各国多有此制限，盖外国人新入籍于本国者，必须合于法定条件，乃得有被选权。此在新开之殖民地，诚为要着。前此杜兰斯哇与英开战，即为此问题也。但在普通之国，则初入籍而遽被选，实属必无之事，此种制限虽视同无效可也。

（四）制限小学校教员　惟日本有之。其意殆以防运动作弊，又防以政治智识，混入儿童脑际，有害教育事业。但其理由皆似是而非，可勿采。

（五）制限生徒学生　惟日本有之。此制之陋，前于选举权条下，已痛斥之。况乃被选权者，据日本法律必三十岁以上者，乃能享有，夫已满三十岁之人，徒以其尚在学校故，而剥夺此公权，此何理耶？其慎抑更甚矣。此万不宜采者也。

（六）制限承办官业之人　英日等国有之。其意盖防其借议员之地位，以图私人之利益。但日本自开国会以来，为此问题提出选举诉讼者，已非一次。况左院议员之多额纳税者，半属此辈，不禁诸彼，而禁诸此，法理上亦不得云平。故学者多主张削除之，我国似亦不必效颦矣。

（七）禁兼任左院议员　各国皆同，当采。

（八）禁兼任地方议会议员　各国皆同，当采。

复次，以上所列制限，皆被选举权之特别制限也。若夫禁治产者，准禁治产者，宣告破产者，刻夺公权及停止公权者，受处刑之宣告者，既不得有选举权，则亦不得更有被选举权，此无待言。

综而论之，则被选举权之制限，有消极的条件，而绝无积极的条件，此为各国共通之大原则。盖政治能力之丰啬，与货殖绝无关系，故财产制限可不立。而既为众望所归者，自必非不辨麦菽之徒，故教育程度制限可不立。立法者苟明此义，则执至简以驭之，正无事扰扰为耳。

第三款　选举方法

第一项　直接选举与间接选举

第一目　利害比较之学说

直接选举者，由有选举权之人民直接选出议员也，亦谓之单选举。间接选举者，由有选举权之人民，选出选举人，再由选举人选出议员也，亦谓之复选举。在间接选举制之下，其有选举权之人民称为原选举人，亦称为第一级选举人。原选举人所选出者，称为选举人，亦称为第二级选举人。间接选举制，德意志联邦中之普鲁士、巴威伦、索逊、巴典、曷仙、索逊威玛、索逊古堡俄特及俄罗斯之右院议员选举用之，美国大统领之选举亦用之，法美两国之左院议员选举亦略用之。直接选举制，则自余各国之左院议员选举，大率用之。此两制者，各有其利害得失，今比而议之。

（甲）直接选举优于间接选举之点

（第一）直接选举则被选人必为选举人直接信任者，故可以代表其意见。间接选举反是，被选人虽为第二级选举人所信任，未必为原选举人所信任，故多数人民之意思，不能直接反映于国会。

（第二）直接选举，则选举人对于选举，直接而感其利害，其热心自缘而增加。间接选举，原选举人缘自己之意思，不能直接反映于国会，故视投票为不足轻重，不免淡漠视之。

（第三）直接选举，仅执行一次而已足。间接选举，则须两次，手续烦杂，国家与人民两皆增其劳费。

（第四）虽用间接选举法，实则选举之结果，自原选举人选举时而已决定。盖第二级选举人，恒受命于原选举人以投票，故第二级选举人，成为赘疣。

（乙）间接选举优于直接选举之点

（第一）选举之目的，凡欲以组织最良之国会，而欲达此目的，则当使选举人能鉴别被选人之才能性行，择最良者而举之。而多数之原选举人，程度较低，鉴别之识虑不足。用间接选举，其第二级选举人之智识，必较原选举人为优，而所举易于得人。其在教育未普及之国，而行普通选举者，则间接之优点益著。

（第二）且选举必遵从"举尔所知"之一格言，而多数原选举人，蛰处乡僻，交通不广，所能知者，惟在其邻里乡党近习之人，而恒于全选举区适当之人物，多非其所习，强令之选举，亦不过以耳为目，往往受运动煽惑，而所举者，非本于其自由意志。用间接选举，则第二级选举人，地位较高，交通较广，对于议员候选者，较易周知。其在广土众民之国，而行大选举区制者，则间接之优点尤著。

（第三）用间接选举，则第二级选举人，所就者为名誉职，能使之生自重心，而慎重将事。且既受原选举人之委托以行选举，其对于原选举人，负道德上之义务，益当以公心行之。

此两制度利害比较学说之大概也。准此以谈，直接之利四，而间接之利三，其间颇难轩轾。虽然，所谓直接优于间接者，其最重要者，不过第二第三两项。若夫其第一项，谓用间接制则多数选举人之意见，不能直反映于国会，按诸近世学理，国会者所以表示国家意思，而非表示选举人个人之意思，故议员所代表者，乃国家，而非其举主也。故各国法制，多以选举人不得以自己之意见束缚所选之人，著为明条。故苟使议员能得人，则虽与选举人意见不相洽，亦非为害。是此说不足以病间接制也。又其第四项，谓第二级选举人恒受命于原选举人以投票，此在美国选举大统领，诚有此种现象，但美国之所以为此者：（一）因其所举者仅为一人，故原选举人之视线，得集于一点；（二）因美国政党，有特别之组织，故能以间选之名，而行直选之实。若在他国选多数议员，则罕有此弊，征诸普鲁士而可知也。故此亦不足以病间接制。不宁惟是，假使第四项所举者，为间接制必至之现象，则间接制固可以反映多数选举人之意思，而第一项之谓害者，其说又不能成立矣。若夫第三项谓间接制增国家及人民之劳费，此诚不可讳之缺点。虽然，事苟有益于国家，虽稍劳费，亦安得避？况乎在广土众民之国，无论用大选举区制，用小选举区制，其手续皆极繁杂，劳费要不能简。改用间接制，虽曰分两次执行，而当每次执行时，其劳费皆不甚，则两者之利害，亦正足以相消也。要之，天下无论何种制度，皆不能有绝对之美，惟当以所施之国适与不适为衡，离国情以泛论立法政策，总无当也。

第二目　我国当采间接选举制之理由

吾党于我国之右院议员选举，主张用间接制。非敢谓间接制其性质必有以优于直接制也，特按诸我国情形，有不得不尔者，请言其故。

据前所论间接制之利益，第一项欲得善良之国会，宜使选举人能鉴别被选人之材能性行，而第二级选举人鉴别之识，恒较原选举人为优。我国以种种理由，不能行制限选举，前既言之矣。既不用制限选举，当此教育未普及之时，选举人之智识能力，诚不免有缺乏之感，惟用间接制，可以略矫此弊。此吾党主张间接制之第一理由也。

据前论第二项，选举人当以各举所知为正鹄，我中国果由何道，得以达此目的乎？是当有先决之一问题，即比例人口，当平均几何人，而选出一议员之问题是也。欲决此问题，又当更有先决之一问题，即将来中国国会右院，应有议员若干人之问题是也。今请次第论之。

（第一）一院中议员之总数，在势不能太多。若议员太多，苟人人忠于其职，则议决往往甚难；苟不忠于其职，则以伴食而多耗国家之岁费，抑又焉取？反之，若其数太少，则选举区必太大，不能完满以代表各地方之人民。斟酌尽善，诚哉其难也。今考各国右院议员之总数，及其比例于人口之标准如下：

英国　　议员总数六百七十人　　以每四万五千人出一议员为比例标准

德国　　议员总数三百九十七人　　以每十万人出一议员为比例标准

法国　　议员总数五百八十四人　　同上

意大利　议员总数五百〇八人

奥大利　议员总数四百二十五人

匈牙利　议员总数四百五十三人

美　国　议员总数三百八十六人　　以每十九万人出一议员为比例标准

日　本　议员总数三百八十一人　　以每十三万人出一议员为比例标准

由此观之，现今各国右院议员之总数，最少者不在三百人以下（其德、瑞联邦各小国不在此数），最多者不逾七百人以上。我国幅员之大、人口之众，虽非他国可比，然右院议员之总数要不过在八百人或千人之间。若过此以往，非惟政策之不利，即事实上已有许多窒碍矣。

（第二）既以此假定为前提，则试以之比例于人口。我国人口，据外人所调查，谓凡四万万余人，但未尝有精密之统计，不敢信其正确。即曰相去不远，然此为十年以前之数，此十年间增殖已不少，故有谓我国人数实不下六七万万人者。今折衷假定之，则大约在五万万人内外，最为近之。若议员总数为一千人者，则平均五十万人选出一员。若总数为八百人者，则平均六十五万人选出一员。

（第三）更征诸我国人口疏密之率。即以本部各行省论，据外人所统计，每一英方里，平均约得二百六十六人。据此则五十万人所散布之地，应为二千余英方里；六十五万人所散布之地，应为三千余英方里。就使用一人一区之小选举制（说详次项），而山东、江苏等人口最密之省，犹且须以千英方里为一选举区。其广西、甘肃等人口最疏之省，则须以六千乃至八千英方里为一选举区。若用大选举区制，则其所占面积，更不可思议矣。要之，我国每一议员所属之选举人，其散布之地，平均总在二千英方里内外，此推算虽不中不远矣。

（第四）据以上所推算，以散处二千英方里内五六十万人，而使之选一议员（此就小选举区制言之），或以散处一万英方里内之二三百万人，而使之选四五名之议员（此就大选举区制言之），其对于候选员之才能性行，果由何术得以周知之？既不能周知，而使之贸贸然以行选举，则人民非徒不感选举之兴味，漠然视之而已；其势必为野心家所利用，而资为运动，不能举代表民意之实，而徒以渎选举之神圣。此虽我国天然之事实，非人力所能奈何，然苟有道焉，可以减轻其弊，则固不可以不勉。用间接制，则可略以数万之原选举人，而选出一名之第二级选举人。原选举人对于第二级选举人之性行，较易周知，而以自由意志委任之。第二级选举人，对于议员候选者，则调查别择，较易为力，而良议员之中选，乃有可期。此吾党主张间接制之第二理由也。

间接选举之法，亦有三种。其一为普国选举右院议员所用之法。即前段所述，由一般人民选出第二级选举人，复由第二级选举人选出议员是也。其二为美国选举左院议员所用之法。其议员由各州之左右两院议员选举，而各州之议员，实由人民选举，故亦可谓之间接选举也。其三为法国选举左院议员所用之法。先组织一选举会，以行选举，而选举会则以人民所选举而成之种种团体组织之，故亦可谓之间接选举也。法国左院议员选举会，每县一会。其会所含之分子，则一为本县所选出之右院议员，二为本县之县会议员，三为本县之郡会议员，四为本县内各乡镇会临时所选出之代表人也。第一种与第二、第三种之异点，则第一种由人民选出之选举人，以选举为唯一之职务，选举告终则无复他事，旋即解散；第二、第三种所用之选举人，本非以选举议员为其职务，而别有他种职务，不过借其机关，以兼行选举耳，故选举虽告终，而其机关仍如故。第二种与第三种之异点，则第二种惟借一常设之单独机关，以行选举；第三种则临时联合数种复杂之机关，别为一机关，以行选举也。我中国欲行间接选举制，则此三种者，当何择乎？若采美国制，则国会议员选举权，全属于省议会，省议会之权，未免过重，有股大于腰之患。且举政争之旋涡，悉趋集于省议会之中，将以增省界之谬见，驯致害国家之统一，此大不可也。若采法国制，则党派之竞争，将浸入地方自治之范围，而交受其病。且我国之左院，尚应有一部分代表各省之议员，此种议员之选举法，大率应仿法国选举会之制，若右院议员之选举而亦同之，则于两院制之精神，抑非有合，故亦不可也。然则我国而不采间接选举制则已，苟其采之，则自当以采普国制为宜。虽稍劳费，固非得已也。

又用间接选举制，则有相沿而生之一困难问题焉。盖此第二级选举人，其中选也，非直得为议员，又非有他种利益，绝无权利而惟尽义务，非人情之所乐。如此，则愿为选举人者必少，即被选矣，或放弃其职务，不诣议员选举场以投票，而选举机关遂以破坏，此不可不虑及而预防之者也。普鲁士等用间接制之国，凡第二级选举人，既承诺中选后，苟当选举议员时，而不执行其职，则科以严罚。我国既采间接制，则此法必当并采之。（其应若何科罚之法，于次项论强制选举条下别述鄙见。）盖此为国民对国家之一种公义务，不履行者罚之，揆诸法理，匪云不当。虽然，徒有惩而无劝，犹恐或视为畏途。故凡任第二级选举人者，当其诣选举场以执行选举时，除由国家支其旅费，并给以日俸外（计日给俸，谓之日俸。说详次节），仍当别图所以奖厉之法。窃谓将来赏勋之制若定，凡任第二级选举人者，则给以一种勋章，以跻其在社会上之地位，则人自乐为之矣。夫行应行之公职务而得赏，似不衷于法理，然此种职务，乃特定之职务，非尽人而必须履行。其人既费其营私业之时日，以戮力于国家机关之组织，则国家有以酬其勋勤，亦不为过。在人民奉公思想大发达之国，诚不必骛此虚荣，若我中国今日，则似不宜惜此不费之惠也。

第二项　选举区

第一目　各国制度及学说比较

将全国分为若干区域以行选举，谓之选举区。各国制度，有不划选举区者，有划选举区者。其划选举区之国，有用大选举区者，有用小选举区者，有大小选举区并用者。请略述其法制，而比较其利害。

（第一）无选举区制与有选举区制　无选举区制者，举全国为一选举区也。今惟比利时及瑞士联邦中之一二小国行之。有选举区制者，分全国为若干选举区也。比利时以外之各国，现皆行之。以言夫正当之学理，必以无选举区制者为正鹄。盖议员所以代表全国国民，必当以全国舆望所归之人充之，若分区选举，恐人民或生误解，以本区选出之议员为代表本区，此其弊一也。且选举比例于人口，实为今世立宪国之通则，然全国人民所居之地，非可以人力强齐之。例如法定每十万人选一议员，而甲地之人，只有六万，而其地又与他地不相联属，则固不能不使之出一议员。乙地之人有十九万五千人，以所增者未及十万，故亦仅能出一议员。则甲地之一票，其效力视乙地之一票，两倍而强，凡分选举区总不能免此，此其弊二也。且现世所行选举制度，以连记商数投票法为最良（别详次项），而此法则惟无选举区制乃能行之，故无选举区制，谓之最文明之制焉可也。虽然，此制有一缺点焉，值议员有出缺之时，须行补缺选举。若有选举区，则某区所选议员出缺，即由某区补选而已足。若无选举区，则每补选一次，必须合全国以举行。故此制度惟在幅员极狭之国，乃能行之，而稍大之国则不能。我中国万无学步之理，可勿论也。

（第二）小选举区制与大选举区制　小选举区制，亦称之为一人一区制，每区选议员一人，若其应选二三人，则析之为二三区也。英、法、德、奥、匈、荷、意、美等国采之。大选举区制者，每区可选出数名之议员，比例于其区人口之多寡以为率也。瑞士、那威、西班牙、葡萄牙、日本等国采之。今各举一二国以为例。

英国之制

英国之选举区，分为三种：一曰县，二曰市，三曰大学区。约平均五万四千人而选一议员。但施诸实际，又有种种变通。据今制则人口一万五千以下之市，编入县中，不列为独立之选举区。其一万五千以上五万以下之市，则选议员一人。五万以上十六万五千以下之市，则选二人。自此每加五万则增选一人。其县所选出之议员，亦以此为标准。但五万人以下之市则有之，五万人以下之县则无有耳。而凡选出数名议员之市，则分之为数选举区，县亦然。每区例选出一人，故所行者实为小选举区制者也。其大学区则不比例于人口，惟法律所指定之八大学共选九人，由大学卒业生投票，平均约二千人而选一人云。又阿士佛、金布黎治、达布棱三大学区，皆每区选出二人，为大选举区制，此其例外也。现今各县中，其小者为一选举区，其大者析为二十六选举区。各市中小者为一选举区，大者为六十一选举区。英伦、苏格兰、爱尔兰合计，共选出议员六百七十人，其选举区之数，即比例之。

德国之制

德国以十万人选出一议员为标准，但施诸实际，亦有种种变通。（第一）选举区之界，不得越出于联邦内各国之国界。（第二）联邦中各国，其有人口不满十万者，亦选出议员一名。（第三）各国中每十万人选议员一名，但以十万起算，其奇零之数在五万以上者，即可以增选一人。例如有八十四万九千人之国，仍选议员八名，其有八十五万人之国，即得选议员九名也。现在选一名之国十有一，选二名之国三，选三名之国四，选六名、九名、十四名、十五名、十七名、二十三名、四十八名、二百三十五名之国各一，都凡三百九十六人。采一人一区之小选举区制，凡为选举区三百九十六。

法国之制

法国无论何种法制，变革皆极烦数，其选举法亦然。一八七一年之法律，以一县为一选举区，每县选出议员数名，实为大选举区制。一八八九年改正之，以郡之行政区域为选举区域。全国凡八十九县，县之下有郡，每郡不论人口多寡，最少亦出议员一名，其人口十万以上之郡，则每十万增选一名，而选出若干名者，即析之为若干区。是为小选举区制，即现行制也。

意大利之制

初建国时，行小选举区制。一八八二年，改为大选举区制，其议员总数五百〇八名，分为百三十五区，每区最少者选出二名，最多者五名。一八九一年，复改为小选举区制，分全国为五百八区，即今制也。

日本之制

日本初开国会时，采小选举区制。明治三十五年，改为大选举区制，以府县之行政区域，为选举区域，议员总数三百八十一人，分配于三府一厅四十三县，每府县少者一人，多者十一二人，实极端之大选举区制，各国罕见其比。但其中有一例外焉，即郡部市部之别是也。日本地方制度，府县之下为郡，故其原则，将每府每县下之各郡，合为一选举区，名为郡部议员。但各府县中，有人口二万五千以上之市，则别为一独立之选举区，而不隶于其府县，是为市部议员。日本选举法，以平均十三万人选一议员为原则，故十九万五千人以下之区选一人，十九万五千人以上三十二万五千人以下之区选二人，三十二万五千人以上四十五万五千人以下之区选三人。凡郡部议员，以是为差。然市部则仅三四万人者，亦得选一人，其人多之市，乃与郡部同一累进法，亦十九万五千人以上乃得增选二人。此其大较也。虽名为用大选举区制，但因有市部郡部之别，其小市甚多，全国之市五十三，而其仅出议员一名之市四十七，则市部议员，实可谓之为一人一区之小选举区制也。又北海道凡选议员六名，分为六区，是亦小选举（区）制。日本选举区之总数，凡一百〇九云。

请言此两种制度之得失。（第一）大选举区制视小选举区制，其议员之分配，较易公平。盖国家之画分选举区，非能如饼师之捏面屑以为饼，得随意断凫续鹤也，必略依于行政区域以为界。如英国之县及市，法国之郡，日本之府县及市，皆是也。用小选举区制之国，有时其一区域之住民，远不逮其比例标准者，亦不得不许其选出一人。如法国以每十万人选一议员为比例标准，而仅有三四万人之郡亦为一选举区而得选一人也。有时其一区域之住民，于比例标准之外，而有奇零之数，则折衷其议员之增减，极难适当。如以十万人为比例标准，则在法应有二十万人，乃得别为一区，而十九万九千人麕集之地，亦依然为一区而仅选一人。夫在甲地而或以三四万人而得选一人，在乙地或以十九万余人而亦得选一人。则人民之选举者，同是一票，而价值乃相倍蓰，其不平莫甚焉。此种弊害，惟无选举区乃能尽除。苟有选举区，则无论如何区划终不能免。但大选举区制，则游刃之余地较恢，而偏倚不至过甚。盖大选举区制，断无人口不逮比例标准之事，而比例标准外奇零之数，纳入大数中而悬隔亦不至过甚。例如二十万人之区，选举出议员二名，一百零九万人之区，选出议员十名，其票之价值，固相去不远也。此大选区之所长也。虽然，若大选举区制与小选举区制并用，则其分配之不公平，视专用小选举区制者为尤甚，日本是也。日本既以大选举区为原则，而复有例外之市部小选举区以杂之，故三万人之小市，得选一人，十九万人之大市，亦仅选一人，其选举权之差异，凡六倍以上。是小市市民一票之权，其价值等于他区之五六票。故前二年日本之总选举，有爱知区之清水氏，以七千三百三十八票而中选，有隐歧区之中沼氏，以二百票而中区〔选〕，其间相去凡三十六倍半。不宁惟是，有滋贺区之薮田氏，以四千十四票而落选，其余朽木区、长野区、石川区以三千票落选者尚有多人，而小仓市、佐贺市、丸龟市、弘前市、秋田市等中选之人，大率不满三百票。夫以三四千人所宗仰者不得为议员，以二三百人所私爱者乃反得之，则国会代表民意之谓何矣？日本选举法之进退失据，至是而极。此虽由投票方法之不得其宜（日本选举法最大之谬点，在以大选举区而行单记投票制。次项更详论之），抑亦选举区之分划失当，有以致之。此我国所当引为殷鉴者也。（第二）小选举区制，以人口少故有选举权者亦少，运动作弊较易。大选举区一区之有权者动十数万人，岂能尽人而赂之？此又大选举区制之优点也。（第三）小选举区只能代表多数党，而大选举区则可以兼代表少数党。例如小选举区有选举权者凡五千人，属甲党者三千，属乙党者二千，而因其区内仅有一名之员额，则甲党之候选者必中选，而乙党之候选者必落选，其二千票纯归无效。若在大选举区，例如其区有四名之员额，有选举权者凡二万人，属甲党者一万，属乙党者六千，属丙党者四千，苟各党之计画得宜，则甲党固可得二人，乙党、丙党亦可各得一人（其方法次项详之）。如此，则与国会代表人民之本旨，最为相近，此又大选举区制之优点也。（第四）用小选举区制，时或其区内乏材，勉以下驷充数。用大选举区制，则范围广而人才较易得，此又其优点也。（第五）大选举区制优点虽多，其缺点亦有焉，则投票调查之手续太烦杂，易生混乱、起争议是也。（第六）不宁惟是，每遇议员出缺，应行补缺选举之时，必须合全区以行之，其劳费视小选举区为大也。由此观之，此两制者，各有其利害，而大选举区制，则利余于害焉。近来各国之趋势，咸向于此，盖有由也。但大选举区亦应有范围，其大不可过甚，则第五第六之两弊虽不能尽免，而可以略减。大约每区选出之员，不过五名，斯为得中矣。此意大利之旧制也。若如日本现制，则太流于极端，固不足取。

（第三）投票区　投票区者，于各选举区之下，更分为若干之小区，以司投票是也。其在大选举区无论矣，即在小选举区，而每区之住民，总在数万或十数万，其人或处邑，或处野，若必集诸一地以投票，无论不能有此广场以容纳之也。且人民动须船车往返，废业而重以耗财，则弃权者必众，而选举之效力乃大减。故为利便选举人起见，于一区之内，多设投票区，使人人得就近投票，合各投票区所投票，汇齐于选举区之中央，而公开之，此各国通行之制也。如日本以东京市为一选举区，共选议员十一人。而东京市有十六区，即分之为十六投票区，同时投票，投毕，乃将十六区之票汇齐于东京市役所而检点之，以合计得票多之人为中选。各国之制，亦皆例是。

第二目　中国划分选举区私案

选举区必当略依傍于行政区，既如前论，然则我国当以何种之行政区为选举区之界乎？此最初所起之问题也。我国现在之行政区，最低级者为州县。以一州县为一选举区，则其幅员与日本现行之选举区略相等，理论上已嫌其太大。虽然，以我国情形按之，则并此而不能，何也？既以一州县为一选举区，则每州县最少应出议员一名，而我国十八省及东三省、新疆合计，为直隶厅三十七，为州一百四十七，为厅三十九，为县一千三百二十六，都凡一千五百四十九厅州县，各出一人，已应得一五四九员。而大州县之人口，恒数十倍于小州县，若以公平之比例递进之，则非有万余议员之额，不副分配。若以一府一直隶州为一选举区，则在僻瘠之府，其人口尚不能逮比例标准（据前所假定，当以五十万或六十五万人出一议员，为比例标准）。其在繁盛之府，或一府而应选出议员十人二十人，未免陷于极端大选举区制之弊，且有大选举区与小选举区参用之弊。日本之诸弊，我皆将受之。且现制所谓府之一行政区域，按诸学理，实为赘疣，将来必应在裁废之列（其理由别论之），今以之为选举区，无有是处。若以一省为一选举区，则我一省之大，埒欧洲之一国，此与无选举区无异，非用连记商数投票制度，则选举将不能执行，而此制度为中国今日所万难遽行，可无疑义。（此制度之概略及中国不能遽行之故，次项别详之。）且遽有补缺选举时，骚扰及于全局，其不适又无俟论。然则以上诸法，无一而可，中国划选举区，不其难哉？此无他焉，我国幅员太大，而各省之情形又相去悬绝，故欲立一整齐画一之制度，实事势上不可致之业故也。

吾所主张，谓我国之选举区（即第二级之选举区，由此区以选出议员者），当采大选举区制，以省为其界。在一省内比例人口，分为若干区，每区选出议员，少者一人，多者无过五人。其原选举区（即第一级之选举区，由此区以选出选举人者），当采小选举区制，以州县为其界。在一州县内比例人口，分为若干区，每区限选出第二级选举人一人。请略述其区制之法及其理由。

以每五十万人选出一议员为比例标准，各省所分配议员之数略如下：

省　名	人　口	议员数	选举区
奉　天	四、二四〇、〇〇〇	九	二
吉　林	三、七〇〇、〇〇〇	七	二
黑龙江	一、〇六〇、〇〇〇	二	一
直　隶	二〇、九三七、〇〇〇	四〇	八
山　东	三八、二四七、九〇〇	七六	一五
山　西	一二、二〇〇、四五六	二四	五
河　南	三五、三一六、八〇〇	七六	一四
江　苏	一三、九八〇、二三五	二七	六
安　徽	二三、六七〇、三一四	四七	一〇
江　西	二六、五三二、一二五	五三	一一
浙　江	一一、五八〇、六九二	一三	三

福　建	二二、八七六、五四〇	四六	九
湖　北	三五、二八〇、六八五	七〇	一四
湖　南	二二、一六九、六七三	四四	九
陕　西	八、四五〇、一八二	一七	三
甘　肃	一〇、三八五、三七六	二一	四
四　川	六八、七二四、八九〇	一三七	二七
广　东	三一、八六五、二五一	六四	一三
广　西	五、一四二、三三〇	一〇	二
云　南	一二、三二四、五七四	二五	五
贵　州	七、六五〇、二八二	一五	三
新　疆	八、八〇〇、〇〇〇	一七	三
合　计	四二五、〇五三、〇二九	八三四	一八七

据上所推算，则全国议员总数八百三十四人，为选举区一百八十七。然此不过据外人所著之统计表，略示大概耳，若精细调查，则议员或应不止此数。要之，以五十万人为比例标准，则议员之总数，不逾一千人，可断言也。至于所示之各省选举区数，系以每区选出五人为标准。但施诸实际，则缘夫地理上种种差别，势不容刻舟求剑，其选出一人或二三四人之区，当所在有之。大约全国选举区，应在二百五六十之间。此则当俟诸实地调查之后，非今所能武断也。其人口繁密之地，可以一县为一选举区，稀疏者或合数县十数县以为一选举区，其小省而人极少者，则划一省为二三选举区，此其大较矣。

此所言者，为第二级选举区，即由之以选出议员者也。但既用间接选举制，则选举分两次执行，于选举议员以前，尚有选举第二级选举人之役，尤不可不分区以行之，此之谓原选举区。欲定原选举区之数，又不可不先推定第二级选举人之总数。考普国之制，以人口七百五十人以上千七百四十九人以下为一原选举区，而用三级选举之制，每一原选举区，例出选举人三员，故平均二百五十之原选举人，而出第二级选举人一员，其总员数约在十五万内外。普国选举议员之比例标准，约七万三千五百人而选一人，故亦平均二百五十之第二级选举人，而出议员一员。我国人口十五倍于普国，故比例标准不能视彼，固无俟言。虽然，推原间接选举制立法之本意，凡欲使原选举人得向于其所知之人以投票。苟其比例标准所定太高，则不能周知也如故，而间接制之特长，不能表见。故吾所主张者，谓当约以五千之原选人，而出第二级之选举人一员。采一人一区之小选举区制，其市乡有三千人以上者，即为一独立之原选举区。其不满三千人者则合于他区，其有九千五百人以上者，则析为两区，有一万四千五百人以上者，则析为三区，其累进之率例是。若用此比例，则全国第二级选举人之总数，约十万乃至十一万人，原选举区之数亦如之。其对于议员之比例标准，约每百三十人而选出议员一人。

其原选举区既用一人一区之制，且其比例标准甚低，故不必于选举区下再分投票区。其第二级选举区，既用大区之制，且所辖之境域，或甚寥廓，故必于每区之下，更分设投票区。而此种之投票区，即可以各县之县治充之。

第三项　中选之计算法

第一目　各种制度利害比较

凡选举以投票行之，得票多者即为中选，此尽人所能解者也。虽然，中选之计算法，亦有多途。而各国所现行之法制，与夫学者所计画之方案，各有异同，而终未能得一毫发无遗憾之良法。今请遍举而评骘之。

计算中选之方法，可分为二大主义：一曰代表多数主义，二曰代表小数主义。代表多数主义者，得多数选举人之投票，即为中选也。代表小数主义者，虽少数之选举人，亦使之能应于其分际，以选出代表人也。今请语此两种主义所根据之理由，次乃述其制度。

夫选举代议之制，亦起于不得已而已。以言夫正当之学理，则国家意思之机关，当以人民全体组织而成。虽然，每一事必合全国人而议之，占全国人之意见而决之，无论流弊孔多，非政策所宜尔也。且聚全国人于一堂以决焉，此惟古代雅典、斯巴达等极小之市府国家，尚可勉行，而在数万人以上之国，其道已穷。矧于今世之国家，小者数百万人，多者数万万人耶，其事实上万不能采此制，此五尺之童，所能知也。不得已而代之以代议之法，令全国人民，各举出代表人，而此代表人之意见，即认之为人民全体之意见，此近世国会制所由立也。善夫德儒伯伦知理之言曰：国会与人民之关系，恰如地图之与地理。山陵川泽、陂池林薮，悉如其本相，以摹入诸尺幅之中，斯为佳图。国会亦然。将全国人民各方面之势力，悉撮其影，而纳诸其间，或弱或强，各如其量。例如甲部分人能占全国势力十之六七者，固得在国会而代表其六七分之势力，乙部分人仅占全国势力十之二三，丙部分人仅占全国势力十之一者，亦得在国会而代表其二三分或一分之势力。必如此然后国会之天职乃得完，而立宪政治之精神，乃得贯矣。虽然，此理想虽甚圆满，而实现则甚困难。盖立宪政治之与政党，如形影相附，而不可离。既有宪法，有国会，有选举，则政党自必句出萌达于国中。政党既立，则必有大党焉，有小党焉，亦有无论何党皆不依附者焉。例如其国有民一千万，其国会议员为百人，就中属于甲党之人四百万，属于乙党之人二百万，属于丙丁戊党之人各一百万，其不党之人尚一百万，则议员分配之数，甲党四十人，乙党二十人，丙丁戊党各十人，其不党者亦分占此十人。此论理上所当然也，无如施诸实际，决不尔尔。例如将全国画为百选举区，各党在每区所占之人数，悉比例于其总数，而以得票多者为中选，则此一百议员，可以为甲党所占尽，而乙丙丁戊党及不党者不得一焉。即使有一二十区为他党所幸获，然亦仅矣。夫使所谓大党者，果能占全国人民之过半数，然选举之结果如此，且为不公，何也？过半数之人民，如其分际，亦不过应得过半数之议员已耳。（例如甲党所属若有六百万人，亦仅应得议员六十。）今将议员之全数而垄断之，是明以多数压少数也。以多数压少数，既为立宪政治之大忌矣。况乎今世各国，除英美等政党最发达之一二国，罕能以一党而制全国之过半数者。其所谓多数党，亦不过能占全国民十分之三四极矣。以占十分三四之党，而垄断全院之议员，或占其十之七八，是直以少数压多数而已。夫无论为多数压少数，为少数压多数，要之，皆将国中一部分之人，屏诸政界以外，而不许容喙。其敝也，能使此一部分之人，怠视公务，而减杀其爱国之热诚。否则郁积其不平之气，久而必泄，遂生革命之祸。二者必居一于是。此各国政治家及学者，所为呕心回肠，而思有以匡其弊也。今将其现行及理想之制度胪举之。

（甲）代表多数制度：复分为二。

（子）过半数法　过半数法者，得投票总数之过半，乃为中选。如一区内有选举人五百人，必得二百五十一票以上，乃为中选也。此法欧美诸国用之者最多，骤视之似甚公平，且甚便利。虽然，若候选之人多，则票数往往分属，无论何人皆不得过半数（如其区例应选出一人，而有候选者三人或四人，则每人或得二百票，或得百余票，或得数十票。要之，皆不能达过半数），则将如何补救之法？惟有再选举。若再选三选，仍无一人得过半数，又将如何？各国之法，选举之度不过三，若第三次仍无一人及格，则最后之处置有两法：（其一）则以第三次之比较多数者为中选。虽然，是明与过半数法之原意相反背也。（其二）则行决选投票，取最多者中之两人，令选举人限投其一而不许投他人也。虽然，此法用无理之手段，强制一部分之选举人，使之为与本心相反之投票，岂得谓平？坐此之故，选举人之弃权者必多（弃权，谓弃其选举权而不投票也）。纵使中选者得投票人过半数之票，而投票人之总数，已非选举人之总数，谓此人为得过半数之民望，不可也。（如选举人总数为五百人，其中有弃权者一百人，则所投仅四百票。得二百零一票者，亦可中选，然已不得谓之为过半数人所推荐矣。）故过半数法理论上虽合于选举之本意，然流弊甚多，殆不足取。

（丑）比较多数法　此法不立限制，但以得票比较的最多，即为中选也。现在英国及西班牙行之。此法骤视若甚简易可行，虽然，其缺点亦甚多。（第一）所得议员不能代表选举人全体之意见也。例如有选举人五百之区，有甲乙丙之三候选者，甲得二百票，乙得百八十票，丙得百二十票。欲举甲者不过二百人，不欲举甲者三百人，而多数三百人之意见，竟为少数之二百人所压倒也。候选者之数愈多，则此弊愈甚。（第二）有时多数党仅得少数之议员，而少数党反得多数之议员也。例如有十选举区于此，每区之选举人皆五百，就中六区，甲党之候选者各以二百五十票而中选，其余四区，乙党之候选者各以四百五十票而中选，是甲党以千五百票而得六人之议员，乙党以千八百票而仅得四名之议员也。

要之，行过半数法，则惟多数党之候补者得中选，而少数党虽欲出一代表者而不能。比较多数法，以投票分配之结果，少数党虽或能偶出一二人，然亦仅矣。故此两法者，不免多数压少数之弊，甚则或为少数压多数之弊，皆反于国会之精神。各国政治家患之，于是乎所谓代表少数制度者起。

（乙）代表少数制度复分为四，行之于大选举区制者二，行之于无选举区制者二。先言其行于大选举区制者。

（寅）有限投票法　有限投票法者，用大选举区连记名投票制，一区中选议员数名，一票得连记数人之名以投之。虽然，有限制焉。例如选五人之区，投票者限举四人或三人；选四人之区，投票者限举二人或三人是也。此法意大利自一八八二年至一八九五年行之，现今则葡萄牙、瑞士及美国联邦中之数州行之。此法凡以防多数党专擅之弊而设也。盖在小选举区，每区选一人，故每票举一人。若大选举区，每区选出四五人者，即每票亦应举四五人。故小选举区则用单记名投票，大选举区则用连记名投票，此论理之当然者也。虽然，其专利于多数党，而不利于少数党及无党之人，抑更甚焉。例如有议员额五名之区，每一票许书五名，则多数党之甲党，必出候选人五员，凡属于其党之票，皆遍举此五人。其少数之乙丙丁等党，无论其所出之候选者为五人或三四人，要之，其得票之数，总不能及甲党。于是五名之议员，遂为甲党所尽占，而不党者更无论矣。有限投票法，则每票所举之人，必减于其区员额之总数，可以略救此弊。盖多数党虽能尽占其票中所限之额，然尚有余额以予少数党也。此法骤视之，若甚巧妙。虽然，亦有弊焉。例如有员额三名之选举区，一票许书二名，其区中甲党九百人，乙党五百人。苟甲党仅出二名之候选人，则自能余一额以待乙党，可勿论。使甲党而出候选人三名，将所应得之票，配搭均匀以书之，则每人可得票六百（九百之倍为一千八百，分配诸三人，故人可得六百也）。乙党无论出候选人二名或一名，而其得票皆不过五百，故三名之议员为甲党所尽占，而乙党不得一，则所谓代表少数之目的，毫不能达。反之，例如有员额五名之选举区，一票许书二名，其区中甲党一千人，乙党九百人，甲党总票数为二千，乙党总票数为千八百。甲党若出候选人五名，则 2000÷5=400，乙党若出候选人四名，则 1800÷4=450，于是乙党得议员四名，而甲党仅得一名。是予少数党以利便，而予多数党以不利便，与政党之势力为逆比例，是亦此制之缺点也。要之，在此制度之下，则议员之中选与否，全视夫党略之操纵若何，而前所举两弊，恒居其一。且惟国中仅有两政党对立，乃能行之。若第三党以下之小党，终无中选之望，而不党者更无论。是此制之不完善甚明。

　　其采此制而偏于极端者，日本是也。日本以大选举区而行单记投票制，实为万国所无。（各国行单记投票者，必用小选举区制。其用大选举区制者，必行连记投票。）且其选举区之大，又无其伦比。（各国之行大选举区制者，每区最多不过选议员五人，若逾此数，则析为二区矣。日本则选十二人之区一，选十一人之区三，选十人之区三，他例是。）而每票只许举一人，是有限投票法之最极端者也。（寻常之有限投票法，大抵有员额三名之区得投二名，五名之区得投三名。今日本则虽以员额十一二名之区，亦仅得投一名。）其意盖以普通之有限投票法，仍不足以尽防多数党独占之弊，且不党之候选者，极难中选，故以此矫之也。此法为利便不党之人起见，诚有特长。虽然，偏畸过甚，常有少数党压多数党之弊。例如有员额十名之选举区，其选举人总数一万，甲党五千人，而出候选人十人，乙党三千人，而出候选员三人，丙党二千人，而出候选员六人，其结果可以最少数之丙党，得议员六人，中数之乙党，得三人，而最多数之甲党反得一人。何以故？若甲党五千票，十人分之，而候选员某甲得四千票，其乙丙以下九人合〔各〕得百余票；乙党三千票，候补者三人分之，各得一千票；丙党二千票，候选者六人分之，各得三百余票，则哀然为首者，固在甲党之一人，而其次则乙党之三人，又其次则丙党之六人，而甲党之余九人，反落选也。盖在此制度之下，能令选举人之投票，极费踌躇。一区之中，有候选者数人，皆为吾所欲选，将择其信任最深、名望最高者选之耶，恐他人选之者已多，增吾一票，不足以为轻重。例如得一千票已足中选者增至三千四千票，其中选之效力一而已，则此三四千票，纯为无用，不如移之以投他人之为得。若弃其上者，而选其次者耶，固非人情之所乐，且恐人人皆存此心，而信任最深、名望最高之人，反以落选。是以选举人于此两者之间，往往迷〔靡〕所适从。而为稳妥起见，毋宁仍投信任最深、名望最高之人为得计。故日本之选举，以全国计之，有以七千票而中选者，有以二百票而中选者。即以同区计之，有以四千余票而中选者，有以不满千票而中选者。就被选人一面论之，等是中选也，票多何加于彼？就选举人一面论之，则以二百票之价值，而能与七千票相敌，在此则不啻以一人而有三十六个之选举权，在彼则不啻以三十六人，而仅合有一个之选举权也。天下不平之事，孰有过此？此其弊一由大选举区与小选举区相错，一由以大选举区而行单记投票法。彼中学者，抨击之不遗余力，良有由也。

（卯）聚合投票法 此亦大选举区连记投票制也。与前法异者，其区有员额若干名，每票即许照数举若干名，但一票分写数人名，或一票同写一人名，惟选举人之所择。如其区有员额五名，其候选者为甲至癸等十人，选举人若欲选甲乙丙丁戊五人，则其票可书"甲乙丙丁戊"字样；若欲举己庚两人，则其票可书"己己己庚庚"或"庚庚庚己己"字样；若仅欲举辛一人，则其票可书"辛辛辛辛辛"字样。此法现在美国联邦中之数州行之，英国学务委员之选举亦行之，其成效颇著。盖少数党但能得其票集合于一人，即足以敌多数党也。例如有三员额之区，其选举人为七百人，甲党五百，乙党二百，甲党以其票分投三人，则（3×500/3=500），乙党集其票以投诸一人（200×3=600），则乙党之一人，以六百票而为首选，甲党之三人，各在五百内外，其二人中选，其一人落选也。此制在有选举区之国，号称最良。但亦往往缘策略之巧拙，而生意外之结果焉。如前所述有限投票法之两弊，皆不能尽免。

（辰）单记商数投票法　此无选举区制也。其法以议员之总数，除全国选举人之总数，因以其商数而定其满若干票者，即为中选，而每票只许举一人也。例如议员总数为一百，选举人总数为十万，则一千票即为中选之定数，但能达于定数，即可以中选。故小党所出代表人，恒能与其势力相应。即无党之人，但使有与定数相符之人举之，亦必无落选之患。实良法也。虽然，有一难问题焉，则议员必不能足额是也。盖得票不逮定数者，既为不及格，而得票溢于定数外者，其溢票为无用，则额之不足，自无待言。于是其补救之法有两种：（第一）让与法。得票多者，许将其所溢之票，任意指出一得票未及格之人而让与之也。然私相授受，反于投票者之本意，揆诸法理，未可云当。（第二）副记法。每票除书正选者一名外，仍许书副选者一名或二名，其正选者所得票已达定数时，即将其票归诸副选者。此法不惟于投票之分配见其利便而已，且能使一票有一票之效（如日本之制或以七千票中选，或以二百票中选，则彼得七千票之人，其六千八百票皆可谓之无效，而落选之票其为无效，更不俟论矣），而所出议员，亦能与各党之势力成正比例。其法似为甚良，虽然，票数之计算极复杂，易生舛错、起争议。不宁惟是，议员中选之运命，往往悬于开票之先后。例如有书甲为正选之票千三百，书乙、丙为正选之票各九百，而甲之千三百票中书乙为副选者二百，书丙为副选者一百，乙丙二人，皆有赖于甲之溢票以符定数，而副记乙名之票，或不幸而开拆在前，其时甲所得票尚未达一千，自无从移赠于乙。及甲票既满一千以后，而所开之甲票，皆副记丙名，则丙中选，而乙不得中选矣。坐是之故，争议甚多，而无术以服人心。是此制之缺点也。故惟丹麦国于一八五五年至一八六七年行之，其后旋废，而各国卒未有踵行者。

（巳）连记商数投票法　亦无选举区制也。其法使各政党列举其候选员之名，制为投票名簿，而选举人则依于名簿以投票，故亦称名簿投票法。例如议员之数为七人，而有甲乙丙丁四党，甲党之名簿得票三万，乙党二万，丙丁党各一万，以七人之议员，除七万之总票数，所得为一万，即以一万除各党之票数，以所得数为其党所出议员之数，于是甲党出三人，乙党二人，丙丁各一人，此至易计者也。虽然，各党之票数，未有能如此之整齐画一者也。当其参差复杂之时，则将如何？例如甲党之票八千一百四十五，乙党五千六百八十，丙党三千七百二十五，都为一万七千五百五十，试以七除一万七千五百五十，而再以其商数除各党之票，则甲党得三名，而尚溢票六百二十四，乙党得二名，而尚溢六百六十六，丙党得一名，而尚溢票千二百十八。议员之总数为七名，而依此商数，仅得六名，所余之一名，当属于何党乎？则归诸溢票最多之丙党。于是：

甲党　8145÷3=2715

乙党　5680÷2=2840

丙党　3725÷2=1862

是甲党以二七一五票而选一人，乙党以二八四〇票而选一人，丙党以一八六二票而选一人。虽然，此其不公平甚明也。若照一八六二票选一人之比例，则甲党之票数，得举四人而有余，乙党之票数，得举三人而有余也。于是复有补救之法焉，曰：先求得所谓分配数者，而以之除各党所得之票数，以其商数为各党所出议员之数。其求分配数之法如下：

$$
\text{甲}\left\{
\begin{array}{l}
8145÷1=8145 \\
8145÷2=4072 \quad （1）8145 \\
8145÷3=2715 \quad （2）5680 \\
8145÷4=2036 \quad （3）4072
\end{array}
\right.
$$

$$
\text{乙}\left\{
\begin{array}{l}
5680÷1=5680 \quad （4）3725 \\
5680÷2=2840 \quad （5）2840
\end{array}
\right.
$$

$$
\text{丙}\left\{
\begin{array}{l}
3725÷1=3725 \quad （6）2715 \\
3725÷2=1862 \quad （7）2036=分配数
\end{array}
\right.
$$

是故以一七五五〇总票数之区，苟仅选议员一名，则惟甲党得之。苟选二名，则甲乙各得其一。选三名，则甲二乙一。选四名，则甲二而乙丙各一。选五名，则甲乙各二而丙一。选六名，则甲三乙二丙一。选七名，则甲四乙二而丙一。甲之第四位二〇三六，即为分配数。以分配数除各党之票数，故甲党 8145÷2036=4，乙党 5680÷2036=2，丙党 3725÷2036=1 也。此制度比利时国于一八九九年新改定之选举法行之。

此法在现今各国选举法中，号称最为文明完备。虽手续繁杂，难于计算，是其缺点。然利余于弊，在今世固无以尚之矣。虽然，欲行此制，必须有两条件以为之前提：一曰合全国为一选举区，而无复此疆彼界。二曰凡选举人及候选人皆为政党员，而无复不党之人。二条件有一不备，则此制决无从学步也。

第二目　我国所当采之法

连记商数投票法，固为比较的最良之法，然按诸我国情形，（一）以幅员太大，万不能合全国为一选举区；（二）以政党未发达，万不能为名簿投票。此制既万不可行，其余各制，靡不各有其弊，今不得已，惟采其较少者而已。吾既主能用间接选举，则选举当分两次执行。其第一次选举，既用小选举区制，不能为连记名投票，只能于（子）（丑）两法中择其一，则比较多数法，可免再选三选之烦，是可采也。其第二次选举，既用大选举区制，大选举区制而用单记名投票，则日本现状，是为前车之鉴，必当用连记名，无可疑者，则于（寅）（卯）两法中择其一，集合投票法较为公平，是当采也。

惟有一事当注意者焉，则中选票数之最少限是也。各国法制，多有以过半数为限者，是不可行，既如前述。然使漫无制限，而惟以比较多数为准，则投票分裂之结果，或以百票而分投二三十人，最多者不过十余票而亦得中选，则于代表舆望之本意，失之远矣。此限制之所以不容已也。单记商数投票制，其制限最合于学理，具如前述。然非兼用让与法或副记法，则万不可行，而二法之流弊甚多，既不足采。且此制必须合全国为一选举区，苟分多区，斯不适用。我之不能学步，又无俟论。日本之制，以一区内议员总数，除其选举人总数，所得之商数五分之一，即为合格。例如其区员额为十名，其选举人总数为一万人，以十除一万，所得商数为一千，一千五分之一为二百，即得票之最少限也。日本惟选举区失诸过大，重以行单记名投票制，故不得不尔。然其流弊已若彼矣。我国既用间接选举制，则第一级选举与第二级选举，宜分别言之。第一级选举，每区仅选出一人，故当限于投票之总数得三分之一者，乃为中选。（投票总数与选举人总数不同，选举人有弃票不投者，故选举人百人时，而所投者仅得五六十票，若必得选举人总数三分之一，恐不免再选三选之烦。）此各国普通之制也。其第二级选举，以吾所推定，约以一百三十人而选议员一人。夫在间接选举制之国，其第二级选举人，以选举为一种公职务，不容不履行，弃票不投，悬为厉禁。则有人若干者，即有票若干。而选举人之数既少，则得票之制限，自不得太高。故当以对于其区选举人之总数，得五分之一者，即为中选。用积集连记投票法，员额二名之区，总票数约五（百）二十，约当以百票为最少限。员额三名之区，总票数约一千十有七，约当以二百票为最少限。员额五名之区，总票数约三千二百五十，约当以六百票为最少限。其他以是为差。

于本项之末，更有当说明之一名词焉，即前文屡称道之候选人是也。候选人者，非法律所规定也。以法理论，凡有被选权者，皆得谓之候选人。虽然，以人数太多，恐投票者不知所适从也。于是有将所知之人，推荐于大众，使大众得审其才能性行而举之。若此者谓之候选人，语其实际，则凡候选人，皆自起而求选举者也。然其形式，往往托于他人之推荐，固以示谦让，抑亦借品题以重声价也。（亦有不依托他人推荐而自荐为候选人者。）夫候选人原非法律上所必要，而各国惯例，莫不有之者，何也？譬如一区之中，有被选权者万数千人，而所选议员之额，仅有二名，使选举人任意投票，被选者多至数百人，而各人所得之票，无一能达于中选定数之最少限，则其票悉为无效，而不得不再选三选。选举人有鉴于此，故毋宁专择众望所归之三数人而举之。而欲为议员者，亦利用选举人之此种心理，因翘其政见以示于众，冀其表同情而举我，此候选人所由发生也。不宁惟是，立宪政治之与政党，如形影之不可离。而政党欲其党之多得议员，则于候选人之分配最当注意。盖在有选举区之国，其议员中选得票之数，非合全国各区之票数而总计之，乃就每区之票数而分计之。有人于此，其誉望极高。全国所至皆仰焉，举之者凡一万人，可谓多矣。然使以一万票分散诸一百区，则每区不过一百票，无论在何区，而比较的常为少数，则其人遂落选矣。是故凡政党必将其党中可为议员之人，分布于各区。既为甲区之候选人者，即不为乙丙等区之候选人。然后用力得有所专，而无意外失败之患。不宁惟是，每区候选人之多寡，其与得票之多寡，甚有关系。

如前所述，比较多数法、有限投票法、积集投票法，皆缘夫党略之巧拙，或以多数党而出少数之议员，或以少数党而能出多数之议员。所谓党略者，虽不一端，而候选人之分配，其最重要也。以此种种理由，故无论何国之选举，莫不有候选人。员额一名之区，其候选人不过二三，员额四五名之区，其候选人不过八九人。以法理论，虽曰对于全区凡有被选权之人而投票。以事实论，每区不过对于二三人或八九人而投票而已。

然则选举人对于候选人以外之人，亦得投票乎？曰：投票一任选举人之自由，虽投诸无被选权者可也，特枉费此票耳。既有候选人，则凡投票于候选人以外者，必无中选之望，实与投诸无被选权者无异，是智者所不肯出此也。

又英国前此国会议员，由县会选举。其时候选者之员数，罕有过于其法定之员额者。故其选举之法，由县会议员二人，推荐可充国会议员之人于大众，苟其余议员无异议，即作为以全会一致而选举之。现行选举法，虽对于旧法，已为根本的改正，独此点尚仍其意。今制选举人中，任有一人推荐甲某为议员候选员，得八人赞成之，即可以正式公文，推荐于之于司选举之人。苟无他人照此方法于甲某之外复推荐乙某丙某者，即作为全员一致承认此人，不必再行选举。惟当有两人以上被推荐候选员者，乃投票而行所谓竞争选举。此法虽近于幼稚，然可以省手续之烦杂，且无所谓多数压少数，少数压多数之弊。我国初行选举时，其原选举区之选举人不多，其候选者应亦不多。若遇一区仅一有候选人之时，则采此法，亦至便也。

第四项　选举手续

选举手续者，选举办理之次第也。（手续为日本名词，颇难得相当之译语，故袭用之。）无甚深学理之可比较，故今但略述日本之制，而按诸我国情形，取其可行者。

第一目　选举人名簿

选举人名簿者，将一选举区内有选举权之人名，登之于册。必册中有名者，乃许投票也。日本选举法所规定如下：

（一）选举人名簿，将选举人之姓名、官位、职业、身分、住所、生年月日、纳税额、纳税地，皆记载之。

（二）调制名簿之人，在郡部为郡长，在市部为市长。郡长调制名簿，以町村长为补助机关。町村长以每年十月一日起，着手调查，至十五日调查藏事，将所调查选举人，订为正副二本，送之郡长。郡长覆勘无误，则留其正本，返其副本，以十月三十日调制完成。市长之调查手续限期，与郡长同。

（三）调制完成之后，从十月三十一日起，至十一月十五日止，将选举人名簿，置诸市役所或郡役所，许人民纵览。倘有遗漏错误，得请于市长郡长，求其更正。惟决定当在二十日以内，市郡长认为有误，则更正之，而告诸本人。若认为无误，则不更正，亦告诸本人。本人不服，得诉诸地方裁判所，以市郡长为被告。

（四）名簿以每年十二月二十日为成立之期，一经成立，不得再改，改之必待翌年十月，此其大概也。欲知其详细，可观日本众议院议员选举法第十八条至第二十七条。

日本因行制限选举，故调制人名簿，极为繁难。我国若废财产制限，则简易且将十倍。盖调查之最难而屡起争议者，莫若纳税额也。故我国欲国会之蚤成立，非废财产制限不可。

行间接选举制，其选举虽分二次，然人名簿则调制一次而已足。盖第二级选举人，乃由原选举人选出者，其名簿不劳调制，且无从先期调制也。

我国调制人名簿之职，可以知县掌之，而以市、乡、村长为补助机关，其手续可略仿日本。

第二目　投票

投票方法，有连记设票与单记投票之别，又有记名投票，与匿名投票之别。连记、单记之得失，前已论之，今论记名与匿名之得失。

记名投票者，选举人自书其名也。匿名投票者，不自书其名也。以理论之，选举为光明正大之事，无所容其隐讳，当以记名为正。然现今各国，大率采匿名制者，则以当选举时，各候选人及其党人，必出种种手段，运动以求当选，而选举人或碍于情面，或胁于势力，恒不免举其所不欲举之人。故必取秘密主义，使不至缘此贾怨，然后得完其自由。而在欧美各国，大公司甚多，选举人之最大部分，实为公司中佣工之人，易为佣主之所挟制，尤不可无以匡救之。此匿名制之所以广行也。

吾既主张间接选举，其投票分两次执行，故记名、匿名之利害，亦不可不分别论之。其在第一次选举，既不立财产制限，而以能读书写字者为及格，则当以采记名制为宜。盖第一次选举，有选举权者太多，不易运动，即运动得之，亦非能直收其效，故舞弊当不至太甚。且我国大公司未兴，佣主挟制佣人之患不甚烈，虽记名不足为病也。至于第二次选举，为最后胜负所由决，竞争必剧，且投票之人数甚少，运动易施，非有以防之，为弊无穷，故不可以不采匿名制也。倘他日者虽第一次选举，亦感匿名制之必要，届时而改正之，良未为晚。

此外投票杂规：（一）必须用一定之投票用纸，（二）必须于指定之投票所行之，（三）于一定之时刻外不许投票。此皆各国通例，自当采之。

第三目　选举机关

选举机关颇为复杂，今但举日本法制以供参考。

第一　投票管理者

以市町村长任之，其职务如下：

（一）若不能确认选举人果为本人与否，则使之立誓于投票参会人之前。

（二）届一定之时刻，命闭锁投票所，投票完结，命闭锁投票箱。

（三）作投票录。

（四）其在町村，于投票之翌日，将投票箱、投票录及选举人名簿，送致诸开票管理者。

（五）维持投票所之秩序，认为必要时，得求警察官吏之处分。

第二　投票参会人

投票参会人者，参列于投票所以监督投票事务者也。市郡长于各投票区内之选举人中，选任三人乃至五人以充之，参会人非有正当之事故，不得辞任。

第三　开票管理者

开票所大率设于郡市役所，故以郡长、市长为开票管理人。而市长则兼投票管理、开票管理之两职者也。其职务如下：

（一）其在郡部则于投票箱送到之翌日，其在市部则于投票之翌日，当开票参会人之前，开投票箱而计算投票之总数，与投票人之总数。

（二）凡投票皆与开票参会人共检点之。

（三）采开票参会人之意见，以决定投票之效力。其选举法上无效之票如左：

（1）不用成规之用纸者。

（2）一票中记二名者。（案：日本用单记制，故有此条。）

（3）其所书被选人之名，不能确认为何人者。

（4）记载无被选权之人之名者。

（5）于被选人姓名外更记载他事者。（但记其官位、职业、身分、住所及加以敬称者，不在此限。）

（四）作开票录。

（五）将开票之结果，报告于选举长。

第四　开票参会人

其数三人以上，七人以下，地方长官于选举人中选任之。

第五　选举会

选举会每道厅及各府县设之，以地方长官为选举长。于各选举区内之选举人中，选任会员，名曰选举参会人，与选举长共执行事务，调查开票之结果。

第六　选举长

各地方长官任之，统辖选举事务，其职如左：

（一）监督开票投票。

（二）指定选举会之场所及日时而告示之。

（三）选任选举参会人。

（四）司选举会之开闭。

（五）调查各报告书。

（六）决定中选之人，且告知之，而给以中选证书。

（七）将中选人之名，报告且告示之。

（八）取缔选举会。

（九）若无中选人，或中选人不足额之时，命行再选举。

（十）有中选无效者，则为适当之处置。

第七　选举参会人

其数三名乃至七名，由地方长官自各选举区内之选举人中选任之。

以上各项，我国可随时随地斟酌采用，不细论。

第四目　选举权利之保障

右所述关于选举种种之法制，既严且密矣。然尚虑有侵害及选举权利者，故更为之保障。其法有三：

（第一）开票公开　管理开票之职，势不得不委诸地方官吏。然使官吏或有舞弊，以多报少，以伪乱真，则终难收公平之效。故一面既有三种之参会人，一面于开票时，采公开之法，凡投票者，皆得往观，斯十目十手，无所逃匿。

（第二）不法行为之处分　行选举时，有二大患：一曰贿诱，二曰势胁。以野心家运动之手段，而失选举人之自由意志，故各国无不严定法律以防之。如日本选举法第十一章自第八十六条至第百三条，规定綦详，不能枚举。要之，凡以金钱、物品、酒食，及利用其他之利益，或利害关系，以煽诱选举人者，分别科以轻重之罚。各国之制，大略相同。

（第三）选举诉讼及中选诉讼　选举人关于选举之效力，有异议时，得以选举长为被告而起诉讼，自选举日起算，三十日以内，诉诸控诉院。若判决不服，得上控于大审院。落选人关于中选之效力，有异议时，得以中选人为被告而起诉讼，自中选人姓名揭示之日起算，三十日以内，诉诸控诉院。若判决不服，亦得上控于大审院。此日本之制也。各国多有以此种诉讼属诸行政裁判所者，但其立法之意略同，凡所以保护正当之权利，务求公平而已。

以上制度，皆我国所当采者也。

第四款　强制选举

选举权为国民公权中之最可贵者，所以行使国家之作用，而组成国家最重要之机关。各国先民，大率不知费几许之泪，几许之血，然后易得之。宜若人人永宝，莫肯抛弃矣，而按诸实际，乃有大不然者。弃权之人，往往而有，其在英国，则百分之二十二，其在德国，则百分之二十三，其在法国，则百分之三十七，其在日本，则百分之十四，其在比利时，一八九二年百分之十六，一八九四年百分之五。夫选举代议之制，将以使全国人民之意思，得反映于国会也。弃权者多，则此精神殆难贯彻。此各国爱国君子之所为隐忧也。

推原人民所以弃权之由，盖缘智识不开，不知国家与己身之关系切密，漠然置国事于度外，是以及此。欲治其本，惟有广兴教育，使国家观念，普及而深中于人心，则人民不待劝而自能自尊其公权，斯固然矣。虽然，其受法制之影响者抑亦不鲜焉。各国法制，人民之行使此选举权与否，听其自由，实予人以可以弃权之途。故近世之立法家，思所以补救之，而强制选举之学说大盛。

强制选举，果衷于法理乎？此第一当研究之问题也。欲解此问题，则当先论：选举之为权利乎？抑为义务乎？甲说曰：选举权者，天赋人权之一也。天之所以与我者，虽不可以弃，然此乃道德上之义务，非法律上之义务，故强制选举为不当也。乙说曰：选举者非为个人自己之利益而行之，实为国家之利益而行之。国家一重要机关，非循此手续，不能成立。故国家以此公职务课诸人民，实与纳租税、服兵役之义务无异。故强制选举非不当也。此二说者各有其理由，今折衷以断之，则选举者为人民之权利，同时又为人民之义务者也。凡政治上之权利，即并为政治上之义务。此原则既为一般学者所公认，即选举权亦何莫不然？故比利时宪法第四十八条，特宣言选举为国民之义务，良非无故。然则强制选举之论，揆诸法理，无以为难也。

其第二问题则强制能否有效之问题是也。既认为公义务而强制之，则不履行此义务者，必当有罚。质而言之，则入于刑事范围矣。然科罚之程度当若何？太轻则不足以示惩，太重则万无此治体。故近今各国，强制选举之学说，虽甚发达，然罕能见诸实行。（法国国会于一八四八、四九、五〇年连年有倡此议者，和者尚希。一八七〇年复提议之，亦不成。最近一九〇三年，议员俾流伯爵拟草案十五条，并附详细之理由书，提出于国会，虽未通过，而表同情者甚多。德意志帝国于一八九五年，有议员桑能比尔氏提案于国会，和者不多。日本则于前二年之议会有提出者。）惟瑞士联邦中，行之最早。（一八三〇年，瑞士联邦中之一邦已行之，其后踵起者日多。）近则比利时实行之。（比利时当一八五八年，此问题已列于国会之议案。一八六五年再有倡之者，一八八七年进步党标为政纲，和者渐多。一八九〇年以后，成为一般之舆论。一八九三年遂浡为成法。）布郎梭维继行之。（德国联邦中之一邦也，一八九九年实行。）今举比布两国法制之大概。

比利时之强制选举法

选举时无故而不到选举场者，若属初犯，则罚镪一佛郎至二佛郎。六年以内屡犯者，罚镪三佛郎乃至二十五佛郎。

十年以内屡犯者，除罚镪外，仍将该犯人之名揭诸市村公署之大门一月。十五年以内屡犯者，除科前两项罚则之外，仍将选举人名簿中，该犯人之姓名抹去，十年不得有选举权。且于此期内，不得任官职及受荣誉之赏。

布郎梭维之强制选举法

选举时无故而不到选举场者，罚镪十马克。惟有以下所列之事由者得免罚。

（一）患病而有医生之证明者。

（二）为国家或地方及教会之公务，不能延迟又不能使人代理者，须有上级官厅之证明。

（三）选举之日，旅行于四十启罗迈当以外者，须有地方警察之证明。

（四）缘天灾或其他不可避之事变，不能到场者，须有证明。

此其大概也。但科罚之法，除罚镪以外，势不能施以体刑。而罚镪过重，贫者力不能堪；罚镪过轻，富者不以为意。至揭其名以耻之，亦仅可以惩一部。停其选举权，则彼固不爱此权者。所谓民不畏死，奈何以死惧之也。故此等制度，实不足为完全之制。然远优于此者，亦苦难得之，故至今尚以为一未定之问题。然比国于一八九二年，弃权者百分之十六，及施行此法以后，翌年选举，弃权者仅百之五，则其明效，固已甚著矣。此各国所以纷纷思效之也。

我国立宪思想未普及，人民多不知选举为何事，若骤行此，徒增骚扰，暂可勿采，固无俟言。特既有此学说，姑介绍之，以待将来之采择云尔。若夫第二级选举人，所负者为特别之职务，若临时规避，是无异有意破坏选举机关，苟不加以裁制，国法何由得行？考德意志联邦中，行间接选举之国，对于此事，皆沨有专条。而法国选举左院议员时，其选举会会员有不到场者，亦科五十佛郎之罚。今拟其罚则如下：

（一）凡被选为第二级选举人者，由知州或知县具文通告本人。本人若不愿就选，须于文到后三日内，具呈申辞。不申辞者，则认为承诺。

（二）凡已承诺为第二级选举人者，届选举议员时，若无故而不到场，科罚锾五十元。

（三）其再犯者，除罚锾外，仍将所有一切公权，停止十年。

（四）若有不得已之事故不能到场者，得免罚，但须有确实之证明。其不得已事故之项目，别以细章订之。

第五款　杂论

第一项　右院议员任期

右院议员任期，各国不同，今述其比较。

一年者　美国联邦中之十六邦。

二年者　（北美）合众国及其联邦中之二十四邦。

三年者　德帝国、普鲁士、瓦敦堡、丹麦、瑞典、那威、瑞士等。

四年者　日本、比利时、巴丁、法兰西、葡萄牙、墨西哥等。

四年（但每二年改选其半）者　荷兰、亚根廷。

五年者　意大利、西班牙、英属加拿大等。

六年者　巴威伦。

六年（但每三年改选其半）者　卢森堡。

七年者　英吉利。

八年（但每四年改选其半）者　罗马尼亚。

九年（但每三年改选其三之一）者　索逊。

右院议员之任期，若太短则选举屡行，不惟徒增劳费而已，且使国民生厌倦心，而怠于执行。故惟如美国国民政治思想极发达者，可以行之，然犹不胜其扰。若太长则虑数年前之议员，不适于数年后国民之舆望，而无以举代表之实。如英国之七年，论者或以为病。故任期稍长之国，往往于中途改选其一部，亦折衷之意也。虽然，在任期中，往往遇解散则全部改选。除英国外，彼长任期之国，能满任者盖稀也。我国地广人众，每选举一次，劳费极浩，故万不可过于烦数。然亦正惟以地广人众之故，国民思想变迁之形态至复杂，若代表人久而不迁，恐无以应时势之进步。故窃谓宜采卢森堡之制，以六年为任期，而每三年改选其半，斯两弊俱免矣。至其改选之缺，则以抽签行之，此各国成例可循者也。

第二项　无选举区之地

凡划分选举区之国，苟其地无选举区者，即住居于其地之人民无选举权也。考诸各国，其例有二。

（其一）如美国，其选举区分属于联邦中之各邦，苟其地不为各邦之领地者，则其地之民，即无选举权。故现在菲律宾人无选举权，八年前之夏威夷邦人无选举权，十五年前之华盛顿邦（非其都城）人无选举权。而尤奇者，则华盛顿都城及其附近平方十英里以内之住民，自建国至今，无选举权。（其人欲选举者，须归原籍。）盖美国以各邦之公民，为合众国之公民，除各邦公民资格以外，更无从有合众国之公民资格，其国法之性质则然也。

（其二）新附之殖民地，无选举区，其地之住民无选举权。如英国之多数直隶殖民地（英国殖民地分两种，一曰直隶者，一曰自治者。其自治殖民地，虽不出代议士于母国，然自有国会，其民皆有选举权），日本之台湾是也。缘此等殖民地，其固有之土民，为数恒远过新殖来之民，故不予以平等之权利。而宪法亦不适用于彼也。（日本宪法适用于台湾与否，至今尚为彼中学者论争未决之问题。）

于是而我国之内外蒙古、青海及西藏，应编为选举区与否，其地之住民，应有选举权与否，实为我国开设国会前当先决之问题。我国为单一国而非联合会，凡占籍于帝国领土内者，即为帝国之臣民。美国之法理，非我国所宜适用，无俟言者。而蒙藏之民，回首面内，已数百年，若犹以他国待殖民地之例待之，岂惟非法理之所可通，抑亦非政策之所宜出。故无论就何方面观之，皆无靳蒙藏人以选举权之理由。顾吾于本节第三款第二项，置蒙藏于不论，分配选举区及议员额数，皆不之及者，无他故焉，全出于事实上之不得已而已。盖蒙古大半尚未脱游牧之俗，且其人民绝对的服从于酋长，而西藏人又绝对的服从于僧侣，即予以选举权，亦不能以自由意志行之。而其地广人稀，无从执行选举，又无论也。要之，如吾所计画之私案以有一定之住屋，而能读书写字者，为得有选举权之资格条件，而又以有五千住民之地为一原选举区。夫所谓读书写字者，必以国语国文为标准，自无待言。倘他日蒙藏之地，日以发达，其地为合于原选举区条件之地，其民为合于有选举权条件之民，则随时施行选举法，何嫌何疑？此固吾党所日夜祷祀，愿须臾毋死以亲睹之者也。不幸而现今事实上，尚不许尔尔，故吾于左院之组织，以蒙藏议员为一重要之分子，凡欲以弥此憾而已。而浅识者乃或致疑于将来之宪法，不得适用于本部以外，是无异辗裂帝国之生命，虽谓之对于帝国而谋叛逆可也。

第三章　国会之职权

·第一节　绪论·

今世之国家，除中国及列强之属国外，殆无不有国会。虽然，等是国会也，而其职权之广狭强弱，万有不齐。广狭云者，就其职权所行之范围言之也。（例如甲国之国会，仅有立法权，乙国之国会，或兼有一部分之行政权、司法权是也。）强弱云者，就其职权所生之效力言之也。（例如甲国国会不通过之法案，政府绝对的不能执行，乙国则或有他法以执行之。又如甲国国会通过之法案，立刻即生效力，乙国则尚须加以他机关之行为，始生效力等是也。）此等职权之广狭强弱，有由法文上之规定而生者，有由政治上之沿革而生者。法文上之规定者，宪法著为明条，而国会权限根据之以存立者也，于成文宪法之国多见之。政治上之沿革者，无宪法明条可依据，而国会权限惟发达于历史上之事实者也，于不文宪法之国多见之。虽然，法律者死物也，而人类之意力，则活物也。故法文所规定，其效果恒不敌政治惯习之强（政治惯习，即历史上事实之发达也），非独不文宪法之国惟然耳。即在成文宪法之国，其法文无论若何精严，而总有容广义狭义解释之余地。故同一条文，政府据之以削减国会之权限，同时国会即据之以自扩充其权限，而各皆持之有故言之成理者，比比然也。要而论之，国会者，国民意识能力之返影也。使国民之意识敏、能力强，则虽欲强以法文所规定缩减国会之权限，而有所不能。盖不适于时势之法规，决不能保其效力，行当修正废弃耳。即暂时尚存，亦束阁不用，等于僵石耳。例如英国宪法，其国王对于国会所议决之法律，得有不裁可权，由此言之，国会职权之效力盖甚弱。然国王此权，经二百六十余年未尝一行之，则英国国会之职权，不缘此法文而减杀明矣。使国民之意识昧、能力薄，则虽法文所规定，予国会以极广之权限，亦不过纸上空文。例如我国现行谘议局章程，权限虽不可云极广，然其应有之权，而各省议员忽视而放弃之者，已不知凡几也。由此言之，欲比较各国国会职权之广狭强弱，实属至难之业。盖徒沾滞于法文之解释，势固不足以得其真相。而其政治上之沿革，事实上之发达，又且变动不居。而运用之妙，更往往为皮相者所难窥及。故自昔学者，恒苦于论断也。

　　国会职权之分野，其相对者有两界：一曰以地方议会之职权为界，二曰以元首之职权为界。地方议会之职权广者，则国会之职权狭；国会之职权广者，则地方议会之职权狭。此一种也。元首之职权广者，则国会之职权狭；国会之职权广者，则元首之职权狭。此又一种也。如国土然，此所割让之部分，即为彼所占领之部分，其强弱之相为消长也，则亦有然。各国之差别，其事项与其程度，皆至复杂，殆非巧历所能算也。然则国会职权所及之范围，当以何为广狭适中，国会职权所生之效力，当以何为强弱得宜，其间亦有一定之标准可得确指乎？曰：是殆难之。盖政治无绝对之美，而惟适之为贵。甲国所适，未必为乙国所适。甲时代所适，未必为乙时代所适。欲通于各国各时代而求一公共正当之标准焉，不可得也。然则欲规定吾国将来国会之职权，亦有道乎？曰：博考各国差别之相，而求其所以然之故，乃返按诸吾国之情实，效其相类者而弃其不相类者，采其可行者而去其不可行者，其有吾国之情实，为他国所无，则职权之断制，亦自我作古也。此本章之旨也。

　　抑吾更欲有言者，吾之所陈说，乃立法论也。靡论其将来能见采择与否，所不敢知。即见采择，而所期之效，仍视乎人民之所以运用之者何如。盖政治者，活力也。实权之消长，恒视实力以盾乎其后。我国民如欲得正当之实权，亦惟务养正当之实力而已矣。

·第二节　参与立法之权·

　　学者旧称国会为立法机关。立法事业，固非国会所得专，国会职权，亦非仅限于立法。虽然，立法为国会最重大职权之一，实无可疑也。国会之立法权，可大别为二：一曰参与改正宪法，二曰参与普通立法。今分别论之。

　　第一款　参与改正宪法之权

　　第一项　各国法制比较

　　欲研究各国国会参与改正宪法之权，当先知各国宪法之性质。各国宪法性质之种别，有成典宪法，有不典宪法。成典宪法者，特制定之，而编为一有秩序有组织之法典者也。不典宪法者，随时发达，或以诰敕，或以批准之文书，或以寻常之法律，集合而成，未尝编为一法典者也。（旧称成文宪法、不文宪法，用语不惬。如彼英国之宪法，固有文字，非恃口碑也。）成典宪法之中，有硬性宪法，有软性宪法。硬性宪法者，改正之手续，极为繁重，与寻常法律不同者也。软性宪法者，改正之手续，较为简易，与寻常法律无甚差别者也。既明乎此，则可与语各国国会参与改正宪法之例。

第一　英国之制

英国宪法，不典宪法也。既属不典宪法，则为软性中之尤软性者，自无待言。无论何国，其宪法之改正，总与普通立法有多少之差别，惟英国则绝无差别。故欲知英国国会参与改正宪法之权，但观其参与普通立法之权足矣。其参与普通立法之权，于次项别论之，今不先赘。简单言之，则制定变更废止一切之权，皆在国会。国会以外，无论何人，无论何团体，皆不许容喙。是英国之制也。（但英国国会以国王并为其一分子。）

第二　美国之制

美国宪法，硬性宪法也。其改正手续，颇为繁难，而非国会所能专断以改正之者。今述其例。

（甲）修正案之提出及议决　其途有二。

（一）左右两院，随时得提议修正宪法。其修正案，以两院各三分之二多数取决而通过之。

（二）各州州议会，有三分之二要求修正时，则国会必须开修正宪法会议。（但此会议之构成及召集之方法，宪法上无明文。故国会得以法律自由定之。）

（乙）修正案之批准　以上二法中，任取其一，皆可以提出修正案且议决之。虽然，未足以生效力也，必批准然后有效力。而批准之途有二。

（一）各州州议会四分之三批准之。

（二）各州人民会议四分之三批准之。

此二法任取其一，而欲取何法，则国会主之。故美国宪法之修正，实由下列四种方法之一而成。

（一）国会提出修正案而议决之，更由各州州议会四分之三批准之。

（二）国会提出修正案而议决之，更由各州人民会议四分之三批准之。

（三）各州州议会三分之二要求修正，国会开修正宪法会议而议决修正案，更由各州州议会四分之三批准之。

（四）各州州议会三分之二要求修正，国会开修正宪法会议而议决修正案，更由各州人民会议四分之三批准之。

由此观之，无论用何种方法，而国会参与之权皆极重，甚明。

第三　德国之制

德国宪法，比较的软性宪法也。其改正手续，与普通立法手续同。左右两院，皆可以提出改正案而议决之，皇帝无提案权。两院议决之后，即为有效，皇帝无"不裁可权"（不裁可权之解说详次项）。是改正之全权在国会也。但有二例外：

（一）联邦参议院（即左院）有十四票之反对，其改正案即为否决。（案此例盖缘参议院以五十八名之议员代表二十五邦，其中普鲁士议员居十七名。若二十四邦欲改宪法，普鲁士一邦得拒之。若普鲁士与其他各邦联合欲改宪法，巴威伦、索逊、瓦丁堡三邦联合得拒之。所以剂其平也。）

（二）宪法上保障各邦特权之条项，非得各州〔邦〕之承诺，不得变更之。

第四　法国之制

法国宪法，比较的硬性宪法也。前此改正手续，极为繁难。而改正之回数，各国中亦未有如法国之多者。自一七九一年至一八七五年，凡八十年间，而改正十二次。其一七九一年之宪法，则于改正时，现任议员议决后，须俟其任期满时，再行选举，待新议员再为议决，如是者凡三度，而改正之功乃完。其现行法，则大统领及左右两院皆得有提议修正之权，修正与否，由两院各以过半数决之。既决修正之后，则由两院合而组织国民议会，以议决其修正案。由此观之，则大统领虽得参与修正，而大权实在国会也。

第五　日本之制

日本宪法，硬性宪法也。其改正之方法，有与他国大异者，曰：国会无提出改正案之权，而惟天皇独有之。是也，天皇以敕令提出议案，两院各有总议员三分之二以上列席，乃得开议。列席议员，有三分之二以上赞成，乃得议决。此日本之制也。故日本国会参与改正宪法之权，仅能为受动者，而不能为主动者。

第六　瑞士之制

瑞士之改正宪法，与普通立法同一手续。故两院皆得提出议案，经议决时，即为有效。但其议案若一院可决而他院否决之时，或由人民五万人以上之要求而改正之时，则由人民直接投票以取决之，此提案及议决之制也。若欲其有效，则必再经人民直接投票过半数之赞成，及联邦各州过半之承诺。故瑞士国会，此权不重。

第七　普鲁士之制

普鲁士改正宪法，依普通立法之成规。国王及两院皆有发案权，两院议决，国王裁可，斯为有效。但其议决须经两次，第一次议决后，越二十一日，再议一次，前后同一之议决，斯为有效。（德国联邦各邦中，亦有须为二次议决者，亦有两次议决，每八日或十四日再议一次者，今不详列。）

第八　索逊之制

索逊改正宪法，其提议及议决之手续，亦与普通立法同。但其议决须亘于前后两会期，今年议决后，明年召集时再议决一次也。

合观以上各国之制，则国会参与改正宪法之权，其广狭各各不同。今分三项以比较之。

第一，改正案之提议，其形式有四。

（甲）惟国会有此权，而元首及其他之机关皆无之者。如德国。

（乙）国会及元首皆有此权者。如法国、英国。（英国元首之有此权，仅属虚名，不可不知。）

（丙）国会及他种机关有此权而元首无之者。如美国、瑞士。

（丁）国会无此权，惟元首有之者。如日本。

第二，改正案之议决，其形式有三。

（甲）由国会以普通立法之手续而议决者。如英国、德国、瑞士（瑞士议决方法之一种）。

（乙）由国会以特别繁重之手续而议决者。如日本、美国（美国议决方法之一种）、普鲁士、索逊。

（丙）国会以外，别置一机关而议决之者。如法国、瑞士（瑞士议决方法之别一种）、美国（美国议决方法之别一种）。

第三，改正案之效力，其形式亦有三。

（甲）国会议决直生效力者。如德国、法国（法国虽别置机关以议决，然其机关即国会之变相，故可浑括言之）。

（乙）国会议决后，更经元首之裁可，始生效力者。如英国、日本。

（丙）国会或其他机关议决后，更经人民或其他机关之承诺，始生效力者。如美国、瑞士。

第二项　我国所当采者

据上所述，各国国会参预改正宪法之权，其广狭相悬绝也若此，而各国学者，各自辩护其国法，咸能说明其法理上之根据，几使人迷所适从。今非超然于各国法律条文之外，以公平之眼观察之，不能得其正鹄也。夫宪法为组织国家之基础法。改正宪法，是不啻取国家之基础而摇动之。其握有此权者，即为握有国家之主权。于是有持主权在君说者，则谓此权宜属诸君主；有持主权在民说者，则谓此权宜属诸国民全体或代表国民全体之国会。虽然，主权在君、主权在民之两说，皆与国家之性质不相应，近世学者所抨击，殆成定论。按诸正当之学理，惟国家为有主权。然则能有改正宪法之权者，亦惟国家自身而已。虽然，国家者，非自然人而法人也。法人之性质，虽有权利而无行使权利之能力，其行使权利，必当委之于其机关，则改正宪法之权，亦势不得不以机关行之，无可疑者。然当以一机关单独行之乎？抑当以两机关以上联合行之乎？若用两机关以上联合行之，则其机关当以何种形式组织而成乎？各机关之分劳赴功通力合作，当由何术而得正鹄乎？是皆其最当研究之问题也。今据此理想，仍分三段以论各国法制之得失，而示我国之所当采者。

（第一）改正案之提议　此问题复分为二：其一为国会应否有此权之问题，其二为国会应独有此权抑应与他机关共有此权之问题。

先论第一问题。凡立宪国之国会，无不有此权。其无之者惟一日本。日本学者为之说曰（此亦一部分学者之说耳，其反对之者亦不少，不可不知）：日本君主国也，且其宪法钦定宪法也。最初宪法之成立，其渊源既出自君主，则后此宪法之变更，其主动亦应在君主。此其言若甚辩，然按诸学理，其误谬至易见也。欲回护此说，必当以"主权不在国家而在君主"为前提。盖国家若有主权，则必为人格，其意思必借机关以发表。而立宪国家之直接机关，不只一君主，（自不）得以君主而专此权。既惟君主为有此权，则必惟君主有主权而国家无有也。信如是也，则无君主之国，其主权又将安丽？既认君主国之主权在君主，则亦不得不言共和国之主权在全体人民。（非在人民之个人，而在其全体。）如彼之说，惟有主权者能提出改正案，则共和国不将非得人民全体之同意不能提出耶？若云原宪法由君主所颁定，故改正案亦惟君主宜提出，则彼共和国之宪法由全体人民投票而始成立者，岂不亦必须全体人民投票然后提出改正案耶？则亦永无提出之时而已。若仍宗国家主权说，认君主为国家之一机关，而谓惟此机关宜专此权，他机关不许分之，是则已纯变为专制君主国，而非复立宪君主国。何则？立宪与专制之分，不过以其机关之性质权限为界线。仅有一直接机关以独裁者，谓之专制；有两机关以上互相制限者，谓之立宪。今以变更国家基础法之一最要职权，而惟一机关得为主动，是非专制如〔而〕何？然则日本此条法文，无论若何强辩，而必不能使之衷于法理明矣。日本学者既穷于回护，于是有舍法理论而遁入政治论者，谓国会不得有此权，全属政治上之理由，虑其动倡改正之议而摇及国家基础也。虽然，此说之不完，又至易见也。夫改正宪法，非徒以提议而遂毕乃事也。提议之后，尚有议决焉，有裁可焉。即国会偶为不正当之提议，而国础亦何至遽为所摇？今若据政治上之学理以绳日本此制乎，苟当宪法必须改正时，而君主不肯提议，则将若何？盖舍革命外，更无第二之手段矣。夫法律之条文，死物也。社会之情状，活物也。无论若何善良之法律，要不能历千数百年而永与社会情状相应，故改正之事，恒所不免。而必应改正与否，一人所见，恒不及多人之明。今日本此制，若谓其有合于政治上之理由，则必当先立一前提焉，曰：惟君主为天亶聪明，能随时鉴察时势，定宪法之当改正与否而无丝毫之忒。使此前提而果正确也，则何必立宪，当以神圣之君主行专制，岂不更能达国家之目的耶？既以立宪为必要，是已明不承认此前提。既不承认此前提，而犹曰惟君主宜有提议改正宪法之权，吾诚不知其何取也。（日本学者之著书，其言外不直此制者甚多，特不敢昌言攻击，而迁就以为之辞。乃如羝羊触藩，无适而可，实可悯也。）故我国将来制定宪法，必当采万国通制，予国会以此权，毫无可疑者。

次论第二问题。各国宪法改正案之提议权，皆国会与他种机关共有之。国会之外而有此权者，其在君主国，则君主也；其在共和国，则大统领或国民也；其在联邦国，则联邦内之各邦也。此皆衷于法理者也。何以故？

君主、大统领，皆与国会同为国家之直接机关，其有此权，宜也。国民又为国会之作成机关，在共和国，更以之为最高机关，其有此权，亦宜也。在联邦国，则各邦为联邦之分子，其有此权，亦宜也。虽然，于此而有种种之疑问出焉。

第一问：德国为君主国，而其皇帝不有此权者何也？

答：各国君主所以有此权者，以其为国家之元首也。而据德国国法之法理，其国家之元首，乃联邦参议院而非皇帝。皇帝不过执行联邦参议院之意思，一行政长官之位置而已。行政长官不应有此权，亦固其所。故德国皇帝虽无此权，而其国家之元首固有此权也。（以实际论，则德国皇帝固有此权。盖皇帝以普鲁士王兼之，而参议院中有普鲁士议员十七人，其人皆服从王之命令者。普议员之提议，即无异普王之提议，亦即无异德皇之提议，故德皇实间接有此权也。

第二问：美国、法国之国民，不能直接有此权者何也？

答：彼两国之大统领，皆由国民选举。美国联邦内各州州议会，亦由州民选举。夫两国之国民，既皆得借国会以间接行此权矣。法民复借大统领间接以行之矣。美民复借州议会间接以行之。故无取再重规叠矩也。

国民有若干人之连署，即得提议改正案者，惟瑞士为然。此制揆诸学理，匪云不合。盖一部分国民之意思，虽非可径徇之以妄改宪法，而一部分之国民，既有此意思，则以付诸讨议，亦理所当然。然此制惟瑞士有之，他国无之者，盖瑞士国小民稀，行之较易。且其联邦中各邦，多有行直接民主制者，理论上固当如是也。他国虽无此制，然其两院皆有受人民请愿之权，人民有欲为改正之提议者，可以意见达于国会之任一院，但得一院表同情，即可以提议。是人民虽以个人资格，亦得间接行使此权也。惟日本则有大可异者，其宪法既限制两院不得有此权矣，其议院法第六十七条复规定云："各议院不得受变更宪法之请愿。"此其立法之本意，真不可解。夫请愿书必须各院采以列于议案而议决之，乃生后效。（据同法第六十四五条）今两院既不能为变更宪法之提议，则虽受请愿，亦有何效力，而何必更悬为厉禁耶？此何异禁阉人以不许犯淫也？推原日本立法之意，凡关于宪法事项，惟君主得专之，而人民绝对不许容喙。此种宪法，虽名之为专制的宪法，亦不为过。我国将来之立法家，尚其戒之。

第三问：美国大统领不有此权何也？

答：美国宪法，采绝对的三权鼎立主义，故凡关于立法事项，不许大统领之容喙。然此制学者多议之。

第四问：德国又为联邦国，而其各邦不有此权何也？

答：德国联邦参议院之议员，凡一切行动，皆受命于其本邦，与美、瑞等国议员能独立以发表其意见者异。故参议院有此权，即无异各邦有此权也。

夫宪法之改正，诚当慎重。虽然，提议不过改正手续之发轫耳，非缘是而遂决定也。故不妨以其权分畀诸各机关。我国为君主国体，则有此权者，君主并两院而三，斯最当矣。

（第二）改正案之议决　此亦分二问题，其一，即以国会为议决机关乎？抑于国会以外临时别设议决机关乎？其二，其议决用普通之手续乎？抑特为设繁重之手续乎？先论第一问题。改正宪法，为摇动国家基础，故所以察民意之所向者，宜勿厌其详。现期之国会，既表同情于提议，在法律上固可以认为国民希望改正矣。虽然，现期之国会，果能举代表民意之实与否，犹未敢遽信。于是思所以再行考验者，其法有四：

一　现国会不议决，解散之，行总选举，而付诸新国会之议决。

二　不付诸国会之议决，而别组织国民会议以议决。

三　现任议员议决，未完全认为有效，待第二次总选举后召集议员时，复为同一之议决，乃得有效。

四　现会期议决后未完全认为有效，俟次年开会时，复为同一之议决，乃得有效。

第一法有缺点。何以故？国家之设国会，原认为代表国民之机关，现在开会中之国会，虽不能遽认其确能举代表国民之实，亦何从断其确不能举代表国民之实？不许其议决，实无理由。况两院既各有发案权，而现今各国通例，有少数议员之同意，即可以提出议案。（日本以二十人为限。）若用此法，一经提议，则现议会立当解散以别行组织，是常能以少数人之意见而致议会之解散，甚无理也。

第二法亦有缺点。何以故？第一法之缺点，第二法皆同之。不宁惟是，所谓别组织国民会议者，其组织法当何如耶？若如法国现制，即将左右两院现议员组织之，则异名同实，何必多此一举？若别召集之，则与第一法所谓新国会者无异，其弊夫既言之矣。

第三法亦有缺点。何以故？各国右院议员任期，多者七年，少者二年，折衷者三四年。今用第三法，改正案议决后，必须俟二三四年或七年以后，再为议决，是改正之案，必历若干年然后完成也。夫改正案之提议，必其应于时势之要求者也，今必阅绵邈之岁月，然后奏功，则后时之患，其难免矣。

第四法亦有缺点。盖其后时之患，虽不如第三法之甚，然已嫌其濡滞。且在同一任期中，来年之议员，即今年之议员，其意见大率同一，何必多此一举？不过假以时日，使之再思耳。然欲以借此以测验其确为代表现时国民意见与否，效盖微也。

夫仅凭现议会之议决，既病其近于轻率，而此四法者又各有其弊，则吾何途之从？吾于是欲自创一法焉，曰：先以付现议会之议决，可决之后，复解散之而组织新议会，为第二次之议决是也。此法与第一、第二法有异，以彼不付现议会之议决，毫无理由而不信任现议会，此则不尔也。又与第三、四法有异，以第三法于第一次议决后，须历数年乃为第二次之议决，第四法亦须阅一年以后，乃为第二次之议决，皆有后时之患，此则不尔也。是故现议会而否决也，则此次提议，自同消灭，其再提议，当待来年，而议会可以不解散。既无提议一出立须解散之弊（若政府提出改正案，国会否决，而以敕命特解散之，此则与普通之解散同，其原因不在此限），若现议会而可决也，则改正为民所欲，已可概见。犹虑其不确实，而再行选举开新议会以卜之，是岂非易所谓借用白茅无咎者耶？故窃谓此法视各国现行法皆有一日之长也。（各国中有用此法者与否，吾学谫不足以悉知之。其有之，则德、美、瑞三联邦中之各国，与夫中美、南美之共和国也。）

复次，论第二问题。各国以慎重改正故，故除一二国外，皆不以普通立法议决之手续而议决之。盖普通立法，但以列席之员比较多数，以定可否。其议决宪法改正案则恒加严重。其法有五：

一　须四分之三议员列席，乃得开议。须列席议员三分之二赞成，乃为可决者。如索逊、巴比伦。

二　须三分之二议员列席，乃得开议。须列席议员三分之二赞成，乃为可决者。如比利时、日本。

三　得开议之定员数，与议普通法律案同。但须列席议员三分之二赞成，乃为可决者。如奥大利、甸维丁堡。

四　得开议之定员数，与议普通法律案同。但须列席议员四分之三赞成，乃为可决者。如汉堡、巴利米因。

五　一次议决之后，隔若干日，再为第二次或第三次议决者。如普鲁士、巴威伦。

我国若既用新旧两议会之议决，则其议决之手续，更无取过于繁重。采日本、比利时之制，其可也。

（第三）改正案之裁可　改正宪法之权，既属于国家，国家以无行使权利之能力故，委诸其机关。而在立宪国家，其直接机关，恒有二个以上相对立。然则决定国家最后之意思者当属于何机关乎？曰：于诸机关中，必有其最高机关，此权即以属之。其在君主国，则君主也。其在共和国，则全体国民或代表全体国民之国会也。故共和国之改正宪法，有以国会之议决即生效力者，有以全国民投票多数之赞成而始生效力者。其在君主国，则以君主裁可始生效力为常。共和国之国民投票，与君主国之君主裁可，其性质正同，皆最高机关之作用也。我国为君主立宪国，则宪法改正案必待裁可然后完成，此无待言。

第二款　参与普通立法之权

第一项　参与立法权之范围

第一目　各国范围广狭比较

各国国会参预立法之权，其范围之广狭，颇相悬绝。质言之，可分为二大主义：一曰概括主义，二曰列举主义。概括主义者，浑括言之，凡名为法律者，皆须经国会之议决也。列举主义者，将须经国会议决之法律条项，一一列举之于宪法之中，其不列入者，国会皆不得议决也。普通之国家，皆采概括主义。惟联邦国，则采列举主义。今举一二国以示其例。

美国之制　美国以宪法规定国会之职务，凡左方所列各件，得有议决权。

（1）关于岁入之立法　凡合众国征租税、借国债等事，其议决之权，皆在国会。故租税之项目、税率、课税方法、起债条件等，皆得由国会任意决定之。但有二制限焉:(第一)不许课输出税。(第二)丁税及其他直接税等,必须比例于人口。又间接税、输入税、物品税等,全国必须均一。

(2)关于岁出之立法　凡合众国岁出之种类、数额及其支用方法,皆国会定之。

(3)关于外国通商之立法　与外国交通及贸易之立法,归国会所议决。但美国之制,其大统领有缔结条约权。或疑与国会此权相冲突,盖大统领任意结约,国会任意立法,其条件或相矛盾也。然大统领之结约,须得左院之同意,故免此弊。

(4)关于国内通商之立法　联邦各州相互通商及与红印度土人通商,其规则皆国会定之。

(5)关于归化之立法　外国臣民入籍于美国之各联邦而得享种种公权,此事与国家政治关系颇大,其法律必须统一,故此权不属诸各邦而属诸中央国会。

(6)关于破产之立法

(7)关于货币及度量衡之立法　联邦内各邦不得有铸造货币之权。

(8)关于犯罪之立法　伪造合众国通货证券之罪,又于外海所犯海贼重罪及国际法上之犯罪,其法规皆中央国会定之。其余各种刑法之立法权,不在国会。

(9)关于邮便之立法

(10)关于著述及发明之立法　著述人及发明新器人,其专利权之法,国会定之。

(11)关于设置裁判所之立法　合众国高等法院,虽据宪法之明文,直接设置之,但其以下之裁判所,废置分合之权,全属国会。

(12)外交　美国国会,有干涉外交一部分事项之权利。其详细于本节第二款别论之。

(13)关于陆海军制之立法　全属中央国会,但各邦有募集民兵之权。

(14)关于合众国中央政府领地之立法　所谓中央政府领地者,不属于联邦中之一邦者也。如(1)都城;(2)要塞、军库、造兵厂、造船所、造币所等,其地虽在各邦之内,然已经中央政府买收者;(3)新领土之未编为一邦者,如阿拉士加岛及新领之菲律宾群岛等是也。

（15）发行政命令之权　别于本节第三款论之。

由此观之，美国国会立法权之范围，极为狭隘。凡民法、商法之全部，诉讼法之全部，刑法、行政法之一大部分，与夫关于教育、关于警察、关于各地方财政、关于经济诸种法规，其议决皆不在中央国会也。

德国之制　德国国会之立法权，亦与美国同，以宪法条文列举之如下：

第四条　属于帝国监督及帝国立法之事项如左：

一　自由转居，本籍住居制度，公民权，旅行券，及关于外国人警察之种种规则；又营业保险，及于外国殖民地迁徙诸规则；为本宪法第三条所未泐定者。（但巴威伦本籍及住居之事为例外。）

二　关于关税及贸易之立法；又帝国政费所使用之租税。

三　货币及度量衡法之规则；又不换纸币发行之规则。

四　银行规则。

五　发明品之专卖特许。

六　智能所有权之保护。

七　保护在外国德意志人之商业、航海及其船旗，及定帝国所任命之领事制度。

八　铁道规则；又为国防及交通利便起见所设之道路及水路之规则。

九　于数邦公共水路所营之舟筏航行业，及水路营缮之体裁；又其他水路税及航海目标。

十　邮便电信制度。（但巴威伦、瓦敦堡有例外。）

十一　民事裁判宣告之相互制行，及关于申请处理之常则。

十二　关于公证及公正证书之规则。

十三　民法、刑法及诉讼法之制定。

十四　帝国海陆军军制。

十五　卫生警察及兽疫警察规则。

十六　关于出版及结社之规则。

第三十五条　凡全部关税法，联邦领地内收获之盐、烟草、火酒、麦酒、由胡萝卜及其他内国产物所制造之糖与糖蜜之租税，对于密卖之各国消费税之相互的保护，并共同关税疆界之安全，关税疆界以外地方必须之处置，其立法权皆专属于帝国。

巴威伦、瓦敦堡及巴典，其本国火酒、麦酒之税法，依其各自之立法权。但此三国对于此种物品之课税，须力取同一之方针。

第三十六条　关税又消费税之征收及管理，限于各国从来相沿实施者，于其领土内，仍委任之。

皇帝于得联邦议院关税租税委员会之承诺后，置官吏于各国关税租税局，及其直接官厅，以监督其实遵税法所定之手续与否。

关于共同法律（第三十五条）之施行，此官吏发见其缺点而报告时，应提出于联邦议会而议之。

第三十八条　关税及第三十五条所揭其他课税之收入，应纳于帝国国库。但第三十五条所列举各种课税中，其非依帝国立法而依各国法以征收者，不在此限。此收入额为自关税及其他课税总收入中，除去左记诸项而成者：

一　本于法律及诸规则之租税返还额及减少额。

二　不当征收租税之缴回额。（原称拂戾额。）

三　租税征收及管理之费用：

（A）关税中，沿接于外国之疆界线，及于疆域地方内因关税之保护及征收必需之费用。

（B）盐税中，因征收及监督，于制盐所所置官吏之俸给。

（C）萝卜、糖及烟草税中，时时依联邦议会之决议因此税应支给各国政府之管理费。

（D）其他租税中，收入全额百分之十五。

在共同关税疆界外之领土，应支出货币，负担帝国之经费。巴威伦、瓦敦堡及巴典，不负担应纳帝国国库之火酒麦酒税，及前项一定之货币。

第四十一条　因德意志帝国国防及共同交通之必要，所认之铁道，其所通过之国虽有异议，然苟无害各国之主权，即依帝国法律，以帝国之经费敷设之。或许可于个人之企业者，且付与土地收买权。

原有之铁道会社，负承诺设新线连络之义务，但连络之费用，属于新设铁道之负担。

关于许原有铁道会社，对于敷设并行线或竞争线之拒绝权之法律，帝国概废止之。但于既得权不能有妨害，且于将来之免许中，亦不得付与拒绝权。

第五十二条　前第四十八条乃至五十一条之规则，不用之于巴威伦及瓦敦堡。于此二国，用次之规则以代之。

邮便电信之特权，其对于公众法律上之关系，关于邮税免除及邮便税之立法，专属于帝国。但关于巴威伦、瓦敦堡两国内部交通之规则及邮便税，不在此限。又定电信手数料（即打电费）之帝国法律，亦依此限制。

定与外国通邮便电信之规则，亦属帝国之权。但巴威伦、瓦敦堡与不属帝国领土之邻国直接交通，不在此限，特适用一八六七年十一月二十三日邮便条约第四十九条之规则。

应纳帝国国库之邮便电信收入额，巴威伦及瓦敦堡不与其列。

第六十九条　帝国之岁入及岁出，应每年立预算，制为帝国岁计豫算表。帝国岁计豫算表，于每年分开始之前，依左之原则，以法律确定之。

第七十条　充共支出之用者，为前年分剩余金、关税、共同消费税，及由邮便电信所生之共同收入。若以此收入充共同支出而不足时，于未设帝国税之间，以照联邦各国人口应出之分担金额补充之。其金额于豫算之定额内，帝国首相布告之。

第七十一条　共同之支出，通常限于一年而承诺之。但于特别之时，承诺得涉于数年分。

第六十条　所定期限内之军队经费豫算，惟提出于联邦议会及帝国议会而为参考。

第七十二条　关于帝国总入之支出，帝国首相为解责任，须提出决算于帝国议会。

第七十三条　在需用常支出之际，依帝国立法之手续，募集公债，须以帝国负义务，而作公债证书。

奥大利之制　奥大利虽非联邦国，而其宪法中关于立法权，亦取列举主义。其第十一条之文如下：

一　贸易条约及帝国全部或局部，生负任，又命课务于国民，及帝国议会之代理诸王国及部属，其疆域变更；所有国事条约之检查及决行。

二　凡兵役执行，关于其方法及其规则期限之事件，就中关于每岁召集征兵员之定规，及预备马匹之赋课，兵士之粮食，屯营之总则诸等事件。

三　政府之岁计豫算表之规则，及诸租税赋课之每岁决议，政府之决算表，并会计管理成绩之检查，新公债证券之发出，政府旧债之变替，官地之卖易贷与专卖，并特权之法律等，总通于全王国部属会计诸般之事务。

四　关于金银铜货及银行证券之发出之事务规则，税关贸易、电线驿递、铁道运搬之事件，及其他帝国通运之方法。

五　证券、银行、工业之特准度量衡、制造之模型、记章保护之法律。

六　业医之业法律，及传染病、家畜疫病防护之法律。

七　国民权及归化之法律，外国人取缔法，路券及人别点检之法律。

八　各法教之关系，集会结社之权，著刻才艺上之私有权保护之法律，公立小学校及中学校教育原旨之例规，大学校之法律。

九　惩治罪裁判所、违警罪裁判所及民法裁判所之法律。但州之布告，及依此宪法为州会之权任其事务之法律，不在此限。商法、兑换法、海上法、矿坑及藩建地之法律。

十　司法官及行政官构制之基法。

十一　国民之通权，大法院、司法院行政权所关诸宪法执行须要之法律。

十二　各部互相之义务，及关系总体之法律。

十三　与翁古利所属诸部，认为共通之事务，其处分规程所关之法律。

以上皆取列举主义者也。虽其所列举之条件不同，其权之范围，即有广狭之异（如德国国会立法权之范围，已广于美国远甚。细观前件自明。）而要之其权以所列举者为界，所列举以外，丝毫不许容喙，则其权为有限的甚明。

列举主义，惟联邦国宜采之。盖联邦国本由所联之各邦，以合意契约相结而成，先有各邦而后有联邦。各邦为其固有之旧国，而联邦则其创建之新国也。当其制宪法以创此新国，则将旧国一部分之权利，画而贡之。虽然，所贡者，非权利之全部也。故于其所贡者之外，则各邦自留保焉。其宪法不得不以列举主义为普通之原则，皆此之由。（联邦国之建国法，恰适用霍布士、洛克、卢梭辈所倡之民约说。但彼则谓人民相缔约以成为国，此则小国相缔约以成大国耳。）

奥大利非联邦国，而其国会之立法权，亦取列举主义，似甚可诧。虽然，考诸彼国之历史，实由兼并小国若干而成，而所兼并之小国，旧影犹存。故奥大利皇帝，实兼有三王（帕也米雅国王、大尔玛西亚国王、嘎利西亚及罗多利国王）、一公（克拉阿义国公）、六侯（撒尔布尔国侯、司齐利亚国侯、加林西亚国侯、喀耳尼窝拉国侯、修罗宾国侯、上下西利亚国侯）、一伯（齐罗尔国伯）之名义。（此殆我中国人所难索解者，然在欧洲多如是。即如俄罗斯皇帝，亦兼有王、大公、公侯等十余名。英王亦兼苏格兰王、爱尔兰王、印度皇帝等名，每颁重要之诏敕，则尽列其头衔，累累如贯珠然。）其国统一之基础未坚，实与联邦无异。且其国内种族分裂，各地之习尚不同。故奥国法制，予其各州之州会以广大之权，与各国之地方议会纯异其性质。以故中央国会之权力，其一大部分移于此等州会，其不能与他国同其广漠亦宜。虽然，奥国之取列举主义，终不得不指为立法者之无识。盖虽分权于州会，亦只宜将所分之条项列举之，其未分与者则中央国会留保之。故州会之职权取列举主义，而国会之职权仍取概括主义，斯为得当矣。今本末倒置若此，其危及国家统一之基础，又何怪焉？尤可异者，奥国宪法，于国会立法权既取列举主义矣，而于州会之立法权，亦取列举主义。夫社会之情态万变，终非能以条文悉举之而无遗漏也。故据论理学之公例，此方面以积极的列举者，他方面即应以消极的而得概括。如列举甲乙丙等事项属于此，则甲乙丙等以外之事项，自然当属于彼也。今奥制不然，既列举甲乙丙等权属于国会，又列举丁戊己等权属于州会。而庚辛壬癸等权既不属国会又不属州会者，则当何属耶？此则立法家之陋也。抑其中或有他理由，或别有留保权立于两者以外，则吾未专治奥律，不能知之。

除奥大利以外，凡单一之立宪国（单一国对联邦而言），其宪法所规定立法权之范围，皆取概括主义。其在共和国，则国会独行之。其在君主国，则君主与国会共行之。（其宪法条文，或云君主与国会两院共行之，或云君主以国会两院之协赞行之，其事实之结果一也。）要之，凡属制定法律，非经国会之议决而不为有效。故其国会立法权之范围，广漠无垠，非如联邦国之仅限于一部而已。故学者或称国会为立法机关，良非无由。

虽然，国会立法权之积极的制限，固惟联邦国为宜有之，若其消极的制限，则无论何种之国家皆有之。此又不可不察也。夫法也者，谓对于臣民而有拘束力之条规也。然对于人民而有拘束力之条规，各国率皆以两种形式发布之，其一字之曰法律，其他字之曰命令。凡以法律之形式发布者，必须君主与国会共行之。其以命令之形式发布者，则不必经国会，而君主或行政官厅得专行之。国会之参预立法者，即参预命令以外之条规也。命令者，国会立法权之消极的限制也。故国会立法权范围之广狭，与君主命令权范围之广狭成反比例。欲明此义，当先谂命令之种类。

凡命令可大别为二种：一曰行政命令，二曰法规命令。行政命令者，规定行政部内所当遵守之条项，而上级官厅对于下级官厅所发者也。其拘束力虽及于下级法规命令者，则公布国中对于一般人民有拘束力者也。行政命令，当我唐代之留司格；法规命令，当其散颁格。（格者，六朝、唐以来一种法令之名也。属于曹司常务留存本司者，为留司格。属于天下所共颁行州县者，为散颁格。见《唐书》本志。）行政命令之拘束力，不直接及于人民，与法律全异于范围，非此所当论，专论法规命令。

法规命令之种类有四：

一　执行命令　执行命令者，为执行法律而发布之命令也。法律所规定，往往仅举荦荦大端，至其施行时之细目，不能毛举。故许由行政官厅，于执行时便宜定之也。此种命令，纯为法律附属品，其不侵立法范围甚明。

二　委任命令　委任命令者，本当以法律规定之事项，而以法律之明文，委任行政部以命令权者也（乃法律所委任，非君主及上级官厅所委任，勿望文生义）。其与执行命令异者，彼则专为所执行之本法之附属品，本法消灭，则其命令当然消灭；此则离本法而能存在也。例如日本之裁判所构成法，法律也；判事检事官等俸给令，委任命令也。（裁判所构成法第七十六条云，关于判事之官等俸给及进级之规，以敕令定之。第七十九条检事之规定同。）其规定裁判所区域管辖等种种之敕令及司法省令，执行命令也。委任命令，其命令权之渊源，由法律来，故亦不侵立法范围。

三　独立命令　独立命令者，宪法许君主于一定之范围内，独立以发命令，毋须经国会之协赞者也。如日本宪法第九条云："天皇为保持公共之安宁秩序及增进臣民之幸福，得自发或使发必要之命令。"此即离法律而独立之命令也。但其效力次于法律一等者，曰："不得以命令变更法律而已。"此种命令，除日本以外，他国皆无之。有可以当其一部分者，则各国之所谓警察命令是也。盖警察所应干涉之范围，其事项极琐碎，且复杂变幻，不可穷诘，终非能以法律而一一悉预定之，故假行政官厅以便宜行事，而委诸命令之范围。此各国所同也。日本此条宪法，彼中学者，解释各异。有采消极说者，谓即与各国之警察命令同一范围。有采积极说者，则谓凡关于保持秩序、增进幸福者，皆得以此项命令规定之，决非徒限于警察命令而已。夫如是，则此项命令，直与法律同其范围，除旧有之法律不许变更外，其他皆得以命令行之也。而此项命令则不须经国会之协赞者也。吾所谓命令范围之广狭，与国会立法权范围之广狭，成反比例者，即指此也。

四　紧急命令　紧急命令者，谓当国会不能开会之时，遇有紧要事件，君主得发此种命令，以代法律也。此种命令，其性质为代法律故，故与法律有同一之效力。可以之废止变更旧有之法律，而将来亦非以法律不能废止变更之。但有一限制焉，曰："下次国会开会时，必须提出以求其承诺，若不承诺，则失其效力也。"此种命令权，各国宪法多不许之。其许之者，则奥大利、普鲁士及其他德国联邦中之一二国与日本也。而所许之范围，亦有广狭。今取普、日两国宪法条文比较之。

普鲁士宪法第六十二条　为保持公共之安全或避非常之灾厄，有紧急之必要，而不能召集两院之时，政府得以连带责任，于不抵触宪法之范围内，发布与法律同效力之敕令。但下次会期，必须提出两院，求其承诺。

日本宪法第八条　天皇为保持公共之安全，或避其灾厄，依于紧急之必要，于帝国议会闭会之场合，发可代法律之敕令。此敕令于次之会期，须提出于帝国议会。若议会不承诺时，则政府须公布其向于将来而失效力。

此两条文大致相近。其差异之点，普国则于不能召集两院之时乃得发之，故虽议会闭会中，苟可以召集，仍须召集也。日本则于议会闭会之场合得发之，故闭会后虽能召集，亦可以不召集也。此种命令，实为以行政权侵立法权，故共和国绝对不许之，即君主国许之者亦希。英国之制，当国家遇非常变故，政府得负责任，以奏请发布违宪之命令，事后则对于国会，证明其必要之理由，以求责任之解除。虽然，此其性质与普、日等国之紧急敕令，绝非相同。普、日之紧急命令，宪法上之命令也。英国则视为违宪命令，而求事后之免责也。故宪法上许此命令权与否，亦国会立法权范围广狭所由判也。

由此观之，取概括主义之国，凡在命令权以外之立法事项，国会皆得参与。故命令权范围广者，国会参与权范围从而狭；命令权范围狭者，国会参与权范围从而广。此至易见者也。

除命令权以外，而国会立法权范围之广狭，尚随一事以为消长焉，即宪法内容之详略是已。宪法虽亦立法事项之一种，然其制定变更之手续，大抵与普通立法不同。故狭义之立法，即指宪法以外之法，此通称也。故宪法条文略者，普通立法之范围自广；宪法条文详者，普通立法之范围自狭。欧美各国，往往有以单纯之法律而入诸宪法之中者，就中美国联邦中之各邦为尤甚。其宪法之分量日增于其旧。据一八七七年美国左院所编纂《北亚美（利）加宪法全集》一书，其维阿志尼亚邦宪法，一七七六年之分，不过四叶，一八七〇年之分，增至二十一叶。狄莎士邦第一次宪法，一八四五年十六叶，一八七六年之分，增至三十二叶。此何故乎？不过将属于普通立法范围之事项，逐年抽出，以加入于宪法范围而已。（例如近时美国各邦宪法所增加之条项，有关于禁止彩票者，有关于禁止贩卖火酒者，有定刑罚执行之原则者，有定劳动日及休假之原则者，有定各种学校之详细规则者，有定官俸者，有定铁道公司特许之条件者。）其他欧洲大陆各国之宪法，亦多类是。（如奥大利宪法，将州会之选举法亦规定于其中。尤可笑者，瑞士联邦新加入之宪法，有屠宰兽畜必当先使绝息之一条。）此其规定之当否，姑勿论。要其所以如此者，不外欲制限国会之立法权，使之趋狭，盖章章也。

君主国以命令由君主所发故，则以扩张命令权范围为制限国会立法权之手段。共和国以改正宪法往往须由人民总投票故，则以扩张宪法范围为制限国会立法权之手段。其手段之正当与否暂勿论，要之除取列举主义之国以外，其国会参与立法权之范围，上之以宪法所未规定之事项为界，下之以命令权不能行使之事项为界。持此以校各国之宪法，朗若列眉矣。

第二目　我国所当采者

今请言我国所当采择。（第一）我国为单一国而非联邦国，其必当取概括主义而不当取列举主义，不俟论。（第二）宪法为国家之基础法，自有其体裁，不当以无关宏旨之条件入之，且致基础法或以小故而摇动。况我国幅员太大，五方异宜，宪法尤当总揽大纲，匪可毛举细故，其不应以宪法占法律之余地又甚明。（第三）此外所余者，则命令权之问题是也。故欲语中国国会立法权范围广狭之程度，则尤当先论中国宪法上命令权广狭之程度。今请平心以研究之。（但行政命令、执行命令、委任命令之三种，与立法权不相杂厕，不在此论。今所论者，以独立命令、紧急命令两种为范围。）

紧急命令，明以行政权侵立法权，揆诸学理，合应排斥。虽然，国会非永年常开者也，有其期焉，期过则休。国家若有非常事变，不能待国会之召集，苟不假行政首长以便宜行事，恐事机一逸，贻国家以不可复之损害。故宪法许以此权，实有其正当之理由。况又有事后承诺一条件以为之限制，则立法权仍非全受其侵越。窃以为我国固当采之，但其条文则普鲁士较密于日本，我所宜师也。若虑政府滥用此权，危及宪政之基础，此亦有防之之法，吾将于本节第二款论事后承诺项下别论之。

独立命令，依日本宪法第九条所规定，殆与法律同其范围。若徇积极论者之说，则虽取一切立法作用而尽纳于其中可也。夫立宪政体之所以异于专制者，亦于其君权之有限无限判之而已。故立法权则君主以国会之协赞行之，行政权则君主以国务大臣之副署行之，司法权则以君主所任有独立地位之裁判官行之。君主总揽三权而一无所专，此立宪君主制之特色也。由此言之，则凡制定法规直接对于臣民而生拘束力者，皆须经国会之协赞，其理甚明。若以不须经协赞之命令，而与必须经协赞之法律，得活动于同一之范围，则一切法规，或以法律之形式制定之，或以命令之形式制定之，一惟君主之所欲。而君主及其大臣，为自便起见，恒欲取命令之形式而不欲取法律之形式，人之情也。则所谓国会参预立法之权，将日被侵蚀，其不复返于专制者几何哉？夫在专制国，则无法律、命令之区别也。孔子对定公问所谓余无乐夫为君惟其言而莫予违，专制国君主之地位盖若是。故君主个人之意思，即为国家之意思，君主一语一言，即为神圣不可侵之法律。故我国旧称，虽有律、格、式等名，与令、制、敕等若为殊科，但其范围效力皆相等。固可以律、格、式变更令、制、敕，亦可以令、制、敕变更律、格、式，两者之性质，殆无差异。即欧洲诸国及日本当宪法未布以前，亦皆有然。质言之，则凡皆以君主单独行为所制定者而已。及立宪政体发生，然后此两者画为鸿沟而不许逾越。即凡对于人民有拘束力之条规，皆谓之法律。而执行法律时，以便宜规令其细目者，谓之命令。前者君主与国会共行之，后者君主得自行之。宪政之大精神，实在于此。今征诸各国宪法所规定，则：

	关于法律之规定	关于命令之规定
比利时	宪法第二十条　立法权由国王与代议士院及上院共同行之。	第六十七条　国王为施行法律，得发必要之规则及命令，但不得以之停止或特免法律之施行。
意大利	宪法第二条　立法权国王与元老院、代议院共同行之。	第五条　国王及其官吏为施行法律，得发必要之规则及命令，但不得以之停止或特免法律之施行。
普鲁士	宪法第六十二条　立法权国王与两院共同（行）之。凡制定法规，必须王与两院协议同意。	第四十五条　国王命法律之执行，且为执行而得发必要之命令及详细之规则。
德帝国	宪法第五条　帝国之立法权由联邦参议院及帝国议会行之。	第十七条　皇帝监督帝国法律之实施。 第七条第二项　联邦参议院为实施帝国法律，得议定必要之行政规则。
奥大利	国会根本法第十三条　凡法律须以上下两院之妥协决议及皇帝之认可而成。	行政根本法第十一条　政府于其权限范围内，得发准据法律之规则命令。
日本	宪法第五条　天皇以帝国议会之协赞而行立法权。	第九条　天皇为执行法律，又为保持公共之安宁秩序，增进臣民之幸福，得发又使发必要之命令，但不得以命令变更法律。

由此观之，除日本以外，无论何国，其法律与命令之界线，皆甚分明。命令者，非徒其效力不得与法律并而已，即其范围亦不得与法律并。质而言之，则所谓独立命令者，遍征诸各国宪法条文，绝无蛛丝马迹之可寻。而自我作古，实创自日本。夫日本宪法，本以德意志联邦中之诸君主国宪法为其渊源，而取范于普鲁士者尤夥，而忽有此与母法绝不相应之条文者

何也？请不避词费，先述其所由来，然后论其得失。

日本伊藤博文之游历欧洲考察宪法也，左右之者，实惟普鲁士之格奈士德氏。而格氏则德国学者中首倡命令独立权之论者也。格氏以专精英国法闻，其立论即根据英制。英国惯习，有所谓枢密院令者，与法律同时并行。其军事、外交、殖民之三大事业，并教育事业之一部分，宗教制度之一部分，向不以入于法律之范围，皆以枢密院全（权）制定颁布之。尔来虽法律之范围日以扩张，枢密院令范围日狭，而余影犹存。又德国各联邦中，为行政便利起见，往往有所谓警察命令者，其制定之权，往往委诸各地方官厅，不尽用法律之形式。而学者目为违宪，攻论蜂起，故格氏以谂伊藤，谓不如将此权明规定之于宪法之中。故日本宪法第九条云云，全出于格氏之创意也。

虽然，彼英人以保守性闻于天下，其法制半以习惯而成。其习惯徐徐蜕化，不见其嬗代之迹，故常有实质变迁而形式犹留者。即如枢密院令之为物，就表面观之，固全非待国会之协赞，实则其发布全出政府之意，而政府惟得多数于右院者尸之。故一切命令，实与经国会协赞无殊。此惟英国为然，非他国所能学步也。制定宪法，而欲刺取英国惯习之一节以羼入条文之中，未有不进退失据者。

然则此独立命令权，于法理上亦别有其可依据之理由乎？自格氏倡此说后，德国学者，群起致难，然亦有一二附和者，其主张最力者，则安德氏也。而反驳最力者，则安莎的士氏也。安德与安莎的士前后舌战之论文凡数十篇，遂使此问题大喧于德国学界，认为宪法上最重要问题之一，而其波直荡于日本。安德之言曰：“君主国宪法与民主国宪法，其精神全异。在民主国，其行政首长之权，全由国民所新赋与之者，故宪法无明文以赋与之，即当然无此权。君主国不然，未立宪以前，一切大权，本皆君主所固有。立宪者，则君主自为限制而已。故苟于宪法上无限制之明文者，其固有之权，自当留保之。命令权者，君主所固有也。故除宪法上以明文规定专属于法律范围之事项，始必须与国会共行之，自余一切，其付诸协赞与否，一惟君主之自由。”安莎的士之言曰：“宪法无限制之明文，其固有之留保权，当属诸君主，固也。然所谓限制者，非必为列举的限制，但为概括的限制而已足；非必为积极的限制，但为消极的限制而已足。如云‘立法权国王与两院共行之'，则凡制定法规之事项皆概括焉可知。如云'国王为执行法律得发命令'，则除执行以外不能发可知。（委任命令以法律明文委任者，又不在此限。）"辩论至此，势不能不就宪法之条文而解释之。安莎氏乃遍征各国条文，滔滔雄辩，靡坚不摧，其详具见所著《法律命令论》中，今不具引。夫在德国，其各国宪法文，绝无认许独立命令权之明文，故学者祖其说者实属少数。日本不然，既有此第九条之文，以为此权后盾，故赞成派实占形胜，而反对派不得不取守势。当宪法初布时，男爵伊东已代治已著《法律命令论》一书祖述格氏及安德之说，学者靡然从之。如博士种积八束、博士有贺长雄、博士清水澄，其著者也。其反对派如博士副岛义一、博士美浓部达吉，殆陷于四面楚歌之中，仅恃解释条文以持其说。然新进之士，表同情者渐多，今已有占胜着之势矣。要之，不名为立宪国者则已耳，既名为立宪国，斯决不容独立命令与法律有同一之范围。即按诸日本宪法全体之精神，亦必非欲以此扩充君主之留保权以与国会争席甚明。观其于君主之大权，取列举主义（第七条至第十六条），而于君主与国会共行之立法权，取概括主义（第五条、第三十七条），已足证明之而有余。然则其第九条云云，在势亦只能为委任命令之一种。但逐事而委任之，未免繁难，故为概括的委任而已。然以条文之规定不明了，遂生尔许异说，斯则起草者之责也。

　　然则我国所当采者如何？以学理论，万不容于普通立法权之外，更许独立命令权之存在。苟其许之，小之滋权限之争议，大之或招命令权之滥用，而反于立宪之精神。故宪法中关于命令权之规定，除紧急命令不可废外，自余之命令，则仿各国通制，以"为执行法律"或"遵据法律"等字样定其范围。虽然，于此而有一至困难之问题出焉。以我国之大，而各省社会状态，樊然不齐，若取全国人民应遵守之条规，皆由国会议决乃定之，若所规定太简略，则无以为遵守；若所规定者太致密，则适于此者必不适于彼，而法将为具文。若非赋予行政部以广大之命令权，则事实上无往而不障碍。此不可不熟审也。吾于是因此问题而得一相连而解决之他问题。

　　夫日本宪法所谓独立命令者，即如其本文所示，以保持公共安宁秩序、增进臣民幸福为目的。要之不能从积极的解释，只能从消极的解释，大率其范围只能涉于警察行政与助长行政，故美浓部博士以之当各国之警察命令，殆可为定论。信如是也，则各国先例，又有足引吾研究之兴者，曰：此等命令权，各国大率以许诸地方官厅为原则，以许诸中央官厅为例外是也。（德国博士查尔克玛耶所著《德意志国法论》引例极博，见东译原著七二〇叶。）其所以尔尔者，良以地方各有其宜，中央政府一一代为谋之，势不能周且适也。夫以欧洲诸国，大者不过比我两省，小者或仅比我一县（如德联邦中小国），然其规定犹且若此，况我为世界空前之大立宪国耶？若取一切立法权，无洪无纤，而悉纳诸中央国会，是治丝而棼之也。则夫所谓保持公共安宁秩序、增进臣民幸福之事项，必应有一大部分毋须经国会协赞而能规定者，殆无待言。然则此等事项，即模范日本，属诸君主命令权之范围可乎？夫君主不能周知各省之所适宜，其校国会，抑更甚也。君主与国会共同行之，犹惧不葭，君主单独行之，又安见其可？难者曰：凡所谓君主命令权者，非必君主躬自行之，得命其所属之行政各官厅以行之。然则宪法以此权委任于君主，而君主复委任于地方官厅，不亦可乎？应之曰：斯固然也。虽然，凡地方官厅，以服从上级官厅为原则。而上级官厅，又有监督之之义务，苟其所发命令有不当者，则上级官厅当取消之或停止之。（学者皆称此等为上级官厅之权利，然政治上之权利，同时即为政治上之义务，此政治学上之大原则也。）不尔者，则上级官厅当任其责。而以我中国之大，重以交通未开，中央之最高官厅，果能举监督地方官厅之实乎？果能常察其所发命令果为适当乎？若其不能，万一地方官厅假君主委任之名，滥用此广漠无垠之命令权，加人民以不正当之束缚；即不尔者，或戾于立法政策，不能达所谓保持秩序、增进幸福之目的，而一般人民对之无可以求救济之途，则其有以异于昨今之专制政治者几何？故以吾党所计画，谓宜于国会之下，置省议会，而假之以稍广之参与立法权，举日本所谓独立命令权之范围，悉以畀之。既省国会越俎代庖之劳，又免地方官厅狐假虎威之弊，此所谓一举而数善备也。不宁惟是，省议会既立，即欧美、日本各国所列于法律范围之事项（即不许命令权侵入之事项），尚可分出其一小部分之议决权以畀之。其所分与者虽不必如联邦国之多，然要之使各省人民，有便宜行事以规定其本省最适法规之余地，此实大立宪国与小立宪国不能苟同之政策也。若夫以何者为省议会立法之范围，以何者为国会立法之范围，此当别著论言之，此暂不及也。

征诸他国，亦有与此类似之法例焉，则日本在台湾所施行之律令是已。据日本宪法，行政官厅只有发命令之权，断无制法律之权，甚明白也。故台湾总督府有府令，此与阁令、省令、府县令、道厅令、郡令、岛厅令等同其性质，无待细论。然又以新附之地，社会状态与内国悬绝，于是许其自制定各种可以代法律之命令，名曰律令，以施行于其地。其立法之手续，则以台湾总督府评议会之议决，经君主裁可公布，斯为有效。此种律令，其在台湾与法律有同一之效力，而毫无待于中央国会之协赞也。其不予国会以协赞权者，岂故有靳哉，毋亦以台湾之利病，非东京国会议员所能审也。我国之各省，虽与日本之台湾性质绝殊，然地理上及其他种种事实，亦则大有相类者。故赋与之以稍广之立法权，使之能制定各种与法律同效力之条规以行于其省，即袭日本之名，字之曰律令焉，实至当不易之政策也。

虽然，有不能效颦之点二焉。（其一）台湾之律令以台湾总督府评议会之议决为成立之手续，而其评议会之议员，则皆官吏由君主任命者，以总督为议长，对于总督为补助机关，非监督机关，与国会对于政府之性质绝殊。此无他焉，日本不许台湾土人有参政权，故其议决机关，不得不出于此也。故彼中学者，多谓台湾为未适用宪法之地，诚哉然也。我国若尔，是仍与专制无异。是故我各省之制定律令议决权，必当属诸省议会也。（其二）台湾既有律令以代法律，故通行之法律，非尽适用。（其适用某法或适用某法之一部分，别以敕令定之。敕令所不举者，即其不适用者也。）坐是故律令与法律抵触，亦非所禁。我国各省之律令，则不能以之变更法律，且不许与法例〔律〕相抵触，盖非此无以保国家之统一也。

此外更有一相类似之例焉，则奥大利州会之立法权是也。奥大利州会之立法权，以宪法规定之，能制定与法律同效力之条规，一如日本台湾之律令。而其州会即以州民选举成之，一切须经其议决，然后裁可公布。此我所最当师者也。虽然，亦有不能效颦之点一焉，则奥大利国会之立法权，为其州会立法之所限制。盖其宪法于国会立法权取列举主义，于所列举者之外，不许容喙。此误采联邦国之原则以施诸单一国，其害国家之统一莫甚焉。我国则惟当于省议会之立法权，取列举主义，除所列举以外，其留保权皆存诸中央。不宁惟是，中央国会常得以法律变更省议会立法事项之范围，或广或狭，惟其所欲，夫然后于单一国之原则有合也。

综以上所论，则我国国会参与立法权之范围，从可决矣。

一　除宪法所已规定之范围外。

二　除君主命令权之范围外。

三　除各省律令权之范围外。

其所余者，即国会得参与之权也。虽然，尚有当注意者二事焉。

一　命令权以执行法律或法律所委任为界，故其渊源实在法律。

二　律令权为法令所委任，且得以法律随时伸缩之，故其渊源亦在法律。

夫宪法既贵简单，多留余地以待普通法律，彼两种权者又法律之支与流裔，而法律则必须经国会参与者也，则我国会所当有之参与立法权，其广大可概见矣。此在凡单一之立宪国，莫不有然，而我亦匪能立异者也。

（《国风报》第一年第八期至第十五期、第十九期至第二十一期，1910年4月30日至7月7日、8月15日至9月4日，署名"沧江"）

《国风报》叙例

夫立宪政治者，质言之则舆论政治而已。先帝知其然也，故大诰曰：大权统于朝廷，庶政公诸舆论。盖地方自治诸机关以及谘议局、资政院，乃至将来完全独立之国会，凡其所讨论设施，无一非舆论之返照，此事理之至易睹者，无待赘论。即政府大臣以至一切官吏，现已奉职于今日预备立宪政体之下，则无论若何强干，若何腐败，终不能显违祖训，而故与舆论相抗，此又事势所必至者也。夫舆论之足以为重于天下，固若是矣，然又非以其名为舆论而遂足贵也。盖以瞽相瞽，无补于颠仆；以狂监狂，只益其号呶。俗论妄论之误人国，中外古今，数见不鲜矣。故非舆论之可贵，而其健全之为可贵。健全之舆论，无论何种政体，皆所不可缺，而立宪政体相需尤殷者。则以专制时代之舆论，不过立于辅助之地位，虽稍尨杂而不为害。立宪时代之舆论，常立于主动之地位，一有不当而影响直波及于国家耳。然则健全之舆论，果以何因缘而始能发生乎？窃尝论之，盖有五本：一曰常识。常识者，谓普通学识人人所必当知者也。夫非谓一物不知而引以为耻也，又非谓穷学理之邃奥析同异于豪芒也。然而自然界、社会界之重要现象，其原理原则，已经前人发挥尽致，为各国中流社会以上之人所尽能道者，皆须略知之。又本国及世界历史上之重大事实，与夫目前陆续发生之大问题，其因果相属之大概，皆须略知之。然后其持论乃有所凭借，自为不可胜以待敌之可胜。而不然者，则其质至脆而易破。苟利害之数，本已较然甚明，无复辨难之余地。而欲陈无根之义以自张其军，则人或折以共信之学理，或驳以反对之事例，斯顷刻成齑粉矣。此坐常识之不足也。二曰真诚。传曰："至诚而不动者未之有也。不诚未有能动者也。"夫舆论者，非能以一二人而成立者也，必赖多人。而多人又非威劫势胁以结集者也，而各凭其良知之所信者而发表之。必多数人诚见其如是，诚欲其如是，然后舆论乃生。故虚伪之舆论，未有能存在者也。今世诸立宪国，其国中之舆论，大率有数派，常相水火，然倡之者罔不以诚。诚者何？曰：以国家利害为鹄，而不以私人利害为鹄是已。盖国家之利，本有多端，而利又恒必与害相缘，故见智见仁，权轻权重，感觉差别，异论遂生。而莫不持之有故，言之成理。若夫怀挟私计，而欲构煽舆论，利用之以供少数人之刍狗，则未有能久者也。三曰直道。国之所贵乎有舆论者，谓其能为国家求多福而捍御其患也。是故有不利于国民者，则去之当如鹰鹯之逐鸟雀也。然凡能为不利于国民者，则必一国中强有力之分子也。故必有柔亦不茹、刚亦不吐、不侮鳏寡、不畏强御之精神，然后舆论得以发生。若平居虽有所主张，一遇威怵，则噤如寒蝉，是腹诽也，非舆论也。甚或依草附木，变其所主张者以迎合之，是妖言也，非舆论也。四曰公心。凡人类之智德，非能完全者也。虽甚美，其中必有恶者存；虽甚恶，其中必有美者存。故必无辟于其所好恶，然后天下之真是非乃可见。若怀挟党派思想，而于党以外之言论举动，一切深文以排挤之；或自命为袒护国民，而于政府之所设施，不问是非曲直，不顾前因后果，而壹惟反对之为务，此皆非以沽名，即以快意，而于舆论之性质，举无当也。五曰节制。近儒之研究群众心理学者，谓其所积之分量愈大，则其热狂之度愈增。百犬吠声，聚蚊成雷。其涌起也若潮，其飙散也若雾。而当其热度最高之际，则其所演之幻象噩梦，往往出于提倡者意计之外，甚或与之相反。此舆论之病征也。而所以致病之由，则实由提倡者职其咎。盖不导之以真理，而惟务拨之以感情，迎合佻浅之性，故作偏至之论。作始虽简，将毕乃巨，其发之而不能收，固其所也。故节制尚焉。以上五者，实为健全舆论所不可缺之要素，故命之曰本。而前三者则其成全之要素，后二者则其保健之要素也。夫健全舆论云者，多数人之意思结合，而有统一性、继续性者也。非多数意思结合，不足以名舆论；非统一继续，不足以名健全。苟缺前三者，则无所恃以为结合意思之具，即稍有所结合，而断不能统一，不能有力，其究也等于无有。如是则舆论永不能发生。舆论永不能发生，则宪政将何赖矣！苟缺后二者，则舆论未始不可以发生也。非惟可以发生，或且一时极盛大焉。然用褊心与恃客气，为道皆不可以持久，故其性质不能继续，不转瞬而灰飞烟灭。而当其盛大之时，则往往破坏秩序，横生枝节，以贻目前或他日之忧。如是则舆论不为国家之福而反为病。舆论不为国家之福，而反为病，则宪政益将何赖矣！然则今日欲求宪政之有成，亦曰务造成健全之舆论而已矣。欲造成健全之舆论，亦曰使舆论之性质具此五者而已矣。欲使舆论之性质具此五者，亦曰造舆论之人先以此五者自勉而更以之勉国人而已矣。夫舆论之所自出，虽不一途，而报馆，则其造之之机关之最有力者也。吾于是谓欲尽报馆之天职者，当具八德：一曰忠告。忠告云者，兼对于政府、对于国民言之。无论政府或国民，苟其举动有不轨于正道、不适于时势者，皆当竭吾才以规正之，而不可有所瞻徇容默，不可有所袒庇假借，而又非嬉笑怒骂之谓也。嬉笑怒骂之言，徒使人怨毒，而不能使人劝使人惩。且夫天下虽至正之理、至重之事，而一以诙谐出之，则闻者亦仅资以为谈柄，而吾言之功用，损其什八九矣。所谓不诚未有能动者也。以勤恳恻怛之意将之，法语巽言，间迭并用，非极聋嚣，固当一寤。如终不寤，非吾罪矣。二曰向导。向导亦兼政府国民言之。今兹之改革政体，实迫于世界大势，有不得已者存。政府国民，虽涂饰敷衍者居大多数，然谓其绝无一毫向上欲善之心，亦太刻论也。顾虽曰有之，而不识何涂之从，掖而进之，先觉之责也。斯所谓向导也。虽然，为向导者，必先自识涂至熟，择涂至精，然后有以导人。否则若农父告项王以左，左乃陷大泽矣。又必审所导之人现时筋力之所能逮，循渐以进，使积跬步以致千里。否则若屈子梦登天魂，中道而无杭矣。故向导之职，为报馆诸职之干，而举之也亦最难。三曰浸润。浸润与煽动相反对，此二者皆为鼓吹舆论最有力之具。煽动之收效速，浸润之收效缓。顾收效速者，如华严楼台，弹指旋灭。收效缓者，如积壤泰华，阅世愈坚。且煽动所得为横溢之势力，故其弊之蔓延变幻，每为煽动之人所不及防。浸润所得为深造之势力，故其效之锡类溥施，亦每为浸润之人始顾不及。此两者之短长也。四曰强聒。所贵乎立言者，贵其能匡俗于久敝，而虑事于未然也。夫久敝之俗，则民庶所习而安之者也。未然之事，则庸愚所惊而疑之者也。惩其所习安，而劝其所惊疑，其自始格格不相入，宜也。是故立言之君子，不能以一言而遂足也，不能以人之不吾信而废然返也。反覆以谏，若孝子之事父母；再三以渎，若良师之诱童蒙。久之而熟于其耳，又久之而餍于其心矣。黾勉同心，不宜有怒，风人之旨也。宁适不来，靡我不顾，小雅之意也。五曰见大。社会之事至赜也，其应于时势之迁移，而当有事于因革损益者，不可胜举也。今之政俗，其殃国病民者，比比然也。豺狼当道而问狐狸，放饭流歠而责无齿决，蔑克济矣。故君子务其大者远者，必纲举而目始张。非谓目之可以已，而先后主从则有别矣。六曰主一。锲而舍之，朽木不折。狐埋狐掘，效适相消。今之作者，其知悔矣。故必择术至慎，持义至坚，一以贯之，彻于终始。凡所论述，百变而不离其宗，然后入人者深，而相孚者笃也。若乃阛阓杂报，专务射利，并无宗旨；或敷衍陈言，读至终篇，不知所指；或前后数日，持论矛盾，迷于适从，此则等诸自邻，可无讥焉！七曰旁通。吾言舆论之本，首举常识。夫常识者，非独吾有之而可以自足也。舆论之成，全恃多数人良知之判断。常识缺乏，则判断力何自生焉？必集种种资料以馈之粮，使人人得所凭借以广其益而眇其思，则进可以获攻错，而退可以助张目矣。而所馈之粮，能否乐饥，是又在别择之识，非刻舟所能语也。八曰下逮。下逮云者，非必求牧竖传诵，而灶婢能解也。吾国文字奥衍，教育未普，欲收兹效，谈何易焉！若惟此之务，必将流于猥亵，劝百讽一而已。虽然，即以士大夫论，其普通智识程度，亦有限界。善牖民者，其所称道之学识，不可不加时流一等，而又不可太与之相远，如相謦然，常先彼一跬步间斯可矣。吾超距而前，则彼将仆于后矣。恒谨于此，斯曰下逮。若夫侈谈学理，广列异闻，自炫其博，而不顾读者之惟恐卧，此则操术最拙者也。吾窃尝怀此理想，谓国中苟有多数报馆能谨彼五本而修此八德者，则必能造成一国健全之舆论，使上而政府大臣，及一切官吏，下而有参政权之国民，皆得所相助，得所指导，而立宪政体，乃有所托命，而我德宗景皇帝凭几末命所以属望于我国民者为不虚，而国家乃可以措诸长治久安，而外之有所恃以与各国争齐盟。吾念此久矣。国中先进诸报馆，其果已悉与此理想相应与否，吾所不敢知。然而声期相应，德欲有邻，驽骀十驾，不敢不勉。爰与同志，共宏斯愿。自抒劳者之歌，冀备辅轩之采，十日一度，名曰《国风》。所含门类，具于左方：

自我天覆，油油斯云；大哉王言，其出如纶。录谕旨第一。

三年蓄艾，一秋餐菊；杜牧罪言，贾生痛哭。录论说第二。

见兔顾犬，知人论世；言者无罪，闻者足戒。录时评第三。

他山攻错，群言折衷；取彼楚梼，振我宋聋。录著译第四。

料民问俗，纤悉周备；网罗日知，以供岁比。录调查第五。

谋及庶人，周知四国；十口相传，一树百获。录记事第六。

李悝六篇，萧何九章；式我王度，示我周行。录法令第七。

山公启事，子骏移书；征诸文献，以广外储。录文牍第八。

如是我闻，其曰可读；梦溪笔谈，亭林日录。录谈丛第九。

梁苑群英，建安七子；其风斯好，其文则史。录文苑第十。

小道可观，缀而不忘；九流余裔，班志所详。录小说第十一。

大叩大鸣，小叩小鸣；既竭吾才，求其友声。录答问第十二。

东方画像，摩诘声诗；溯洄可从，卧游在兹。插录图画第十三。

文约义丰，语长心重；宿儒咋舌，老妪解诵。附录政学浅说第十四。

都凡十四门，每十日一卷，卷八万言。年为三十五卷，三百余万言。

释例二十三凡

凡十日内谕旨全录，尊王也。若篇幅不给，则以晚出者移于次卷。

凡论说，本报之精神寓焉。其对象，则兼政治上与社会上。政治上者，纳诲当道也；社会上者，风厉国民也。其选题，则兼抽象的与具体的。抽象的者，泛论原理、原则也；具体的者，应用之于时事问题也。凡政治上所怀之意见无不吐，而于财政及官方，特先详焉。救时也，凡社会上所睹之利病无不陈，而于道德风习，三致意焉，端本也。

凡论说之文，短则不达，长则取厌，故最长者不过登三次而毕。其有未尽，则更端论之。

凡论说所论，则事之应举措者也。凡时评所评，则事之已举措者也。

凡时评，就国中所已举措之事而论其得失，而旨于规正者什八九。盖其举措已当，无俟规正者，则亦无俟谀颂也。惟舆论有抨击政府而失辞者，时亦为政府讼直。

凡时评于外国大事，时复论列。传曰：国之强也，邻国有焉。国之亡也，邻国有焉。吾国人忽诸，是乃所以不竞也。惟评外事，则不及语其得失，惟推论其影响所及者。

凡时评不攻击个人，非避怨敌，以得失之大原，不在是也。

凡论说及时评皆不徇党见，不衍陈言，不炫学理，不作诙语，谨五本、务八德也。

凡著译皆取材于东西各国新出报章之论说，其专书亦间采焉，皆当世之务而作者之林也。

凡时贤伟论，与本报宗旨可以相发明者，则归诸著译。

凡调查，亦兼政治上、社会上两方面，其资料或由自搜集，或取材于外报。

凡记事，分本国、世界两科。本国记事之目，曰宫廷恭纪、曰用人行政、曰立法司法、曰国际交涉、曰财政生计、曰海陆军事、曰运输交通、曰金融货币、曰农工商矿、曰教育警察、曰地方政务、曰边防藩属，凡十目。其世界记事则以国别。

凡遇有重大事件发生，为国人所宜特留意者，则为特别记事。无之则阙，事过则止。凡特别记事，每追叙原因，推论结果，与时评相辅。凡特别记事，置于普通记事之前。

凡记事，皆为秩序的、系统的，以作史之精神行之。

凡法令，已奏准公布者录之。

凡文牍，有用者录之。时评所纠者，录其原文。

凡谈丛，无体例、无系统，自理想、考据、掌故、文艺乃至中外异闻轶事，随笔所之。智识之渊，趣味之薮也。

凡小说，聊备一格，无以自表异于群报。如其改善，愿以异日。

凡答问，对于本报所持之义、所谭之学，有疑难者，移书相质，则答之。其太洪大之问题，太琐末之事项，则不答也。

凡图画，或名人画像，或历史遗迹，或胜地风景，采择插入。

凡附录浅说专书，实本报同人呕心血之作，专务输灌常识于多数国民。

其体裁，则以至浅之笔，阐至邃之理；以至约之文，含至富之义。其种类则首宪政及国民生计，以次及财政、地方自治、教育、法学乃至自然科学等。

凡全卷各门类所论述，恒互相发明。

凡每卷皆备十四门，但材料或有余于篇幅，则调查、法令、文苑、答问、画图间阙焉。（《国风报》第一年第一期，1910 年 2 月 20 日）

国会期限问题

各省谘议局议员，鉴于政府之筹备立宪，有名无实，于是全国一致，共举代表，敬谨伏阙，吁请缩短国会期限，提前召集，此诚深明治本之论，亦可见率土臣民，对于先帝遗诏，忠诚奉戴，兢兢惟恐不及。书所谓民情大可见者非耶，而朝廷亦俯顺舆情，涣降温诏，坚明宪政必立、国会必开之约，申之以信誓。徒以幅员辽阔，筹备未能完全，国民智识程度未能画一，恐致纷扰以贻宪政前程之累，而复教以行远者必求稳步，图大者不争近功。有君如此，吾侪小民，真可恃以无恐矣。虽然，各省代表所以汲汲请愿之故，尚有不能不为政府诸公一忠告者。夫以先朝之煌煌大诰，暨宣统纪元以来，明诏三令五申，我国政体之必归于立宪，昭然既若揭日月，而举国臣民顾将信将疑，戚戚然若以为甚不可恃者何也？非敢疑我皇上，疑政府诸臣之终无以奉答圣意而已。夫南辕旆而告人以将适幽燕，苏粪壤而告人以欲求芳泽，虽五尺之童，犹能知其诞也。而不幸我政府所以奉行预备立宪之诏旨者，乃有类于是。夫以政府前此所上之九年筹备案，则既已卤莽灭裂，不成片段，虽一一实行，而立宪国所当有事者，固已未备什一矣。而况乎凡百政务，其因果之关系甚复杂，欲治甲必当先乙，当其治乙，又当先丙。以此卤莽灭裂之筹备案，欲求其实行，决不可得也。（参观第一号时评门《九年筹备案恭跋》）此犹就形式上言之也。夫使政府及中外群吏，果有至诚恻怛忧天下之心，有皎然不敢欺君父之志，则虽预定之方案，有所未备，而随时损益，固甚易易。即使其政策或有大误谬，而既已至诚奉公，必能不远复而无祇悔。又使其才力或有所不逮，则亦必能周谘博访，举贤自佐。信如是也，则其精白之心，既已与天下共见，无论举措若何阙失，固不必求谅于天下，而天下自能谅之。信如是也，则必乐闻天下人之勤攻吾短，得瞿然借鉴以为补救之资，而必不肯钳塞舆论，为炀灶黈纩之愚计以自陷于戾。而今之从政者何如？荀子有言：致乱而恶人之非已也，致不肖而欲人之贤己也，心如虎狼、行如禽兽而又恐人之贼己也。今之从政者当之矣。其心目中未始有国家也，未始有君父也，未始有人民也，所见者权位耳、金钱耳。其自始未尝知宪政为何物也，且视宪政如寇仇也。天子曰：非行宪政无以保我子孙黎民。则相率自效曰：吾固最能奉行宪政之人也。奉行之且数年矣，然其不知宪政为何物如故也，其视宪政如寇仇如故也。夫既已不知为何物且视如寇仇，而曷为犹奉行之？曰：权位在则然尔，金钱在则然尔。故昔年考察政治大臣覆奏有云：立宪政治，上利君下利民，而独中不利于官。夫立宪政治，则岂真有不利于官者？而中国今日之官，乃诚有所不利矣。是故窃其名则乐之，举其实则恶之。夫举立宪之实，则舍召集国会之外，宁有他事更急者。而政府之期以九年者，岂其实有见于筹备之必需尔许时日。毋亦默揣其时，吾之人与骨皆已朽，即不尔亦可以饱而飏去，而后此遗艰投巨非吾事也。此非吾深文周纳之言，今之从政者试抚心自问，其有不若此者乎？曾不知从政者之于职位，虽可以视同传舍，而皇统之于国家，国家之于大地，其寿命当与天无极，非可随彼辈之职位以为传舍者。天下大器也，群生重宝也，数百年之基业，数千年之文明，而今也将冥冥漠漠以断送于传舍中少数旅人之手，苟有血气，其安忍坐视！然既已奉大诰行立宪之政，政治上之责任，义不可复以劳君上。则夫监察彼辈使稍动其天良而思其所职者，夫乌可以无独立之一机关？吾侪小民所以求国会若饥渴者，徒以此耳。不然，谘议局者固全国人民所选举而成也。管子不云乎：民也者，分而听之则愚，合而听之则智。谘议局虽曰幼稚，岂其不知宪政之当先事筹备而非可以一蹴几者？正惟以事事亟须筹备，而今政府筹备三年，成效既已可睹，循此以往，微论九年也，虽九十年，而政治现象一如今日，且每下愈况耳，若是则我国其长已矣。是故速开国会云者，非谓宪政以有国会而即为告成，正谓宪政必赖国会而始能预备耳。使政府自光绪三十四年以来，果能着着举预备之实，其心与迹皆为天下所共信，则吾民亦何必汲汲争此虚名？虽迟至宣统十八年、二十八年始开焉，固无怼耳。今奉温诏，明白宣示，吾侪小民，益以知圣意所在，诚欢诚忭，顾所最愿望者，愿政府诸公及中外群吏，稍出其天良千万分之一，以敬谨绸绎圣意所在而已。诏书所兢兢垂念者，在筹备之完全。而完全之期，责诸宣统八年以前，若何而始为完全？政府及群吏其念之。宣统八年以前，果以何道而使臻于完全？政府及群吏其念之。而不然者，诏书不云乎？上无以慰先朝在天之灵，下无以对我四万万国民之众。此莫大之罪戾，吾恐非请愿代表诸人尸之，而别有尸之者矣。抑吾闻之，至诚所感，日返鲁阳，血性所孚，泉涌疏勒。我皇上思速观宪政之成，甚于吾侪。而非有国会，不能举宪政预备之实，其事理既已昭然共见。则我皇上之于国会，又岂其好靳此数年者，第父母之爱子也。恒待其诚求而始应之，所以教孝也，意者吾民之求，犹有未诚耶？如其诚也，吾将更以移孝作忠之说进。（《国风报》第一年第三期，1910 年 3 月 11 日，署名"沧江"）

杨　度

湖南全体人民民选议院请愿书

具呈广西候补道、湖南教育总会会长刘人熙，二品顶戴分省试用道、湖南商务总会会长陈文玮等谨呈，为恭绎谕旨，敬陈管见，恳请开设民选议院以实行预备立宪，联名呈请代奏事：

职等窃维自五大臣回国以来，朝廷迭颁诏旨，预备立宪。纶音所沛，中外同欣，属在臣民，莫不感激涕下。然明诏颁布以后，迄今一载有余，虽旧制略有变更，而根本大计尚未议及，无知之徒，几疑廷臣不能将顺圣美，仰体恩纶，预备立宪之说，恐未能即刻见诸实行。及恭读今年十一月二十日上谕，始知我皇太后、皇上励精图治，发奋自强，庙谟宏远，洞见本源，其忧深思远，诚非管窥蠡测之士所能悉其万一。薄海臣民，靡不欢忻鼓舞。湖南虽属边隅，然自道、咸以来，其于国家之关系独为密切，而朝廷恩遇之隆又远非他省所能及，值此庶政公诸舆论之际，上下共负责任之秋，敢不谨就下忱所及，贡其一得之愚，为我皇太后、皇上缕晰陈之。

今年十一月二十日上谕有曰："必须上有完备之法度、下知应尽之义务，方可宣布立宪，定期施行。"

窃维国家之所以组织与社会之所以生存，非有法律以为之纲纪，则无以保治安而维秩序。文明各国，事无巨细，时无常变，政无废举，皆一轨之于法。其申布之繁，连篇累牍，而政府与议会又皆岁有提案，以济其穷，而驭其变故。国家之权，能作用社会之安宁静谧，人民之生命财产，皆立于法律之下而受其保护。此其所以康庶政而成法治也。中国法律之简略，为各国所仅见，且多前代旧制，而人种之复杂与习惯之纷歧，又为世界所未有，非有完美之法律，无以示信守而昭统一。猝尔立宪，徒滋流弊，诚有如圣谕所云者。然今日操立法之权者，不过修律大臣数人，开办数载，而所成之法典寥寥无几。且编纂仅出于数人，五方之风俗既所不尽悉，民志之从违又所不暇顾，颁布以后，不独人民不能通行，即督抚部寺亦皆反对。何则？法律者，与天下共守之物也，非守法之人不能为立法之事，政府非但不可专擅，抑所不能独主。文明各国，无不以人民之代表者为立法机关，此非仅三权分立之意，实事势上不能不尔也。今惟有使立法机关急早成立。庶乎民情可以同见，风俗可以周知，不独群力易举，编纂较速，而综合天下惯习以折衷损益，规定自宜，遵行尤易。此湖南士民对于法度完备之明谕，而恳请开设民选议院以为实行预备立宪之管见也。

国家者，由人民集合而成。国家之强弱恒与人民之义务心为比例，断未有人民不负责任而国家可以生存，亦未有人民不负责任而国家尚可立宪者也。中国人民数千年来屈伏于专制政体之下，几不知国家为何物，政治为何事。即其当兵、纳税，亦纯出于强力之压迫，并不知人民对于国家之积务应如是也。东西各国，人思自效，举国一心，其忠君爱国之忱，我国人民实多逊色。然彼何以至此而我独不然者？则纯以民选议院之有无为之关键也。盖有民选议院，则国家对于人民既付以参政之权利，故政治之得失，上下同负其责，而彼此无复隔膜，且利害与共，意志自通，关系既深，观念自切。西哲有言，立宪国家始有国民，此其感召之机亦已微矣。夫急公好义之心，本民彝所同具，惟必有感通之道，然后可以动其报效之心，断未有行政则曰朝廷自有权衡，临事则曰尔等当负责任而可以掩饰天下之耳目、收拾天下之人心者也。今惟有利用代议制度，使人民与国家发生关系，以培养其国家观念而唤起其政治思想，俾上下一心，君臣一德，然后宪政之基础确立，富强之功效可期。否则，政府独裁于上，人民漠视于下，国家成为孤立，君民视若路人，虽日言立宪，亦安有济乎？况欲以之与举国一致之列强相对抗，其危险之情形，实有为臣民所不忍言者。此湖南士民对于下知应尽之义务之明谕，而恳请开设民选议院以为实行预备立宪之管见也。

十一月二十日上谕又曰："当视国民程度之高下以为实行之迟速。"窃维立宪政体，人人皆有政治上之责任，非有相当之道德才能，徒以启倾轧之风而长嚣陵之习。明谕以国民程度为迟速之标准，实不易之论也。惟人民程度有自然发达者，如美、法各共和国及含有民主性质之英、比两国是也；有助长而使之行者，如普鲁士、意大利、日本诸君主国是也。盖自然发达者，其人民富于自由之思想，国家之变动，其主动力常出于下，故一经革命之后，遂废君主而为共和。助长而使之增高者，其人民之程度若患不及，而国家之变动，主动力常出于上，故一经开设民选议院之后，人民程度因之增长，国家根本因之巩固，而君主仍保其固有之权力与荣显。历史具在，往迹昭然。往后之中国必仍为君主国体，此天经地义，凡食毛践土之伦皆所同认。今惟有趁人民程度尚未发达之际，开设民选议院，俾国家之改革，其原动力纯出于朝廷，而人民皆处于受动之地位，则操持既易，而行动悉可自由，且可以发达人民之国家思想，训练其政治能力。凡属臣庶，各有天良，孰不感我皇太后、皇上提携卵翼之恩而力图报效乎？上以巩固君权，下以增进民度，而又可以使立宪政体及早成立，以与日本、意、澳诸国收同一之效果，计盖无便于此者。此湖南士民对于以国民程度之高下为实行之迟速之明谕，而恳请开设民选议院以为实行预备立宪之管见也。

十一月二十日上谕又曰："朝廷预备立宪，期望甚殷，乃近来各省绅商士庶，其安分达礼者固不乏人，其间亦颇有浮躁蒙昧、不晓事体者，遇有内外政事，辄借口立宪，相率干预。"窃维各国统治之道，莫要乎纲纪。中国立国之本，专恃乎名分，断未有破坏纲纪、毁弃名分而尚可以为治者，况立宪国家最重权限，最守秩序！中国自甲午以后，外侮日亟，民智渐开，忧时之士与好事之徒，淆杂不清，联袂而起，不揣本末，不识治体，借端干预，遇事生风，非独不能恢张国力，反致自蹙生机，以酿成凌杂无序之今日。其轻举暴动之恶习，不独为历史所绝无，亦且为各国所罕见。其辜负我皇太后、皇上孤诣苦心仿行宪政之美意，殊堪痛憾。惟风气已开，藩篱已破，动机已兆，惯习已成，强为抑制，恐适以长其暴戾之气而促其崩溃之患，诚不如顺其性之所至，而施之以羁勒，就其势之所趋，而轨之以制度，反可以纳民于轨物，弭患于未萌也。故为今之计，惟有开设民选议院。地方既有一定之代表，则职有专司，庶不至人人干预，以紊秩序而扰和平。舆情既有统一之机关，则国议一致，庶不致事事掣肘以亵国威而坏纪律。况平时既可以为政府之监督，政令之布施，亦不至大逆乎民志；后又可为政府之保证，起事之乱徒，亦何所借为口实？夫公道既伸，流言自息，物情既静，纲纪自张，此其因应之术与操纵之方，非我皇太后、皇上神灵首出，洞悉幽微，孰能喻之？此湖南士民对于维持纲纪、敦崇名分之明谕，而恳请开设民选议院以为实行预备立宪之管见也。

十一月二十日上谕又曰："民情不可不达，而民气断不可使嚣。"窃维民情不达，则无以通上下之感情，而知民间之利病；民气过嚣，则无以维国家之大法，而保社会之和平。治乱兴衰，此其关键。然此二者又带有相因之势。自法兰西革命以还，人文日起，世局一新，欧洲人士寝馈民权之说，讴歌自由之风，而当时之君相又欲保其固有之主权而厉行专制，君民冲突之事，遂以次递起于欧美两大陆之中。精诚所感，金石为开，潮流所至，河山失险，亚东诸国亦自此多事矣。然各国历史有一共同之公例，非他，即民选议院开设早者，其祸端常小而时期亦短，如普、意、日本诸国是也；民选议院开设迟者，其祸乱常大而时期亦长，如法兰西、俄罗斯诸国是也。盖有国会以为人民之总汇，斯下情可以上达，国政可以共闻，人民忧时忧国之心，既可借公论而见诸事实，则暴戾肆恣之气自无自而发生。否则压力愈甚，抵力愈大，施身不仁，报者加惨，其至政府之不必反对者而亦反对之，官吏之不必疑惑者而亦疑惑之，争执日久，睽离日甚，虽以路易十六世之仁厚恺恻，尚不能辑民变而弭乱端，皆由于不能早开国会以速达民情之所酿成也。今日中国民气之嚣已入极端，法兰西之革命、俄罗斯之暗杀已兆其端，土崩瓦解，岌岌可危，虽无瓜分之忧，亦有陆沉之痛。然推原祸本，则实以民情不达之故。甲午之后，忧国之士恐宗周之陨堕，知匹夫之有责，奔走呼号，痛心疾首，改革之说遂成风习。然以无民选议院之故，下情不能上达于朝廷，舆论不能成为国是，忠爱之初心，变为怨讟之戾气，一二不逞之徒，又乘机煽动，极力招罗，万里神州遂成乱薮，杀之亦不知惧，抚之亦不知恩，天祸我中国亦何惨也！补救之道，莫如鉴俄、法之前车，师普、日之往事，为抽薪救火、亡羊补牢之计。夫二十世纪之中国，虽梅特涅、俾思麦、大久保联袂立朝，亦不能独违公例，以维持独裁政体之残喘。顾所争者迟早耳，然早则其利如此，迟则其害如彼，一彼一此，孰得孰失，固不待烦言而自解矣。此湖南士民对于民情不可不达、民气不可使嚣之明谕，而恳请开设民选议院以为实行预备立宪之管见也。

　　十一月二十日上谕又曰："嗣后各省利病，均应由该省谘议局详细讨论，如确有见地，可呈请本省大吏，咨资政院采择核办。"窃维东西各国，无不设立地方议会，以为自治体之言论机关。中国当预备立宪之时，先于各行省设立谘议局，一面以为地方议会，一面以为议院基础，因时制宜，自是正当办法。惟职等窃有虑者，中国人民村落之思想素富，各省之畛域尤严，边陲各地，几知有乡里而不知有国家。今日虽名为郡县之世，民间之彼疆此界，实仍有封建之遗意。夫郡国利病，不予人民以自白之途，固非所以宣上德而达下情，然不遵行代议制度，而悉以付之谘议局，恐各顾所亲，人私其乡，遇有利害互相冲突，不复顾及大局，地方之团结日固，国家之分裂愈甚，以酿成澳大利分离涣散之风，实中地莫大之隐患也。至欲以资政院为其补救之具，则殊不能。盖资政院者，纯出于官权之作用，既非代表人民，又非代表国家，其性质、权限，皆不过政府之顾问机关，将来对于各省谘议局之议案，非欲依违迁就，即轻肆排斥，与今日之各部必无以异，非谓议员之不能尽职，实其地位使然也。又非谓谘议局之不可设立也，惟必有民选议院，代表地方之职既专属之议员，而议院之发动，又必以全国之利害为权衡，故谘议局之权限，可确定为自治体之机关，而各省始无复争执分离之患。且人民之视听皆集中于中央，狭隘之部落思想、敷阔之自主政策，皆可以默化潜移，夫然后中央集权之策、地方自治之制，庶均可举矣。此湖南士民对于谘议局为各省利病之代表之明谕，而恳请开设民选议院以为实行预备立宪之管见也。

　　以上所陈，皆就明谕所及，略为阐明。圣意高深，诚非草野愚氓所能窥其万一，然愚虑所及，苟有裨于我皇太后、皇上预备立宪之盛意，敢不竭力敷陈，以效刍荛之义。然国是未定，物议纷歧，新旧相更，人心惶惑，知必有以湖南士庶成见为不然而妄生异议者，职等不揣冒昧，敢就下忱所及，为我皇太后、皇上约略陈之。土壤细流，亦泰山川河所不弃也。

今议者谓：明谕既谓必须上有完备之法度，下知应尽之义务，方可宣布宪法，定期施行。今宪法尚未颁布，岂有先行开设议院之理？不知议会与宪法，原无先后之次序，或彼先而此后，或彼后而此先，各国不同，均随事势而已。普鲁士世所谓钦定宪法之母国也，方一千八百四十八年四月初二日开设国会，而宪法之公布，实在千八百五十年正月三十日。比利时亦君主国家也，以一千八百三十年十月初四日召集国民会议，而宪法之议决，则在一千八百三十一年二月初七日。英吉利世所谓产生宪法之祖国也，左右政之大权常在议会，然至今尚无成文之宪法。以诸国之往事推之，则宪法发布之先后与宪法之有无，皆与开设民选议院无涉。此则不得以尚未宣布宪法为不能开设民选议院之原因也。

议者又谓：明谕既谓现在京师资政院、外省谘议局业经饬设，原为设立议院基础，岂有资政院、谘议局未经成立之时，而即可议及开设民选议院乎？不知中国之资政院本与外国之上议院相当，中国之谘议局本与外国之地方议会相当，惟无民选议院以为之枢纽，性质不明，权限不分，致不能与各国之上议院及地方议会收同一之效果。虽议院未经设立之前势不能不借此为阶梯，然欲责其成效，则非设立民选议院不能相与有成。且设立既有成议，明谕又限以明年三月以内概行成立，而设民选议院则尚须颁布选举法令，各地公民选举代表人，然后定期招集，其种种复杂之手续，虽迅速举办，尚非一二年之岁月不能成立，是则以今日而议开议院，正为适当之时期，不独无凌躐之议，亦且无先时之患。且以列国之往迹推之，则亦有相当之历史足为今日之成式者。日本于明治八年设元老院，十一年开设府县议会，而于十四年七月遂颁布开设国会之诏，其与开设元老院之相距不过五年余，与开设府县议会之相距不过二年余，况彼维新之际，内忧外患均不及我之急，故尚得以数年之岁月，从容展布。而中国今日，则机会均等之外患、革命排满之内讧，皆相逼而至，及今不图，三数年后，燎原莫救，恐欲行今日之计而亦不可得矣。此则不得以资政院、谘议局尚未成立而以为不得开设民选议院之原因也。

议者又谓：明谕既谓当视国民程度之高下以为实行之迟速，今遽尔开设民选议院，岂非与以程度定速迟之意相反乎？不知以程度高下为速迟之标准，明谕系专指宪法而言。盖宪法之范围甚广，其中权利、义务之规定，与人人皆有直接之关系，非全体人民皆有公民之资格，不足收法治之效果而固文明之政体，至于民选议院，则被选举者不过数百人，而非才德甚优、素为乡里所推许者，断不得多数之同情而具代表之资格。以数千年文明之古国，而谓四万万人中求数百人有议员之资格而亦不可，亦未免厚诬我帝国臣民矣。况捐纳徒凭财产，考试徒凭文艺，保举徒凭个人之信用，国家与以相当之政权，何独于国民公选之议员而独深疑其程度之不足乎？况议员适当之资格，当为议院养成之，至于开设之初，则无论何国，皆不能无凌架无序之讥，各国议会史上皆有。此共同之现象，中国亦决无不经过此阶级之理。今若不利用议院以为训练议员之具，而坐待其程度之高，则永无可以开设议院之日，宪政不将终无成立之时乎？此则不能以人民程度之说为不能开设民选议院之理由也。

凡此诸说，举不胜举，亦辨无容辨，要皆不能仰体朝廷豫备立宪之苦心与列强立国之大本，妄生疑惑，轻肆阻挠，坐失事机，贻误大局。夫今日一线之生机，中国图存之妙用，惟在宪政。而欲促宪政之成立，惟有早开议院之一法，舍此以外，别无他途。伏祈我皇太后、皇上独奋乾纲，排除异议，明示天下，开设民选议院，于一二年内定期召集，以实行预备立宪，俾迭次明谕见诸实行，内以定国是而顺民情，外以慑列强而伸国体，我国家亿万年有道之鸿基，庶与天壤无穷矣。宗社幸甚，国家幸甚，臣民幸甚！湖南二千万人民不胜懔懔待命之至。谨奏。

再：此呈由郎中衔附贡生雷光宇、候选通判夏寿华等递呈，合并声明。谨奏。（广州《现世史》第一、二期，一九〇八年六月二十三日、七月三日）

在天津法政学堂的演说

诸君在学堂学习法政，法政程度当已甚高。惟鄙人今幸得与诸君晤谈，谨即中国今日所最急要之事为诸君述之。

原来，近世多数文明国多系立宪制度，中国则属专制制度。立宪、专制二者区别之要点，固不在形式之法政也。立宪国之法政，上下共同遵守，专制亦非无法政之国。就形式上观察之，立宪国有主权者，专制国亦有主权者；立宪国有政府，专制国亦有政府。然则，区别之要点何在乎？曰：立宪国之政府原系行人民之意思，故为人民之政府，专制国之政府独立专制，实为政府之政府；立宪国之政府权限分明，专制国之政府无首脑无统一，权限混淆。故立宪国之政府虽以命令行之下，而有国会以人民之意思达于上，政府、国会两者立于平等之地位；专制国自政府以及下级官吏，无一不巍然压临于人民之顶上，人民虽有意思〔见〕，概不得发表，以致事事仰承于政府。一言蔽之曰：中国人民已造成服从政府之性质而毫无服从法律之性质者也。且中国之专制既非君主一人专制，而为政府独立之专制，所以政府任便行使其权力，层累之阶级皆压制人民者，即皆政府也。人民亦惟是有以服从之耳。

中国预备立宪缓以数年之期限，其所假口者人民程度不足，为上下官吏之全称肯定断语。余以为凡系国家皆可立宪，乃最低之程度，此亦所最下之肯定断语也，何程度不足之云乎？夫程度不足云者，必有一足程度者为之标准，故足不足乃可比较而见其真象。如英为立宪程度极高之国家，德国、日本亦立宪国家，执此以互相比较，德与英比较，德为不足，日与德比较，日为不足。中国将与英比较乎？将与德与日比较乎？夫果如是，既有英国，德可不立宪，既有德国，日可不立宪，有是数国在，中国亦不必预备立宪矣。噫！斯盖大谬大误之说，非至愚至暗，其谁信之？然则比较云者，要在本国与本国相比较耳。德之政府与德之人民比较，德可立宪。日本政府与日本之人民比较，日可立宪。中国预备立宪非预备与英与德与日本立宪，乃为本国立宪耳。政府乃以人民程度不足为借口，或实存此心以测人民，不知政府乃由本国人民中之特定所组织而成者，其真敢自负自信与英、德、日等之政府有同一之程度乎？不然，不得执人民程度不足之说也。然中国人之脑中，向有一误会极高且坚之制限，即重德治，不知德治其视立宪国之人民，一若必达有耻且格之程度而后可。民免无耻，其不暇道及之也。讵知有耻且格，古今中外无此理由，立宪程度之实质，至民免无耻而已足矣。观之英、德、日及其他立宪国无非如此，中国立宪殊属绰有余裕者也。

然则，预备立宪由何处入手，何者为先务之急欤？曰：预备立宪首要在预备人民预闻政事。不预备人民预闻政事，则绝不为预备立宪。必谓立宪国已改官制，吾亦改官制，立宪国已整顿海陆军，吾亦兴办海陆军，立宪国已有学堂，吾亦立学堂，而皆非至要先务。独是政府亦何因不乐急其所先欤？曰：立宪制度利于君、利于国、利于人民，惟不利于官吏之各个人。况现在之官吏，优者不过十之二三，劣者实居十之七八，一立宪必致官吏各个人所司之事项与个人之意思相冲突，由是政府不得不思所钳压之。人民抵抗之唯一手段，舍上书要求开设国会而外，别无他法。而人民为如是之要求，原来亦预备立宪中之一端，出于平和，非属暴动，并无毫末危险之可虞。吾是以上书要求开设国会，希望我全国之热心志士连渡举行，一次无效继以二次，二次无效继以三次、四次乃至数千百次，不达开设国会之目的不止。国会开矣，则政府为国家发布命令之机关，有议会为代表人民舆论之机关，而立宪制度成矣。予之所主张如此，所执议如此，是否有当，谨以质之热心诸君子。（《现世史》第二、三期，1908 年 7 月 3 日、7月 22 日）

◎**九年预备立宪清单**

谨将遵拟议院未开以前，逐年筹备事宜，缮具清单，恭御览。

光绪三十四年

第一年：

一、筹办谘议局。各省督抚办。

一、颁布城镇乡地方自治章程，民政部、宪政编查馆同办。

一、颁布调查户口章程。民政部办。

一、颁布清理财政章程。度支部办。

一、请旨设立变通旗制处，筹办八旗生计，融化满汉事宜。军机处办。

一、编辑简易识字课本。学部办。

一、编辑国民必读课本。学部办。

一、修改新刑律。修订法律大臣、法部同办。

一、编订民律、商律、刑事民事诉讼律等法典。修订法律大臣办。

光绪三十五年

第二年：

一、举行谘议局选举，各省一律开办。各省督抚办。

一、颁布资政院章程，举行该院选举。资政院、各省督抚同办。

一、筹办城镇乡地方自治，设立自治研究所。民政部、各省督抚同办。

一、颁布厅、州、县地方自治章程。民政部、宪政编查馆同办。

一、调查各省人户总数。民政部、各省督抚同办。

一、调查各省岁出入总数。度支部、各省督抚同办。

一、厘订京师官制。宪政编查馆、会议政务处同办。

一、编订文官考试章程、任用章程、官俸章程。宪政编查馆、会议政务处同办。

一、颁布法院编制法。宪政编查馆、修订法律大臣同办。

一、筹办各省省城及商埠等处各级审判厅。法部、各省督抚同办。

一、核订新刑律。宪政编查馆办。

一、颁布简易识字课本，创设厅、州、县简易识字学塾。学部、各省督抚同办。

一、颁布国民必读课本。学部办。

一、厅、州、县巡警，限年内粗具规模。民政部、各省督抚同办。

光绪三十六年

第三年：

一、召集资政院议员举行开院。资政院办。

一、续办城镇乡地方自治。民政部、各省督抚同办。

一、筹办厅、州、县地方自治。民政部、各省督抚同办。

一、汇报各省人户总数。民政部、各省督抚同办。

一、编订户籍法。宪政编查馆、民政部同办。

一、复查各省岁出入总数。度支部、各省督抚同办。

一、厘订地方税章程。度支部、各省督抚、宪政编查馆办。

一、试办各省预算决算。度支部、各省督抚同办。

一、厘订直省官制。宪政编查馆、会议政务处同办。

一、颁布文官考试章程、任用章程、官俸章程。宪政编查馆、会议政务处同办。

一、各省省城及商埠等处各级审判厅，限年内一律成立。法部、各省督抚同办。

一、颁布新刑律。宪政编查馆、修订法律大臣同办。

一、推广厅、州、县简易识字学塾。学部、各省督抚同办。

一、厅、州、县巡警，限年内一律完备。民政部、各省督抚同办。

光绪三十七年

第四年：

一、续办城镇乡地方自治。民政部、各省督抚同办。

一、续办厅、州、县地方自治。民政部、各省督抚同办。

一、调查各省人口总数。民政部、各省督抚同办。

一、编订会计法。宪政编查馆、度支部同办。

一、会查全国岁出入确数。度支部办。

一、颁布地方税章程。宪政编查馆、度支部、各省督抚同办。

一、厘订国家税章程。度支部、税务处、各省督抚，宪政编查馆同办。

一、实行文官考试章程、任用章程、官俸章程。

一、筹办直省府、厅、州、县城治各级审判厅。法部、各省督抚同办。

一、创设乡镇简易识字学塾。学部、各省督抚同办。

一、筹办乡镇巡警。民政部、各省督抚同办。

一、核订民律、商律、刑事民事诉讼律等法典。宪政编查馆办。

光绪三十八年

第五年：

一、城镇乡地方自治，限年内粗具规模。民政部、各省督抚同办。

一、续办厅、州、县地方自治。民政部、各省督抚同办。

一、汇报各省人口总数。民政部、各省督抚同办。

一、颁布户籍法。宪政编查馆、民政部同办。

一、颁布国家税章程。宪政编查馆、度支部、税务处同办。

一、颁布新定内、外官制。宪政编查馆、会议政务处同办。

一、直省府、厅、州、县城治各级审判厅，限年内粗具规模。法部、各省督抚同办。

一、推广乡镇简易识字学塾。学部、各省督抚同办。

一、推广乡镇巡警。民政部、各省督抚同办。

光绪三十九年

第六年：

一、实行户籍法。

一、试办全国预算。度支部办。

一、设立行政审判院。会议政务处、宪政编查馆同办。

一、直省府、厅、州、县城治各级审判厅一律成立。法部、各省督抚同办。

一、筹办乡镇初级审判厅。法部、各省督抚同办。

一、实行新刑律。

一、颁布新定民律、商律、刑事民事诉讼律等法典。宪政编查馆、修订法律大臣同办。

一、城镇乡地方自治一律成立。民政部、各省督抚同办。

一、厅、州、县地方自治，限年内粗〔具〕规模。民政部、各省督抚同办。

一、乡镇巡警，限年内粗具规模。民政部、各省督抚同办。

光绪四十年

第七年：

一、试办全国决算。度支部办。

一、颁布会计法。宪政编查馆、度支部同办。

一、试办新定内外官制。

一、厅、州、县地方自治一律成立。民政部、各省督抚同办。

一、乡镇初级审判厅，限年内粗具规模。法部、各省督抚同办。

一、人民识字义者，须得百分之一。

光绪四十一年

第八年：

一、确定皇室经费。内务府、宪政编查馆同办。

一、变通旗制，一律办定，化除畛域。变通旗制处办。

一、设立审计院。会议政务处、宪政编查馆同办。

一、实行会计法。

一、乡镇初级审判厅一律成立。法部、各省督抚同办。

一、实行民律、商律、民事刑事诉讼律等法典。

一、乡镇巡警一律完备。民政部、各省督抚同办，

一、人民识字义者，须得五十分之一。

光绪四十二年

第九年：

一、宣布宪法。宪政编查馆办。

一、宣布皇室大典。宗人府、宪政编查馆同办。

一、颁布议院法。宪政编查馆办。

一、颁布上、下议院议员选举法。宪政编查馆办。

一、举行上、下议院议员选举。民政部、各省督抚同办。

一、确定预算决算。度支部办。

一、制定明年确当预算案，预备向议院提议。度支部办。

一、新定内外官制一律实行。

一、设弼德院顾问大臣。会议政务处、宪政编查馆同办。

一、人民识字义者，须得二十分之一。（《光绪朝东华录》五）

布告宪政公会文

呜呼！吾党诸君子：自此以后，中国国势必日危，外交必日困，主权必日损，铁路矿山必日失，外债赔款必日增。外人浸假借守路等之名目而代握我兵权矣，浸假借税关等之基础而代理我财政矣，浸假谓我司法不整而代我司裁判矣，浸假谓我行政不理而代我立内阁矣，浸假谓我外交不顺仿埃及、朝鲜之事而咎及我皇统矣。各国已行之例皆将于我行之，一变我为永久中立之国，再变我为共同保护之国，至奇极幻，有必非今日所能梦见者。戊戌至今不过十年耳，其中变故几何？此后十年之中，变故又当几何？波涛振动，风雨飘摇，前路茫茫，罔知所届，不知何年何月乃变故发生之时。然欲求中国不亡，又必非现今政体所能有济。今世界各国，其内政久已可齐，其实力亦已充足，而后协以谋我，即令我国今日宪政已成，上下一心，专谋对外，然推广教育、提倡实业、扩张军备，已非筹之十年不能遽与列国相见。国势或存或亡，尚难妄必。亡羊补牢，已恨其晚，何况于各国内力既充、专事外取之际，而我犹汲汲内政以为十年后对外之地乎？此鄙人所以外观世界大势，内察本国舆情，不禁为之流涕而长叹者也。

是以一二年来，鄙人力主速开国会，以救危亡。同志之士协力同心，呼号奔走，致使社会风从，庙堂倾听，实诸君子之力也。唯以鄙人不德，未能见谅于人，致朝贵力拒于上，各派纷乘于下，人民呼求，宫廷烦虑。今年夏秋之际，新旧之说，满汉之说，君权民权之说，急进缓进之说，一时俱齐，风潮大起，阻力横生。鄙人以一身受数面之嫌疑，当各派之冲击，方与同志诸君子以孤忠大节相勉，不望事之有成也。幸以两宫明圣，政府公忠，遂有八月朔日一谕，得将无年限、无办法之空言预备立宪，变为有年限、有办法之实行预备立宪。其所颁《钦定宪法大纲》及《预备事宜年表》，鄙人虽未尝参与一字，且于其时更申三年之说，作表列说，以冀其行。然而事有难言，议有难一，政府中如张、袁两公，向皆未主九年，至此时几并九年不可得，皆极竞竞然虑之，则鄙人三年之说，亦实强政府以难行，宜其无效也。平心而论，世界各国凡以激烈改革者，宪政必可成立，凡以和平改革者，宪政必有年限，此各国之通例。以日本与欧美各国相比，即可知之。然而中国国民致力之苦，国会约期之长，皆尚不如日本。使非国势过危，人民未必遽以为憾。徒以大局之危，朝不保夕，九年期限虽速亦迟，必以十年谋内，以十年对外，二十年后中国之有无，未可知也。所以吾人于此，忧虑反深。今欲更有所谋，以求进步，则上而谕旨惶惶，岂宜违反，下而人民实力，亦未易言。且谘议局、资政院、地方自治［所］等，皆国民议政之机关，使国家实力奉行，未始不能监察行政。数年之后，内政稍理而外患愈深，国势之益危，民气之可用，皆必为全国上下所知。苟有和平适当之机，上可以安皇室，下可以利人民，则朝廷既许立宪，迟早皆同。谓其必有成心，宁迟无速，立宪政体不可早成，凡在臣下，亦不宜以此等见解推测圣明。吾党将来责任方重，此时但宜奉扬谕旨，引导人民恪遵分年预备之单而为确立基础之法，不宜以空言为重、以实事为轻。见目前之近情，遗天下之大计，唯于议政之机关引国民之进步，即为实行曩日宗旨而已。

至于此次所颁《钦定宪法大纲》，君权颇重，各地报纸已肆讥评。若自鄙人论之，则以为以君主大权制钦定宪法，实于今日中国国势办理最宜。何以言之？我国满、汉、蒙、回、藏五族立国，满、汉必当融合，自无可言；若蒙、回、藏三者，则全恃本朝二百余年之积威以镇抚而羁縻之。今因外势所迫，已有附人叛我之心，若蒙入于俄，藏入于英，则德、法、日本等亦必不能坐视，将取汉土而瓜分之，中国最危之事，莫过于此。使非仍以君主大权统一之，则必不能使国本安宁，天威赫濯，一尊永定，各族归心。即以内部各行省而论，地广而人众，外重而内轻，亦宜使君权稍尊，以谋统一。加以我国封建久废，无废藩之贵族挟其世有土地、人民之威信以调和君民二级之间，而近年满、汉感情挑拨殊甚，吾人念怀君国，时有隐忧。故以中国情形与各立宪国相比，各国仅以宪法为民权之保障者，中国则兼以宪法为君权之保障，而除钦定宪法以外，别无可以保障君主大权之物。此亦我国势之独奇，谋国者不能不于此三致其意者也。吾党当知君权不能统一，则全国必致瓜分，蒙、藏朝叛，则满、汉夕离，为机之危，不可不察。鄙人所念念不忘者，但恐九年期远，不能更成钦定宪法，于国于君两不利耳。但使宪政能早成，君权能统一，即为国之大幸。至于君民权限偏轻偏重，非此时国事之所急，人民不宜于此过争也。

吾人发一谋举一事，须以通筹全局之心，而为预定百年之计，若其不揣国情，轻发大难，侥幸于不可致之功，尝试乎不可行之策，聊博一时之俗誉，必成千古之罪人。吾党素矢孤忠，不当出君民之隔间，满、汉之猜疑，不可丝毫存于心曲。鄙人虽不肖，然亦备承诸君子之训诲，且吾党同志皆以爱国为怀，岂敢以阿世附私之辞渎吾群彦！特因欲决大疑，不敢稍存顾忌，唯愿与吾同党诸君子，本最初救国之怀，负天下安危之责，无以一时之毁誉得失，易其往昔之宗旨已矣。（《北洋公牍类纂续编》卷二）

与各地宪政公会会员书

敬启者：近以昊天不吊，大行太皇太后、大行皇帝于一日之内先后升遐。变故非常，环球震动，薄海臣庶，因骇生惧，因惧生疑，遂使浮议大兴，人心惶惑。日本东京学界，见闻较远，风说尤多，乃致布檄飞函，谓大行太皇太后及大行皇帝之丧，乃摄政王之所弑，并谓庆、肃、伦、张、袁、铁诸人分党谋逆，以邀定策之功，又谓大行皇帝以十四日崩，大行太皇太后以二十日崩，皆因皇位争夺，秘不发丧。其所宣布，有宪政分会等名目，谓宪政已无可望，唯有作乱称兵。鄙人观之，不胜骇诧。默念吾党宗旨坚定，专以宪政为归，决不至惑于流言，轻举若是。或者新有此会为吾所未知，否则，煽乱之徒，捏名影射，以为自遁嫁祸之地耳。然远道迢遥，情形暌隔，危疑之地，不可不防。

鄙人一介小臣，于宫禁之情形、政府之谋议，皆不足以与闻秘密赞襄，唯据所闻见，则与谣说大殊。大行皇帝当夏秋之间，即以病势渐深，停止进讲。鄙人每问讲官，时相嗟叹。闻九月中两宫召见军机之顷，大行皇帝自言："此身病已难支，恐已不能尽孝，皇太后万寿在迩，势必不能行礼，何以为人子乎！"言已，母子君臣皆泣。及十月初十日，大行太皇太后万寿之期，鄙人亲见大行皇帝在仪鸾殿侧扶掖升舆，蹒步艰难，圣容憔悴，是日竟未率领群臣行礼。鄙人方与同官伫立宫门，相为悲叹，不意越一日而有罢朝之事。考其原故，闻十二日乃以大行太皇太后有疾之故，十三日乃以大行皇帝有疾之故。庆邸本拟于此二日中出赴东陵请训，因而未行。此时，京师人心已多疑惧。然十四日，两宫又复临朝，庆邸仍赴东陵，人心稍慰。不意自十六日后，又复罢朝，闻大行太皇太后卧病仪鸾殿，大行皇帝卧病于瀛台，彼此不能相视，军机不能入宫，唯御医向军机言，两宫病皆至危，不敢担此责任。又闻内务府人密述，大行皇帝向内务府大臣言："朕已不能尽孝，然皇太后病劳亦不知如何，正为可虑耳！"又闻军机处因首领在外，莫敢主张，已飞骑促庆邸速归矣。庆邸于二十日午前乘火车至京，是日午后，即闻入内率各军机请起于仪鸾殿。大行太皇太后宸衷独断，遂有立摄政王及今上皇帝入宫两谕。摄政王叩首固辞，几于流血，未蒙谕允。于是，军机述旨于瀛台，大行皇帝慰劳庆邸，即命如旨遵行。并闻今皇太后传谕庆邸，谓大行皇帝见所拟旨，面有喜色，且言如此甚佳。闻次日晨御医出，言大行皇帝鼻动而腹起，症已不治矣。至午后酉刻而遗诏以出，军机于是夕复请起于仪鸾殿，遂定君位。是时，大行太皇太后精神犹旺，故懿旨有秉承予之训示之文，乃以衰暮悲伤，病益增剧，至次日始以国事全付于摄政王，而降"予病危笃，恐将不起"之旨，午后三时，驾亦崩矣。

鄙人尽据传闻，所知虽略，然皇族、内务府、军机处以及诸朝贵所述皆同，若使事有可疑，岂遂全无窃议？乃浮议不起于朝而起于野，不起于国内而起于国外，其为无根之说已可不辩而明。且摄政王言行如此，以泰伯之德居周公之位，仁圣贤明而反诬以弑逆。本朝制度，宫、府隔绝，权位相牵，实无能容此种权奸之地。廷臣际兹大变，同心共济，得使官府乂安，而反诬以谋逆。夫子不可以弑父，臣不可以弑君，此等大义，谁不知之！若果有若者，鄙人虽不才，亦传檄讨贼之人也。而今乃事实全乖，且当此国家危疑震动，不亡如线之秋，不逞之徒偏欲凭空造言，乘机煽乱，不知于国事又有何益？或者疑此后宪政真无可望，故持为此倡乱之谋，则不知今摄政王非他，即前军机大臣手订九年年限之人也。贤明恭逊如此，岂能于所自作者而自反之？况大行皇帝之遗诏在先，今上皇帝之谕旨在后，宪政规模毫无反汗乎！然九年之年限太长，向非鄙人所主，后来事变诚未可知。唯以宪政大义而论，则立宪者国民之事。我国民自今以前，果唯是日坐望大行太皇太后、大行皇帝之立宪，而以为无国民之责任乎？自今以后，亦唯是日坐望摄政王之立宪，而以为无国民之责任乎？若其如此，则鄙人诚为中国宪政前途哭也。否则，全国国民恪遵屡次诏旨，蜂起云涌，促宪政之实行，但就其本省谋使谘议局速成，人民参政机关早立，则此后步步进行，万事皆有基础，宪政虽欲不成，乌有可得乎？鄙人以为真以宪政为唯一宗旨者，其方法在此而不在彼耳。此次国遭大丧而能朝野安堵，实亦由于八月朔日一谕，颁布立宪年限之力为多。若此时全国风潮犹若夏间要求国会之顷，加以大丧迭至，宵小乘机，则大局之危何堪设想！今得幸免此厄，虽非吾党所致，固亦与有荣施自宣。谋秩序之维持，图宪政之进步，诸君晓然此义既久，其为浮词煽惑，非鄙人之所忧，然会员至众，亦难保其中无一二人焉，识力稍弱，偶尔随同，且宪政分会名目嫌疑影射，足使吾党全体陷于至危。故不得不取所闻见，据实报闻，以一同人之所观听，唯垂鉴而亮察之，本会幸甚。（《顺天时报》1908 年 12 月 15 日、16 日，标题为《宪政公会常务员长杨度与各地宪政公会会员书》）

速开国会折

非速开国会，不足以救国势之危，今资政院初开，即以速开国会为请，民心所欲，已可概知。若朝廷不允所请，则草泽横议，必十倍于今时。设有事变相乘，或致资政院并不能开，岂得为国家之福？……论者以宪法、内阁皆应预备在先，故国会不能过速。然内阁随时可以成立，丝毫不须预备，即宪法亦有各国宪法可以师资，且有《钦定宪法大纲》明示范围，亦非难于拟订，不必以宪法之难编而将国会置缓。请设编订宪法馆于宫中，特选亲信重臣明达宪法者数人，妥慎起草。（《帝国日报》1910 年 11 月 5 日，标题为《杨度封折述闻》）

李庆芳

中国国会议（节选）

西历当十二［世］纪中叶，立宪政治之潮流发源于大不列颠民族。至十五世纪，遂由英而西渐于美。十七世纪之末造，过英吉利海岔，随风奔放，一泻千里，波及欧洲大陆，而法，而德，而奥与匈，而荷兰，而西班牙，而葡、比、瑞、丹诸小国。堤低水巨，冲之即溃，盖莫不浸淫沉没于立宪政治潮流之中。俄罗斯与土耳其，以素号专制国之二大顽石，一阻于北，一阻于东，此惊天动地之潮流乃南折而入义大利，复飞渡印度洋而东下。于是区区三岛、屹立于太平洋之日本，乃受其热溜而迎合之。环地球数十国，顺其潮流者强，逆其潮流者弱。能利导此潮流者，国民之政治能力必优，而幸福因以多；不能利导此潮流者，国民之政治能力必绌，而幸福因以寡。试披阅十二世纪后之各国立宪史，殆成世界之公例。中国位于亚洲之东大陆，为地球上五千余年之文明古国，富有土地英方哩四百二十余万，人民四亿五千余万。于山则有昆仑、兴安、天山、南岭、太行、泰、华、恒、嵩之雄，于水则有黄河、扬子、黑龙、鸭绿、澜沧之大，且煤铁矿足供全球数千年之用，海岸线延长一万余里。徒以专制政体之故，遂遇欧而挫于欧，遇日而挫于日。甲午、庚子两创而后，日日言维新，日日言变法，而成效卒不可睹。始也，台湾割，胶州租，威海卫及旅顺、大连失，内地之种种权利半入于外人之势力范围。继也，英日同盟，及日法与日俄两协约相继成立，中国外忧愈成积重难返之势。近则间岛问题，浦信铁路问题，山西矿务问题，西江警察权问题，苏杭甬铁路问题，铜官山矿产问题，高州、廉州间铁路问题，皆足以为亡中国之导火线。余尝执果穷因，下一断案，谨告我国民曰：此专制政体之结果也。

夫各国均挟其立宪膨胀力而来，我国仅恃此专制抵抗力以往，未有不败者也。何也？专制国之实质犹鸡卵，立宪国之实质犹垒石。专制国君主若卵壳，其人民若卵液，平时则人民受羁于君主之范围，临事势不得不拥君主为防卫之具。君主欲恃人民为后劲，如卵壳之恃卵液为后劲，壳破而液亦外溢矣。故专制之君主常危，而人民亦以随之俱危，为惯例也。乃常有责望君主之心，抚我则后，虐我则仇，贤斯讴歌随之，愚则取而易置之矣。立宪国则不然。国之上下，各有权限，其程度相去不甚远，譬之垒石，去其一石，而他石如故，此石虽去，以他石易地而置之，其实质如故。立宪国君主之贤愚，其影响常不及于人民，以其不能为法外之善，亦不能为法外之恶也。更就其受外界之冲突，以植物类结实比之。专制国如已熟之枣，立宪国如已熟之玉蜀黍。专制国之人民为枣肉，而君主为枣核。立宪国之人民为玉蜀黍之粒，而君主为玉蜀黍之穰。枣之坚拒力在于核，玉蜀黍之坚拒力在于粒；枣之坚拒力仅一个，玉蜀黍之坚拒力不啻数十百个。故专制国遇外界之冲突，不恃人民而恃君主；立宪国遇外界之冲突，不恃君主而恃人民。此其所以异也。以专制国之一人政治，与立宪国之多数政治相遇，犹之枣与玉蜀黍相遇，不待智者而知其拒力之悬隔矣。以俄罗斯海陆军之强，而败于日本；土耳其国之大过于德意志，而受制于欧洲列国下。无他，政体之不善致之也。故中法之役，可谓之专制国与民主立宪国战；中英、中日之役，可谓之专制国与君主立宪国战。稍有政治知识者，不待交兵刃而已决其胜负之谁属也。何也？专制国之战也，以君主一人与人战；立宪国之战也，以国民多数与人战。无论君主一人圣明如何，英武如何，而多寡悬殊。古人所谓一以当百，已属史氏之铺张，况以当万、当兆、当不可思议之众乎？故专制国之害，害在一人政治；立宪国之利，利在多数政治。余谓中国不讲御外则已，若讲御外，必从政治上为根本之解决，则多数政治为宜急矣。质言之，所谓立宪是已。

余尝默察中国之五千年之政变，纵览环球数十国之政变，于专制与立宪下一断案，曰：专制国以倒皇室为常，立宪国以倒内阁为常。就论理学之演绎法，引而伸之，得例如左：

（子）专制国以倒皇室为常也，故专制国民常以皇室为一大问题。

（丑）皇室处于国民视线所集之地，常为国民所监督也，乃蹈于危机，故专制国之危机，在于君主。

（寅）专制政体以君主为国家之最高机关，故国民更动之也常难，而用力不得不大。

（卯）国民既用大力，则常不出于舆论，而常诉之于武力。

（辰）以武力更动君主，则举兵之时，国民之生命财产必大蒙损害。

（巳）是故国民欲求其生命财产之不损害，必先求其国之不专制。

专制国之原因结果，略如以上所演绎。今且不必远求之他国，试证以中国之专制历史。自唐、虞迄于今，其间四千余年，王者易姓不下数十。姒姓亡而子姓代之，子姓亡而姬姓代之，姬亡而嬴、而刘、而曹、而司马，而前五代以迄隋、唐，而后五代以迄宋、元、明、易姓殆近二十次，皆一姓之兴亡。中国之版图人口，徒供若辈之牺牲。试思此一兴一亡之中间，断未有不诉之武力，而能达其目的者。国号易一次，国民之生命财产危一次。究之所得者仍为专制，而决不能得立宪，以其所求者，在得一贤君主也。夫既以君主之贤为因，乌得不以专制为果？故余谓国民欲得专制也，则不得不先解决君主问题；欲得立宪也，则不必求有责任君主，而当求有责任内阁。

（午）立宪国以倒内阁为常也，故立宪国民常以内阁为一大问题。

（未）内阁处于国民视线所集之地，常被国民监督也，乃蹈于危机，故立宪国之危机在于国务大臣。

（申）立宪政体有立法、行政、司法三机关，而此三机关之外，又有君主为一机关。故国务大臣不过为行政机关最要之人，而非国家之最高机关。故国民更动之也常易，而用力常小。

（酉）用力既常小，则仅以舆论从事而常足，不必出于武力。

（戌）以舆论更动国务大臣，则国民之生命财产不虑其有若何之损害。

（亥）是故国民欲求其生命财产之不损害，莫若求立宪。

试证以立宪国之实例，则中国古无立宪政治，势不得不求之外国。然亦不必远引欧美，观与我隔一衣带水之日本，自明治维新以来，德川将军、萨长政府，仍为封建之余孽，国民迭兴倒幕之师，遂由少数政治而趋入多数政治。舆论所鼓吹，有倒山翻海之势，于是黑田内阁仆，而山县内阁代之，山县内阁仆，而松方内阁代之，松方而伊藤，而大隈与板垣，而山县再入内阁，而伊藤再入内阁，而桂内阁，以至于今之西园寺内阁。其间或仆或兴，国民多以舆论从事。间有以白刃相加，或焚击警察署者，然暴举之原动力多发于国民一方面，而政府初无若何之抵抗。惟西乡隆盛叛于西南，曾折于政府之兵力。然西南之乱，可谓之倒幕之师，而不得谓之倒内阁之师。缘彼所遇之政府，实为封建时代旧遗之幕府，而非立宪时代新创之内阁也。此余主张立宪之惟一理由也。

说者曰："立宪政治之精神，在于三权分立。三权分立者，即立法权、行政权、司法权各行其事而不相混淆之谓也。今政府诸公，苦心孤谊〔诣〕，拟于京师设咨政院、各省设谘议局、各府州县设议事会，此非立法机关独立之豫备乎？客岁改定官制，今袁、张诸人拟改军机处为责任内阁，此非行政机关独立之豫备乎？又简沈、俞诸人修订法律，而聘日本之冈田博士为刑法草案之计画，此非司法机关独立之豫备乎？傥政府诸公，从此着着进行，则立宪政体之成，可拭目而俟也。今中国有如斯之万能政府，国民未尝豫备立宪，政府已能豫备立宪，此各国立宪历史所罕见，而中国政府之特色也。试观近一二年来，两次豫备立宪之上谕，皆出于政府之主动，不出于国民之要求，可为铁证矣。故吾以为立宪政治之设施，直听之政府，国民只从事于农工商业，则中国可以富强。"此希望政府立宪者，其说最易使人堕其术也。

余将驳之曰：子之说，是为政府谋，非为国民谋也；是以政府权利为本位，非以国民权利为本位也。倘子之说行，是直政府为英人，而全国国民为印度；政府为日本之大和民族，而全国国民为北海道、台湾。豫备立宪之谓何，国民参政权之谓何，子直亡国灭种之说耳。何也？所谓豫备立宪者，政府有政府之豫备，国民有国民之豫备，徒责望政府，而不责望国民，是有奴隶国民之心者也，罪莫大于此也。且关于立法、行政、司法三机关之种种豫备，政府诸人之举动，固未可一笔抹杀；然余所主张之立宪，非政府的立宪，而国民的立宪也。故政府无论其有所作为或无作为，巧于措施或拙于措施，余辈皆不深责。所日夜馨香膜拜以求其为急激的进行者，惟国民耳；所日夜痛哭流涕、瘏口舌、不惮借箸而筹者，亦惟国民耳。余所主张之国民的立宪，有三大理由，可为根据：一以哲理为根据；二以事实为根据；三以法理为根据。

（一）按之哲理　人类为政治的动物，对于政治莫不各有有〔自〕由之意思。若强制之使不得达，实胚胎危险之种子。一人之意思，必以一人之权利为本位；少数人之意思，必以少数人之权利为本位。若国民多数出而公定宪法，则此宪法为多数国民合成意思之表现。盖人之生也，即有爱其身、爱其种、使争存于世之欲望，故其所表现之意思，常以利己为原则。若以一人或少数人之意思，左右多数人，则多数人易蒙损害，而社会秩序因以不可确保，国家危险莫过于斯。且人类以单独之个人不能生存于世也，故有群。人人欲其躯壳及精神之幸福底于完全也，故有国家。若国家政事不使国民参预，则人亦何贵乎有群，何贵乎国家？适以为生存之累耳。故专制国，法愈密，民之对于法，其破坏力愈大，而法乃为具文。若欲颁布宪法，而出于君定，或执政诸人之定，民之视宪法，直不关痛痒耳。惟使国民多数参预政事，使之有协定宪法之权，则凡法之出自自定者，其爱之也必深，守之也必固，行之也必毅，宪法乃为有效。夫一国之中，而多数人有爱法、守法、行法之心，斯为真正之立宪国也。此国民的立宪，于哲理上有确切不移之根据也。

（二）按之事实　世界无论何国，无论何种，其政治之原始时代必为家长政治。家长政治之发达，一变而为族长政治。族长政治之发达，再变而为酋长政治。基于酋长政治，因其国势人情之所趋，或变为贵族政治，或变为君主政治，由是乃进而为立宪政治。英、德与日本之立宪政治，由贵族政治而演进者也。俄罗斯与土耳其之立宪政治，由君主政治而演进者也。他如美与法，则由少数人之专制，一进而为民主立宪政治。以及欧洲之文明各小国，有为民主立宪者，有为君主立宪者，其君主与民主不同，其为立宪则同。质言之，地球上之凡有国家资格者，殆莫不由一人政治或少数政治而趋于多数政治者。盖国于二十世纪之世界，未有不立宪而国家能存在者，此事实之不可掩者也。中国至唐虞时代，已脱酋长政治之弁髦。沿数千年以迄于今，始终为君主政治或贵族政治之变迁。从此趋于多数政治，此殆时势使然，亦基于历史而演进者也。然中国之立宪政治，将来必以宪法为一国之根本法，若出于独裁，而不出于国民之公定，则宪法程度必低，仍不能为地球上文明法治国。日本笕博士，常不满于日本宪法，谓其根本处，仍不脱专制的遗臭也。从宪法之根本处，而辨其程度之高低，即以独裁及公定为标准也，故英之宪法可为最优等之程度者，即其宪法出于民定也。德之宪法为优等之程度者，即其宪法出于民定者多、出于独裁者少也。日本之宪法为中等，而俄、土为下等。中国将来之宪法，欲使其为英、德而不为俄、土，则全争此独裁、民定之毫厘。若其出于民定也，则不必希望其为英、德，而自为英、德；若其出于独裁也，则亦不必虑其为俄、土，而自不能逃为俄、土。若出于民定者半，出于独裁者半，是亦无异于日本之宪法也。余望中国为英、德而不为俄、土，故立宪而归本于国民。此国民的立宪，于事实上有确切不移之根据也。

·（三）按之法理　宪法者，根本法也，亦基本法也。何谓根本法？即由宪法之中，可以生长无数之法也。何谓基本法？即在宪法之上，可以附丽无数之法也。各国之所谓宪法，质言之，即国民之合成意力。故宪法之程度，亦视国民合成意力之程度为正比例。（笕博士解合成意力，谓同为合成，其程度大异；如人之言谢，有出于诚心者，有出于顺口者，同是言谢，而程度不等。法律的意力，其合成之程度，亦有大相悬绝者。）夫宪法既为合成意力，则不可纯任一人意力或少数人之意力，可知矣。盖吾人所希望中国之理想宪法，愿其为法律也，而不愿其为命令。无论组织一大小团体，凡定一法律，必本于多数人之同意。大而万国平和会，小而人民间之社团、财团，未有以一人或少数人之规定，不得众分子之公意，而可以成为法律者。命令则不然。君主及中央国务大臣，以至各地方之长官，皆有发布命令之权利。（如日本君主，可以发紧急敕令。敕令，亦命令之类。然不经议会之协赞，不能成为法律。又如大藏省令，或府县知事所发之府令、县令，皆命令之类，而不得谓之法律。）然只可谓之为命令，而不得名法律，此理之易见，而稍治法学者所能道其梗概也。中国将来颁布宪法，则宜使其为一法律，而不宜使其类于命令，既如前之所陈。若不本于国民之合成意力，是所谓命令的宪法，岂不贻法学家以笑柄？井上博士谓：吾人信为实质的宪法者，一国法规中，关于国家构成分子及国权之作用之法之总称也。清水博士谓：宪法者，定统治权之所在及其作用，且规定立宪国不可缺之统治机关之权限也。夫既曰国家构成分子，则其指国民也可知。既曰统治机关之权限，则其指议会、政府、裁判所之权限可知。国家既立宪，此其法无在不与国民有密切关系。以国民之合成意力，而表现为宪法，宪法乃底于完全无缺点之域。此国民的立宪，于法理上有确切不移之根据也。

有以上三大理由为余国民的立宪之说之根据，故余之所主张，不求与人立异，不强与人从同，实准救国之前提，以非此不足为立国之要素也。政府若今日拟设咨政院、谘议局及议事会，明日又收回成命，中国国民遂永远不立宪乎？遂永远不另说〔设〕立法机关乎？若官制不改定，袁、张之责任内阁不能成立，中国国民遂从此不立宪乎？遂从此不谋组织行政机关乎？若刑法长此腐败，中国国民犹坐待执政诸人之立宪乎？犹坐待执政诸人创一司法机关乎？故余谓政府之豫备与否，非立宪之必要问题；而国民之豫备与否，乃立宪之必要问题。何也？立宪国之国民，必先断绝其为政府奴隶之心，而视政府为己之公仆，有高尚发扬之大国民思想，而后可与谋国家之建设。否则，奴隶性根不除，纵有毕士麦与伊藤博文之责任内阁，亦如荆棘丛中之红花、点水之蜻蜓，究何济于事也？俄国宰相威移泰，欧洲政治界仰之如毕士麦，然拥三百余万之陆军，波罗的海五十余艘之舰队，遇庸庸碌碌之桂内阁而不能博胜利，则国民之能力问题，非政府之能力问题也。

况现政府之豫备立宪，有令人不可思议者，则一方面言立宪，一方面又放弃主权。惟恐人之议其后也，又以摧抑舆论为本分。对于外，若奴婢，惟恐其不怜；对于内，若虎狼，惟恐其不畏。纵有好谈道学者，一入政界，其趋利避害之术，转胜于常人。素号文明者，一入政界，其逢迎奔竞之才，转胜于守旧。此岂中国人之性质与世界文明各国异乎？无他，无政治能力之国民，决不能发生有政治能力之政府。倘中国国民的立宪政体不成立，任取世界何国之责任内阁而移之中国，未有不腐败者也。

说者又曰：子之言国民的立宪甚办〔辩〕，然子之所主张者，其政体为君主立宪乎？抑为民主立宪乎？

余将答之曰：余所主张之国民的立宪，乃就国体立言，非就政体立言也。中国国家欲存在于现世界，必变为民权国体乃能立国，决非君权国体之所能济。若就政体而论，则中国今日以对外问题，有不必行民主立宪之趋势，以蒙、回、藏畔立问题，有不可行民主立宪之理由，则中国政体，宜为君主立宪也无疑。盖余固谋中国政治之改良也，君主之贤愚非所过问。

故属望于国民者，欲其群起而争参政权也，非欲其群起而争君主；欲其群起而谋国家之幸福，因以增长个人之幸福也，非欲其群起而谋个人之富贵，以危及国家。盖人之举事，未有于一己毫无关系，而肯出死力以争者。贪夫死利，荡子死色，夸者死名。其始之争也，非不知所争有死之危险也，徒以爱利、爱色、爱名之心，胜于其所恶，而不得利、色、名之苦之程度，大胜于死之苦之程度也，乃明明知其于道德为非、于法律为罪，辄悍然为之而不顾。非所牺牲者为轻，而所满足者为重，乃欲满足其所重，而牺牲者遂不得不为其所轻也。凡人之笃于所求者，究以能偿其求者为常。好利、好色、好名之人，固有好之而不能得者，然究以能得为多数。一国之政治机关，若举其小者，则更仆不易数，举其大者，则司法独立而外，君主为一机关，政府为一机关，国会为一机关。试率举国之人而争君主，则无论何等国体，断无人人可以为君主之情理，故人人断无起而争君主之情理。若在族长政治时代，或可利用一时之感情；在酋长政治时代，或可利用一时之威吓。人群愈进化，斯公理愈昌明，世岂有一己无为君主之心，而肯盲从他人以争君主者乎？此君主革命论所以始终不能行于今之中国也。非政府兵力果足以压制之，亦国民心理不为自然的趋向耳。至于政府，虽为国家权力行使之根源，然为国民之客观，而非国民之主观。何也？国民为母，政府为子；国民为主，政府为仆。国民虽痛心疾首于现政府之不负责任，虑其持放任主义，足以致中国之亡，然人人起而组织政府，势有所不能，而理有所不必。盖政府者，不过国民办事之一会馆耳。政府之执政诸公，如会馆中之执事，其事甚烦而琐，而办事又甚苦而劳。惟以其有所举动，其利害常与各团体员有密切关系，故不可不设法以监督之耳。夫以利己为正，而以利人为副者，属于人之普通性。国民以身家性命之保护权，拥而归之政府，政府为假定之名，实则其权操之于国务大臣，及各地方之行政长官。而此等人之有身家性命，亦与各个之国民无异，万一政府牺牲国民之身家性命，以增长其身家性命之幸福，则国民或不能知之，更何由而禁之？况人之常情，难敬而易怠，喜逸而恶劳，非有人监督于其旁，则不流于怠而逸者，鲜矣。欲儿童之勤于洒扫也，必有严父母监督之，欲婢妾之勤于裁缝也，必有严主妇监督之。以及工商之营业，胥吏之执务，未有不设监督于其侧，可望其成绩甚佳者。夫不待人之监督，而肯出其心思材力为国民谋幸福，此必其人之感情最厚、道德最高、立志最远始能之，然而不可多得也。此亦事实之无可如何者也。具以上之种种理由，故监督政府之机关不可不立。此机关为何？曰国会。且国会者，与全体国民有直接之关系者也。何谓国会？即国民参政权汇萃之中心点也。国会之意思，即为国民意思；国会之行为，即为国民行为。今国民欲解决政治上之问题，则当从国会着手，庶不致蹈枝枝节节而为之弊矣。

今试以合资公司之组织比于国家，而以公司之股东会议比于国会，以公司之理事、监事比于总理大臣及裁判官，即可知国会之重要。夫股东以营利为共同目的，故集股而立公司，公司之赔赚皆与各股东有密切关系。若入股于先，而不参预其事于后，则营利或不能获利而反以获害。况理事侵蚀公司以肥其私，监事亦不称其职，则公司傥有危险，其害仍在股东。故股东会议为必要。盖股东虽人人有资本在其内，势必不能人人为理事、监事，惟定为若干年开股东会议一次，理事、监事之不良者，股东直接干涉之使不得滥竽充选，庶于公司执事有所劝，法之不适则改之，资本不足则增之，而后此公司乃可维持于不敝。以股东组织公司而必争有会议，以国民组织国家而不争有国会，所谓明于小而昧于大也，窃为国民不取也。

余主张国民的立宪，而注意在开国会。略闻国中志士，颇有与余政见不谋而合者，则上海、安徽两处之近日发起国会期成会是也。此外如北京之宪政研究所，上海之宪政研究会及立宪公会，留学界之宪政公会及政闻社，留美商学界之宪政会，对于开国会皆为急激的主张。而究其实际，多付之理论，而未能见诸事实。则以国民尚多长眠而不觉，对于国会不肯为急激之共同运动也。国民对于国会，既为消极的态度，则此等运动开国会之小团体乃退而处于孤立。于是国会反对派与国会怀疑派，乃乘间发生。盖人类为政治的动物，不趋于文明秩序的竞争，必趋于野蛮乱暴的竞争，此间断无中立之理。利用国民多数之中立，而因以便其私图，此反对派与怀疑派之所由成立也。反对派为谁？现政府与革命党是也。夫与国会有实际利害之冲突者，莫若现政府与革命党。何也？现政府所持者为放任主义，而国会则决不令其放任；革命党所持者为改易君主主义，而国会则专重改造政府而不重改易君主。是故与现政府谋开国会，犹之与狐谋皮，与革命党言开国会，犹之与虎狼言博爱，实大愚大惑之事也。夫物莫不各有其主义，求其主义之达，而防外界之妨害者，此为凡物之本能，亦宇宙之公理，无足深怪也。使现政府所持主义，果合于优胜劣败、适者生存之例也，则中国可以得专制。使革命党所持主义，果合于优胜劣败、适者生存之例也，则中国可以得共和。盖专制与共和，无论如何之大法律家，不得谓其非一种政体，则国家何必不专制、何必不共和？然试起中国汉、满、蒙、回、藏、苗之四百兆大国民而问之，彼果谓专制政体及共和政体果可行于今日之中国也，则余将从此不言。而实际又不如是。则余以为国民既欲为君主立宪，急宜主张开国会，慎勿为国会反对派所利用也。怀疑派之言曰：国会为立宪政体所莫能外，惟中国国会一开，则利于民而不利于君，利于汉而不利于满。此亦事实之不可掩者也。此等疑团，中于少数国民之心理，实足为国会之阻力。彼辈又见国民之多属于中立也，于是大肆簧鼓，创为人民程度不足之谈，不惮为紫之夺朱，郑声之乱雅乐，以淆惑一时之人心。此其人名为爱君，实则贼君；名为爱满，实则排满。近来政治问题，牵入种族，而让〔酿〕成排满论、君主革命论者，实以此等人为之原动力也。盖独裁政治不去，则君主必为立宪潮流所淘汰；旗制不裁，则满人必为经济竞争所淘汰。稍具科学智识者，可以不假思索而知其故也。余对于中国立宪，主张君民一体，满汉平权。故对于君主，只求其于宪法上有不可犯之尊荣，不求其于国事上有负责任之危险。对于旗人，只愿其有营业、生产、居处之自由，不愿其为终身兵役之奴隶。如国会怀疑派之所言，则是虑君民隔阂之不甚，而为火添薪也；虑满、汉畛域之不清，而饮鸩止渴也。其对国会之不表同情，与反对派虽异；而其阻立宪进步，足以促中国之亡，与反对派之罪则同。所谓伪言乱国是者，余所深恶而痛绝之也。

夫中国合汉、满、蒙、回、藏、苗六种族以立国，而蒙、回、藏、苗之对于满、汉，或满、汉人之对于彼四族，均无所谓种族问题。独满、汉间有种族问题，此实以政权不平等为之因也。而又有君主适为满人之一问题，夹入其际，遂为立宪前途之大障。然无论何等政体之国家，必有元首之一机关。若中国因元首问题，而牵及国家，则此后必中国无元首而后可，否则必分中国为六国。何也？中国若有元首，无论出于世袭，出于选举，必属于一族。若满人为元首，而汉人不承认；则汉人为元首，而欲得满、蒙、回、藏之承认，必不可能之事也。则必分六种族为六国，各君其君，各族其族，而后可以相安也。夫善治家者以弟兄分居为苦，而谋国者乃以种族分国为乐，亦悖情悖理之甚也。窃以满、汉之两种族，不惟不必排，抑且不可排；不惟不暇排，抑且不能排。试缕析言之。

何谓不必排？即准之国家原理而有不必相排之征据也。夫人生于一国，未有不欲其国之大，而欲其国之小者。普人忧其国之小，而合三十余邦为德意志。美人忧其国之小，集诸州为合众国。日本人忧其国之小，琉球且划归国疆。环地球国而雄者，莫不开疆拓土，日谋其国之大。惟瑞、挪以争政而起分立之惨，奥、匈以内讧而酿分立之形，今国以不竞矣。吾国人亦何乐而蹑其后也？纵满、汉能自立为国，然满能容汉，则国愈成大；汉能容满，则国不虑小。故真有利满之心（者）决不排汉，真有利汉之心者决不排满，即以国家为本位也。故曰：以种族主义为本位者，乃人群社会之退化；以国家主义为本位者，乃人群社会之进化。

何谓不可排？即揆之人类道德而有不可相排之理由也。夫人皆以爱人为本性，而非以恶人为本性。孔、孟之亲亲仁民，佛氏之渡众生，墨子之兼爱，耶苏之救世，其立言虽异，而皆归本于爱人则同。今之讲世界主义者，谓人类愈进化，则只有世界而无国家，宗教与哲学及社会主义者多采此说。《民报》六大主义之第五条曰："主张中国、日本两国之国民的连合。"夫主张共和者，欲连合中、日，其爱人程度固失之过高；然国民日日言立宪，而不能消除满、汉之畛域，余悲其爱人程度之过低也。盖满、汉同为中国国民，文化同，语言同，服饰同，受外人之凌压亦同。试观留学生与游历考查官绅，一履日本之境，其上流社会视为奇货，辄甘其言曰同文同种；中流社会视若无知之白痴，辄津津而道甲午战胜之故事；下流社会则嘲骂无所不至，言及支那人，辙〔辄〕含有轻薄愚弄之意。彼初不知有所谓满、汉者，若满、汉自分畛域，其人非患精神病，必阴险之小人也。

何谓不暇排？即揆之世界竞争大局而有不暇排之情势也。英、美、日对于中国为经济的灭国主义，台湾、威海卫无论矣，即以长江一带利权与福建、东三省之主权论，已半为英、日所侵。德人经营山东，今年海牙万（国）公会，英、美提议缩小军备，而德人独不赞成，所谓司马昭之心，路人皆见也。故东亚平和之破裂，将来首发大难，必为德，客岁兵入海州，即小试其技也。俄人经营蒙古，不遗余力，并密给外蒙古人，谓若归俄领，当予蒙民以选举权，此其志不在小，已可略见。故中国宜速讲守蒙［古］、保山东之策，以急御俄、德，次御英、日，三御美。然则今日中国方御外之不暇，何暇排内？此满、汉不暇相排之绝大原因也。

何谓不能排？即征之满人、汉人现有之武力实有不能相排之确证也。夫旗兵之疲敝，固无排汉之能力；即革命党所主张之暴动，亦岂能用以排满？试以事实证之。长白山一带，非满人所谓发祥之地乎？庚子而后，俄人驻兵于此，满人而果能排汉也，何以不排俄？不能排俄，即其不能排汉之左证也。黄河流域，非汉人祖宗聚国之地乎？乃近者，太行矿产，英商人开掘之矣；黄河行驶权，近又将让于比矣。夫不能排英、比一商人，而欲排满，所谓不能泅于河，即可断其不能泅于海也。故曰：满人无排外之能力，可决其不能排汉；汉人无排外之能力，可决其不能排满。

余于此敢断言之曰：必满、汉不相排，然后蒙、回、藏、苗可内附；必六种族混为一民族的国民，然后可以立国。国是既定，乃可以讲立宪，盖中国将来为立宪国，宪法上决不可有种族芥蒂之嫌。若宪法上有满、汉等字样，不惟成法律之笑谈，抑亦后来大乱之兆也。若国人群起而希望立宪，尚各有利其种族之私心，则是中国为种民的国家，而非国民的国家。种民以血统为团结力之中心，国民以政治为团结力之中心。种民的国家，为国家幼稚之期；国民的国家，为国家发达之期。中国欲望其为幼稚国家乎，则宜相约为种民；欲望其为发达国家乎，则宜相约为国民可也。然余以中国处于二十世纪之世界，若人人甘为种民而不勉为国民，欲期国家之存立，是何异朽索之驭六马、一发之系千钧也？盖以自国之种民资格，与他国之国民资格相遇，不待智者而知其强弱实质之不敌矣。余主张国民的立宪，而哓哓于满、汉问题，诚恐其直接而酿内部之瓜分，间接而招外国之瓜分，不特立宪国不能成，专制国亦不可保。此吾国民之大宜猛省，决不能以好大河山，任野心家为孤注之一掷也。呜呼！禾黍油油，麦秀渐渐，非箕子之所以悲殷者乎？昔为箕子悲，今为悲箕子。咽三韩之风雨，奴隶谁怜？望故国之家山，版图犹是。国民乎！国民乎！其亦可以兴否乎？扬我国徽，洗我国耻，唤醒我国魂，增长我国力，以光大我中国国家，均在此立宪开国会之一举矣。至关于国会之种种陈述，将于议中详之。
（《中国新报》第九期，1908 年 1 月）

佚　名

请开国会之理由书

上下疑贰，是非颠倒，可以为国乎？群奸蔽明，舆论未伸，可以为国乎？虽至愚者知其不可。但欲去疑贰，公是非，祛壅蔽，伸舆论，必有道以处此；不然，去疑而疑日滋，祛蔽而蔽愈甚。政府以成见为是非，而舆论与朝廷为仇敌。国民怨于内，列强乘于外，而国乃不国。立宪国家，所以明上下之权限，立是非之标准，祛壅蔽于未然，而利用舆论以伸张国权者，岂有他哉？有法定机关以为之保障耳。

所谓法定机关者维何？即国会是已。合上下议院而成立国会，以民选议员而代表国民。内之集合国民之心理以整顿内政，外之发展国民之势力以捍御外侮。振纲纪，固国本，莫重乎此。迩来吾国士夫，靡不忿慨于国权之削夺，由于民权之不伸。顾朝野上下，张皇失措，纷然淆惑，仍无以脱离腐败放任之旧习，且加以分崩溃裂之隐忧。于是持渐进主义者，谓无地方议会以养成人民之政治能力，则国会之基础不固，而国民之权利自由终无所据以为其保障。不知人民之权利自由当以国会为集中之点，无国会则人民之权力消灭于无形，而宪法之精神已游荡而无着。各省之地方议会，纵一时遍立，终以无根本法律之故，而事事不能实行，此理之必然者也。况自法理言之，地方自治以行政为根据，而国会之机关则为宪法之所根据，性质相舛，作用亦殊。故世界各国，未有宪法不确立而行政法能完备者，即未有国会不开而地方自治能发达者。又自政治上言之，则地方自治仅能整顿内政之一部，而国会之机关则能统括国政之全体，例如头脑之于手足，根本之于枝叶。若失其本末先后之序，则其裨益于国家者，能几何哉！虽然，今不暇研究法理，亦不必放言政治，但综观时事，证以同人夙昔之所自信者，则国会成立，为吾人救国之目的，有不可缓者五。而今日请求开设国会，又有一二易为力者。请一一为当世君子陈之。

第一，欲整理财政则国会不可缓。吾国今日非无财之为患，而财政不能整理之为患。收入之紊乱，支出之浮滥，费用之虚掷，界划之不明，检查之事未闻，统计之表无有。各国有一于此，其政府未有不倾覆者。而吾国之政府，坐拥禄位，顽然自安如故也。国民则因财政紊乱之故，机关壅塞，而沮丧其发企实业之野心。外人则乘时逐利，输入外资，以曲尽其经济竞争之能事。比年以来，国困民穷，债增权失，危亡之祸，朝不谋夕。若有国会以监督财政，则凡岁出岁入之豫算，政府必条列其款项，统核其赢绌，以定征收增减之方针，而求国会之承诺，匪惟浮费必求其撙节，检查必求其详确已也。至于外债之事，尤为重要。其借入之用途及偿还之期限，非经国会议决后，政府不敢擅借，从未有如吾国政府之自由借入、任情滥用者也。盖国家之财源，尽出于国民之负担，非经承诺，安能妄征？而况于国债之利害尤重者乎？立宪各国以利用外债之故，而恒致富强；吾国政府独以累积外债之故，而日虞危迫。何则？一有国会以监督财政，一无国会以监督财政故也。

第二，欲振兴教育则国会不可缓。今之论者莫不曰：欲使国民有立宪之程度，必自政治教育始。顾何以日言教育，而各行省无私立法政学堂者，无组织政治团体者，无公开通俗演坛者？此非因政府之信用未昭、政纲不定，而顽钝昏瞀之官吏得以挟私沮挠乎？若国会开后，则政府行政之方针已定，而教育之方针亦定。聪颖特达之士，既因有所试验，而政治能力确有以自信，出则翊赞朝廷，处则化成乡里，风声所播，观听一新，国民程度将雄飞而跻等于欧、美矣。是以国会一日早开，国是一日早定，即政治教育亦能早收成功。此在今日内忧外祸云谲波涌之际，有万不能不急起直追者也。

第三，欲扩张军备则国会不可缓。泰西各国，以军国的精神，为富强的基础，故每增一兵舰，添一师团，由议会决定后，其饷糈赋之于民间，朝令夕供，无敢违者。良以有国会以代表国民之意志，国民之视海陆军备也，以为捍御外侮之利器，非为拥护专制之爪牙。无论君主国体与民主国体，其兵马权皆归于政府，而无尾大不掉之忧。人民在于平时则担任饷源，输将恐后；身临战事则慷慨赴敌，以殉国为荣。盖其视全国之安危，即身家之休戚，诚有团结不能自解者在也。吾国之军备则异是，非以御外而以防内，非以作战而以饰威，兵制不能统一，军法徒为具文，骄兵悍卒，横行闾里，贪夫懦将，空拥旌麾，名曰卫国，实蠹民尔！惟开国会后，则人民知世界之大势，察国家之安危，有征收则输助争先，无饷需不足之患，有战争则父子相勉，有杀敌致果之气。至于兵制之不整，将士之失职，皆得以发其奸邪，惩其弊害。此征之立宪各国而知其不诬者也。

第四，欲澄清官治则国会不可缓。自明降谕旨改革官制以来，迄于今日，大小臣工，徘徊瞻顾，虚悬草案，施行无期，而昏夜乞怜，蝇营狗苟，其风益炽。清议不足畏，官常不足守。上则如社鼠城狐，要结权贵；下则如饥鹰饿虎，残噬善类。闾阎穷困，盗贼横行，民生多艰，于今为烈，此皆由官吏溺职为之咎也。顾当局数人，不揣其本，徒张形式，欲以资政院为议院之基础，谘议局养成议院之人材，而谓其可以收监督中央官厅及地方官吏之实效。乃资政院之组织，则在于钦选、会推二者，未闻有民选之精神，则其备员于院中者，大抵顽钝无耻、夤缘干进之官吏。此而欲其代表国民，谁实信之！至谘议局，则各省之拟制各殊，朝廷之条例未定，道旁筑室，安能合一？如此而欲其监督行政官吏，窃恐其徒为地方官厅之傀儡尔！惟开设国会，则以有责任之国民，促成有责任之政府，而中央行政与地方行政皆将以一定之精神，立不移之法制。如此而犹虑官吏有溺职者，可谓不知政本者也。

第五，欲保全国权则国会不可缓。中国数十年以来之外交官，殆莫不以苟安无事为得计，以至断送国民之生命财产于冥漠之中者，不知凡几。征之近事，则勒苏、浙人之借外债也，迫粤人之抛弃西江巡缉权也，任福公司之攘夺晋矿也，国民之奔走呼号者不知凡几。此犹其小焉者也。俄之于蒙古，日本之于满洲，法之于云南，英之于西藏，此数领土者，何一非吾国民之生死问题？而吾父老子弟，则见小而忘大，执近而弃远，以委之于腐败昏庸之政府，而间接以授之于敌国。天下之耻，孰大于此？人以强权，我惟屈服；人愈干涉，我益退缩。在政府则开门揖盗，不以卖国为羞；在国民则俯首下心，几以奴隶为荣。此诚稍具人心者所当奋袂立起者也。惟有国会，则可以举国一致之舆论，为政府外交之后援，对外之精神可以固结，而平等之权利可以抗争。外务大臣有方命辱国者，则国民得据法定机关上奏弹劾。此立宪国之所同者也。

何谓有一二之易为力？再请略言之。

（一）当公私窘迫之时则事机易。比年以来，国家之政治益形窳败。财政之不整理，教育之无方针，军备之未完固，实业之不振兴，内政之紊乱，藩服之猜疑，有一于此，危亡立见。夫外有窥伺之列强，内有交讧之会匪，隐忧显患，相逼而来，天步艰难，莫此为甚。而内外臣工，营私罔利，争权竞势，未改其常度，其相疑相嫉相倾相轧之风，反因此日炽。虽明诏迭颁，亟欲实施宪政，而行政官吏腐败放任，机关窒塞，执行无人，遂使良法未能实行，下情壅于上达，朝廷之大信渐坠，国民之失望愈深。来轸方遒，殷忧何极！若吾国民乘此时机，进而谋所以自存之道，守公共之秩序，避过激之行动，据文明之法理，攻弊政之症结，则向之凭借威福以欺侮我国民者，皆将惶恐无措，进退失据，降志抑心，改弦更张。然后乘吾国民横厉无前之盛气，援引实行立宪之谕旨，整饬机关，廓除积弊。则国会之易成者，此其一。

（二）当专制末流之时则主张易。自十七世纪民权政治发达以来，国民之要求权利自由者，后先相继，伏尸流血，经百折而不悔，卒之，独裁孤立之国家不得不易为代表从众之政体。泰西各国，其前例也。今之中国，何以异是？盖吾邦人诸友，处文明潮流之旋涡，立竞争剧烈之舞台，国民权利自由之思想已如旭日中天，离明四照，而社会之心理群集于政体改革之视线。大机已动，谁能遏之？若当国者必欲逆此趋势，深闭固拒，则破坏之潮流，激之自上，堤防溃决，漾滟无所底止。而国民之贤且智者，势必乘此破坏之后，自求建设。故今日之大势，朝廷不先予之，国民终自取之。彼少数之官吏，挟其昏谬陋劣之知识，以阻遏国家进化之前途，遂使期年以来，大号虽已焕发，而国是犹不能确定。此吾人所痛心疾首者也。虽然，世界趋势，日异月新，变更政体，已成铁案。当群言旁午之时，宜有收集舆论之域。则国会易成者，此其二。

要之，国会为国权发动之机关，而民选议员为国会原动之组织。概括言之：有关于改正宪法及附属法令者，有关于监督会计者，有关于制定法律者，有关于宣布命令者，有质问者，有建议者，有上奏于君主而下受人民之请愿者，其权限之广狭虽殊，而其确定宪法之根据则一。且夫以开设国会为目的者，政治上之目的也；抱同一之政治目的，而运动于一国之内者，政党之作用也。政党之发生，或先国会而结合，或后国会而成立。英吉利之保守、自由两党，成立于有国会之后。而欧洲各国之专制、立宪、自由、急进诸党，实成立于有国会之先。千八百十四年间，神圣同盟之君主，结合为一，以维持其专制政体；而列邦人民，则方摧折专制之同盟，以与政府对抗。故观于欧洲十九世纪政党变迁之状态，即可为国会开设之原因。日本之始开国会也，在于明治二十三年，而自由、改进两党，已先十年而成立。综览东西洋列国之政治历史，其开国会后得力之政党，未有不起于国会未设以前者。盖非有得力之政党，以运动于民间，则国会无自发生。而此一二人之发生国会也，必求少数同志于艰难困苦之中，牺牲少数人之利益，以为同胞谋将来无穷之幸福。其自信也坚，其负任也重，而其目的必迟至数年或数十年而始可以达。不见日本板垣伯组织爱国社乎？当其开第三次大会于大坂时，宣言宜聚天下之人心，伸张舆论之势力，要求人民之参政权，收其成功于国会。乃以爱国社之名义，飞檄全国，游说之士，东西奔走，其结果竟能得二府二十二县十三万人之赞同，而以开设国会请愿书捧呈于政府。一时虽被摈斥，而士气愈奋，国会期成同盟之旗帜，乃揭出于江户、大坂间。人第见日本开设国会之诏敕，颁于明治十四年，卒能以全国之舆论，奏推翻专制政府之伟绩，而不知板垣、河野诸贤，蒙危难，犯艰险，以身殉国会者，固已数年于兹也。是故中国今日救亡之手段，惟在开设国会，以改造责任政府；而其方法，则在广求同志，以达国会成立之目的。欲国会之根本坚固也，则尤在组成政党，以多收后先御侮之人才，以为将来政界之先导。此尤吾人所日夜祷祝而希望无穷者也。至于请愿之方法，则在于表示多数国民之全体意思，故演说不择何地，运动遍及同胞，一次无效，继之以再，再次无效，继之以三以四，前蹶后起，甲仆乙兴，或以团体之名义，或以地域之名义，均无不可。总期于一二年间，四方同志，云集响应，集于辇毂之下，为帝阍之呼吁。彼政府虽极顽强，又安能冥然罔觉乎？同人等既有见于此，窃愿随诸君子之后，抱始终一致之忠诚。惟诸君子教之！（《中国新报》第九期，1908 年 1 月）

郑孝胥、张謇、汤寿潜

呈北京宪政编查馆请速开国会电文二则

月之初二日电云：北京宪政编查馆、王爷、中堂、宫保钧鉴：近日各省人民请开国会，相继而起，外间传言，枢馆将以六年为限，众情疑惧，以为太缓。窃谓今日时局，外忧内患乘机并发，必有旋乾转坤之举，使举国人之心思、耳目皆受摄以归于一途，则忧患可以潜弭，富强可以徐图。目前宗旨未定，四海观望，祸端隐伏，移步换形，所有国家预定之计画，执行之力量，断无一气贯注能及于三年之外者。若限期太远，则中间之变态百出，万一为时势所阻，未能践行，是转因慎重而致杌隉，纵秉钧诸老心贯日月，亦何以见谅于国人？孝胥等切愿王爷、中堂、宫保，上念朝事之艰，下顺兆民之望，乘此上下同心之际，奋其毅力，一鼓作气，决开国会，以二年为限，庶民气固结，并办兼营，势急则难阻，期短则易达，措天下于泰山之安，其策莫善于此。现上海绅商联合研究开设国会之次序，俟有成稿，谨当缮呈。区区忧国之愚，不避冒渎之罪，伏候钧裁。预备立宪公会郑孝胥、张謇、汤寿潜等谨叩。

十三日又电云：北京宪政编查馆、王爷、中堂、宫保钧鉴：前电意有未尽，谨披沥再陈，冀蒙垂听。开国会者，特利用国民之策而已。中国之国会，与万国不同。无论何国之政治家，究其学识，无足以裁决中国国会适当之办法者。何则？以我之国大、俗殊，为历史所无故也。今欲集中国之学者裁决此事，虽虚拟年限，要皆随意揣测，不足以为定论。但问朝廷欲开国会否耳，果欲为之，则宜决然为之，直以最捷之法选举、召集，固非甚难。胥等所谓二年，即立与施行之谓。如以二年为简率，则虽五六年至七八年，亦与二年略等，未见其遂为完密也。迟疑顾虑，终于无成，实中国积弱之锢习，必先除去此习，乃有图存之望。时不可失，敌不我待，当世雄杰，或韪斯言。不胜忧愤，伏祈苾察。预备立宪公会郑孝胥、张謇、汤寿潜等百叩。（《东方杂志》第五年第七期，1908 年 7 月 25 日）

孙洪伊等

国会代表请愿书

呈为时局阽危，非速开国会不足救急，合词恳请代奏事。

窃查上年夏秋之际，各直省人民始有伏阙请开国会之举，虽未获明奉谕旨训示施行，然天高听卑，六月二十四日、八月初一日，孝钦显皇后之懿旨，德宗景皇帝之上谕，固已明定国是，颁布《宪法大纲》，开设资政院及各省谘议局，以造议院基础。标准既定，天下知朝廷早以国会为图治之本，所兢兢致慎者，不过迟早数年之别耳。夫使冰霜未兆，时尚宽闲，宪政按照期限与年俱进，讵非循序图功之道？无如内觇国本，外察邦交，无一不足增皇上之殷忧，即无一非加监国摄政王之担负。大臣咨嗟于上，人民叹息于下，一年现象，即已如此，推之九年，能无懔栗？夫宪政之当行，国会之当立，朝野上下本无异词，洪伊等之所欲言者，在于速开国会而已。盖拯溺救焚，刻不容缓，其激切有非上年请愿所能比者，谨为我皇上披沥陈之。

一在内政。

内政之改革，视乎机关之善不善。机关一日未善，则政令一日不得实行，九年筹备之政，一切将等诸具文。国会者，宪政机关之要部。有国会然后政府有催促之机，庶政始有更张之本。不然者，无提挈纲领之所，畛域各分，十一部不相统一也，上下相诿，地方官无可执行也。仍向来所有之旧制，责以向来未有之设施，此必无可行之事。计自筹备以来，按照清单所列，京内外衙门业已奉行矣，类有文书之移，几无可睹之效。盖机关之不完善，方针之不确定，虽有忠荩之臣，勤敏之士，无以尽其职而期其功也。以程度论，则长此筹备，九年后之国步，未必进于今日。以时机言，则从容坐失，九年后之危局不知又当如何，岂徒虚掷此九年之岁月而已。资政院之设，其制亦略似国会。然国会之为用，在于政府对之负责任。今资政院章程绝不见有责任之政府。政府无责任，则资政院何能为！欲借此以督促政治之统一，振起国民之精神，必无国会之效。如其有效，则此制长行可也，又何必期以九年更立国会乎？此内政中关于机关之改革，不可不速开国会者也。

内政之举，又视乎财政。古今中外，断无府藏空虚，庶政棘手，而其国能久存者。我国自甲午、庚子以后，至挲天下之财以应赔款，而岁入只此，抵质已穷，过此三十一年，不知何以为计。筹备之事，合十一部之新政，责各省以施行，举凡国家行政之经费，其用又将何出？自各省谘议局成立，参稽互证，竭蹶皆同，相顾忧惶，无从措手。剜肉医疮，既有必穷之势；量出为入，复无可恃之源。循此以往，将内之无以为兴革之资，而宪政之前途可危；外之无以偿积年之负，而列强之干涉尤可惧。欲亟纾内外之交困，必先求上下之大通。通亿兆人之好恶于各省谘议局，而范围只限于一方；何如通各省谘议局之计虑于国会，而精神贯及于全国？国会者，人民与闻政治之所也，必人民得有公举代表与闻政治之权，国家乃能加以增重负担以纾国难之责。与其待之于九年之后，涣散而难与图功，何如行之于九年之前，鼓舞而期其自效？此内政中关于财政之筹画，不可不速开国会者也。

机关能立，财政能裕，然后乃有筹备之可言，否则不利之器，无米之炊，岂能举其事而收其功者？此国会之关于内政一日不可缓者也。

一在外交。

外交之难处，即在强盛之国，有时迫于事势，稍稍退让，国人尚起反抗之声，政府且为丛怨之地。况我国自有交涉以来，始以暗于外情，操纵失策，继以势成积弱，因应弥艰，政府受困于上，国民不满于下。每缔一约，事前则秘密万端，事后则亏损百出，忽而蹙地，忽而负债。政府之作用，人民不知也；政府之苦衷，人民不喻也。条约出之一二人之手，负担加之亿兆人之身，设使易地而观，安得不为怨府？既致怨矣，何从求谅？凡人对不谅之人，其助力必寡。政府处寡助之地，则因应愈难。苟有国会，则国际交涉无论如何困难，政府即有不得已之衷不能尽喻于国民者，国会犹可以代申。国民即有不可忍之痛不能直达于政府者，国会亦可与代陈。且各国之于我立宪，其注视甚勤，和平者期我有同等之政治，雄猜者忌我无可攘之利权。是以著论赞誉者有之，宣言轻量者有之，乘我国会之尚未成立而公然自由行动于我域内者有之，虑我国会之终不成而必至财政紊乱不可收拾者亦有之。有国会则对于全国为政府交通之邮，对于列邦为政府文明之帜。上下相通，猜疑自泯。邦交既正，民气自和，非独证世界公理之同，且可保东亚和平之局。若更徘徊，待之九年，九年之中，患机叵测，设使雄猜者时遂其进步，窃恐和平者亦易其方针，外交必更颠危，民怨必更剧烈，万一有强邻之群蠢，得无惧覆辙之蹈前？此国会之关于外交一日而不可缓者也。

抑洪伊等今日更有迫切不能已于言者：东西各国，凡君主立宪国，其皇位之继承以及亲王之摄政，皆有国家根本之法定之于前，人民爱戴之诚卫之于后，而其君主又处最高不负责任之地，临以神圣不可侵犯之尊，故宫府安而国家盛也。

我国宪法大纲，本已取法于是，而孝钦显皇后、德宗景皇帝不及亲见宪政之实施、国会之成立，此薄海臣民之所共痛，欲攀龙驭而无从者。皇上冲龄入承大统，监国摄政王以周公之谦光，受阿衡之重畀，而适当此内外交困、上下未通之时，以言宪政，则甫有大纲，而责任内阁未立也，皇室典范未定也，内无可以表彰尊亲之宜，外无可以代负人民之责，设使内政外交之际，百密偶有一疏，则怨归于朝廷，望轻于监国摄政王。监国摄政王受先帝之付托，而孤立于庙堂之上，坐抚四百兆涣散之人民而莫得其助，而四百兆之人民虽共有忠君爱国之忱，欲为皇上、为监国摄政王之舆卫，亦以涣散而莫能效助于分毫，甚非所以巩固皇祚而措国家于磐石之安也。有国会，则与之对待之责任内阁始能成立，国会有议政之权，然后内阁得尽其职务。内阁负全国之责，然后皇上益处于尊崇，显可以末虑助圣主之聪明，隐可以公论消奸人之反侧。人情一日不安食则必易其所食，一夕不安寝则必易其所寝，宁有图国本之安于息息可危之日，而必迟迟至于九年之后？此为根本中之根本计，宜速开国会者也。

论者或谓九年筹备之旨，降自先朝，不宜轻有更易。洪伊等诚愚，又以为不然。夫先朝既以国会为必当开，则我摄政王正宜体皇上继志述事之心，速开国会，以慰先朝在天之灵。如曰缩短其期即为背旨，是谓先朝有意濡滞，不欲国运之早进步、皇室之早奠安也；是厚诬先圣，非我皇上及我监国摄政王之所忍出也。抑朝廷周详慎审，惟恐人民程度不及，不可谓非圣主之至仁。然及与不及，必试之而后见，不试之而强抑之，毋乃冤吾民乎？且所谓不及者，必有一标准。今日不及之标准安在？谓恐其蒸茶耶，则有法律为之根据，而馁者壮矣。谓恐其叫嚣耶，则有法律为之范围，而激者随矣。谓恐其智识不足耶，则磨励之而聪明出矣。今年各省谘议局既小试之矣，曷尝累圣明重宵旰之忧乎？

洪伊等伏愿皇上速降谕旨，颁布议院法及选举法，期以一年之内召集国会，含创忍痛，共图补救，俾尽协赞之忠而收舆论之效。此诚国家之至计，安危之所系。惟我皇上以孝钦皇后、德宗景皇帝之心为心，俯鉴人民忧国之愚悃，宸衷独断，毅然行之，天下幸甚！

谨冒死以闻，伏乞代奏。

直隶：孙洪伊、谷芝瑞、张铭勋、王法勤。

奉天：永贞、刘兴甲。

吉林：李芳。

江苏：方还、于定一、吴荣萃。

安徽：陶镕、潘祖光。

江西：闵荷生、汪龙光。

浙江：郑际平、应贻诰、吴赓廷。

福建：刘崇佑、连贤基。

湖北：陈登山。

湖南：罗杰、刘善渥。

山东：周树标、朱承恩。

河南：陈熙朝、杨治清、宫玉柱。

山西：渠本翘、刘笃敏、李素、刘懋赏。

广东：沈秉仁。

广西：吴赐龄。（《国风报》第一年第一期，1910 年 2 月 20 日）

张　謇

请速开国会建设责任内阁以图补救意见书

昌言瓜分中国之说，二年前曾一见于德报。日人之图统监中国，则于其大隈重信饯别伊藤博文统监朝鲜时昌言之，亦见日报。彼时我国人民稍有爱国思想者，即相与扼腕愤叹。而闻我政府及政界要人，则以为是特空言而已，未必果有是事。今年则日人占筑安奉铁路发见后，又有占及吉长之说。未几又有传说东西列强在海牙公会，密议对待中国政策三条，其最后者为统监财政，前二条盖不忍言。

八月初旬，钱恂、陆徵祥先后密电外部代奏，各省乡士大夫及于商埠，皆惊相走告，几于无人不知，愤叹之声雷动猋合。有识之士，束手旁皇，以为外则海军未立，陆军不足，海疆要塞，不能自固，船舰枪炮，听命于人；内则至艰极巨之责任，悉加于监国一身，政府俯仰委蛇，曾不闻有所设施，足以分监国之忧劳，而轻天下集视于监国之责望。欲求一非枪、非炮、非舰、非雷而可使列强稍稍有所顾忌者，实无其策。于是拟请速开国会及组织责任内阁之议，各行省乃不谋而同。其立言有激烈，有和平，其宗旨主于爱国则一。今分二义，述其同意如下：

宪政馆立宪之预备，定开国会，期以九年。以各省地方财政与人民知识之程度，参差不齐，必一千七百余州县自治之事，一一按年表而行，至于完备而后开国会，即加多于九年之外，岂得为迂？

然列强之欲逞志于我者，则正恐九年之后，全国人民合力拱卫国家，必将难于专制时代。但劫持一二政府大臣，即可行其强权狡计，而愈以促其及早摧我之政策，我不为备而惟是循序以进，是何异揖让而救焚？其为不及，可以断言。故救急之法，惟有请明降谕旨，声明国势艰危，朝廷亟欲与人民共图政事，同享治安，定以宣统三年召集国会；未至期以前，设有大政咨询，并得开临时国会。一面饬宪政编查馆速将议院法及议院选举法提前编定，限半年告成，以备应用。

如此，则各省素有学问、热诚爱国之士，其对于监国益感而奋，而加意研求；亦可使列强知我有民气为后盾之预备。即使列强统监财政之说发生，我国会有词焉：外交，则赔款已过之八年，并未尝分毫短少，即各部所负之债，亦未至不可分偿，不得以债权迫我；内政，则各省有谘议局，即各省财政之监督，万国公法宁有独立帝国而受外人干预财政权者？此请速开国会之同意也。

万世一系，有国家者之至愿也；永享太平，世世不见有改玉改步之事，又人民之至情也。然我中国历史之所从无，则以专制政体君上独负治乱安危之责任。平时百僚庶尹一切行政，阳为奉一人之命令，而阴窃其威福，一旦有事，则诿过于上而谢其责，而祸乃中于国家。今世界立宪国之编制也，曰皇位神圣毋侵，曰万世一系。求之中国册籍，以为理论则有之耳，以为颂美则有之耳，绝不见有此事实。

立宪国何以能之？其立法也，曰责任内阁。责任云者，以内阁代君上负责任焉耳。责任专于内阁，而君上日临而监察之。内政有失，则责内阁大臣焉；外交有失，则责内阁大臣焉。中外人民之观听，群倾注于内阁大臣。凡为内阁大臣者，但稍有知觉，决不能如向之持禄保位，泄沓自安。且其地处于可进可退，即有桀骜不驯之才，亦受责于举国之舆论而无所容逭。

是有人代负责任，而君上乃安于泰山。君上为责任所不及，而又有国会在下，助君上以监察此代负责任之人，而神圣之号，光于日月矣。较之君上独负责任者，其安危难易何如？今皇上冲龄，内政之弊、外侮之棘，又中国二千年所未有。千危百险，举以困我人民所倚望而敬爱之监国，各省有识之士均甚惜之。故惟有请明降谕旨，建设责任内阁，稍分监国之忧劳。此请建设责任内阁之同意也。

或者虑人民之程度未至，政府之筹备方新，速开国会，则咙杂无益于事。请质言之曰：国会，所以备列强非礼之侵。岂有拯溺救焚，而可以诿之程度不及，迁延观望，以待将来之理？即政府之所谓筹备，其与国会有直接关系者，惟速订议院法、选举法二事。其余各事，多不必于召集国会之前，粲然皆备，并有候国会成立之后，而筹备益易者。统监之说，既有所闻，举国将堕于巨焚大溺之中，而可瞻顾回翔不为之备乎？

或者虑今日能胜责任内阁大臣者无其人。请质言之曰：必欲得皋、夔、伊、吕、管、葛、房、杜为大臣，则岂惟责任内阁可不设而已？祸至无日矣！与为高论，无宁择于今之大臣中稍有学问阅历明时事为众论所与者，举而畀之，不胜任则固可更置也，不犹愈于亦名大臣而无责任者乎？

各省舆论，既不谋而合；有志之士，又观感而兴。往年上书请愿之举，不期而集于辇毂之下者，十有余省，今且有继续而至者矣。虽朝廷有种种之限制，而彼之为此举者，必各省志节之士，各挟一爱国监国之血诚而行，其必欲达此意于监国，决无旁顾。而区区之心，则窃有微虑，请更申之。

中国前代痛国之危，而身负斧锧上书言事者，一二贤豪而已。国家甲午以后庚子以前，冒世不韪而感慨言事者，亦犹少数人耳。自我德宗景皇帝立宪之诏下，而天下人民乃渐有与国家共戚均休之思想，乃渐有政治法律之理论。是今各省绅士志气激奋，千百为群，固由我德宗景皇帝至仁至圣之心鼓舞而来。设请愿而行，天下固颂监国之友爱仁明，益有以振天下之士气。侧闻都察院新章，士民上书之限制甚严，是欲塞天下之口也。设请愿之来，竟格于院例而不达，至于再，至于三；或达而不获请，亦至于再，至于三：恐内外将有不美之观念。一二激烈之士，将以为国家负我，决然生掉头不顾之心；和平之士，将以为义务既尽，泊然入袖手旁观之派。当预备立宪之日，忽使士类灰爱国之心，可乎不可？此可虑之在内者一。

欧人涎我国为商场，防我立宪有国会后不便于攘臂争权利者，有之。日人料我立宪终不成，国会终不能开者，有之。今各省绅士请速开国会、建设责任内阁不行，各国知我人民与政府之不协也。欧人将利我政府之不愿开国会，而益怂政府重其压制之力。日人将利我人民国会之不获得请，而益激人民生其反动之力，皆势之所必至。此可虑之在外者一。

今日国势，犹处风雨危幕之下，波涛漏舟之中也。上下相顾，大小相扶，尚不知有济与否；而群默焉，群觑焉，诚不知所届矣。竭区区之愚，为国家计，为监国计。监国以我德宗景皇帝之心为心，天下所知也。今先帝梓宫既已奉安，宜本则友之义，申立宪之心，不待臣民之请，即以许开临时国会，建设责任内阁，特降明诏，宣示中外。譬诸水也，相其壅塞之无益，而为之川以导其流；譬诸屋也，知其罅漏之可虞，而增之墙以厚其辅。此立宪之通例，而国家之大利，兹尤其时，尤其时也！惟在监国睿裁毅然行之耳！（《张季子九录》政闻录卷三）

国会代表第二次请愿书稿

窃上年冬间，某等伏阙上书，吁请速开国会，蒙温旨慰谕敦勉，跪读之下，感激涕零。某等同具天良，苟时势尚可支持，救国尚有他策，亦安忍渎陈于君父之前，致重贻宵旰之累？惟是细绎朝旨，于宪政期于必立，国会期在必开，其所以审慎图维者，实因筹备之未完，国民程度之未划一。且谓资政院可为国会之基础，故仍期以九年。然某等之所以谓国会不可不即开者，亦正因筹备之不完全，国民程度之不齐一，资政院之性质尚未明了耳。今谨将其理由，为我皇上缕陈之。

一曰欲宪政筹备之完全，不可不即开国会也。

夫有国会然后可以举行宪政，无国会则所谓筹备皆空言。此言骤闻之，似近于激，然证以近两年来之政治，实不为诬。内而各部，外而各省，其筹备宪政，大率真诚之意少，敷衍之意多。观其报告，灿若春华；按其实际，渺如风影。两年之情形如此，推之九年可知。所以然者，因无国会以立于其旁，则人民与官僚声气隔阂。其始也，则行政官不能借重全国人之研究，以决定其施政方针；其继也，则因无国会以编订法律、法规，一切政治无所遵守；其终也，因无国会以为法律上之纠问，则行政官所负之责任，究属有名而无实，有始而无终。

夫朝廷之所以三令五申，督促筹备宪政者，岂非出于治国安民之至诚？若如今日官僚之奉行不力，则国家因筹备宪政，而较之前日财力更困，元气更伤。是吾国日日言筹备，而宪政之利未收，害已先著也。且考各国宪政之成立，惟英国由于自然之发达，其余各国大率模仿英国，并无所谓筹备之时期。而不闻各国以此致败者，良由立宪制度首重机关完备：去其一而取其一，则运用不灵，反以取祸；惟模仿其全体，则有百利而无一害。

人之几经参酌而后得者，而吾国可以顷刻吸收之。稍涉游移，即危国本。夫吾国今日为宪政萌芽时代，即令国会组织未尽适宜，亦属应有之情实。而国会一日不成立，即筹备一日不完全，此必然之势。然则吾国惟其欲筹备宪政，亦当速开国会也。

一曰欲国民程度之划一，不可不即开国会也。

夫国会者，所以演进国民之程度，若不开国会，即人民程度永无增进之日。今以欧美人民之程度，衡吾国民，诚见其不及。若以吾民之程度，参与吾之国会，何遽见其低？夫一国各有特别之历史、政治、风化，即各有其肆应之能力，既不能强彼以就此，更何容抑己以扬人？

且国会制度者，非尽人而参与国政之谓也。世界无行普通选举之国家，必有限制之资格。吾国资政院、谘议局之选举，即系此种限制制度也。于千万人民中，择其少数有程度者，畀以选举权；又于千百人民中，择其少数有程度者，畀以被选权。国家既限制之于前，而犹谓其程度不足，是矛盾其法令也，况国会将来被选之议员，其大半必系曾有官职、有资望者，并非纯系齐民，不过因其为人民所选出，而混称之曰人民而已。例如现在各省谘议局之议员，以在籍之职员为最多。其在本籍为士绅、为人民，在他省即为官吏。前既受朝廷之录用，后更邀乡议之推崇，其程度岂反逊于泛泛之官吏乎？其次则以其有新智识者为多。此种人才朝廷近来亦常破格录用。各部院、各新政衙署，无不纷纷调用，委以重权，岂一旦置之国会中，即虑其程度之不足耶？故以议员概视为人民，因人民程度不及，而并谓议员程度不足者，吾侪小人，不乐闻也。

至各全体议员中，虽不无少数之滥竽，然宪政者多数取决之政治也。少数人程度不足，于事何伤？即如全国官吏，又岂能人人称职乎？夫专制国之人才，专投身于官吏；立宪国之人才，则分布于朝野。欧美各国，无不如此。若以专制国衡鉴人才之法施之于立宪国，则所失多矣。

且求智识程度之划一者，为多数国民言之，其收效在于二十年后之教育；求智识程度之较高者，为少数国民言之，其发端在于现在之政治。窃谓中国亟宜择民间之优秀者，许其参政。其多数之国民，一面普及之以教育，一面陶镕之以政治，庶几并行而不悖。若坐待人民程度之划一，而始开国会，是无其时。然则吾国今日，惟其欲培养国民之程度，亦当速开国会也。

一曰资政院不能代国会之用也。

夫资政院，为上下两院之基础，近于各国一院之制。然细察其性质，又与国会迥殊。君主不负责任为立宪国拥戴元首之良法；而资政院与大臣有争执时，则恭候圣裁，是仍以君主当责任之冲，而大臣逸出于责任以外。行政官不兼议员，亦立宪国之良法；而资政院议员，则有各部院司员，是仍为行政立法混合之机关，况总裁、副总裁较之议员品秩特崇，尤与行政部院之堂属无殊。

夫国家颁一法令，立一机关，先视其组织之若何，权限之若何，而后效力因之而生差异。今资政院之组织与权限皆不相融洽，既不利于人民，复不利于官吏。窃恐开院后将酿成朝野两派之冲突，行政官更无所适从。冰霜所兆，识者忧之，故朝廷既欲实行立宪，必自罢资政院而开国会始。

按以上所陈各节，实与去年冬间所颁之谕旨精神隐合，想在圣明洞鉴之中。抑某等更有请者：方今国中舆论混淆，多有不悉朝廷殷殷图治之苦衷，而怀觖望。或争路争矿，或拒借外款，或攻击官僚，亦恒有走于狂热昧于事实之弊，甚或主持舆论者亦以偏激挑拨之惯技，邀誉于社会。而社会靡然从风，而涵濡于浇漓之舆论中而不能自拔。众喙争鸣，公理湮晦。不独朝廷荧其听视，即士大夫亦几几不敢与闻国事。危象至此，亦由于无国会以统一舆论、训练舆论之故也。

盖专制国无人民参与政治之机关，故舆论散布于社会；立宪国有之，故舆论汇归于国会。舆论散布于社会，故无统一、无训练，其是非淆乱宜也。舆论汇归于国会，则主持舆论者，事事受法律之节制，有一定之轨线，是以定国家之大计，供政府之采纳。

至如国会以外之人民，因有国会耸立于国中，有百千议员参与国政，有确定之责任内阁，彼自不能横倡浮议，鼓动风波。观各国当未立宪之时舆论披猖，既立宪之后民安职守，即可知此会中之妙用。夫天下有道，庶人不议者，因盛世无可议之由。若国会既开，庶人亦可不议，因有议员代表庶人议政也。

吾国近来当道见国中民气稍激，深恐开国会之后，人民据有机关，更难遏抑。此种谬见，恰与世界治理相反。夫英法两国，前日人民要求立宪之时，革命大起，岁无宁日；日本人民当明治初年，亦屡次几成革命。今日英、法、日本之人民，其皆各守法令，各尽职务，何也？国体已定，民心已安，乱机无由生耳。倘吾国能步趋各国之成规，急以国会范围民心，则国家安荣，翘足可待。万一再因循不决，则民情日郁，恐日后虽欲定立宪二字收拾民心，已无及矣。

某等观近今来各省兵变民变之事，至十数起，天下骚然，遇事发难，虽一时暂归于扑灭，终有铤而走险之时。朝廷若无雷霆之举动，以昭苏薄海之生机，恐人心一去不复回，国运已倾而莫挽。大势滔滔，何堪设想？近来人民窃窃私议，谓吾国历代倾覆之危机，与世界各国灭亡之原因，吾国今日，皆已备具，恐国事从此已矣。某等骤聆之，痛恨此种不祥之言，而一转念间，神魂又未免为所搅乱，觉前途一切之惨象，时悬悬于梦寐中，故今日不得不妄陈圣听，伏愿我皇上念祖宗附托之重，体先帝求治之怀，祛屏浮言，从速颁布国会之诏，以国家之安危与四万万人共之，则某等虽

冒犯忌讳，身膏斧钺，亦所甘心。国家幸甚！宗祖幸甚！（《申报》1910 年
6 月 14 日—17 日）

送十六省议员诣阙上书序

宣统元年九月朔日，皇帝承先帝立宪之诏，令二十二行省谘议局同时成
立。开会之始，即闻东三省及传自海外之警告。于是交通较便之省，凡十
有六，其议员函电咨询，交驰午错，痛外侮之剧，部臣之失策，国势之濒
危，而人民之不可一息即于安，不介而孚，万声一语，于是合谋上书，请
速开国会，建立责任内阁。谘议局既闭会，相约以十一月上旬，各推代表
集于上海，先后来者凡三十余人，就预备立宪公会日共讨论，谋所以纾国
家之难，而称先帝明诏立宪，使人民参预政权之盛悟。会湖南罗君、刘君
宣示、善化徐君断指请开国会之血书，殷赤淋漓，众咸感泣，益思亟行，
乃定十五日大会，十六七日分道即发。謇既设祖帐，饯诸君子之行，而耿
耿之私，不能已于言，乃于会次离席再拜而致词曰："悲乎哉，二千年沉暗
之人民，今乃得以与忧国家之忧为大幸乎！诸君子之行也，有非而笑之者
矣。"其一说曰："国宁至亡？亡国为兵连祸结之终局，庚子一哄，金瓯无
恙，今奚所睹而无病而呻、而曰国会？"其一说曰："国会非枪非炮，非雷
非舰，不足救亡，徒自扰攘。"其一说曰："国会名义爱国，防圉侵害，或转
召亡。"其一说曰："立宪云者，涂饰黔首耳目之具耳，谘议局范围且日隘，
何有国会？欲速且长，猜必无效。其一则以为国亡有任其咎者，何预人事
而为分谤？"凡非之说如是，是之者又从而劫焉，谓不请则已，请必要于
成，不成不返。又激者则谓："不得请，当负斧锧死阙下。"是非庞杂如是。
而徘徊其间者，则以为国亡非政府所恤，议员既负十六省人民代表之责，
而上书之议员又代表十六省议员之责，居三累之上，当孤注之危，成非奇
功，不成奇辱，进易而退难。是说也，若甚持重，而消沮之力尤大。謇，
一议员也，旬日以来，从诸君后，饫闻诸君之论议矣，则请为诸君正告之
曰：中国二千年来，亡国之祸，史不绝书。秦始专制而享祚最促。一椎大
索，三户崛兴。亡国之民，其魂魄激于兵锋之惨，愈郁而祸愈烈。下此则
有玉步未更，而故老遗民结其禾黍故宫之痛，寓托篇章，传之子孙，或百

年或数十年而不能尽泯者。故有形之亡国，国亡而民不尽亡。今世界列强之亡人国，托于文明之说，因时消息，攘人之疆域、财政而尸其权，而并不为一切残杀横暴之劳扰，使亡国之民魂魄不惊而詟服于其威权之下。故无形之亡国，国不必遽亡而民亡。至于民亡，而丘墟宗社之悲，且将无所于托。此其祸视我昔时一姓覆亡之史何如？诸君则既心知之矣！幸而先帝之明，上师三代，旁览列国，诏定国是，更立宪法，进我人民于参预政权之地，而使之共负国家之责任。是古之君子所谓"国之兴亡，匹夫有责"之言，寄于士大夫心口之间。今之责不必士大夫，而号称列于士大夫者顾或逶焉，而可无疚于心乎？君子之立言也有经有权，必明乎经之所在，而后不谬于权之用。朝廷以义使人民共任国家之责，人民亦以义奋而任其责，所谓经也。视国之濒于危而虑其亡，而谋所以救亡，"其亡其亡，系于苞桑"，圣人之言也，所谓经也。外审势之所灼，内度言之所宜，庶几达请愿之意而无所阻，则权也，而不戾于经也。必挟逆诈亿不信之心，亵视朝廷，以为欺我者以欺应之。经亦有言："诚能动物。"诚不至者，物容有不动。未有相市以不诚而期动物，而独可以不动咎物者也。愿我人民之立于诚，而诸君之积诚而进也。闻诸立宪国之得有国会也，人民或以身命相搏，事虽过激，而其意则诚。我中国神明之胄，而士大夫习于礼教之风，但深明乎匹夫有责之言，而鉴于亡国无形之祸，秩然秉礼，输诚而请，得请则国家之福，设不得请而至于三、至于四、至于无尽，诚不已，则请亦不已，未见朝廷之必忍负我人民也。即使诚终不达，不得请而至于不忍言之一日，亦足使天下后世，知此时代人民固无负于国家，而传此意于将来，或尚有绝而复苏之一日。是则今日之请，迫于含创茹痛，就使得请，无所为荣。得请且不足荣，则不得请之不得为辱，可以释然矣，又何为而必死？彼摇唇鼓吻以智自命之流，直心死耳。昌黎亦云："小人好议论人，不乐成人之美。"诸君行矣！不知明年何日，复饯诸君于海上。（《国风报》第一年第二期，1910 年 3 月 20 日）

佚　名

国会请愿同志会意见书

吾国今日怵于内忧外患之纷乘，魂梦徬徨，泪血涔渍。上则伏阙陈书，下则缔群置社。佥谓为救亡之第一策略者，非速开国会乎？

夫速开国会之可以救亡，稍明政治学者类能言之。但明哲能相喻以心，庸众或未能相说以解，则吾侪不能不将此事之利害，缀为绪论，宣示海内，齐大众之聪明才力，群趋重于此一途。凡人之欲缔造一事业也，必其利害之识解既明，必力乃能坚定。筹画之精神既淬，规模始克久持。后海先河，始简毕巨。此各省要求速开国会者，有同志会之设，而意见书所由刊布也。

虽然，同志会者为政治结社，而与政党相近似者也。此等结社，在东西各国，其灏气英光，激越于朝野上下，人人视之，觉其与国家之关系，有如人生与菽、粟、水、火之不可一日离。若在吾国，则知之者尚鲜。兹者，同人无似，乃欲吸纳欧风，普被吾国。任重道远，力薄势孤，非共矢血忱，广征声气，斯道无由光熙。呜呼！国步艰难，靡所底止，卬须我友，黾勉同心。倘国人果能一旦挽回天厄，感动君心，国会即开，人心大定，前途荣幸，何以加兹！是在同志之乘时奋勉而已。爰揭三大论纲而叙述于后。

一曰：吾国若能速开国会，可革一切贫弱之根源。

夫吾国贫弱之原因虽多，然其大要可约为三。一在君民情感不通，一在官僚不负责任，一在财政困窘。而万事丛脞，悉由此起。倘能速开国会，则以上数弊皆可免除。或者谓各立宪国不能聚国人议政于一堂，何以开国会而君民即不隔阂？国会非行政部院，何以开国会而官僚即能恪恭将事？国会非生利事业，何以开国会而财政即能丰裕？以上疑问，人多茫然。谨以次辩明如下：

首论吾国若能速开国会，即无君民隔阂之弊也。吾国近来上下隔阂之弊，虽较前稍轻，然与各国相衡，则迥有文野通塞之异。秉政者，因循鄙陋，事事足以隳败朝廷励精图治之盛心，激动人民赴火蹈汤之狂热。以致怨毒积于人心，忠爱郁为孤愤。故抱道自重之儒，多不欲为朝廷用，破格拔擢，亦归无灵。而恢奇磊落之彦，更回翔排荡，欲别树势力于一途。流风所播，故各省士绅争路、争矿、争立宪、争外交权利，几乎日有所闻。奔走呼号，群情惶骇，若皆有傺焉不可终日之概。且各省或兵变或匪乱或饥民煽动，亦时露挺〔铤〕而走险之机。此种情形，各国谓之惶恐时期，为颁布紧急命令、豫备戒严之时期，最足以扰成变乱者也。而吾国则日日有此危象，当道反熟视若无睹焉。吾侪偶一思及，毛骨竦〔悚〕然。夫吾国之所以酿成此乱象者，岂君有暴政耶？抑官民之无良耶？实由于有司擅虐，君恩壅于下宣，民情阻于上达，有以使之然也。窃谓吾国若欲消弭君民之隔阂与官吏之压制，而收拾已去之人心，除速立宪外无他法焉。盖专制政治皆主独裁，其执行政务者惟官吏，人民则全退处于俯承命令之地。是君主与官吏有关系，与人民无关系，其官吏能擅威福宜也。若立宪国则有三种分立之机关。其最要机关即为国会，其下院议员即选自民间者，与行政部同立于君主统治之下，各有宪法之护持。例如君主发布命令，则交议院公认，议院编纂法律，则呈君主裁可，是君民常相接洽。且议院对于君主有上奏建议之权，对于人民有受理请愿之责，尤为上下交泰之符。夫议员者，人民之代表也。议员与君主既如此之联属，即全国人民与君主息息相通。此立宪国根本结合之坚，与专制国大异者也。吾国速开国会，士民既有议政之权，忠爱油然发生，自当受国法之检束，断不至东奔西突，逸出范围，以倡横议；而全国人民亦觉既有代表参与政治，彼亦各安职守，不至出位代谋。是国会一开，四海归心，国是大定，人人沐宪政之福矣。故吾国召集国会早一日，即早收一日之人心；迟一日，即增一日之荆棘。且即为保存君权一事起见，亦当速应人民之要求。考各国宪政演进之前史，即可知之。日本于民气未甚决裂之时，而能早布宪政，故君权独尊于各国，藩阀政治保存至今。英国人民要求国会，前后亘三百年，王权民权互相搏击，国王屡革弑，议会屡解散，而始确定宪法，致君权大被削夺，其政治流为议院政治，内阁流为议院内阁。法人要求立宪亦数百年，而为君主、贵族所钳制，激成屡次大革命，其后国民议会竟废去王位而行民主政治。综观以上三国，其应人民国会之要求，惟日本最早，故君权最尊；英国较迟，故君权甚微；法国更迟，故人民一跃而掌握国权而竟废去君主。追维往史，得失了然。

　　夫吾国民性本极纯良，而朝廷之深仁厚泽，又足以覆育之，似不至如欧、美人民有暴起之事。但国会早开一日，则民气更早平静一日，君权更早确定一日。寥寥数十条宪法即可纳民于轨物中，又何必迁延不决，必欲民情破裂之后，而始图挽救乎？若既经破裂，则颁布宪法时或即大起纷争。需为事贼，时不我留。此吾侪所以为当道深虑之。

次论吾国若速开国会，即无官僚不负责任之弊也。夫立宪国之所谓责任内阁者，指内阁对国会负责任而言。若徒云对于君主负责任，则官吏赏罚黜陟之权固皆操自君主，不患其对于君主不负责任。如此又何必创此责任内阁之一新名词耶？既云对国会负责任，然则无国会之国家，即为内阁不负责任之国家。全国政务无所统一，质言之，即无人负责任之国家。此非官僚尽非贤明，不欲负责任也；实因各部政务之权限既不分明，又无一人绾连带责任之纽，故不知各部责任如何负起、全内阁责任如何负起也。若立宪国，则国会为监督内阁负责任之法定机关，其官僚若不得国会之拥护，即无组织内阁之资格。虽云组织内阁，其名义出于君主之任命，然必其人为一党派之领袖，然后各部大臣能极一时之选；必其人能树势力于议院，然后行政不至受人之掣肘。君主虽欲私其爱憎，不可得也。盖完美之立宪国，其总理大臣组织内阁时，即须提出政纲、政见，宣示议院，求表同情；中间又须受议院之质问、诘责；若果有失政，又不能不受议院之弹劾；甚或因不能得议院多数人之信用，一议案之不能通过，一责任之不能解除，其内阁即动摇，或竟须辞职让贤。有此强大之监督机关，纠之于其旁，故内阁非纯粹负全国之责任不可，其大臣非确有才识资望不能当国。此立宪政体晶莹坚粹之特质也。

或者谓议会权力如此之大，不免妨碍君权之神圣。曰：不然。立宪国之议院与内阁，同为受君主之支配，掌理其国权之一部，有何厚薄轩轾于其中？倘议院与内阁有纷争，君主或欲解散议院，或欲解散内阁，皆可审度时势，衡量是非，以行其志。议院既不能直接进退内阁，尤不能要挟君主命总理大臣辞职。然则议院之权力纵大，仍是起伏于君权作用之中，何能妨害君主之神圣耶？且大臣如能通权达变，不难投身党中，收为己用。例如：英、美内阁大臣与议院之联为一党，何尝易起衅端？故吾国若速开国会，既有节制议院权力之法，复可督促官僚之负责任。全国政务灵活敏捷，如身使臂、臂使指，恢恢乎有整齐利导之余地。舍此则别无使官僚负责任之道。欧、美各国研究政治亘数百千年，学者殚精竭虑，人民杀身流血，始得此国会监督内阁负责任之一法制。周行示我，入圣出狂，愿国人毋徘徊却虑焉。

次论吾国如速开国会即无财政困窘之弊也。夫天下无论经营何事，必恃有财源以资接济。私人之生存如此，国家尤甚。倘国家财政紊乱，则万事悉障阻于冥冥中，内忧外患相逼而来，国其不国。周以冢宰制国用，唐以宰相兼度支。吾国前代之重视财政，典册具在。今世各国，其萃全国之聪明才力以谋整理者，即此财政。或以军备握世界之霸权，或以实业左右世界之大势者，皆此国内财政磅礴郁积使之然也。吾国承历代之弊，财政紊乱，不可究诘，此国家贫弱之大原因也。近来朝廷知财政之关系国家荣枯，极为密切，乃正度支部之名称，厘正部内各科之职守；近来又曾奏派监理财政官，分往各省清理财政；以次又将清理盐务，此皆前此未有之创举。

夫欲整理财政，若不先察本国财政积弊，则无论采用何国之完美财政制度，皆无所适，故吾国清理各省财政，为最得先后缓急之别者也。虽然，清理云者，不过为整理财政之创始，若日后实行整理，则节目浩繁，万非今日智识有限之监理官所能尽识。例如：划分中央财政与地方财政，制定国家公法收入与私法收入，收回税权，厘正税则，定币制，募公债。荦荦数大端，皆非由国会议决，酌别取舍，编为法规，不能浃于民情，垂诸久远。况欲整顿财政，则必增收租税，如此则互相关系之问题极多，皆须同时解决，尤非官僚一派人所能运用其机轴。是非速开国会，聚全国代表而共讨论之不可。盖租税者，人民之膏血也。欲多立名目，吸取人民膏血，非得人民之同意，决无其他苛敛之方。倘苛敛则大乱即蜂起，危及国本矣。欧、美各国于前代征收租税时，曾屡激成变乱，故特召集国会，畀以监督财政权。按监督财政权，其必规定宪法不可缺少者有三种：一为豫算案之决议，二为决算案之承认，三为额外支出之追认是也。如能实行此三种监督之法，则国费必用之于国利民福之一途，无甚枉滥。人民信用既深，故踊跃输将，无所于吝。且既得国法之保护与奖励，则人民生财之途大辟，国内国外皆其竞争经济之市场，生利事业欣欣向荣，故国家虽以大负担加于其身，亦足以挹彼注兹，此立宪国授国会以监督财权之妙用也。且吾国清理财政章程，原期以三年蒇事。今期限已去其半，再历年余，清理告终，即须将全国财政困窘实情公布天下。若无国会，将凭何种机关以完公布之手续乎？倘徒云由朝廷降旨宣布，似难激发人民以急公赴义之血忱也。夫费数年清理之力，而不能使人民洞悉其中利弊，以整理国家财政，然则其清理之宗旨安在，殊所不解。考埃及、印度之亡，由于财政穷蹙，法国革命之起，由于财政紊乱，而深为吾国前途股栗焉。窃恐迟日召集国会时，议员对于财政一事即将轩然波起，不复可平。况各国监督财政之耗，或竟成为不祥之孽乎？

二曰：吾国事实上有决可速开国会之理由。

夫吾国官僚反对速开国会，其昌言于朝足以淆人听闻者，有三种言论：一谓资政院与国会相似，一谓人民程度不及，一谓豫备各事尚未完全。而速开国会之机为之摧挫，似是而非，不可不辩白焉。

首论吾国资政院与各国国会，其性质绝不相同。或有谓此事无须剖辩者。此自名为资政院，彼自名为国会，一为专制政体之议政机关，一为立宪政体之监督机关。今日人民之所以请愿速开国会者，正欲易专制政体为立宪政体，而要求其早日实行，餍天下臣民之望。岂不知资政院与国会截然二物者，奚辩为？然吾国近来主持宪政之大臣所挟为反对速开国会之论据者，不有曰"资政院可以代国会"乎？不为剖辩明析，转恐足以隳要求速开国会者之心志，而淆乱吾国民之耳目。此所谓就问题而作答案也。且非徒论列两物之异同而已，并剖辩两物与国家相关之利害，或可使当道瞿然惊悟，而亦借以为鞭策吾国民之一助焉。阅者深察下文剖辩之内容可也。

按立宪国国会之所以能监督行政而不被蹂躏者，首在君主不负责任，纯以国会与内阁相对待也。故君主对于国会，只有不裁可所议之事之权，绝无强迫以遵命议事之权。盖国会所以能实行监督政府者，虽恃有积极之权力，而尤恃有消极之效力焉。例如：法律案之否决，豫算案之削减，超过豫算之决算案之否认，凡国会所不协赞者，政府即不得而施行之。故当国会与政府有极端冲突万难调和之时，君主或命其停会，使之反省，或因而解散之；不然，则听大臣辞职，从未有指定办法，强国会以必从者。虽日本宪法所规定，有"天皇裁可"之条，然亦谓裁可其已通过之案，非能强否决之案而亦裁可之使施行也。今吾国资政院则不然。按其章程第十五条有"请旨交议"之文，是议案之提出，全以君主之命令行之。而其第十八条所规定，至有大臣不以资政院所议之事为然，则分别具奏，恭候圣裁。夫曰"候圣裁"，则是行政官已逸出责任外，而以君主当其冲矣。吾恐各部大臣虽如何溺职，议员虽如何攻击，而行政官仍可径行其志，而资政院将等于具文。万一圣裁之后，议员陈述异议，则章程第五十三条之效力生，谓资政院为有轻蔑朝廷情形而谕令解散矣。资政院易于解散，而大臣地位益巩如磐石，然则资政院惟有仰伺大臣之颦笑而已，奚用是扰扰为？且夫立宪国君主之所以圣神不可侵犯者，非以其不亲政务，有大臣代负责任、代分劳怨乎？今以资政院章程观之，直以君主代大臣负责任，代大臣分劳怨耳，则何其颠倒错谬与立宪国家适成矛盾乎？夫臣民之最当爱戴者，厥为君父。今稍遇危难，而即退处于原被［动］地位，而以君主为之裁判。幸而裁判悉当，固颂天王圣明；不幸百密之际偶有一疏，或一徇政府之请而抑资政院，则国民必移其不信任政府之心而丛怨于君主。怨毒之积于人心者日益深，上下暌离，而国本动摇矣，其危及于国家之前途者何如也！此资政院性质与国会正义相反者，一也。

又各立宪大国，其国会皆采二院制。惟德意志帝国无两院之形式，然有联邦议会以调和之，足以隐收两院制之妙用。况联邦组织与寻常国家原异，吾国万难援以为例。此外惟德意志之各小联邦有采用一院制者，因其国小而行之无弊也。又如近来学者及英国政治家虽有主持一院制之说，然其意欲汰去贵族院之一阶级，非谓混合两院为一院，此不可不细绎也。吾国将来之国会，如有主张一院制而不承认上院者，吾侪谁不欢忭？若如今日混合上下两院为一院，则又远不如采各立宪大国二院制之为得也。

夫各国何以皆采二院制耶？其第一理由即欲两院各表见其本来之精神，不相牵杂。若吾国资政院则性质极晦。以全部议员论，则为官民混合；以民选一部议员论，则为地方代表。意志不浃，识解各殊。因官民混合之故，则将来院中豫备议案将两不相谋。开议时，不知赞成者为何派人，反对者为何派人；议决时，必难得正确之解决。因地方代表之故，则彼此所研究之利害，多重地方而轻中央，非谓议员本有代表地方之性质也。因彼初自田间来，不能详悉各省之情势，而又无统一之党派使之投身研究，故其流弊必至有代表地方之现象也。夫各国议员之所以有统系的智识，知以全国利害为的者，因有政党之训练故，因多有以政党为本位而后被选为议员故。

今资政院中民选一派议员，既以各省谘议局为本位，则无政党发生之余地，其议员不知注重全国利害，明矣。虽然，研究至此，政府或反幸资政院之可以打破民党，而自喜其用计之工。然抑思政党者，议会之产物也。主张资政院办法者，纵能制中央政党之发生，然各省既有谘议局，其能挫地方党派之锋乎？地方党派之贻害于国，当于本书后节论之，不知当道亦有所会悟否？且即代官吏派议员筹之，亦极有害。盖资政院混合官民于一团，意见既难一致，则接触益多，感情益裂，朝野两派将从此各树敌帜，政府中将无人可以维系民党者。立宪国之大患在此。故当道即为保护官吏计，亦当速开国会以遏朝野两党决裂之机。倘必糅而合之，纷争其有艾乎？此资政院与国会正义大相反者，又一也。

又各立宪国国会之议长，系就议院选出之数人中而敕任之，是议长本煦育于议员之中，体制毫无轩轾，且多有即为一党派中之领袖者，故议长与议员情感相通，政见相同。今资政院之议长、副议长，即系原有之总裁、副总裁，论其地位则纯由特旨简放，论其品级则为王公大臣及三品以上之大员，与议员阶级悬殊，不相接洽，若行政部院之有堂属者然。倘议员与行政官有辩驳时，彼以纯系官僚之故，必与行政官气求声应，而使议员之权力不伸。考各国议院，如上奏君主时，原以议长为总代，全体议员无从叩谒堂陛。今资政院之议长如此，是下情不能上达，虽云天王明圣，断难尽悉隐微。议员其有幸乎？此资政院与国会正义大相反者，又一也。

合观以上所辩各节，则资政院之设，非徒人民所不满志，且不利于国家全局，不利于君上，不利于官僚，必演成他日种种破裂，恐为主办资政院与编订资政院章程者意料之所不及，非吾侪之好为危言也。其余章程中之误谬处极多，兹不及详辩。

次论吾国人民无程度不足之虑。按吾国政府反对速开国会者，多持人民程度不足之说。此中亦分公私两派心理。其存私心者，不必究论。若其存公心者，因眩于各立宪国之名义，以为吾民程度猝难运用此种政治，与其欲速而不达，无宁循序以图功。此派心理固非徒限于官僚，即在野士绅亦多有之。夫此派人为今日朝野所倚重之人，或即为他日党派所拥戴之人，凝重光明，最足启人敬爱，特其识解稍囿，吾侪当有以匡告之，度亦贤明者之所乐闻乎。盖人民程度之足与不足，非可虚揣臆测，必当有一物以为准绳。权然后知轻重，度然后知长短，理固然也。今谓人民程度不足者，不知以何物为权、何物为度。若持欧、美人民之程度，以衡吾民之程度耶，则吾国之国会，非以之监督欧、美政府者，所谓不成比例。且返叩吾国官僚之程度，与欧、美政治家之程度又如何乎？若持吾国官僚程度，以律吾民之程度耶，则吾侪纵不有意抑官而伸民，然既同为一国之臣民，同受一国历史、地理、政教、风俗之感化，未有朝皆俊杰、野无贤才也。且吾国素非贵族政治，公卿皆出于韦布，衮衮诸公当其未释褐以前，及既解组以后，固纯系等诸齐民。前后犹是人也，岂即入圣出狂、入主出奴耶？此固极平心静气之理论也。若稍持人民程度与政府挈论长短，则万言难罄矣。

兹择其概括者言之，则吾国之风气，原皆启发于地方，而养成于士夫。十年前主张变法维新，启沃君心，浚发民智，开今日宪政之幕者，伊何人？十年来主持全国风气、矫正舆论、发扬国光，以维持国家权利者，伊何人？吸纳世界智识、研求专门学问、吐宪政之菁华、握改革之枢纽者，伊何人？此固事实之炳若日星，不待辩说而自明者。若谓其所谓人民者，指一般不识不知之人民言。然国会中之议员，固由人民所选举之代表，遵守国家法令，限有一定之程度者，非人民皆可为议员。且选举议员之人，亦有法令上之限制，非人民皆可选举议员。两重限制皆极严明。梦梦者流，纵不知各国有所谓限制选举之制度，然岂未闻现今各省谘议局及城、镇、乡地方自治之有选举章程乎？又岂未目击今日资政院议员之选举亦有定章乎？夫既于千万人民中择其少数之有程度者，畀以选举权，又于千万人民中择其少数有程度者，畀以被选权，然则又何有人民程度不足之虑耶？按士为四民之秀，为吾国之恒言，今议员即四民之秀者，何独至今日即等诸不足齿数之列？此真淆乱国是之妄言也。且即就与国会性质相类之事证之：如各省谘议局议员，自筹办谘议局，以讫谘议局开会闭会，其所办理之各事，皆吾国日前未有之创举。然而各省议员，处之裕如，各有条不紊，亦足以表示人民程度之足。夫一省议员既能运用一省之议会，而谓一国议员不能运用一国之议会，吾不知其界限何在。虽然，此种辩驳，吾侪曾屡著论，宣之国中，不须备述。今固只择其荦荦大端言之耳。惟冀当道袪其反对宪政之锢疾，反省其己身之才学智识，则必有豁然贯通之一日，而不复敢轻论国家大政也。

次论筹备宪政各事无所谓不完全之虑。按筹备未完全之说，亦反对速开国会者之一种口实。吾侪诚不知其所指者为何事。然就九年筹备案内所列各事观之，其与召集国会有密切关系、非筹备完全不能开国会者，不过数事。且此数事，并无必须长时之筹备者。例如宪法者，为国会权力之渊源，应颁布于开国会之前，固也；然吾国将来无论其欲采钦定宪法，抑欲采协定宪法，编订皆易从事。盖宪法者，根本法也，固定法也，与一切单独法、特别法、手续法大有繁简之不同。荦荦数十条成文，即可确定君主之体制与权力，即可规划臣民之权利、义务与各种机关之权限、职务，其余细目，皆可列之于他种法律中。公法学者谓宪法最贵浑简，最贵有伸缩力，此深明宪法与各种法规之区别者也。况今日一般舆论多有主持采用协定宪法者，推其用意，以为宪法若纯由钦定，则将来人民必常倡改正之议，反以牵动国本，故不如采协定宪法之可垂诸久远。协定者，由政府起草，交议院协赞之谓也。倘政府果能采纳此说，则吾国一面召集国会，一面编订宪法，更易着手。余故曰：无论采照钦定宪法与协定宪法，编订皆易从事。

次如议院法者，为规定议院一切组织与省议员之职务、权限之一种法规也。诚哉，当颁布于开国会之前。然议院法者，实质法也，性质明了，作用简单，无学理之可研究，按照议院之各事实，随手即可编成。若搜集各国议院法而参互考证，则可更增完备矣。

次如选举法者，为规定选举区、选举权、被选权及一切选举事务与秩序之法规也。其当颁布于开国会之前，与议院法同。若其划分选举区域，调查选举资格，举行选举手续，性质极杂，办理极难。且每次施行，须有多数官吏管理，扰动全国耳目，造端宏大，若一事未臻妥洽，则编订选举法者无所凭借。诚哉不易从事，非议院法之比，此吾侪不能不承认者。然而吾国于此问题，亦有绝大之机会。因各省谘议局已于去年开办，如调查选举资格、规画选举区域、举行选举手续等事，全国已大具规模。且人民已有选举上之知识与经验。纵云其中各节未能悉臻周洽，然凡事创始极难，改良极易，既有各省谘议局为之先河，则国会选举事半功倍。倘吾国未曾先开各省谘议局，而一旦欲开国会，诚非二三年不能豫备就绪。今何幸各省热心志士，筚路蓝缕以启山林，而中央按辙循涂，坐收后效。倘当道诸公犹谓国会难于速开，夺海内殷殷望治之魄，非惟理之所不顺，抑亦情之所难安也。

次如豫算案者，为政府对于国会所首先提出之重要议案，诚哉应豫备于开国会之前。夫以吾国财政如此紊乱，而各省清理财政又未告竣，此豫算案似极难于编制。然而亦无难也。盖清理财政与编造豫算案，其精神上虽有密切之关系，其性质与事务实划分而不相淆。因吾国清理财政者以稽核现款、截清旧案为要图，编造豫算案者以推算次年全国岁出入总数为主义，一为改革财政根本之计划，一为审筹国用短时之出入，原属两物，不能因财政清理未终，遂谓豫算案无从编成也。况清理财政照部章所定，距今不过年余即可蒇事，度支部即可据各省报告分册汇成全国财政总编，决非难事。且查度支部奏遵拟清理财政章程折中有云："分之为各省者，合之即为全国之岁出入，条理井然，而全国之豫算案乃成。"绎此奏章，则清理财政告终之日，即全国豫算案告成之日，度支部固已承认矣。然则国会何以不能召集于一二年之内乎？若谓清理财政未臻周洽，则度支部于奏请截清旧案中有云："尘牍山集，纷如乱丝。"如此则虽延至宣统八年，恐清理亦无周洽之日。夫国会议员亦只求今后之岁出入不紊乱而已，决不至吹求旧案，责难当局，以负部臣开诚布公之初心也。

按以上系为开导政府之疑难立论，因恐其心有误会而坚拒国会之速开。若自法律言之，则无论国会速开与否，政府于今日，始终当编造豫算案也。盖资政院章程第三条，曾订明资政院有议决国家岁出入、预算、决算之权。岂度支部能不遵此定章耶？又岂将此事具奏上陈、恭候圣裁，不提出豫算案，使君上之政令自相矛盾耶？由前说言之，则预算案无难提出；由后说言之，则纵不速开国会，豫算案亦当实行。此国人所当注意研究者也。

以上四节，所谓宪法、议院法、选举法、豫算案者，皆可从速筹办于开国会之前者，文中已详言之矣。若夫此外各事，皆可举办于开国会之后，且非开国会则各事无可举办，稍明治理者皆能详悉焉。倘果能举办得宜耶，则国家大政由政府诸公主持足矣，何必再开国会耶？世界各国又何必创此立宪政治耶？愿国人深长思之！

三曰：吾国人若欲速开国会，当有政党之预备。

今世各国无不趋重立宪，立宪国家无不倚重政党，人多知之。夫政党之发育也，大率有两时期：或在国家将立宪之时，或在国家既立宪之后。因将立宪之国家，必渐洗除专制之毒政府，显认人民以参与政治之权；人民亦勃生集会结社之志，而政党乃得应运而兴。此谓为将立宪时之政党。若夫其国家既立宪之后，则政党之发育更大，功用尤宏。国会为政党所操纵之物，固不待言。其甚焉者，则国中政治蔚成政党，政治内阁蔚为政党内阁，人才悉辐辏于其中，互起伏以当政局。如英如美，其最显著者；如奥如意，其次焉者。此谓为既立宪后之政党。按前之政党，亦可谓为养成宪政之政党；后之政党，亦可谓为被宪政养成之政党。

综观以上两种党派，虽后之政党声势磅礴，可以显握国权，建树伟大，然使无前之政党，艰难卓绝，开其先导，则将并宪政而亦不能成立，何有于以后政党发育之余地？水源木本，功不可诬。况政党者，最贵历史久长，根蒂深厚，以训炼党人之智识与经验及吸收国人之信用者也。使一党既成立之后，内不破裂，外无大敌，则绵延无已，可与国运相终始，以继续掌握其政权，较之崛起新建之党派，其声光之大，迥不相侔，固非谓立宪前之党与立宪后之党必划分为两物而不可缵承其绪业也。例如：英国之统一、自由两大党，发源于三百年以前，美国民主、共和两大党，成立于各州宣布独立之初；日本政友、进步两大党，一由于自由党所改造，一由于改进党所改造，亦创始于明治初年。观各国大政党，能以党帜组织内阁与占议院之多数者，皆有历史上之根据，非偶然结合者所能比拟。故各国先觉之士，于国家将立宪之时，无不争先标立党派，以一面督促宪政之成就，以一面养成党内之丕基，真卓识远见也。

夫吾国今日固为将立宪之国家，吾侪处此时期，理当仿效各国之先达名贤，谋立政党。虽然，政党之地位与其精神固非一蹴所能几者，理当组织其类似之机关。故吾侪在各省既陆续组织国会请愿同志会，而今日更在都中组织国会请愿同志会总会也。夫既标明为国会请愿同志会矣，则俟吾国召集国会之时，吾侪即当改变此会而作他图，故今日不敢谓此会为纯粹之政党。揆之党派之定义，此可名之为政团，然与政党之性质亦相去不远矣。故深愿国中同志，共集于此会中而宏济大业。虽然，政党一事，在东西各国视为庸言、庸行，凡抱政治思想者，无智愚贵贱，莫不投身从事。若吾国人之对于此事，则虽贤达之彦亦皆疑信相参，萦心于利害之两说，而不能决然尽力。此由于吾国人未目击宪政之实用，故并此与宪政相倚伏之政党而亦不能深知，理固然也。兹者，同人学识谫陋，虽难道其精奥，然就吾国今日之实情，发明政党关系之重大，以与国人共讨论之可也。其他理论，则有各国之国法学、政治学、国会史、政党史在，非此书所能侈陈焉。

夫吾国人欲速开国会，何以必须有政党之豫备耶？盖立宪政治号称多数政治，则督促此宪政之实行也，亦当以多数人为依归。然徒云多数，势甚涣漫，则必需有一结合之机关。政党者，即结合多数人督促宪政之机关也。故政党成立后，宪政乃能从速实行。且宪政者，大抵为官僚所不慊，若无政党表示其热心毅力，以盾其后，则虽云政府已承认立宪，仍将出以迁就、敷衍，久之而专制余威将翕辟开张，反污立宪之成命，如俄、土即其例也。然此系就政府一面言之耳；若夫人民之一面，其必需有政党之处尤多。试就吾国人民情形约言之于后。

一吾国今日若有政党，可以集合多省人士以扩充请愿之声势也。考日本人民要求国会之时，国中九十余团体联合而为总要求，常驻东京之代表类数十百人，各地请愿书达于元老院者凡七十余通。全国靡然从风，政党满布国内，而日本之宪政乃始成立。今吾国之土广民众，十倍于彼，乃请愿书之达于都察院者不过数通，加入请愿之团体不过二三，以此视彼，判若霄壤。此虽由于吾国交通梗塞，人民政治思想薄弱，然使吾侪能激发血忱，组织政党于中央以为号召，复有多数同志专往各省极力开导，使之共晓然于国会与国家存亡之关系，则积诚所感，全国人亦将风起水涌以为后援。请愿书亦可增至数十百通，总要求之团体亦可以数十百计，非至难之事也。例如日本，当时主持请愿之领袖亦不过十余人为最有力，其主持请愿之机关亦不过一二大政团为最有力，此外皆系被动者。今返观吾国，则何省皆有谘议局与教育会、商会之成立。近来吾侪在各省又渐设有同志会，而国中之小政团亦必逐渐林立，合而计之，即数十百机关也，皆可各举代表上书请愿。又安见吾国人要求国会之声援，不能与他国媲美耶？是惟在吾同志会中人之奋勉何如耳。况日本当时，其君主、贵族原不欲立宪，故人民之要求也，非有极大之声势不可。若今日吾国，则朝廷久已颁布立宪之诏旨矣。吾侪所续求者，惟在时期之缩短，收效甚易，原不必胶执日本之陈迹，谓必鼓动全国，然后能得朝廷之俞允也。倘可以和平从事，则以不伤朝野之感情为最幸。此同志会成立之理由一也。

一吾国今日若有政党，可以养成他日大党之精神与其基业。夫政党最贵有根蒂深厚之历史，文中已略言之矣。然所谓根蒂深厚者，非必以一党名与主义贯注终始，即中途而有改变党名、改变党纲之时，亦无所妨碍其历史。例如英国之所谓保守、自由两大党者，其前日之分合变迁亦极复碎。在十八世纪中，或此党分裂而成他党，或他党中之一派别而加入彼党，数见不鲜，然皆始终能成两大党之精神与其基业。又如日本明治初年，有所谓爱国公党、爱国社、国会期成同盟者，后曲折蜿蜒改为自由党，今又改为政友会。又有所谓嘤鸣社、东洋议政社、鸥渡会者，后曲折蜿蜒改为改进党，今又改为进步党。虽其中屡兴屡仆，参伍错综，而始终亦能成两大党之精神与其基业。就此观之，则同志会变迁之前途纵不能逆料，然使能吸纳多数人物于其中，互相渐摩砥砺，更以培养后起之人才，则日后主持国中各党者，必多为吾侪感情惬洽之人，则吾国中党争，始终不至过于激烈。且惬洽既深，政见一致，多数人即可长为一党之行动。而同志会或即可养成一大党之历史，后日可与他之大党互相提携，如英、美之有两大政党者然，而吾国乃无小党分裂、阻碍宪政进行之患。此同志会成立之理由二也。

一吾国今日若有政党，可以消弭地方党派之弊害。按吾国因幅员寥阔、交通阻隔之故，各省人视本省之利害较为密切，多置全国利害于后图。况现今各省谘议局成立之后，而地方党派更有潜滋暗长之势。良以国会未开，无结合全国党派之事实，故各省人只好退处地方谋立党派，以图省治之整理，此固有必至之符者。今吾侪既于一面要求速开国会，一面又组织此会，则树厥风声，各省人士必破其狭小之制度，而共襄此远大之规模，以消弭前途无穷之祸。盖地方党派，其为害之最大者，可使国势分崩离析，盘旋沦落于外人之权力中，主权一去不复回，外人均势之问题起，全国或即因而瓦解；其害之小者，亦必各地方各分握国家主权之一部，尾大不掉，中央政府将退处于无权。今吾国情形实有此趋势。倘国人欲巩固国权之统一，则必先图政党之统一。此同志会成立之理由三也。

一吾国今日若有政党，可以矫正国中一切不正当之舆论。按吾国近来之舆论涽乱极矣，非驰于偏激，鼓动风波，即督于远图，吹求细故，积非胜是，伐异党同，而恬不为怪。虽其中亦有特达之士，欲以真解决纷难，然以一二人力量孤危之故，不敢显树敌帜，犯群疑众谤之冲，趑趄嗫嚅，久之而即安于默退。盖纵欲不顾浮言，力持正论，然既明知不能挽此狂澜，又何必批一时之逆鳞，致失一生对于社会之信用？此所以正人君子一转念间而皆不愿主持清议也。此种情形，且岂仅非国家之福，抑亦私人言论不自由之隐痛，故国中往往一极小之事，因不能即时解决，而浸成大忧，虽有贤才，无以善后。此固屡见而不一见者也。今若有一政党之发生，则可以渐矫正一切舆论不正当之弊。盖集合多数人，平日研究既密，临事又以一党派之势力腾布公议于国中，力量大，壁垒坚，一切浮言自不足以淆乱社会之观听。且党中尤可设立言论机关，逐次祛除国人之朦蔽，久之则舆论自可共趋于正轨，国家大事皆迎刃而解。此同志会成立之理由四也。

按以上所举四大理由，皆系就吾国今日之应预备政党而言。若夫政党关于国家之一切利益，与夫吾国立宪后政党之一切作用，今皆不暇置词，恐陈论肤泛，反使吾侪设立同志会意志不能发明故耳。或者谓：吾国衰弱情形之应速开国会，与事实之能速开，及吾民督促速开之法，诚如此意见书中三大纲之所云矣，但今日政府虽不显持反对国会之论，然未有以国家大事介怀者，枢府中未有力负责任、能表率群僚者。监国纵云贤明，而环顾盈廷，将恃何人以决大计乎？恐国会虽开，终成画饼耳！曰：此不足虑也。盖专制政治之末运，大抵如此，非独吾国为然。倘此种国家之官僚，果能长此有人力负责任，则人民要求立宪之心必不坚定矣。例如：英国历代王权最盛，及至意惹米斯时代，则君权式微，政界凌乱不堪，而人民所要求之宪政乃成立于是时。法国前代专制亦极盛，及至路易十六，暗懦无能，大权不振，而法人理想之民主政治亦成立于是时。夫国家之权力，不在朝则在野。倘在朝者，果常有非常之人物，则在野者必屈伏而不伸。世界学者皆谓立宪政治为专制君主所激成。余则谓专制时代不过激成人民以希望宪政心理，至如宪政之确定，则必在专制日久而一旦不能保守专制之时期。然则吾国今日正此时期也。吾侪更当乘此时鼓舞以要求立宪，何尚反引为病乎？况吾国官僚亦未必绝无贤明者，以京内外大僚观之，其能忠贞体国正色立朝者亦有人，其能略知治理与世界大势者亦有人，惟今日混处于政务纷乱之时，则无由表见耳。倘吾民果能要求从速立宪，法律既严明，机关既完备，职务既分划，则官僚若犹不负责任，即不能安于其位，不肖者日被淘汰，贤明者日以超迁，又何能逆料当道诸公即无一二可为异日民党所信任者耶？倘人民既一面欲参与政权，而一面又欲官僚之能巩固政权，非惟思想之矛盾，亦非吾侪能力所能办到者。呜呼吾民！惟有确守一定之界线，冒艰难困苦以努力前进而已。盖吾国从速立宪之机，日益发动，若任此机之逸去，则转瞬风云勃起，外侮纷乘，举目河山，将不胜今昔之感矣！呜呼吾民！尚何回翔审顾，欲蹈违天不祥之辙乎？此同志会之所以披肝沥胆，欲与邦人诸友共念此乱也！（《国风报》第一年第九期，1910 年 5 月 9 日）

长　舆

立宪政治与舆论

自九年预备之诏下，数年以来，谘议局、资政院次第成立，国会之开即在旦夕。我国国民皆有参与政治之权，即皆负监督政府之责。我国数千年之独裁政治，固将一进而为舆论政治矣。

夫专制时代，一国之政教法令，皆秘之少数官吏掌握之中，自非肉食，无能过问。吾侪小民，不敢为出位之议，国家大计莫得置喙也。其或谊辟贤相，知民岩之可畏，未尝不觇民情之好恶，以为施政之权衡，然其时之舆论仅立于辅助之地位，而未尝有监督之实权，其效力固已仅矣。若夫暴君污吏，显与舆论为仇，虽受治者不忍痛苦，激而为不平之鸣，然彼挟雷霆万钧之力，严腹诽巷议之禁，亦将不胜压抑，重足屏息而莫可如何。专制政体之下，固无舆论发生之余地也。

立宪时代则不然，一切庶政无不取决于舆论。上之则有民选议会，以为立法之府，制一法，举一事，非得议会之可决，则不能见之实行。下之集会、出版皆得自由，举国国民咸得表发其政见，以判论国政之得失。苟有利之当兴、弊之当革，皆可侃侃直陈其意见而无所屈挠。政府不职，失国民之信任，则为舆论所不容，不能复安其位。是故行政官吏，立于舆论监督之下，虽甚不肖，皆有所畏惮而不敢为非。一国之内治外交，且必借舆论为后援。立宪时代之舆论，其势力固若是其伟大也。

虽然，有势力之舆论非必即有价值之舆论也。夫所贵夫舆论者，非谓其挟大多数之势力，足以左右政权，其势盛而莫之敢抗也。凡人之生，莫不有利己之天性，其论事也，即不能无私意挟于其间。故一二人之所谓为利者，不必果为公利也；一二人之所谓害者，亦不必果为公害也。惟举群之人而皆曰利、皆曰害，则其所谓利害者当较公，而不至辟于其所好恶。此舆论之所以可贵。然而利之与害，恒相倚伏，事固不能纯利而无害也。且群俗变迁，时宜各异，曩日之所谓利者，今日或以为害，今日之所谓害者，明日又或以为利。群治至赜，事几至微，必其群之智识能洞察时势之真相，深知国家之大计，然后其所主张之利害，能切中于事理，而造福于国家。若其智识程度不足与时势相应，其所主张之利害往往与事实相背驰，则所谓舆论要不过庸耳俗目之凡识。合群盲不能为离娄，合众聋不足为师旷，虽有大多数之主张，固不足成为舆论也。即令智足以及之矣，又必当公其心以审事理之正，静其气以察事势之平，然后天下乃有真是非之可见。若激于一己之意气，而发为偏宕之词，徇一时之感情，而故为恣睢之论，一受激刺，遂奋踊而不能自持，血脉偾张，热狂逾度，一犬吠形，百犬吠声。如是之舆论虽至坚悍而有力，然不足以利国家而反为害。盖舆论之价值，固比例于民智民德之高下而为轻重者也。

我国国民，数千年来，驯屈于专制政体之下，固未尝有舆论也。即其所谓清议者，亦至脆薄而不足道。我德宗特下立宪之诏，庶政公之舆论，于是民气日益发舒，舆论亦渐成立。比年以来，政府举措有不当于民意者，舆论得挟其所见，起而与之抗争。虽以政府之腐败，官吏之专横，亦且慑于众议，不能不屈己以从众。舆论势力之发达，不可谓非今日可喜之现象。虽然，吾固尝言之矣，有势力之舆论固非必即有价值之舆论也。且夫舆论之效力，非将以向道〔导〕政府而监督其谬误哉？譬之行路，向道〔导〕者必先自识途，然后能指他人之迷路，否则反率之而入于歧途。故舆论苟不正当，则必不能举向导、监督之实；岂独不能举向导、监督之实而已，且为宪政之梗而反以误国。我国今日之舆论，势力则诚有势力矣，然果正当与否，我国民不可不深察也。

数年以来，舆论之抵抗政府者不一端，其激战最剧、抵争最烈、几于举国一致、成为极有力之舆论者，莫如抵拒外债一事。夫以我政府之昏愦，举铁道之公债，而并以路权授人，丧失利权，贻害国家，我国民起而抗之，其持议至为严正，其热心至可敬佩，夫孰敢议其非者？然天下事理，固非一端所能尽也。夫交通便利，一国富源所自出。而铁道，则交通之重要者也，然工重费繁，举事不易，且我国幅员至广，待兴之事业至多，而百姓困穷，民间之财力有限，使必待民力既充而后图之，则旷日而不能集事，事即能集，其后时而失利者固已多矣。夫事亟待兴，而费无所出，势不能不出于举债之一途，此固东西各国之成例，其舆论未之或非也。然而举债之难易，视其国情而大异。财政整理之国，民间之信用素深，故其举债，不假外求，虽千万之巨款，一呼可以集事。若其国财政紊乱，民间之信用不孚，则国内应募之人必将寥寥无几。且民无积储，自营衣食而且忧不给，虽甚爱国，亦安有余裕以应国家之需？当此而欲集巨资，舍外求固无他术也。夫今日欧、美国债，固无所谓内外之分也，方募集巨债之始，其全额募之于内国者极稀，数年之后，资本增殖，国富日充，曩者外流之公债票不转瞬而尽归其国。美国之经营事业，其资本多贷之于英。千八百七十一年，美国外债之额十万万元，八年之间顿减六分之五。八年以前，岁输外债利息于外国者六千万元；八年而后，乃仅一千二百余万。法、意诸国，亦罔不然。故欧、美国债，方利用外资，而借其助力。我国百事待举，而民力实不能胜，使必借自力以举之，则俟河之清，恐终无举之之一日。而欧、美之富力，日益膨胀，外人日挟资本趋赴吾国，以求为尾闾之泄，吾人虽声嘶力竭以拒之，而终无拒之之术，则何若利用其资本以先浚我富源之为得计也？夫所恶于外债者，固谓政府办理不善，因是而丧失利权也。夫政府办理不善，监督而匡正之，可也；否即攻政府而去之，无不可也。乃以政府办理不善之故，遂视外债如蛇蝎，并为一谈，牢不可破，日为是无益之号呶，而待兴之事反至坠而不举，因噎废食，无亦过甚邪？天下固有陈义至高而实不切于事势，理论至正而未易见之实行者。今日之舆论，得无近是邪？舆论者，将求福国利民也，不熟察时势之真相，不深维国家之大计，徒贸然为是高而难行之理论，则亦何用舆论为也？若是之舆论，时曰迂论。

舆论者，多数人之意见结合而成者也。夫所谓多数者，非谓雷同附和、纷然为一哄之市也。一事之生，必各竭一己之智识与其经历而有得者，以研求事理之真相，然后本其心之所自信，确见为是者而是之，确见为非者而非之。故大多数之确见为是者则曰公是，大多数之确见为非者则曰公非。盖合多数人之判断，以求是非之真，虽不中，庶不至于背谬也。我国今日之舆论，其果皆出于精密审断者乎？今日而曰争回路矿也，哄而应者千万人。明日而曰商办铁路也，哄而应者亦千万人。彼其所主张者，固非必谬误也，然应声而来，盲从而去，其能深察此事之真相与其所主张之理由者，则十无二三焉。舆论之初起，飙举雾集，不及数月，则已音沉响寂，消灭于无何有之乡矣。若是之舆论，时曰浮议。

凡人之论事也，有成见以梏之，则其识必有所蔽；有感情以驱之，则其意必有所偏。如是而察一群之事变，则必不能得其真而衡其平。以凸凹之镜受物之形，违真失实，固其所也。一人之心理然，国民之心理亦莫不然。舆论者，国民心理之所表著者也。夫心理能持平者，则舆论必公，心理有偏倚者，则舆论亦私。非必忘国家之大计，徇一己之私利，然后谓之私也。先有袒护国民之成见，私意已著于心本，故一值事变之起，即有爱憎忿好于其间，不复能见其事之是非曲直，如是而望其持正，固已难矣。我国新兵之哄变，学生之滋事，固数见不鲜者也。彼主军政、司教育之人，教率无方，激成变故，其罪诚无可逭。然新兵、学生之破坏纪律，扰乱秩序，甚者暴戾恣睢，酿成大变，亦岂能为之曲讳？而舆论必从而袒护之，当事者苟持正而加以裁判，则必众口抵排，一若名为新兵、学生，即神圣不可侵犯。彼既有舆论为之后盾，遂如天之骄子，虽恣意妄动而莫敢谁何。故即谓新兵、学生之滋事，皆由舆论逢恶而长乱，亦不为过也。以舆论而至于逢恶长乱，是岂提倡舆论者所及料也！且人心不同，如其面然。故论一事也，此以为是者，彼则或以为非；制一法也，此以为利者，彼则或以为害。识见不能强同，舆论自难一致。故多数赞成之事，必有少数反对者立同异于其间。意见互殊，党派渐起，是固当平其气以察之，徐求真理之所在，必不能迫异论者强与我同也。苟为私意之所役，则始因事理之坚执，继为意气之相持，热狂之度愈高，偏至之论愈甚，煽构激荡，党同妒真，甚且置国家福利于不顾，而务伸己说以求胜，势必以多数制少数，流为舆论之专制。虽文明诸国之政党，固未必能尽祛其弊也。我国舆论，方始发生，而其气甚张，其势至悍。彼之所主张者，不必悉中事理也，然苟有持异论以相驳难者，则必竭力以抵排之，丑诋痛呵，甚嚣尘上，甚且出其横暴蛮悍之手段，以劫夺异论者言动之自由。至是舆论无复丝毫之价值，而宪政且蒙其不利。若是之舆论，是曰诐辞。

专制政体之下，舆论之不能发达也，劫于在上者之威力。故朝廷虽有失德，国家虽有秕政，莫能持正论而与之争。至于立宪时代，则人人皆得本其本心之所自信，自由发表其意见而无所屈避。故国民苟有过举，则矫而正之，纳之轨之物中，此正舆论之天职也。我国民之过举亦多矣。欧风东渐以来，道德之藩篱尽撤，狙诈飙起，人皆假公义以济其私，群俗之堕落，遂有一落千丈之势。假令有舆论以制裁之，犹未大溃其防也。乃主持舆论者，慑于其势之汹汹，不敢直言以撄众怒，坐视群治之败坏，噤口结舌而不一言。向之慑于少数专制而不敢持正者，今则慑于多数专制而不敢持正。夫舆论虽成于多数人之结合，而主动者实不过中心之数人。使有守正不阿者主持清议，则以舆论造舆论，安见不能革此浇风？乃劫于众议之披猖，虽明知其非，亦枉己以苟求容悦；甚者迎合国民虚憍之心理，为之嘘其焰而扬其波；或且利用民气之嚣张，鼓扇之以自张其势。窃恐舆论日益发达，群治日益堕落也。若是之舆论，时曰曲说。

凡此数者，皆舆论之大戒，而民智民德缺乏之明征也。呜呼！天下之乱也，必先乱其是非，然后兵革乃从其后。故虽昏浊之朝，苟有清议揩柱其间，激浊扬清，力持正论，犹可决而未溃，倾而未颠。若并清议而无之，则黑白颠倒，纪纲弛堕，泯泯棼棼，国运亦随之而尽。况乎立宪时代，舆论实政治之源泉，顾以迂浮诐曲者当之，而欲其举监督、向导之重责，薪国利民福之增进，宁有幸邪？欲造健全之舆论，必先求完粹之智德，此则国民所当自勉也已。（《国风报》第一年第十三期，1910 年 6 月 17 日）

康有为

与梁启超书

得书及诗至慰。公路复起事，同璧书来（璧想吾责之耶，已函解），谓
周公未允。然爪牙遍布（皆已复原），当此贿赂公行之时，令妻寿母显之唐
德宗之庸昏，亦何所不可？穆穆时运，靡知所届。加以财政困绝，积万国
所倒流而为之尾闾，深恐天禄永终，不在于外分内讧，而在于四海困穷也。
（汝所论专就财政言，甚明吾意）。吾意虑之殆在壬子后乎？吾料事与汝（及
易一）不同，前者汝累累忧亡，吾皆以为不尔，惟今次则吾真忧矣。（《维
新报》所登，殆星坡□人者，以此间革党极多，甘以亡国动众，故权词解
慰耳。）内事真无可望，只望国会，虽国会后之可忧仍甚，而不如今朝政之
绝望也。机笼全铺非更张不为功，但得解禁后，抚合代表人以成大政党，
犹有望也。若现政府，岂复可望乎？试问多门昏庸如此，能倾国以听耶？
假令能之，亦不能堪谣攻之一起耳，故绝望也。

汝攻政府之文，一□一血，古今少此透痛之文，惟吕相绝秦似之耳。惟
升宫全无心肝，岂畏笑骂耶？惟此事非见血终无效耳。上下相哄，终成此
局，吾亦虑在壬子也。

澳既不行，东亦不可，行将安之？此间珠桂，实不能居。昨决于今日日
本船行，港人又以电却，今暂改至九月，则此间又尽矣。泛泛水中凫，且听
之天命也。诗大佳，律亦行神行气，只此可矣。复问任弟近祉。八月五日。

紫来数千，此间实得三千。是日适得弟来擎一书告急者，原将此千还一
女眷内亲（已到期矣），即靳不还，立电一千交上海擎、孺收，以救广智急，
以救弟困。除电费外，余千九百余元，赎当七百余结账（尚有三百余未赎），
支屋租支人工（预备归计及今十日用），此九百余立尽。米绞讼事未了，镜
如、公祐租食用工人讼费，概问吾支，镜行托吴侣鹤代办月工五十元另杂
费，又发一人入仰光筹款（又发《暹》主笔邮购费五十，又寄港中家用），
还钟卓京前借款，今仅余六百余（欠少闲等二千四百，追本息甚急）。将抱
此为此月日用及行费。（吾港中家用自正月至今未有一文，皆器当款，尚未
赎也。）真是如汤沃雪，一切立尽。若无此款，欲行亦不得。此款尽，更无

处筹矣。（手稿，藏中国国家图书馆）

请立开国会以救亡局折（代美国宪政会作）

为外患内忧，国危民困，请立开国会以救亡局，伏请代奏事：

窃惟中国岌岌久矣！民心去而不忘，天命绝而复续者，赖有德宗景皇帝毅然维新，决行立宪，故薄海内外犹有余望耳。不幸我德宗景皇帝未竟厥绪，中道升遐。赖我皇上克绳厥武，我监国摄政王善继先志，天下喁喁，犹未绝望，咸望立开国会，奠我国基。故举国人民咸怀忠义，三十万众联名上请，此诚吾国存亡所系之命之秋也。

顷闻日俄协约，有分割黄河、攘夺蒙古、监理财政之说，薄海震动。民等远外，恐惧忧惶，既愤且忧，奔走罔措。乃逖闻明诏拒绝代表之请求，仍守九年之旧议，再三言之，不以为筹备未至，则曰程度不足。国民骇变，以为波兰之割立见于今，若待九年，恐国非其国，至时虽欲开国会而无能及也。商等之会，昔为保皇，今为宪政，十年爱国，竭尽心力。是用收涕会集，特举代表远诣京师，为我皇上陈之。

窃惟今上下所言，皆曰宪政，其名词写从日本，其义法译自欧洲。夫欧美之为宪法义也，曰立大法而上下同受治焉；非惟同受治也，曰立法、司法与行政各别事权，而立法则与国民有权以议政焉。一言蔽之，立宪、专制，政体相反。专制主之君，立宪公之民；专制家天下，立宪公天下，此其大别也。以吾国向无立宪政体，先帝有公天下之心，故今乃斤斤求之也。夫既求之，则所以筹备者，必在宪政立法之本，而立法必公于庶民，则非开国会乎，宪政将何属也？乃今者宪政编查馆所议九年筹备之案，上之明诏，下之公牍，皆斤斤以宪政为名。而详考其政，若地方自治也，若警察也，若审判监狱也，若调查户口也，若开学堂教识字也，甚至若旗制弼德院；是皆万国通行之国政，虽专制国亦当有之。虽吾国无宪政，而古者乡老、亭长、保甲、审讯、学校何尝无之？虽然，是国政也，非宪政也，即谓之新政可也，谓之宪政不可也。盖自国会立法外，实无他政可冒充宪政也。孔子曰：言〔名〕不正，则言不顺；言不顺，则事不成；事不成，则礼乐不兴；礼乐不兴，则民无所措手足。

夫德宗景皇帝之遗诏，日在行宪政，而公天下与民，至仁也；昭告万方，涣汗大号，至严也。乃有司所以奉诏筹备，昼夜督行者，不在宪政，而在国政，何名实之反也！甚且以国政而冒宪政，又何名实之颠倒乱淆也！夫名实之反，已足误国，何况于颠倒淆乱，惑众疑民。甚且执政者借宪政之伪名，以拒真宪者之请。诚所行非所往，所问非所答，苟借以粉饰天下，拒塞众望，指鹿为马，蒙羊以虎，耳目移易，真孔子所谓手足无措也。以挠阻宪政之实力，而托于筹备宪政之名词，侨民等诚不意煌煌大政，肃肃明诏，而有是大误谬也。我皇上方在冲龄典学，我监国摄政王日理万几，度必非我皇上、我摄政王之意也。政府诸臣署名有责，以德宗景皇帝临之，则为抗违先帝之命；以国民全体对之，则为辨言乱政之诛。我皇上仰承先训，我监国将前烈，而政府诸臣肆意欺蒙，阻挠立宪，下则大失天下之人心，上则隐恫先帝之灵爽。我皇上、我监国摄政王，上何以对先帝，下何以对国民乎！

然上所云云，不过讲明虚名云尔，犹非关实祸也。侨民等窃计，国会若不立开，则中国必不能救。姑舍远者，即就近事言之，今明谕所督责，在兴学、自治、审判、监狱诸政，而疆臣所覆陈者，则以每事动须千数百万，无款不能举行，苟非实认空文，则请暂从缓办。若海陆两军，尤关国防之大命，所以折冲御侮，保守国疆，苟不能张皇六师，则是坐听分灭。近者各国在我疆土，竟作自由行动，铁路、汽船、矿山惟其所欲，不待主人，其轻视若无人甚矣。然而度支仰屋，无以应百政之求。今赋税日羡，杼轴日空，铲地无术，只有坐以待毙，不日不月而已。然且民穷财尽，哗乱频闻，湖南其已事矣，各省迭有所闻。国谋如此，其何以藏？试问司农更有何术支柱乎？然则国债能不偿，而海陆军可不举耶？恐监理即来而吾为埃及，外兵旋至，内乱更生。至此时乎，虽欲求十万万之偿饷，而不可得，虽欲开国会而咨之民，亦不可得也。故今者救急而谋军备筹饷，而修庶政会开国会。今国民自谋之不可得也，诚如明诏一开国会，未必遽臻郅治；然不开国会，则必难救危亡。昔宋人议论未定，金兵即已渡河。及今早开国会，令民献筹，财政尚有救也。迟是乎，日俄夹至，他国并兴，虽开国会，压于强兵之下，亦无济也。

我皇上尚在冲龄，我监国摄政王受祖宗传授之重，承先帝玉几之命，岂徇诸臣之私，而以国土为孤注也？若舍国会之外，犹有救国之法，或迟开国会，亦有经国之方，侨民等犹不敢妄渎。无如举国内外，询谋金同，咸以立开国会为救中国不二之法，且速开则能存，迟开则不救。故九年之议，时乎不可，迫不及待。遵先帝遗诏之命，循孔子正名之义，请旨饬下宪政编查馆，不得以自治、警察、审判、学校冒充宪政；并乞立下明诏，定以宣统三年开国会。则宪政真行，人心去而复留，天命绝而复续，其在此矣。中国幸甚！不胜恐惧屏营之至。乞代奏皇上圣鉴。谨呈。（手稿，藏上海博物馆）

为国势贫弱恐酿分乱请定宣统二年九月一日开国会折（代某某等作）

呈为国势贫弱，恐酿分乱，请定宣统二年九月初一日开国会以弭危乱，伏乞代奏事：

窃惟方今万国之政体，盖无不有国会议院者矣。《管子》曰：夫民分而听之则愚，合而听之则圣。《洪范》称"谋及庶人"，《孟子》称"国人皆曰"，《盘庚》之命众至庭，《周礼》之大事咨国。盖自黄帝之创合宫，帝尧之设总章，帝舜之询四门，殷商之咨喷室，国会之制，吾国行之古矣。厥后地大民众，道路未通，咨问维难，遂成专制。然闭关自治，一统无虞，虽复政法未周，犹可鼾睡相安也。无如近者大瀛交通，万国并竞，势同列国，角力争长，稍有不逮，败亡随之。印度如何而为墟，波兰如何而为杜，非洲如何而殄灭，中亚如何而丧亡，乃至近来缅甸、安南数旬而举，高丽今亦同归于尽矣。横睨诸国，念之伤心！社稷丘墟，人民牛马，黍离麦秀，顾望吟哦，稍有人心，能无痛乎？

夫国势之得失强弱，不在乎土地之大小，而在乎人民之分合。夫自政府一二人为之，则以一国之大，虽有圣贤豪杰，亦有不能周者矣。故必听民使其乡邑自治，而后纤悉无遗。乃又拔其秀者，合而议一国之政，然后举无败事。令顺民情，又非徒令民合议之也。以为国者民之国也。一国之土地政事，犹民之公产云尔。民知为己产，则引为己任，然后同愿出财而任一国之度支，同愿当兵而荷一国之防守。盖善为国者，使民视其国如其家，使其民视其国如其身。夫合数千万万人之身为一身，合数千万万人之家为一家，而犹患贫弱者，未之有也。夫以合数千万万人之身家为一身家，以视政府数人自为国家，其为强弱厚薄，孰得孰失，孰是孰非，不待智者而辨矣。且令政府数人自治国家，无论其愚贪无道也，即使甚才，而数人自为政府，与民无预，民睴睴然视之，岂肯出其财以供国用，舍其身以备国防哉？故土地虽大，人民虽多，其实不过政府数人，朝堂数里，天下之寡少，未有若此者矣。故瑞典、丹麦之小国，以有国会而强，俄莫若之何。波斯、土耳其，以无国会，故日为诸欧所轻弱。若夫专制失政，因致内讧，革命变乱之惨，非商等所忍言矣。故自英创国会后，披靡全欧，万国从之，遂为新世之政体。有国会则治强，无国会则乱亡。早开国会则治强，迟开国会则危乱。乃至近两年来，俄至专制，以败于日本，而开国会。突厥至专制，去年以畏兵变，而开国会。波斯至专制，今年致废君而开国会。故地球开化至今日，稍有广土众民之国，无论其文野开化如何，固无不有国会者矣。

惟我先帝深观时变，俯顺民情，特下明诏，定九年开国会之议。所谓九年者，实以时变未殷，姑尚为预备耳。今年之时势，为如何之时势乎？乃者安奉路事之警，民心惊惧，弭兵会监理财政之说，举国震悚。夫路事何以为人所欺，岂非以无民兵故？财政何以为人所监理，岂非以无财故？夫政府诸大臣孰不欲足食足兵？丹麦、挪威百余万人之小国，乃未闻患贫患弱，今以贤王宵旰忧劳于上，以二万里土地之大，四万万人民之多，而恐惧于下，此何故哉？盖亦反其本矣。

今度支仰屋，欲举新政而未能，欲办海军而未可，乃致外债千兆，恐骇听闻。部臣忧惶，只有辞职。若外部卖国，国民痛恨。安奉之后，接踵而来。后患方长，何以拒之？商等平心而论，非必财政大臣之寡才，又非必外部大臣之不忠也，无国会之民力以助之也。

今外交日迫，权利稍失，后难挽回，且外交一经蹉跌之后，各强邻知我无能为也，日来朘削，旋即分割。噫，岂不鉴胶州之前事乎？胶州割后，旅顺、广州湾、九龙继之。其能从容以待宣统八年乎？且至危弱后，而开国会，有若波兰，俄人以重兵大炮监其国会。至斯时，虽开国会，犹无开也。

且吾国之威灵损挫久矣。当今海道大通之世，无海舰以保护之，犹鸟之无翼，鱼之无翅，人之无足也，何以为国？故以中南美瓜地马拉、值亚基个郎数十万人之小国，而每逐华人，而秘鲁、智利无论也，美国更无论也。

乃者朝廷亦知重举海军矣，亦派大臣谘诹欧洲矣。而舰队寡少，与不置同。今者英之舰队五百，其余强国皆以百计。而海舰自万吨以上，无论其为镇舰、卫舰、快舰、巡舰，每艘以千万计。如今财政，何以办之？今各直省之拨派海军经费，虽以浙、粤之富，岁仅二十五万。合一国之所拟拨，不足供一舰之费，然而铁舰不可咄嗟而办也。即使下定尚须三年而后成，若以今度支部而筹议，此不可思议之巨款，虽使百官不食，百度不支，皆终无能成海军之一日，何况外债千兆，其息占岁入之半数。新政当办，其费又增昔日之倍数，则海陆军虽为至急，然度支术，睨视而叹，犹乞者之视富邻，终日垂涎，仍复枵腹啼饥，褴褛号寒而已。然一时饥寒，犹可忍也；间或大雪数日，终毙沟壑。今吾国势得无有类是者乎？与其坐而待亡，同归于尽，夷祖宗之庙社，致生民于涂炭，百官奴隶，王公鞭笞，庚子之祸，犹未远也，宁不鉴之乎？苟有道以救之，岂不犹愈于坐而亡乎？

夫所谓救之之道者，即国会是也。夫国会之必开，固无论矣。惟有百端挠阻，不过迟以七年。窃为阻挠者计，得此七年之专权，纵欲，未必属于彼身；而亿万岁之败国亡家，即将钟于子孙。倘思及此，岂不惊心？乃者王公卿士皆有缩短国会为宜，各省疆臣亦有缩短国会为请，而各省议员咸以缩短国会为议，薄海亿兆莫不以缩短国会为心。考之万国之政体如彼，考之上下之人心又如此，民情可见，时机难再，阻挠者无以置其喙。其内心盖曰苟开国会，则政权旁落，其外论则曰连开国会，则预备未至，且人民程度亦未及也。窃敢冒昧为阻挠臣言之，今之诸大臣之任职常官，岂皆才能称职耶？如其才能称职，中国何危？今中国阽危，则诸大臣之程度未至，可断言矣。又未闻尽废诸大官而不置员也。夫国会议员，不过空言者耳。大臣行政，乃是实权。今于空言之议员，则谓其程度未至而缺之，而于实权之大臣，则任其程度未至而用之，何其重空言而轻实权，颠倒不伦若是哉？且夫以四万万人之众，选拔数百议员之才，中国虽乏士，何至无人？且凡人莫不短于行，而长于言。此数百议员者，以之行政，或阅历尚浅，未见优长；若以之论政，则或熟于地宜，或长于专业，其过于政府大臣，有必然矣。即不然，披隙导窍，补缺拾遗，下顺舆情，上收人望，外动万国之观听，内合全国之人心。以此加赋税而行公债，民皆相信，而无嫌疑。以此改民兵而增陆军，民皆舍身而愿任兵事。夫出财至难也，当兵至险也。若开国会，民皆曰是我国民之义务，我当任之。夫以四万万人愿出其财以为用，则富不可言；四万万人愿舍其身而为兵，则强难思议。其与今日上下忧危，如寝薪火、如履渊冰，忧心忡忡，不知所届，神州有陆沉之痛，人民有绝种之忧，孰为得失乎？

古者冢宰计国政于岁终，今者国会开于岁暮。今宣统元年九月初一日为各省开谘议局之始。窃谓宣统二年九月初一日可为开国会之初，秋高气爽，大典举行，一以著圣天子即位之休明，一以著监国贤王摄政之更始，上强国势，下洽民心，举国翘企，诚在于此。或谓中国地大路远，期近时速，议院之制未定，议员之集綦难。岂知一切政事，取适时宜，随时变通，渐期美善。始于荜路褴褛，后乃玉辇金舆。政体但取于合民，议院可从乎权制。去年突厥以七月下诏开国会，以十月全国集议员，虽选举或有未周，而合议固已环集。何必待明堂毕建，诸儒聚讼而无成，养老乞言，群臣逡巡而不敢，迟迟未定，迄用无成。国家阽危，岂能久待？今内之开谘议局之成规具存，外之各国议院之章程具在，译出编定，旬日可成。全国议员，两月可举，四月可集。比之突厥，暇豫从容。国会开定，自能更拟妥章。此则议院之内事，非诸大臣之责任也。

伏维我皇上圣明照临于上，我监国贤王夙夜优劳于内，上念祖宗付托之艰巨，下慰国民云霓之切望，特沛明诏，涣汗维新，即以宣统二年九月初一日为开国会之期，令各府州县选举议员，以多为贵。仿英、法例，约七百人。今户口未定，请令每直州一人，旧府二人，繁府三人，首府四人。若蒙采纳，中国幸甚！国民幸甚！商等不胜鹄立翘企之至。谨公举代表人陆□□赍呈诣京师呈递。伏乞奏皇上圣鉴。（《万木草堂遗稿》卷二）

上摄政王书

罪臣康有为谨上书监国摄政王殿下：

窃罪臣昔在先朝过承知遇，德宗景皇帝躬资神武，忧国危亡，不弃刍荛，识擢罪臣于疏贱之中，咨罪臣以变法自强之业，扫二千年之秕政，采万国之良法，由是决定国是，大变维新，天下震惊，举国想望。罪臣自维疏贱，任此数千年未有之大事，冒犯盈廷守旧之愤怒，谗谤交集，蜚言如雨。上鉴商鞅之车裂，下戒绾臧之弃市，明知必获大罪，所以不敢自爱其身者，诚感先帝之殊遇，欲救中国之沦亡也。不幸谗奸构祸，夺门起变，先帝幽病，党锢骈戮，新政不终，卒于百日。遂以废立，致召外敌，京邑邱墟，生民涂炭，中国之亡，不绝如线。此天下之所痛心而殿下之所目睹也。殿下奉使谢罪之辱，岂一日忘之乎？皇天不吊，德宗景皇帝欲自强而不遂，欲立宪而未成，大业未就，中道宾殂。以中国之全宇四万万人之性命，祖宗之丕绪，全付之我监国摄政王殿下，其为遗大投艰，岂有比哉！

夫今之中国，当大地通变之时，强邻四逼之日，其新政、新法、新艺、新学皆欧美发之于百数十年之间，或岁月之际，皆中国数千年之所未有，且未闻未见也。夫一统闭关之治，犹垂帐挟扇扫蚊虻而鼾睡耳，但求不乱，未尝求治也；列国并立之治，犹孤军转战于重围中，将卒器械少有不戒，陷亡随之。专制之政，举国决于数人，一君总裁于上，数相奔走于下耳；立宪之政，则全国人民公议而公任之。守旧之政，任人、理财、学校、农工、商贾笃守千数百年疲敝钝窳之法，而日退化焉；维新之政，任人、理财、学校、农工、商贾，日月求新法、新学、新器而捷疾通敏，倍于昔百千万倍焉。

今吾中国为何如政哉？当列国并立之时，而吾所行之政体，皆一统闭关之法也；是何异推电车以行江河，怀重宝而宿盗室也？当百国立宪，发其亿兆心思才力之时，而吾所行之政体，犹一人数夫专制之体也；是何异以一夫而欲敌万人，以一线而欲当万钧也？当万国政学艺俗日新月异之时，而吾所行之政法学艺，犹数千年疲敝钝窳之俗也；是何异驱走卒与汽车斗速，驶帆船与铁舰较猛也？其为得失之数，不待智者而决焉。日本横览熟考，知其然也，故尽舍其闭关之旧敝，而急行宪政，力行新法；行之得其人，举之循其序，故三十年之间骤致霸强。暹罗蕞尔小国，能力新之，亦以自立。缅甸、安南、高丽，地与欧国等，以不早变，遂以致亡。突厥、波斯虽大，以仍守闭关专制守旧之政俗，故今犹危乱，日见侵乱。此最近事，易鉴者也。

伏惟殿下仁让恭俭，孝友慎勤，有敬天率祖之心，有爱民保国之意。方摄政之始，天下想望，喜得贤主，亟望自强。然而临政于今二年矣，又未尝不日号群臣以变行新法、预备宪政矣。然而法愈变而势愈以乱，政欲行而力皆不举。近者促行九年筹备之案，如地方自治、警察、学校、审判、监狱之政，督责有司，可谓严切矣。然而各省皆不能行，否则具文欺蒙而已。督抚藩司中若李经羲、袁树勋、孙宝琦、王乃徵亦既直言，无力举办矣。夫是数者而不能举，况于陆军每镇须数百万，海军每舰须千余万，更从何而举之？（下缺）（手稿，藏上海博物馆）

与慕帅书

慕帅抚军兄执事：

久阙音敬，伏惟万福。乃者俄入北鄙，法、英谋滇，日人规辽，德又加盟，列强兵动，则齐鲁之祸在于眉睫。瓜分日闻，举国震恐，虽昔八国联军之衅，未及是也。夫列强虽有瓜分中国之谋，而连鸡相栖，戢兵不动久矣。今玉帛言好，绝无衅隙，师出无名，而袭来不意，五强连轨，甲马长驱，不畏恶名，齐心同愿，其必谋定乃动可知也，则其垂涎分肥之大欲可想也。夫天下有不战而屈人之兵者，有安居而召天下之侮者。使吾国得早开国会，以万里之地为一院，以五万万人之力为一人，绸缪未雨，出财任兵，何可当也！列强至是，虽虎视眈眈逐逐而不能得利也，则凤昔昼夜之谋，皆同画饼矣。夫以万里之膏腴，几置口边，而忽尔弃而吐之，岂不惜哉！若夫吾执政之聋瞽无知，吾政事之荒芜不备，吾财政之破产困绝，列强考求既熟，知之稔矣。遒遒及今，执政愚呆，国民无权，四海困穷，征缮无术，经施恐吓，即可分肥，合逼强兵，无求不得。夫以东辽岌岌垂尽，而尚逐辱请愿开国会者，全无心肝，别有肺肠。晋阳已破，更猎一围，维石岩岩，高冢崒崩而已。为秦桧之割地，为谯周之卖国，觍颜待命，为高丽之降臣，列强不及此时而来，更何待哉！夫潞子离乎夷狄，而未即乎中国，《春秋》所以著其亡也。

今吾国日言立宪而未离乎专制，将变之顷，万国伺之，国会少迟，予敌以间。不如不言立宪之为愈，列强尚可以行尸走肉，冢中枯骨相待，尚可置之不理，而吾因从容以延残喘也。今吾国当万国环伺之时，虽密作内政以寄军令，犹恐眈逐者之稍觉而不容也。昔波兰之将开国会也，俄人恶之忌之、间之禁之，皆不可得，则调兵三千，环议院以巨炮而散议员焉。故国会者，乃国民救危之方，而外人深忌之物也。不言开国会则已，一言之则即开之，无留时隙以生他变。嗟乎！今已迟矣，失时矣，与隙矣，不可为矣。吾五万万国民俯心抑首，以听执政之鬻卖，胥为奴隶马牛矣。栋折榱坏，皆将压焉，虽公与诸疆帅岂能免乎？呜呼！痛哉！

我生不辰，遘此罪罟，匪敌之为。乃吾政府，今言练兵则不及，言理财则无措。筹救之方无它，仍不出于即开国会而已。国会虽缓不济急乎，然合全国之人心，敌忾同谋，任兵任饷，不胜于付今执政数人之手乎？公今处此危难之时，边防艰险之日，进退维谷，身名皆危，讲求国会理至烂熟。与其坐视边破国分而殉之，何若仍力联群帅，请立开国会以救之？痛哭流涕，动以至诚，指陈利害，明其不救。若犹不听，则群帅联袂以去就争之。以监国之贤，当此危局，未有不改听者也，且可促之于旬日焉。且有割地失权之时，国会必预闻之，国民犹得与政府争也，此尤列强之所隐畏也。又进而监督政府，令担责任，其有失败，得攻而易之也，如是犹有望也。故居今而谋救国之方，待强敌之策，安边防之道，舍国会无他术也。国会一开，民心大慰，以之捐输则勇出，即以之借债亦敢担，然后海陆军乃有措也。即强敌骤压，非空言所能退，而内国全力，敌忾同仇，外国相忌，解纷排难。国民既任其责成，强敌亦难尽以得志，即有亏损，必不至如今执政聋瞽者之大。而举国发愤，征缮复仇，虽损于前，可报于后，其为得失，事势昭然。

当突厥之以戊申七月立宪也，吾人突厥而觇之，则其故相阿士文党大将军某主之也。大将军心忧国危，亲附新党，联合群帅，谋定乃动。先遣裨将尼讨宾帅三千人，登山而呼，电请开国会。突主大怒，遣兵八千人讨之；其兵不动，亦电请开国会，谓尼讨宾乃同志不可讨。突主更怒，大调卫军三万人讨之；卫兵出城不行，电禀谓彼兵队非反，乃其同志，亦请开国会。突主大怒，大召全国兵廿万人讨之；亦按兵不应，电请开国会。突主畏之，立手草诏，许以十月开国会矣。盖皆大将军隐为之。此至近事，可取法者也。若公纠合群帅以去就争之不得，则公与群帅率全国军队次第电请之。执政者虽顽甚，不畏民岩，未有不畏兵变者。方当敌国外患之殷，又有群帅兵谏之迫，以此柔脆昏愚之政府，何以当之？然而不开国会者，未之有也。从古殷忧启圣，多难兴邦，非有敌兵之压境，不能举此非常之大事。然则今兹列强之来，或助吾国会之用。塞翁失马，祸福未可知也。虽且夫彼昏虑国会一开，政权全失，故与今政府而言，开国会犹与狐谋其皮也，必不可得也。苟非用突厥阿士文党之策，未有能效也，敢冒死以告。仆久负罪，不敢通书，然忧国耽耽，不敢自隐，非公之忠诚，非公之爱存，仆亦不敢冒陈也。不胜屏营鹤立之诚，伏惟裁察。为国自爱，不尽惓惓。

再启者：国危矣！五万万国民之多，安有肯尽俯心抑首以听鬻卖乎！侧闻南中侨旅腐心切齿于政府亲贵，各埠皆开敢死团，捐有巨金，联通内地，遍派侠烈，光明措办。人人以为公义，皆以必即开国会为目的，否则致死。此次义愤至激，非一人之游戏。闻某贝子之道南投书者千数，皆言请其父速避位，开国会，否则必戮，民怒亦可。（手稿，藏上海博物馆）

汤寿潜

奏陈存亡大计标本治法折（节选）

奏为国势危迫，敬陈存亡大计、标本治法，以资采择而期补救，恭折仰祈圣鉴事。昔者孟子有言："无敌国外患者，国恒亡。"夫敌国外患至今日而极，准孟子之意，宜必有不亡之道。天盖创一从古未有之险境，以增朝廷之阅历，而玉之于成。果能投袂即兴，勿谓遂无办法。臣敢越俎为皇上言之，而以救亡之策进。自来一代有一代之法，法渐敝则渐即于亡。代之者但求与民相安，于前代敝法，去其泰甚，不能不袭其大概。递嬗至于我朝，适当历代敝法必改之冲。海道一通，相错相竞，乃益相绌。叠经甲午、戊戌、庚子三劫，势乃益危。必有草昧经营之手段，始足以转危机；必有独立不惧之规模，始足以联与国。补苴与张皇，庸有幸乎？甲午之败，渐闻瓜分之说；庚子一役，干预者众，势成连鸡，说以暂息，近又稍萌芽矣。入秋以来，哄传荷兰驻使电述，日本将于海牙会提议监督我财政。臣至病狂，亦深冀其说之不确。而有粤汉，必有安奉，有安奉，则监督之议，亦情势所必至。查第三届海牙会在西历二月，为宣统二年正月。试思此议果决，中国上下将处于何等地位？臣愚以为：尽年内三个月，除非有大改革大举动，令列强耳目为之一耸，或当暂缓其进行。否则，将无容我呼吸之隙矣。

　　治标之策四。一，提早国会，以集中央之权。论者谓国会一开，反对中央，权益难集。臣独以为不然。今非预备立宪之第二年乎？立宪以统一为主义，统一以集权为急务，而中央非得国会为后盾，其权旁挠于督抚，而号令有所不行，此为中国图强之大害。自发捻既定，督抚渐专，外重内轻，已非一日。中央自审大势为督抚所把持，才略亦不足以胜之。重以非情则贿，多所牵掣，遇事中怯，明窥其蕴，而不便直发其奸。于是悍者偃蹇已惯，愿者麻木不仁。一政令也，司道守令，逐层透卸，付诸胥吏。观于清理财政，必另派员司，他可想见。近各部有鉴于此，亦有严切之期限，星火之敦迫，而督抚之支吾如故。外人至笑我各行省为各一国，其与联邦何异？德意志，联邦之一也，赖战胜拿破仑之威，勉强为联邦之共主。而德皇苦施展多阻，每恨不能改联邦为统一。今以统一之中国，而于式枚考察宪政，反谓宜取法联邦，既不识中国之宪政，直为督抚暗争中央之权，苟非存不利于国之心，不宜立说若是其悖也。今欲救中国之急，惟有收督抚之权而集于中央。欲集中央之权，惟有立担负责任之内阁总理。否则，疆臣与部臣竞，疆臣与疆臣、部臣与部臣亦竞，将永无集权之一日。总理亦人耳，惧不克负全国之责任，则宜提前速开国会，使中央与国民直接议事。全国人民既赞成中央集权，则总理所担之责任，四万万人民共担之，不必使督抚分担责任，而后督抚各护其私之积习，不攻自破。

　　夫君与民本一体也，有督抚分中央之权，下者又分督抚之权，上有德而不宣，下有情而不达，皆由督抚枝格其间，酿其害而不任其咎。一遇外祸之至，督抚转得诿其责于中央，而中央尚不知进人民而共担此责任，中外讵有此宪政乎？人民既愿共负此责任矣，皇上正宜因而利之，与之以参政议法之全权，始可责其纳税当兵之义务。以内阁与国会对待，皇上可无庸自负责任。惟不自负责任，神圣益不可犯。既弭内乱，且外交至艰危之事件，应付亦较易措手。如或以国民程度为疑，试思日本明治二十三四年间，其程度岂能一一尽合？中国人民知为立宪之请求，亦正非一无程度矣。如曰待也，安保待至九年，必能尽合？且外祸方烈，急起直追，而旦夕不我待也。臣亦知谘议局及资政院渐次成立，然民选百人之议员，既居少数之列，不足副代表各省之重。而代表一省之谘议局，一读宪政馆覆于式枚之奏，其范围愈狭，其权限愈缩。甚至议员不得议外交之事，此又外务部欲守秘密耳。既导之使议，又遏之使不议，万一有征兵、增饷、加税等事宜，谘议局既无完全议决之实权，地方人民将有不认担承之结果。似宪政而非宪政，似集权而非集权。峻法无救人心之涣散，兵力适为敌国之驱除，益为中国危之。或皇上不敢违异先帝九年遗旨之限，大可就外交至艰危之事件，先召集一临时国会。其舟车便利省分，于今冬实行，其远者，即以事件发交各谘议局公决，而受其成于内阁。庶使四万万人民共谋所以纾此眉睫之祸，中国幸甚！（《东方杂志》第七年第三期，1910 年 3 月 25 日）

3. 革命思想的高涨与清王朝的覆亡

引　言

　　同盟会成立后，以孙中山为代表的革命党人，一方面运用批判的武器，在与改良派（或立宪派）进行论战，批判他们散布的种种反对反清革命、反对建立民主共和国的谬论的同时，积极宣传反清革命思想，对全国人民进行舆论动员；另一方面又进行武器的批判，先后发动了一系列的武装起义，给清王朝以沉重的打击，尤其是1911年广州"三·二九"之役，虽然使同盟会损失了一大批骨干和优秀分子，但鼓舞了全国人民的斗志，推进了本已日益成熟的全国性革命高潮的到来。广州"三·二九"之役失败不久，四川爆发了保路风潮。"三·二九"之役和保路风潮，促进了革命形势的迅速高涨。而清政府面对日益高涨的革命形势，却采取了为渊驱鱼、为丛驱雀的政策。清政府在镇压了国会请愿运动之后，于1911年5月宣布建立以庆亲王奕劻为总理大臣的"皇族内阁"。本来，请愿运动的失败，已使立宪派对清政府有了失望之感，而"皇族内阁"的成立，更使他们从失望变成了绝望。当时在北京参加谘议局联合会的各省立宪派领袖和骨干分子，连续两次上折，抨击皇族内阁不合立宪精神，指出"皇族内阁与君主立宪政体者，有不能相容之性质"，并要求另简贤员，根据立宪国的通例，成立责任内阁。然而和请愿运动的结果一样，清政府不仅没有接受他们的要求，反而严词申斥他们"议论渐进嚣张"，要他们"懔遵《钦定宪法大纲》"，对于朝廷的用人大权，"不得率行干请"。立宪派在绝望中奋力抗争，但得到的却是更彻底的绝望。绝望之余，他们中的一部分人不得不另做打算，有的人开始倾向革命。因此，辛亥革命爆发后，不少地方的立宪派"咸与维新"，成了革命的参与者。原本对立的资产阶级两大派别，在辛亥革命爆发后，开始携起手来，共同革清王朝的命。这是辛亥革命能够取得成功的重要原因。

扑 满

革命横议·发难篇第一

发难之术多矣，论其大者有三：一曰扼吭，谓覆其首都，建瓴以临海内；二曰负隅，谓雄据一方，进战退守；三曰蜂起，谓分举响应，使伪政府土崩瓦解，权力委地。此三策者，孰宜于今日之革命军？论之于下。

扼吭之策，欧洲之革命军多用之者；法之大革命，发难于巴黎，英之大革命，发难于伦敦，其尤著也。盖首都为权力所集中，为政治之渊薮，为民贼之巢穴，于此发难，馘元恶，据魁柄，指挥而天下定，诚所谓扼吭附背者也。然革命军非奋臂可集者，其潜滋暗长非一时，其蔓延固结又非一成一旅而已，故欲问能否发难于首都，当先问能否以首都为根据地。英法之革命，所以能发难于首都者，以其为市民革命故也；市民生殖于本市，以之为根据地，非其所择，自然之事也。若中国之革命军则与欧洲殊，非市民的革命，乃一般人民的革命也。故扼吭之策，可以为革命军之结局，而不适于革命军之发难，由不能以为根据地故也。征诸历史，秦汉以来，革命之军，无发难于首都者，惟清嘉庆十八年，有一创举。八卦教主李文成、林清，连数万之众，纵横畿辅。林清使其党自宣武门入内城，破西华门，自尚衣监文颖馆斩关入，火隆宗门，不幸孤入无援，功不果成。然即使其入穴得子，亦第足使千秋万世啧为奇功，而未足以遂覆其巢窟。何也？新集之众，其力孤脆，而深入腹心之地，不可持久故也。是以舍是役外，凡革命军之崛起，虽以首都为目的物，而必先据形势之地，借屡胜之威，然后取之，其得之也，如撷垂熟之果，未有发难之际，先从事于此者也。然军势既盛，则不宜听其苟存，盖不以为革命之始基，而当以为革命之结局。是无他，专制之国民，以君主为统治权之主体，君亡而朝祚随之，首都既夷，渠魁既歼，虽不灭亡，亦为偏安。刘邦入长安而秦亡，黄巢入长安而唐亡，李自成入燕京而明亡，其先例矣。洪杨崛起，惟不知此，故终失败。方其破武昌也，有以取四川请者，卒定大策，进攻金陵，可谓壮矣。然金陵既破，不以全师北上，第遣林凤翔、李开方等，将兵万余，进取幽燕，偏师绝援，遂至夷歼，洪氏失策，莫此为甚。今后若有革命军乎，席卷燕蓟，拉此枯朽，直抵黄龙，与诸君痛饮，正此时也。

由第二策，历史上所谓根据地也。历史上之革命军，有往来逐利、飘忽无定者（历史上谓之流寇）；有据险要之地，以为根本者。然流寇徒足以乱天下而已，不足以定天下也。雄据形胜，进可战，退可守，汉高之关中，光武之河内，明太祖之金陵，举此道矣。太平天国之发难也，在于金田，株守既久，逸而北去，破湖南，下武昌，取金陵，规模宏远矣。然金陵既下，则亟宜遣重兵回取两广，两广底定，由南至北，首尾一贯，征兵转饷，相属不绝，黄河以南，非复满清所有也。计不出此，轻弃始事根据之地，而满清转得从容征饷购炮于粤，且因首尾不相属之故，湘鄂失而复得，谋之不臧，败亡之由也。是故发难之际，当有根据地，最为要着。然使只有一方负隅，而他方无起而应之者，则是以一隅敌天下，仍非能操必胜之券。盖政府穷天下之民力，非所吝也，为护其重宝计，必悉力死角，而彼所据之胜着固多，以十敌一，以常备敌新集，已占优势，且彼据天下之形胜，果用兵得道，常能制革命军之死命。汉景帝时，七国连兵俱发，然周亚夫乘传至洛阳，据荥阳，引兵东壁、昌邑，使奇兵出淮泗口，绝吴楚兵后，塞其饷道，吴楚之兵，不战而北。康熙时，吴三桂举兵，东南崩坼，然清廷于事之始起，即遣重兵守荆岳，而中原腹地皆驻兵备援，楚急则调安庆兵赴楚，河南兵移安庆，又调兵屯河南以继之；蜀警则调西安兵援蜀，而太原兵移西安，又调兵屯太原以继之；闽警则调江宁、江西兵赴闽浙，调兖州兵屯江宁，又调兵屯兖州以继之。故三桂之师，始终不得出湖南一步。盖战争必先据要地，形势已定，用兵利便，而株守一隅者，遂不能不坐困故也。亦有因是而穷尽天下之力，以致两败俱伤者。

是故由第一策，则为革命之成功，而非革命之始事；由第二策，则可为革命军之根据，而非席卷囊括之大计也。试稽吾历史，凡一朝之末，其陷于败亡者，莫不因革命军之蜂起而蔓延，其理由有至可寻绎者，先钩稽陈迹，汇列于左：

秦二世元年，秋七月，阳城人陈胜、阳夏人吴广，起兵于蕲，诸郡县争杀长吏以应。九月，沛人刘邦起兵于沛，下相人项梁起兵于吴，狄人田儋起兵于齐，韩广自立于燕，周市立魏咎于魏。二年，冬十月，陈人秦嘉、符离人朱鸡石等起兵于郯，张耳、陈余立赵歇于赵，秦嘉立景驹于楚，吴芮起兵于番阳，陈婴起兵于东阳，项梁立楚怀王孙心于盱眙，张良立韩成于韩。二年之间，乱者蜂起，所在响应，而秦亡。

王莽四年，秋八月，临淮瓜田仪等起兵于会稽，吕母起兵于海曲，王匡、王凤起兵于新市，张霸、羊牧起兵于南郡、江夏；五年，琅琊樊崇起兵于莒。地皇二年，春正月，秦丰起兵于南郡，迟昭起兵于平原。三年，王常、成丹西入南郡，号下江兵；王匡、王凤、马武等北入南阳，号新市兵；陈牧、廖湛起兵于随，号平林兵；索卢恢起兵于无盐，董宪起兵于梁郡，汉宗室刘秀起兵于南阳。更始元年，八月，邓晔、于匡起兵于南乡。五年之间，乱者蜂起，所在响应，而新莽亡。

隋炀帝大业七年，王薄起兵于邹，刘霸道起兵于平原，窦建德、孙安祖起兵于高鸡泊，张金称起兵于河曲，高士达起兵于清河，自是所在蜂起，不可胜数。九年，孟海公起兵于周桥，孟让起兵于齐郡，郭方起兵于北海。郭孝德起兵于平原，恪谦起兵于河间，孙宣雅起兵于渤海，杨元感起兵于黎阳，刘元进起兵于余杭，朱燮起兵于吴郡，管崇起兵于晋陵，彭孝才起兵于东海，吕明星起兵于东郡，向海明起兵于扶风，杜伏威起兵于章邱，辅公祐起兵于临济。十年，李弘芝起兵于扶风，刘迦论起兵于延安，王德仁起兵于汲郡，左孝友起兵于齐郡，卢明月起兵于祝阿。十一年，王须拔起兵于上谷，魏刀儿起兵于历山，李子通起兵于东海，朱粲起兵于城父，赵万海起兵于恒山，翟让、李密起兵于瓦冈，操师乞、林士弘起兵于鄱阳。恭帝义宁元年，李渊举兵于晋阳，薛举起兵于秦。数年之间，乱者蜂起，所在响应，而隋亡。

元顺帝至正八年，方国珍起兵于台州。十一年，徐寿辉起兵于蕲州。十二年，朱元璋起兵于濠梁，赵普胜起兵于太原。十三年，张士诚起兵于泰州。十六年，倪文俊起兵于汉阳。十八年，陈友谅定安庆。数年之间，乱者蜂起，所在响应，而元亡。

明庄烈帝崇祯元年，王嘉胤、张献忠、李自成等起兵于延安。二年，汉南盗起，陕西延绥相继蜂起，山西最盛。五年，湖广流盗起。六年，河南西路贼自辉县入清化镇，山西、河北诸贼渡河而南，分入湖广、河南、汉中、兴平。七年，河南贼渡江，蹂躏楚鄂，渐延吴越，蜀贼亦起。数年之间，肇端于晋，纵横燕秦，渡河而豫，渡江而吴皖，而湘鄂，而吴越，乱者四起，所在响应，而明亡。

如上之述，历史所示，昭昭然矣。大抵历代之亡也，舍权贵篡位、藩镇跋扈、外族侵入，三者之外，皆亡于人民之革命。而人民之革命也，非以一革命团体与一政府角也，政府惟一，而革命团体以千百数，其颠覆政府之目的同，而同时并举，星罗棋布，蜂起蔓延，此仆彼兴，西崩东应，曾不须臾，而土崩解之状已成，是悉起天下之人，起而与政府为敌也。孕此结果，原因甚繁，论次如下：

第一，凡为人类，莫不有人权思想，微独民权国之国民为然，即君权国之国民，亦莫不然，所不同者，特程度之优劣耳。中国号称专制之国，然此就其国家经制而言耳，若谓我民族无人权思想，则大不然。盖疾专制、乐自由，为人类之天性，而无待乎外铄。观师旷云："天之爱民甚矣，岂其使一人肆然于民上，而莫或殛之，必不然矣。"孟子云："贼人者谓之贼，贼义者谓之残，残贼之人，谓之匹夫。闻诛匹夫纣矣，未闻弑君。"高堂隆云："天下者天下人之天下，非一人之天下。"张蕴古云："闻以一人事天下，未闻以天下奉一人。"凡此皆我民族社会心理之宣言也。故谓我民族无民权的组织则可，谓为不疾君权，不乐自由，则大不可。又况君权之可疾，而自由之可乐，不待学说之修明而后家喻户晓也，身受者自能知之，自能言之。中国自秦以来，专制之术，日益进化，君之所以待其民者，无虑皆钤制束缚之策也。受其毒者，无一日不思反抗，特当其罗网整密，能使天下之人敢怒而不敢言，则虽心怀蛇蝎，而犹貌为奴妾，然乘间抵隙，犹往往触发，此无他，虽未有一民权拟制于脑中，而其不欲局蹐于专制之下，则尽人而然也。洎乎末造，主昏于上，吏暴于下，其毒愈甚，而钤束之术，又不如昔，斯民怀百年肤受之痛，而又重以铤而走险之心，一夫奋呼，万众响应，心理相翕，故啸聚若是之易也。一二年间，投袂而起者，先后相望，如春草怒苗，不择地而生，凡心腹形胜之地，以暨遐陬僻壤，苟有人类，即有革命团体。彼政府者，虽操屠刀，其如鱼烂何？故专制政府之巨患，土崩为烈，彼平日操下如束湿薪，至是则穷于术矣；且人心尽去，而拥兵者，又知养寇自重，有十亡而无一存，欲不上断头台其可得乎？

第二，凡专制政府，皆有非常之兵力，以防家贼。革命军之初起也，其众新集，本弱力脆，又无所资。临之以重兵，每易沮志，虽至愚之政府，往往有因潢池之盗，而动天下之兵者，用此策也。若夫四方蜂起，则此策亦穷。盖兵以分而弱，以累战而疲，一也；凡战事以扼据形胜为要着，今则天下鼎沸，触处皆敌，无所谓形胜，无所谓险要，二也；凡遇乱事，必先护守完善之区数处，以为转输漕运之源，今则无复一片干净土以为依据，兵穰饷匮，其势必竭，三也；民之为盗也，由于恶官，而兵之为暴也，甚于为盗，民益憎兵而亲盗，民心既去，兵威日坠，四也。以上四者，试观秦隋元明之末，有一非因此致亡者乎？夫此四者之可患，彼非不知，无如其不可逃也。更举例言之：秦末陈涉等之起也，揭竿为兵，斩木为旗，天下云集响应。然章邯之师，一出而破周文，杀陈王，进击魏，杀周市，破齐楚援师，复击灭项梁，渡河北击赵，围之于巨鹿，兵锋之锐，天下辟易。当其时，秦兵已如强弩之末，而势盛若此者，由敌脆也。然累战骄疲，卒见败于项羽，而刘邦且已乘间长驱入关。无他，天下大势，已如土崩瓦解，孤立无邻，舍素车白马出降道左，无他良策矣。

以上二者，其决胜之大原因也，然其缺点亦有二：

第一，由于知恶专制而不知重民权，故其起事之初，咸抱一帝制自为之志，其心以为我将以仁易暴也，不知其根本的思想，正与所欲扑灭之政府无殊，故结果亦只以暴易暴。项羽之言曰：彼可取而代也。陈涉之言曰：苟富贵毋相忘。刘邦见秦始皇，叹曰：大丈夫当如此矣。自汤武以来，所谓革命之英雄，可以此为代表矣。其稍逊者，则如陈婴之母，所谓"事成犹得封侯，事败易以逃亡"，窦融辈即袭此故智者也。由其后者，所志不奢，惟强是从；若其前者，则决不能与群雄并立，卧榻之侧，不容他人酣睡故也。是以刘项并起亡秦，而终相戕；唐太宗为代隋故，不得不翦灭窦建德、李密；明太祖为代元故，不得不翦灭陈友谅、张士诚。固为私计而亦未尝不以为非此不足以定天下，由其胸中只知皇帝之可贵，而未识民权之大义也。

第二，其分举响应，乃由时势使然，而非由合谋，故其相遇，有冲突而鲜联络。盖一朝之末，天怨人怒，革命之机，如炸药既实，待引火线而后然，陇头辍耕之士，相顾而莫敢先发，有首事者，群起应之，此由社会心理之相同，非有人谋也。故其效果只能分政府之兵势，及相倚以为声援，欲其联络一体，同心同德，以拨乱反正，非所任也。

综观其决胜之由，及其缺点，则为今后之革命军计，有至不可忽者：第一，树国民主义、民族主义；第二，建民权立宪政治，以举行自由平等博爱之实。斯二者其根本也。根本既定，则足雪汤武以来革命军之污点。而上所述第一缺点，无自发生，至于发难，则莫如合谋而分举。分举之利，历史示之矣，而合谋即所以补其缺点者也。合谋之必要，厥有二端：

第一，今日所不能已于革命者，为实行民族主义、国民主义故也。然则此二主义，凡革命家，皆当置之怀抱，然后民族的国民之目的，可以终达。使其有储蓄野心者，则是效法汤武，而欲为天下之公敌也。欲使革命家咸抱同一之宗旨，则不可以不合谋。

第二，革命军之举事，可以分起相应，至于革命军之进行，则不可不统一，故必有通筹全局者，然后能为一有力组织之大团体。如是则虽分举，适以相济，非以相轧，此尤非合谋不能。

是故合谋而分举，革命军发难之上策也。至于合谋之方法，非此论之范围，请俟异日。（《民报》第三号，1906 年 4 月 5 日，署名"排满"）

吴　樾

意见书

本社记者按：北京车站爆烈丸，轰于旧历九月二十六日。其时莫知烈士为谁何也，既阅月而后有知桐城吴君樾孟侠者，又近始辗转得其遗书，则其意志尽具是焉。自秦汉降，吾族不武，荆轲聂政之事，几于绝迹，而吴君独能为民族流血以死。呜呼！其壮烈不可及也。虏廷无识，以谓吴君为革命党使之。吴君则既实行革命矣，观其书，知其举动一支配于所素志之民族主义，而又谁使者？吴君死，媚虏者犹肆口为桀犬，诋毁不遗余力，不知其得见此书，尚作何语。吾人以为吴君未死，反对者虽讼其邪说，亦不能死吴君。惟吾汉族四百兆人，奄然不与寇竞，叛吴君之志，则吴君乃真死矣。录吴君书，以质读者。

……立宪之声嚣然遍天下，以讹误国民者，实保皇会人为之倡。宗旨暧味手段卑劣，进则不能为祖国洗濯仇耻，退亦不克得满洲信任，诪张为幻，迷乱后生，彼族黠者遂因以欲增重于汉人奴隶之义务，以巩固其万世不替之皇基。于是考求政治、钦定宪法之谬说，伛〔伛〕偻于朝野间。哀哉！我四万万同胞，稍有知识者相与俯首仰目，怀此无丝毫利益我汉族之要求，谬说流传，为患盖剧。樾生平既自认为中华革命男子，决不甘为拜服异种非驴非马之立宪国民也，故宁牺牲一己肉体，以剪除此考求宪政之五大臣。其所以不得不出此之理由，敬为我汉民诸父老昆季陈之：

一、唯一原理民族建国主义　世界既不能立跻大同之域，民族间之利害冲突势所不免，惟势力平均者，始有和协提携之希望。冻馁其身家而膏粱文绣其里邻者，人无智愚均不为也。汉之不能容满，亦犹夫满之不能资汉。故我辈欲灭汉以荣满也，斯已矣；如有良知，思恢复我族之权利。断不得不颠覆漠视汉人、势不两立之满洲政府，而建立皇汉民族新国家，以自行意志，以自卫同胞。夫偷生苟活于异族主权之下，已失世界之名誉、历史之光荣，而况乎其将随腐朽异族之腐朽而同仆耶？简言以断之曰：建立汉族新国家，为吾四万万同胞唯一之天职；倾覆异族寄生之旧政府，为吾四万万之同胞唯一之手段。

二、扶满不足以救亡　吾国今日之行政、军事、教育、实业，一切国家社会之事，必经非常之改革始克有真进步，决非补苴罅漏、半新半旧之变法，足以挽此呼吸间之危亡也。以满族而宰制中国，无论专制、立宪，决不能有非常之改革，而且阻遏之。何则？专制、立宪乃形式上之变更，至根本问题，满人抱持负唯一排汉主义宁死毋二，即能立宪，亦必巧立名目，仍用其愚弄汉人之故技，甚且假文明之名，行野蛮之实。军事界之猜疑、教育界之束缚、实业界之阻抑，必不能去，而我汉人思想能力终无自由伸张之一日，仍复因循固陋，桎梏于其胯下，如是而欲救亡岂可得耶？且也凡同居一域之内，无亲切之感情者，必不得有固结之团力。在满洲政府之方面言，其视汉土本属傥来之物，割弃土地，丧失主权，原无顾惜，人民疾苦，更不相关；在汉人之方面言，无历史遗传之感情，而欲官吏效忠政府，无民族团结一致之感情，而欲军士舍身报国，此皆必不可得之数也。满洲政府实中国富强第一大障碍，欲救亡而思扶满，直扬汤止沸，抱薪救火。

三、满洲皇室无立宪资格　言立宪者非奉载湉为圣主，即奉那拉氏为傀儡。彼满族自彼祖遗传奴仆汉人之政策，不肯拱手放弃权利且不论，如载湉者，童呆昏弱、生死于那拉诸权贵之手，自救不暇，遑恤及他？至那拉氏者，纵情肆欲，日剥汉民膏血以供宫室车服之淫乐，恃此人为中国宪政之元首，岂不遗笑全球？至其亲信之臣如端方者，政治思想极浅陋不足道；铁良亦不过稍有军事之知识，且持极端排汉族非文教主义如故。刚毅同等而下之。如奕劻、载振、溥伦、那桐、荣庆、耆善辈，殖财自封，但知居积，娼优狗马，亡国贱奴，以如是人格处如是世界，讵有组织立宪政府之资格也耶？且满洲部民对于爱新觉罗素抱隐恨，推之蒙藏更属奏〔秦〕越，以彼而拟大不列颠之于爱尔兰，奥地利之于匈牙利，尤不伦矣。

四、满政府对待汉人之政策　我国圣圣相承凡数千年，不待他族之鞭策而固有独立之资格，历史事实当不诬妄。彼族乘机窃取，战争之残杀无论矣，剃发之役，文字之祸，我祖被害者，其子孙恶得而忘之？此犹云过去之冤仇也，且论近政。其对官吏也，汉土硕大，奴杂汉人，乃其不得已也，但汉满人数与官缺之比例，汉员升转与满员升转之迟速，果平均耶？其对士人也，奴叱娼畜，果无意耶？其对工商也，厘金赔款，诛求顾不虐耶？其对农民也，重征浮收，且岁征糟〔漕〕米，养彼旗丁，果国民应尽之义务耶？其对平民也，滥刑苛法，不许越诉，视彼黄红带子作奸犯科而不受汉官惩治者，果平等耶？其对军士也，招之则来，任其鞭朴，挥之则散，且乘其饥寒而以游勇之罪戮之。南方要塞，悉设驻防。呜呼！其所驻者何地，而所防者果何人耶？此犹内政也。今日列强并立，国之存亡每视外交为转移。吾族对于列国不能有独立之外交权，固已蒙政治上之奇辱；论及满洲之代表吾族外交也，独有割让土地、委弃利权条约之签押为其成迹。至海外商民生视其涂炭，成内地商业设重出口税以困之，路矿条约贪外贿以赠敌，非其外部王大臣视为奇货者耶？庚子之役，乃彼妇一念之私，蹂躏数省，使我十八省之汉人担任数十年数百兆之赔款，敲脂吸髓，十室九空，来日方长，其曷堪此？数其失政，更仆难终，皆其祖传奴仆汉人之政策使然也。

五、立宪决不利于汉人　满政府负于汉人之罪恶如是矣，而彼主张立宪者犹曰，是固专制政体之罪恶，但能立宪必得铲除，而使汉人享满足之自由幸福也。恶，是何言！立宪政治焉得如此之神圣？以日本万世一系之立宪，奥匈双立政府之立宪，尚有无限之缺憾，况彼奴视汉民之满政府耶？计彼族据我华夏以来，人无贤否，罔不抱守其抑压汉人主义，彼为贵种、汉乃贱奴之说，身至北京即入于耳，若铁良（铁为排汉巨魁，彼祖述刚毅人才六等之说，以不识字之旗人为一等，读书之旗人为二等，读西书之旗人为三等，不识字之汉人为四等，读书之汉人为五等，读西书之汉人为最下。铁方以练兵制家奴为急务，他种教育均不赞成）、荣庆（荣专持汉人学堂日少、旗人学堂日多之政策），其代表也。彼以数百万之蛮民驭四万万之名族，反侧之势，毋怪其然。诚为满人计，决不可使汉人雄飞兽挺以成尾大不掉之势，而我汉人犹懵然曰：满廷立宪必利于我。满之识者，能毋嗤乎？夫立宪之利于民者，莫过于集会、出版、言论、身体、财产诸自由权利。以彼那拉、奕劻、铁良、荣庆诸野物，而甘心以是畀吾族也，谁其信之！谓余不信，请视其近年之新政。练兵之权，必操之奕劻、铁良之手，袁世凯甘为傀儡，且猜嫌备至。警察之权，满学生独揽之，驻防未撤，又练京旗，政府要津，罔非满产，所用汉人，独取夫耳聋目瞽、奴性深锢者以充其数。至如外疆督抚，岑、张二人仅保残喘，其目不识丁、贪鄙无能之满员动任封疆，罔以为怪。且如断发改装之严禁，出版言论之干涉，固司马昭之心，人人所知矣。综诸种之原因，可逆断将来立宪之效果。地方自治彼必不甘，三权分立决不成就，满汉权利必不平等。如是立宪于汉何利？且不徒无利而又害之。假宪政名义加重吾族纳税之义务，以供其奴隶陆军、爪牙警察为镇压家贼之用耳，而彼族固自拥其君主神圣不可侵犯之权利矣，吾族仰望其立宪利害如此。

六、主张立宪者对于国民行为之不忠　（甲）保皇派所借口者，合满汉蒙藏为一伟大民族，奉神圣之光绪皇帝为立宪君主。载湉童骏，海内所知，满洲已失，藏事已去，回部动摇，两蒙外向，瓦解即在早夕。纸墨未干，目的物业已消失。日日以要求立宪为辞，蛰伏海外，胆小如鼷，希冀个人之富贵，抛弃民族之积耻，是为不忠之尤。（乙）那拉氏党。此党皆乘时侥利之小人，数十辈劣等根性之留学生，俯仰其间，摇尾鼓掌，饶取一月一二百金之身赁，乞得不甚爱惜之学习主事，分发知县，而其望已足，立宪二空字不过变形一苟且竿牍而已。其行为不忠，明白易晓。

综合以上之理由，立宪主义徒堕落我皇汉民族之人格，污辱我皇汉民族之思想。吾辈今日非极力排斥此等谬说，则吾族无良死心踏地归附彼族者必日加多。敢以区区之心，贡献于我汉族四万万同胞，必能协心并力，抱持唯一排满主义之图，建立汉族新国，则某虽死犹生。……

按：吴君名樾，字孟侠，为桐城名家子。其个人历史他日自有人详道之。吴君为人慷慨，义烈根法天性，每与谭及国亡种削之势，辄〔辄〕仰泣不止。及久历关津，种族之感情益烈，时痛四方口舌排满之辈不得一人之实行为耻。其牺牲〔己〕身为天下倡，而复活我祖国荆聂壮美之历史，使全世界异种人均不敢玩弄吾族也久矣。闻其入夏以后，私瞰满种某巨公居处动作，将有所发，适立宪狂说日益流行，吴君益痛满政府愚弄我民族之毒计，又深恨我民族中无耻之辈，死心踏地为满族奴，益鼓吹其君民一体、满汉一家之邪说，天下浅见之士遂信夫上下相安，仰望仁政，苟且图存，非复昔日激昂不平之见，而吾族永久沉沦无复脱离满族羁绊之一日，计非以身遇之不可，遂以九月二十六日携所蓄利器往前门车站，加害于考察宪法之五大臣。殉义之前十日，即以两书邮寄于予。前书今姑秘之。兹所发布者其后书也。予于海外得是书，已去其殉义凡三十日矣。今特发布其殉义之意见，并述吴君平昔语诸同志之言曰："我四万万同胞，人人实行与贼满政府势不两立之行为，乃得有生人之权利。不得权利，毋宁速死。"又曰："我愿四万万同胞前仆后继，请为之先。"悲夫！此吴君所以舍身殉义而不惑也。吴君之身往矣，吴君之志犹未得达。吾愿奉遗书主义为吴君继，并以诏国人焉。吴君后死之友敬识。（《民报》第三号，1906 年 4 月 5 日，标题为《烈士吴樾君意见书》）

秋　瑾

普告同胞檄稿

嗟夫！我父老子弟，其亦知今日之时势，为如何之时势乎？其亦知今日之时势，有不容不革命者乎？欧风美雨，澎湃逼人，满贼汉奸，网罗交至，我同胞处于四面楚歌声里，犹不自知，此某等为大义之故，不得不恺切劝谕者也。夫鱼游釜底，燕处焚巢，<u>且夕偷生</u>，不自知其濒于危殆，我同胞其何以异是耶？财政则婪索无厌，虽负尽纳税义务，而不与人以参政之权；民生则道路流离，而彼方升平歌舞。佹言立宪，而专制乃得实行；名为集权，则汉人尽遭剥削。南北兵权，既纯操于满奴之手，天下财赋，又欲集之一隅。练兵也，加赋也，种种剥夺，括以一言，制我汉族之死命而已。夫闭关之世，犹不容有一族偏枯之弊，况四邻逼处，彼乃举其防家贼、媚异族之手段，送我大好河山？嗟夫！我父老子弟，盍亦一念祖宗基业之艰难、子孙立足之无所，而深思于满奴之政策耶？

某等眷怀祖国之前程，默察天下之大势，知有不容己于革命，用是张我旗鼓，歼彼丑奴，为天下创。义旗指处，是我汉族，应表同情也。（《秋瑾选集》）

宁调元

仇满横议

"中国不强，外人且绝灭尔。"竭全国无量数志士之口、之舌、之脑、之力、之心、之血、之笔、之墨，所研究，所解决，所谓危言，所谓伟论，怦怦自得，以耸动于国中，充塞于国中，呜乎叹息于国中者，不外此数字。而国中附和之、痛哭之、奔走之、惊觉之者，复只此数字。故向内之方针尽移而向外。愚民也，知排外而不知排满。义和团也，知灭洋而不知灭清。江浙等处商、学界也，知庆祝而不知追悼。滔滔者天下皆是，更何异于拒虎于千里之外，而养伥于室中哉？他日有相与编汉种之痛史，揭大义于天壤者，究灭亡之祸根，则吾必不曰外人，而曰满人。溯灭亡之真时期，则吾亦必不曰甲申，必不曰咸、同，宁曰西历千九百零六年七月十三日。

噫！东亚之民族，殆不可以自立之民族欤？二十世纪之岁月，殆亡国灭种之岁月欤？"新水非故水，前沤续后沤。"距今七月十三以前不二百日，则我藩服朝鲜亡于日本之第一纪念日也。夫朝鲜与我逼处于东亚，其位置同，种族同，文字同，国体同，政体同，亡于异族同，亡于异族之时期同，亡于国中二党派之依赖外族也又颇同。（朝鲜有亲日、亲俄二派，中国有帝党、后党二派。）宁不能谓之亡国之奇怪谭！虽然，朝鲜之灭亡也，则炸统监、起义兵；汉种之灭亡也，则庆幸、则祷祝。山鸡顾影，曾朝鲜之不若，天实为之，谓之何哉？

方正学曰："胡元窃位，殆如禽兽犬羊服冠冕而南向，令中国士大夫拜。士大夫即拜，岂禽兽犬羊真尔主耶？元时人士廉耻道丧，殆阳九之运欤？"今满清与胡元一也。以胡虏乱华，乱华而如是之久，实开国五千年来一未有之变局。仗雄剑以愤激，一欲问夫苍旻。日月忽其不淹兮，春与秋其代谢。南风不竞，愁听垓下之歌；东海难填，休怨精禽之石。夷茫茫禹域为奴隶出产之场兮，采神圣苗裔备博物馆陈设之品兮，竟朱元璋亦无其人，而阳九之厄之已久。野老兮田夫，长夜兮未央。磷青兮月黑，凭吊兮苍凉。天下之最伤心者，盖无以逾于此；天下之最不甘心者，亦无以逾于此。

且夫满胡之起，非强大也。区区建州，不及我昆仑山下之一池也。游牧之众，不足饱吾民之一餐也。以言种族，则西伯利亚之通古斯族也。东胡也，鲜卑也，鞑靼也，契丹也，女真也，皆犬羊交媾之遗孽，历代犯顺之仇雠也。夫岂足以语于伏羲、神农、黄帝之胄哉？以言世德，则同姓通奸，妻孥共欢，父子而聚麀不丑，叔嫂而并头互咏。（天聪六年，谕曰："今后继母、伯母、婶母、嫂、弟妇、侄妇，家族嫁娶者，男以奸论。"）多尔衮，胡族中之代表也。娶太后（福临之母）以为妻，逼死豪格（即肃亲王），纳其妃以为妾。（顺治八年，济尔哈朗奏曰"摄政王又逼死肃亲王，而纳其妃"云云。）福临、玄烨，胡族中之圣君也。一以小怨废太后，一信谗言废太子。皇太极夺立也，胤禛亦夺立也。（济尔哈朗又言"摄政王又亲到皇宫内院，以太宗文皇帝原系夺立以挟制皇上。"云云。胤禛事知之者多，兹不述。）允礽、允禔并帷薄不修，以淫乱著。（玄烨谕曰"允礽不法祖德，不遵朕训，惟肆恶虐众，暴戾淫乱，难出朕口"云云。又曰"允礽同伊属下人，恣行乖戾，令朕赧于启齿"。又曰"允礽欲为索额图复仇，结成党羽，朕未卜今日被鸩，明日遇害，昼夜戒慎不宁"等。又，胤禛在位之四年，六部议奏有曰"允禔性质狂悖，与阿其那谋东宫……又在西边取东海台吉等女，日夜纵欲淫乱"云云。）同根相煎于室中（如胤禛杀弟兄殆尽，待骨肉间尚如此，其待汉人可知矣），王孙被啄于飞燕。女主兴而傀儡登场，阉权振而大叔柄国。狗彘之所不食，人类之所共羞。又何尝梦见我文、武、周公、孔、孟之遗教哉？若之何文野悬殊，众寡势异，一朝啸集，乘隙而入，窃我神器，握我主权，占据我土地，侵夺我财产，奴隶我子女，宰割我人民，变易我服制，败坏我纲常，监督我语言，束缚我思想，吸收我膏血，掩蔽我耳目，剃我之发，坏我之俗，食我之肉，寝我之皮。如万弩齐发，困我于马陵道上，竟束手待毙，而莫能起。回忆艺祖卧榻之侧，岂容他人鼾睡之言，其父折薪，其子不克负荷，盖不能免其讥矣。然而逆取者必出以顺守，马上得之，自不可以马上治之。而满胡则不尔尔也。入关以来，不务德而勤远略，恃金戈而销民气，其手段之毒、政策之险，即人有千手，手有千指，不能指其一端；面有千口，口有千舌，不能名其一处。吾请将其罪状昭著者，略陈一二焉。

有如福临尸位，至于乾、嘉，史祸代兴，诗狱接踵。以刊《列朝诸臣传》，身死东市，弟子僇夷，弟妻发边。判官连坐，两学斩决，绞一太守，杀一推官，贬一将军，诛一幕府，以及作序者、校对者、刊刻者、卖书买书者，均一网打尽。此非庄廷炑〔鑨〕之一案耶？以著《南山集》，身至寸磔，族皆弃市，尚书、侍郎等，死者三四十人，亲戚故友，无辜牵连三百余人。此非戴名世之一案乎？一汪景淇〔祺〕也，著《西征随笔》之诗，菲薄虏官，撰历代年号之论，指斥正字，身首顿异，乡会试并停。一查嗣庭也，主试江西，寓讥讽于闱题，刺时政于日记，禁锢而死，已属冤横，杀子僇尸，宁论天道！此则顺治间至雍正五年之最著案件是。又二年，有吕留良之案，有陆生楠之案。又年余，又有徐骏之案。然陆、徐皆祸止及身，若吕案，则较庄、戴之风潮为更恶也。至弘历嗣位，首以曾静等正法。杀江西刘震宇，以所著《治平新策》，倡更改衣服故。僇陕西学政胡中藻，以刻《坚磨生诗钞》，多犯忌讳故。蔡显刊刻禁书，表扬钱、戴也，则置之死地。（如称："戴名世以《南山集》弃市，钱名世以年案得罪。"又《题友人裂裳小照》有云："莫教行化乌衣国，风雨龙王欲怒嗔。"因此等事遂得罪。）钱谦益有《初学集》行市，诋毁满清也，便销毁其板权。自《一柱楼》诗出现，有徐述夔之被杀，沈归愚之撤祀，下至周华、谢济世，皆属意欲之事，成莫须有之狱。告讦者众，为祸愈烈。还来章、邹入狱，封报馆，禁新著，风声鹤唳，草木皆兵，煽其潮流，尚未有已。吾族发言权自此日式微矣。幼读前史，见周厉王监谤，秦皇之禁偶语，汉初之禁诽谤妖言，以为酷矣。夫岂知长白山下之一种野蛮贱畜，"操是大阿，戮剥一世，流血冲天，车不可以厉"，更什佰倍之哉？此其关于文字之狱者一。

至如封豕、长蛇，荐食上国，广畜聚敛之臣，大定征比之例，曰"地丁"，"火耗"与"库平"则其添附品也。曰"漕粮"，"正米"（加四耗）与"赠贴米"（加二耗），"运费"（为里纳米）则其添附品也。曰"南粮"，"本折"则其添附品也。满胡曰纳税，汉人即纳税；满胡曰薄税，汉人即以为薄税。氓之蚩蚩，贼父罔觉。怵于一纸伪谕之铺扬，惑于二三汉蠹之鼓动，遂至借寇兵而赍盗粮，贻后世子孙无穷之累。而我食我之毛，我践我之土，不费满人一斗粟，不乞满人一尺布。在满胡，对于我固绝无收税之资格，在我，对于满胡更不负纳税之义务。则茫然罔觉也，岂不嗤哉？况夫正供之外，创围捐，设膏捐，屠捐、抽灯捐、房捐矣。盐有税，蚕桑有税，烟酒又有税矣。予取予求，不汝疵瑕，果尔欲壑之难饱也。复分立名目，悉索备至，抽收厘金，以病民也。设昭信股票，以欺民也。摊亿兆赔款，以嫁祸于民也。鬻官卖爵数十年，以贻害于民也。两派刚毅，为搜括财政之举；一遣铁良，画集财中央之策。昔日所称为素封之境，今则十室九空，处处皆贫国矣。较之俄国每名纳税十四元，日本每名纳税五元，其名轻，其实重也。况一能为民生利，一徒为民分利，天壤之悬殊，尤不可同日语哉。噫！我之财有限，彼之欲无厌。以有限之财，应无厌之欲，日居月诸，靡所底止。东办一学，仍集资于民间。西练一兵，复敛款于各省。五毒出洋之费也，各省彩票之设也，东三省京饷之接济也（如黑龙江等处不毛之地，皆解京饷以接济之），数十万焉！数百万焉！数万万焉！饵我以甘言，假我以虚名，制我以威力，无不直接间接垂手而达其目的。嗟我兄弟，邦人诸友，脑筋不灵，血脉将枯，其色苍以黄，其形消以瘦，两手麻木，两足不能行，如病狐祟者之已久，至奄奄待尽，气丝如发，尚归罪于气数，不悟其为狐也、祟也，可哀实甚！古之人有一人瘦而天下肥者矣。未闻瘦天下以肥一人。古之人有先天下之忧而忧者矣，未闻先天下之乐而乐。彼淫妇那拉氏母子，始作俑者，殆天之所以祸汉也。寡人好货，不殊其名。天子无愁，足副其实。今日以二百万卖命钱赔补于颐和园，明日以数百万恩仇血涂抹于武英殿。梨园一曲以数十万，内廷一宴以数百万（那拉氏每一宴各国公使夫人，辄数十万。见上年《捷报》）。或看烟火于南海，或纵淫乐于圆明园。吉地工程，即制四雕龙柱，亦费五十余万。便辟使令，买笑市恩，辄糜数十万。写真以赛会也，绘资一万二千，供给绘者约十余万（绘容者为美克姐，供给一年有余，每月耗费一万有余），往返运费又十余万（一出京门便二千两，后运往美国赛会，沿途照料近二十余万两）。万寿之举行也，赔款可以拨移，廉俸可以叩〔扣〕除（自甲午起，京官报效俸银二分五，外官报效养廉二成五，见升允奏折），报效可以责问，以锱铢取也而泥沙用。试问：何物不出于我汉人？何利不归于满人？又何款曾摊于满人乎？"昨日输钱税，因窥官库门。缯帛如山积，丝絮如云屯。"诚有是况，此其关于聚敛之重者一。

若乃分裂山河，放弃主权，量中华之物力，结友邦之欢心。对于内，则持极端的监禁主义；对于外，则持唯一的布施政策。姑无论其琉球、缅甸、安南、朝鲜之藩服尽失也，黑龙江、乌苏里江、伊犁之版图频弃也，而谅山之战争、白河之结果、香港之丧失、台湾之让与、天津之条约，旅顺亡而胶州继之，威海卫去而广州随之。非与英人订长江不让与他国之约，则寻〔徇〕法人、日人利益均沾之请。沿海无军港，内地尽商轮，航权断送，不可复得。矿政无望，何日可收？试一翻中国铁道图，观各国所占有之线，人非木石，必更有舌挢而不能下者。"长江一线，吴头楚尾路三千，尽归别姓，雨翻云变。"倘早知有今日，吾不知云亭作何语也。总之，一豚酣卧，众虎环伺。或由势力圈所规定而扩张其利益圈，或由利益圈所规定而扩张其势力圈。"三日不雨，五日不雨，必有死蚌。"可翘足待。至最近数寒暑，全国男子奔走叫号，呼天恳地，百争而不一得者，而彼则以我国土为傥来之物也，不动声色，不假思索，于九重深远，人谋鬼谋，又一纸书以奉于大英、大法、大俄、大德、大日、大美之前。左手画圆，而右不成方，右手画方，而左不成圆。如黄河之堤，千丈万丈，时堵时决，盖莫知其所防御也。"残山梦最真，旧境丢难掉。"吾族邱墓之地，汤沐之邑，衣饭之所，歌于斯，哭于斯，聚族而居于斯者，祖宗鞹皮沥血，百战所经营，子孙于（千）万斯年，种子所蓄布，至今日，鹊让鸠居，鸟啼花落，山重水复，物是人非，丧家之犬、伥伥何之？王孙斯须，姓名难问。此情此景，已觉难堪。倘再优容，任其败坏，一奴之不足，又再奴之，事满胡不足，又事外人，国既亡矣，家既覆矣，入非洲开矿欤？至美国作工欤？投黑龙江之水欤？供檀香山之火欤？为犹太之漂泊欤？图波兰之恢复欤？今不自立，后虽悔之，其又何及！使满胡而可托以国也，则塞尔维亚可以不分立，希腊可以不革命，杜兰斯哇不至有三年之血战，菲律宾不至为地理之名词。如满胡而爱惜吾国也，何至实行"宁可赠与朋友，不可赠与家奴"之秘策，画割福建换东三省之密谋？（此事虽属风闻，未必不因人心愤激而中止也。）一误再误，至于此极哉！《鸱鸮》之诗曰："既取我子，又毁我室。"读之可以憬然矣。此又关于权利之丧失者一。

别有黑暗仕途，无殊阴府，腐败官场，非复人间。一切怪现象，古今往来，凡所应有，无所不有。积缯帛夫官库之门，纳苞苴夫夤缘之径。戾气薰于天上，冤霜坠于九渊。循请托为习惯，认势利为天经。整顿吏治，徒托子虚先生；扫除积弊，付诸乌有公子。捐输载道，积瘩盈庭。吸鸦片者十之三，中疲癃残疾者又十之三。其余则崇善也，之无难识，而高据要津；李联〔莲〕英也，佞幸之徒，而阴司进退；张之洞之昏谬，丁振铎之颠顶，同当要冲；升允之恶劣，恩寿之贪污，同任封疆。学部设，而阻碍偏多；商部设，而剥削备至。盖兴学、卫商有其名，而满酋多营一巢穴其实也。推之警部也，除捕拿革命无他事；刑部也，以罗织罪状为天职。尚书联俄，侍郎亲日，昨也日蹙国百里，今也日赔款万千，行尸走肉，将就为能，则外部可不设也。红顶花翎，牛头马面，政以贿成，官作铜臭，举之则使升天，按之则使入地，则吏部可以不设也。道府州县，卑劣贪横，天怒人怨，谁尸其咎？督抚藩臬是也。督抚藩臬卑劣贪横，天怒人怨，谁尸其咎？伪政府是也。彼此敷衍，朝不谋夕。信用尽失，谁其赖之？譬之有人脑质腐败，凡百运用，无一善良。试证之，每年参案之多，上控之众，实古今万国所罕见者。现又纷纷倡改官制，尤徒乱乃公意，益之害耳。孙家鼐之言曰："有治法，无治人，不如不改之为愈。"信矣夫！然吾尤惜其所见之不广，不能言曰："改革官制，当先从改革政府下手也。"此又关于吏治之恶劣者一。

夫以上数端，漏万举一。"含垢忍辱，在人情而已极，声罪致讨，值逆运之将倾。"凡我同族，有命为先知而诮其谫陋者乎？则鄙人辄不以其陋而遽缀笔而遽许其知也。阳明之学，能知能行。夫既曰知，云何不行？夫既不行，云何曰知？此其故，殆必有一种不可思议之物横梗于其间。其物维何？曰无廉耻、无知识而已。夫同国人多矣，无廉耻、无知识者其谁？则吾不得不首屈一指曰：政界。

"廿年家国今何在？又报东胡设伪官。起看汉家天子气，横刀大海夜漫漫。"中国之政界，不名誉之政界也。被发左衽，屈膝事仇，在汉人视之，则为贼；在满人视之，则为奴。非志趣卑劣者不入政界，非天良渐灭者亦不入政界。试证之三百年间之人物，当益信矣。杨仪之议余阙曰："昧《春秋》外夷之训，忘危邦不入之义。"文信国之吊雎阳二烈曰："嗟哉！人生翕歘云亡。好轰轰烈烈做一场，使当时卖国，甘心降虏受唾骂，安得流芳？"此其故也。然彼族倘尊之重之，若神明焉，若臣邻焉，犹可说也。顾既不为人所重，又复为人所轻，呼牛则牛，呼马则马，阶级綦严，黜陟无定。非不许厕身其间（如理藩院及各部笔帖式之类是），则置之于蒙古之列（如侍读学士，满四人，蒙、汉各二缺。侍读，满十缺，蒙、汉各四缺之类是）。各部堂官也，以满人总其成，而汉人仰其息。各缺大学士也，以满人为领袖，而汉人则傀儡。小之如京以内巡警六厅也，而满人则独据之。大之如京外总督八缺也，而满人半有之。张家口、杀虎关、淮安关、津海关、崇文门各税口监督也，无汉人之迹。布政使、盐法道、粮道、巡道各优胜地位也，几汉人之半。一关道也，就长江流域计之：江海关则瑞澂也，九江关则玉贵也，镇江关则荣恒也，芜湖关则毓秀才离任也，江汉关则宝巽才辞世也。故肥缺也，则满人据之。一知府也，就浙江、安徽、陕西、甘肃四省计之：浙江领府十一，而有满人六（杭州、绍兴、金华、衢州、严州、温州六府是）。安徽领府八，而有满人五（宁国、池州、庐州、凤阳、颖〔颍〕州是）。陕西领府七，而有满人四（西安、同州、汉中、延安是）。甘肃领府八，而有满人六（兰州、平凉、巩昌、庆阳、西宁、凉州是）。他处可类推矣。故优缺也，而满人据之。东三省、伊犁等处，满人之多，又无论矣。即员外、中书、郎中等缺，亦四五倍于汉人。俄然则外放，俄然则内升，俄然则府道，俄然则督抚。汉家奴非特梦不见此，亦辄不敢有是希望也。年年候补，处处听差，头颅如箭，腰支可弓，手版辄数十易，跪膝辄数日换。卑职挂于口角，金钱为其司命。遇保举而钻营备至，对上司而帝天不如。幸而钻营一缺，或贪赃告发，或应酬不善，匪革则调，不老即死也。不幸则有少离桑梓，年近昏烛，白发萧萧，气息奄奄，室人交谪，日暮途穷，尚伈伈俔俔，逐臭味于化日之中，不能沾余沥于满人之手。罄家以出门，复裹敝虮生而入门。可哀何极！若夫骊龙颔下，曾惴惴以获珠；青蝇年来，尚营营而止棘。如直、鄂、江、粤四督，其著者也。非报效之巨以饴之（如袁世凯甲辰年报效十万是），则贿赂之进以营之（如张之洞离江督任入京时，进三十万银于李总管，始复本任）。非借捐输之款以买，则假同胞之血以购（如周馥、岑春煊是）。否则功伐虽高，仍在朕许与不许之间。如年羹尧以章奏小失，因之授首。（胤禛三年，谕曰："年羹尧所奏本内，字画潦草，且将'朝乾夕惕'写为'朝阳夕乾'。年羹尧平日非粗心办事之人，直欲以'朝乾夕惕'归之于朕耳……年羹尧既不以朝乾夕惕许朕，则年羹尧青海之功，亦在朕许与不许之间而未定也。"）贡纳虽多，而内廷未厌其欲。如张弼士（张弼士报效二十万，得保京卿。以内廷未厌其欲，故商部之设，终不得钻营一参丞，此事见之甲辰某报），仍置之闲散之列，此皆虏廷对于走狗之前车也。吾同胞如飞蛾之扑焰，抵死不悟，甘蹈其覆辙，诚不解其是何居心。况平居无汉满平等之乐，有事不能援议亲议贵之条。谓他人父，谓他人母，摇尾乞怜，长此终古，生无以雪祖宗之耻，死无以逃斧钺之诛，尚何政界之足云？奴界而已！

其一曰学界。庄子曰："昔田成子一旦杀齐君而盗其国，所盗者岂独其国耶，并与其圣知之法而亦盗之。"满洲亦然。据鼎以来，挥其运斤成风、去垩而鼻不伤之手腕。其一策则牢笼我学界也。建翰林馆为插流之所，设大小考为救饥之策，困我以博学鸿词科，囚我以国史馆，饵我以经济特科，诱我以东西洋留学生殿试。于是鲜操守者神经错乱，利令智昏，甘弃儒服，而衣毡裘，至有朝受命而夕饮冰，前唱攘夷而后唱尊夷者矣。若黄梨洲、顾亭林辈，则渺不可追矣。其一策则利用我学界也。假孔子以役使我，饰道德以迎合我。一二士大夫与虏相接，久之又久，几忘读圣贤书所学何事。以为夷狄可君也，则君之；盗贼可君也，则君之；妇女可君也，则君之。始则有魏、汤等为之倡理学，定名分，继而有罗、曾等率学生为之剿同胞，终则有康辈等鼓邪说为之定国是，若羊肉不慕蚁，蚁慕腥膻。如江浙间之庆祝立宪党，罔知人间有羞耻事，又微足论矣。其一策则虐待我学界也。文字之狱，前后凡数十起，既略述如前矣。江苏之役（顺治间），株连诸生近百余人。取缔之颁，约束留学生一万余人。法政警察，不能民立；兵式体操，不可私习。集会无自由之权，结社为禁令所碍。自上海之爱国学社被封也，而湖南之维一学校继之。泰州之学会被封也，而金坛、而扬州继之，而金山、而长沙、而广陵又继之。阻学之案件，毁学之风潮，殆无处不由仕途激而成之，而愚民承其意旨而鼓和之也。至若八股时代之不以人类待士子，现在之常以蛇蝎视学生也，则又更仆难数。虽然，人必自侮，然后人侮之。荀子谓："君子之学也，以美其身。小人之学也，以为禽犊。"今之学者，实是禽犊，尚何学界之足云？亦奴界而已！

其一曰军界。"嫁女与征夫，不如弃道旁。"中国之薄视军人，固不自今日始，然不过至今日为尤酷耳。闻之日本之送军人，曰："祈战死！"曰："海陆军万岁！"斯巴达之送军人，曰："祝汝负楯而归，不则以楯负汝归。"又何其尊严而荣誉耶？其趣一也，其价值不同，匪自为之差异。吾知以中西兵士交换，易地而观，当必成一反比例也。盖外人自负颇重，但知卫同胞，而不知助异族。中国人甘处卑下，但知为满胡尽义务，而不知与满胡争权利。故数百年来养成一种奇奇怪怪如不同种姓不同国土之特别民族，以遗臭于千古万古。三藩之平也，以汉人杀汉人。台湾之平，洪杨之役也，以汉人杀汉人。朱一贵之扑灭，广西之战争，现今鄂、赣、江、浙等处会党之剿平也，又以汉人杀汉人。且也谅山之战，鸦片之役，甲午、庚子之败，则又非特为满胡杀外人，更有助外人以杀汉人者焉。"流血川原丹，积尸天地腥。"满胡有如许替命鬼，未尝自卫死若干人，亦不闻卫我死若干人。祸则令我独当，利则任其独享。吾不知世界更有如此尽义务者否也。况夫满胡初制，原不许汉人投充军籍。旗人给饷，又复较绿营多沾利益。无事则待之如盗贼，以挚〔絷〕首系颈；有事则视之如鸡犬，以警夜司晨。全国一十八省中，旗人偏可择要隘以驻防。满、蒙、汉军，计二十四旗，汉人必不可有一人任都统。吾欲多述，吾愤欲死。吾湖南人，更略述湖南一班〔斑〕。协标有八：常德、永顺、岳州、靖州、衡州、永绥，则皆旗人充之。仅乾、长、宝三处非是也。然都司、守备等监察其中，尚不知其数。若抚标之为旗人，新军自端方任湘，又引用旗人，更毋庸计。以人口计，满胡仅有汉人百分之一；以要缺论，则汉人但占满胡百分之一。盖彼之膨涨，即我之消灭；彼之占领，即我之丧失。三尺童子尚知之，吾亦不知世界更有如此坐失利权者否也。嗟乎！义务云何？杀同胞焉耳，媚异种焉耳。权利云何？不平等焉耳，备差遣焉耳。更何军界之足云？亦奴界而已！

其一曰工商界。中国者，以卖国为商，制奴为工，世所公认，毋须讳也。自十九世纪始，交通渐广，生齿日繁，间有披荆棘涉足异邦，谋个人生计，与他族竞利者，伪政府不惟坐视，且陷害之焉。古巴之猪仔，开垦欤？为奴欤？不顾也。（惟明治五年，秘鲁船载三百余人过长崎，经日政府扣留，始解放焉。）非洲之华工，二万欤？一万欤？不顾也。檀香山焚我商人二百余万，伪政府若漠不相关。黑龙江溺我商民六千余人，伪政府惟置之不理。美洲华工禁约之起源，由满胡所共订也。闻商界以不卖美货抵制之，惟恐其禁约之尽解也，则拿人以肆其威吓。南洋各埠派一领事，不护商而反病商，悉索重也。内地志士发明一新艺，应专利而不许专利，报效少也。开一矿产，筑一铁道，商办也，必官督之。创一轮船，设一电报，余利也，必尽提之。人为刀俎，我为鱼肉。同胞同胞，宜如何痛心疾首，引为奇耻，以力图振拔而去此眼前丁〔钉〕乎？夫美洲之反抗政府者，工党也。俄国之同盟罢业者，工党也。波兰之起光复军，亦工党也。英国之商人，以十万金之公司亡一印度。犹太之商人，以异地之飘零，尚自相救护。我国则郑商人弦高、宋石工常安民、明末补锅匠，其铮铮者。至近年，戴生昌轮船局之降东，旧金山华人之电谢西后，各埠商会之三呼万岁，已声誉扫地，而丑态不堪入目。岂惟望西人而却步，即念前人亦应羞死也。"东海淘残长恨事，西风愁绝可怜虫。"尚何工商界之足云？亦奴界而已！

虽然，国者，积政界、学界、军界、工商界及其他而成者也。政界、学界、军界、工商界奴矣，国焉不奴？国奴矣，谁其不奴？值此二十世纪最猛烈、最怪幻之生存竞争点，只此岿然之奴国兮，累然之奴国民兮，尚不思脱除奴籍，净洗奴耻，改造奴风，左手摭其胸，右手把其袖，送路易十四于断头台上。十年之后，如吾族而存，吾愿抉其目悬之国门之外，以观犬羊而出虎狼之口，螟蛉不为蜾蠃之子也。嗟嗟！蹴昆仑使西倒，回弱水使东流，是在人为。奴而甘之，夫亦已矣；奴而不甘，则排满之目的终必达。而排满之理由，抑更有进言。

夫"力不足则伪，知不足则欺"，满胡正深中此病。今此病未除，腥膻之气未尽。忽一旦曰：彼能立宪也。其谁信？二百年不以人类待我，忽一旦曰：与我以立宪也。更其谁信？吾闻端方见西后之言曰："立宪决无损于君权。"又曰："立宪决为满人之利。"其反对派之持议曰："立宪只利于汉人，而不利于满人。"盖"钱财不积，则贪者忧；权势不尤，则夺者悲"。彼二说虽意见稍歧，只就其观察点言之耳。若其精神上之贯注，则图利于满人，图不利于汉人，无他肠也。况盗寝主人之室，匪一朝夕；盗憎主人之事，不一而足。种恶因，决无以收善果；聚一荛，必不能化一薰。彼七月十三之一纸勾魂书，岂真预备立宪乎？觇视汉人观念之具耳，打消汉人排满之心耳。稍有识者，当能辨之。即真立宪矣，匈之与墺冲突数十次，犹欲再图革命。瑞典、挪威联合数十年，尚不免其分立。况水火不相容之满汉哉！倘同胞犹再执迷，则臣窃有赴东海而死，宁能处小朝廷求活耶？亡国如印度，尚求自主，不戴英皇（见本月报）。瓜分如波兰，尚企恢复，不求立宪。盖结合两种族以上以成一国，以成一立宪国，以成一完全立宪国，实古无所闻，而今未之见。故有趑吾言者，则非排满决不足以立宪也。

中国者，中国人之中国，非异族所得有之中国，亦非异族所能代理之中国也。授刀柄于盗贼，宁能不反而击我？寄财产于仆役，未有不转以假人。孟子曰："王之臣，有托其妻子于其友而之楚游者，比其反也，则冻馁其妻子。"今我中国关系之重，非妻子之可拟也。而满胡对于我中国，亦非冻馁之可以已也。"时日曷丧，予及汝偕亡！"盖彼多一年之运命，即我多一年之损害。十年而权利丧尽，二十年而社稷邱墟矣。如蕣荚然，日落一叶，不见其损。至十五日，去其半，三十日而追数之，已无有矣。思之思之，可为泪垂。倘人自为计，早起革命军："虎贲三千，直抵幽燕之地；龙飞九五，重开大宋之天。"或犹可从满胡手中夺还一寸平方土以为立锥之地，毋令外人笑我五千年古国无人也。善矣！夫日本某政党之答张之洞之言曰："若革命，但止于亡满政府而已。不革命，则恐中国与之俱亡耳。"况列强峙立，外交界之风云，光怪陆离，彼以一蠢如牛马之奕劻当其冲，焉往而不失败哉？夫东三省，彼之所谓祖先之发祥地也，尚不能自保，他复何爱！同胞诸君有望东三省而寒心者，则又非排满决不足以救亡也！

戴晋人问于子惠曰："有所谓蜗君者，子知之乎？"曰："然有国于蜗之左角者，曰触氏；有国于蜗之右角者，曰蛮氏。时相与争地而战，伏尸数万，逐北旬有五日而后返。"夫以满与汉同处于一国之中，更何异于触与蛮同处于蜗角之上乎？彼强则我弱，彼胜则我负。盖利害相冲突，其一不去，其一不休，势所必至也。况满胡侵陵主义，发达甚盛，一刚毅死，百刚毅生。非日以排汉之思想深印于脑筋，则日以灭汉之政策诏勉其子弟。据最近人口之调查，汉人仅四百兆有奇，满胡则由五百万进于八百五十万。两两相形，一增一减，可不深惧？世界上有戴异族为皇帝者，印度而外，埃及是也。其种族至今日为何如乎？昨伪谕又派端方督两江，荫昌据江北，其势力之圆满，尤有如火燎原，不可向迩之势。倘一旦北京有事，率其枭獍黥鲵，蝉联南下，盘踞我金陵为第二之兔穴，则我之立足更无所也。韩信之破赵也，以背水之阵，置之死地而后生。邓艾之平蜀也，以毡裹其身，卒从间道而得利。吾族慎毋自馁，惧印度与埃及，则非排满决不足以存汉也。

　　"君不见西家老翁防虎患，虎夜入室衔其头。东家儿童不知虎，持竿驱虎如驱牛。"中国此去，危机一发。倘不人自为战，舍死向前，虽延巫阳为之招国魂，召伯为之请天命，百计求全，无有是处。但吾人欲实行最急进的破坏之主义，非先有最急进的破坏之方法，亦无有是处。翦其羽翼，是为一策。捣其巢穴，是为一策。前一策则以歼满酋、除汉奸、排房官，而分别言之。寇恂围高峻，峻遣谋臣皇甫文来谒，恂斩之，诸将问故。曰："皇甫文，峻之心腹，其取谋者。留之，则文得其计。杀之，则峻丧其胆。"今端方、铁良辈，皆满胡中之黠鼠，而爱新觉罗氏之皇甫文也。倾陷汉人，如吉网而罗钳；翼卫皇室，俨房谋而杜断。留一日则贻千日之害，去一人则消万方之毒。渠魁既歼，余子碌碌，望风先溃，可立而待。所谓"射人先射马，擒贼先擒王"也。故首曰歼满酋。先民有言："镌功奇石张弘范，不是胡儿是汉儿。"又曰："汉儿尽作胡儿语，争向城头骂汉人。"痛矣！夫蛮夷之不知猾夏，而汉奸偏助蛮夷以猾夏也。圣道陵夷，文教凋敝，天之不祐，血统遂杂。自申伯引犬戎以逼周室，管敢教匈奴以破汉军，而丧心病狂，冠履不分，以徼幸于富贵封侯者，而晋、而唐、而五代、而宋，至于范文程、至于洪承畴、吴三桂，承其衣钵，煽其潮流，其术日工，其徒亦日众。使满清三百年之祸水之鼓荡、之泛滥，以淹没我如花似锦之山河，溶解我连绵不绝之帝统，沉溺我独立自由之男儿，至今日而尚未已，殆全出于若辈之手之泡制。致东西编亡国史者，并波、印为一谈，诮亡国奴者，引非洲土人之自相残杀、南洋生番之杀亲换金为一对照。盖若辈，其面则人，其心则兽。凡可以为异族用，即可以为吾同族仇。可以为吾同族仇，即当以待异族之法待之。彼施全之击秦桧，万福华之刺王之春，是其例也。故次曰除汉奸（本报第二期有《驱满酋必先排汉奸》专论，于此故不详述）。夫百足之虫，死而不僵者，以其扶之者众也。彼一官去，而一官又来，旧鬼除而新鬼竞进。大之尚书、督抚，小之八品、九品，沾沾于微利，孳孳于寸禄，无事则侦探我，有事则仇敌我。罔惜牺牲其名誉，自附于后先奔走之列，以靦然人面于一时。力不能阻也，理不能喻也，情不能动也，事不能迫也。惟黑铁焉，惟赤血焉；前驱后继，视险如夷。驱之于嘉定万家之城，期之以扬州十日之久，送之以庖丁解牛之刀，焚之以秦皇焚书之火。遇大人则杀大人，见钦差则杀钦差。一长沙府来，一长沙府死。十醴陵县来，十醴陵县死。故对付之法不毒，则臭奴不绝迹，臭奴不绝迹，则满奴不入枯鱼之肆。“岂曰无衣？与子同仇。”一夫发难，而天下响应。故再次曰排房官。然此三者，或行其一，或并行之。总之，非暗杀手段不足以达前一策之目的也。其后一策谓何？中坚破碎，则支部不固，根本动摇，则枝叶自落。班超之破房营也，曰：“不入虎穴，焉得虎子？”寇準之退契丹也，曰：“有言迁蜀者，可斩！”故得地则昌，失地则亡。《孙子·谋攻篇》云：“我得亦利，彼得亦利者，为争地。”夫北京者，满胡所窃据以号令天下者也。一旦有事，盖必争之地。是以女真得之则盛，胡元盗之则强，朱明失之则亡，洪、杨置之则败。英、法乘胜北指，奕䜣窜于热河。六〔八〕国联军而入，载湉遁于西安。吾辈不欲直抵黄龙府痛饮一杯则已，否则旁敲侧击，舍覆北京，必不足以制其死命也。然此说也，又匪暴动主义亦无以达其目的也。此外欲更求他法，不暗杀、不暴动，能贯穿排满之目的者，无已则有一焉，举国一致不纳租税是也。然亦必有暗杀与暴动以持其后，否亦负建鼓而求羊，不为无益，且贻之笑也。

　　虽然，吾之所虑者不在夫同胞之无能力，而在夫同胞之无定识。计议排满，口舌未干，忽朝闻一说，曰革命反以得专制也而是之，夕闻一说曰革命可以召瓜分也而又是之。“播糠眯目，则天地四方易位矣。蚊虻噆肤，则通宵不寐。”此孟子之所以辟邪说，而孔教之所以攻异端也。予欲无言，其乌能已！夫持第一说者，实承认其能革命，因革命而仍得专制，故以为不如其已也。此貌似注意政治问题，而轻种族问题，其实则以轻种族问题而并轻政治问题也。不知主张政治革命者，系反对政府，充其分不过戴异族君主为之立宪而已。主张种族问题者，系扑灭政府，一目的达，则二者得兼。其间难易之差，直五十步与百步耳。即论者不幸而言中，新政府仓猝又建专制，而满胡得驱窜于塞北，则鄙人固重种族而轻政治，虽死亦瞑目，不复怨天尤人矣。况辄无是理哉！"百发失一，不足为善射；千里跬步不至，不足为善御。"吾国民宁有能力兴第一次种族革命军，必无有能力兴第二次政治革命军，其谁谓然？昔法兰西内讧外患纷至迭来，一般国民尚奋其勇武，以血洗血，卒推倒王政而建共和，非其已事哉？由第二说，则必有惧瓜分而惧暴动，惧暴动而至于释满不排者，皆意中事也。夫岂知革命军之起，召瓜分与不召瓜分，皆各个好自为之。若预为之假定，则是未见颜色而言，谓之瞽者也。虽然，吾辈亦就其各方面观察点而熟思之矣，以为满胡异族也，洋人亦异族也，与其誉甲毁乙，孰若两奴而听其便乎？且满胡异族而野蛮，洋人异族而文明者也。以资格论，则又不如从文明而去野蛮。故嗜为奴者，但安排作新朝顺民，虽闻革命以心惊，而见瓜分当未尝不色喜也。若夫一二侠烈之徒，入水不濡，入火不爇，愿伴革命军前吸一口自由空气，成则为华盛顿，为拿破仑，为新中国人豪，为光复界巨子。败则宁全体绝灭于枪林弹雨之中，必不再屈服于长鞭短勒之下。宁与满胡同尽于北邙之北，必不令满胡独生于东海以东。外人虽无礼，能瓜分我土地，其奈不能瓜分我人民何！荷兰之被困于法也，危亡在旦夕，乃决北海之水以灌其城，非特人民乘桴以遁，莫之能奴，即土地财产亦付之怒涛骇浪之中，不为异族有。然而今日之荷兰，正自不亡也。"头颅好个谁当斫？牛马今生大可怜。"是好男儿，岂有因瓜分而沮志者哉？故良农不为水旱不耕，良贾不为折阅不市。投鼠忌器，因噎废食，则非至愚者，畴肯出此？昔我夫子大管仲之功曰："如其仁，如其仁。"盖以其能攘夷狄也。今不能攘，而反进之，尚得谓之仁乎？秦始皇却匈奴七百余里，胡人不敢南下而牧马。汉武帝平西南诸夷，诸葛亮操纵孟获，谢安石谈笑却敌，唐太宗为天可汗，明太祖恢复中原，皆尚有男儿气，不至尽坠我大汉之雄风。吾愿我同胞学之。五胡乱华，石勒之割地，宋朝南渡，皇帝称侄，忽必烈北来，喧宾夺主，而我历史上莫大之污点。吾愿我同胞为比死者一洒之。虽然，我中华出秦入汉，几千余年，或统绪中绝，而大义微言，矜矜然以蛮夷猾夏为忧，则先圣后圣，其揆一也。周秦诸子无论矣，如邱孝迟所云："霜露所均，不育异类；姬汉旧邦，无取杂种。"尧夫之言："五胡十姓，天纪几焚。非唐不济，非宋不存。千世万世，中原有人。"诵子美《北征》之诗，则屈指而计擒胡之月〔日〕；读仲宣《从军》之行，则有再举而服羌夷之心。宁宗伐金之诏，郑经讨满之檄，文山崖山之哀，庾信江南之赋，郑所南之《心史》，王船山之《黄书》，皆言之沉痛，思之泪垂。后生小子，寡廉鲜耻，曷一反首而聪，听我祖考之彝训乎？即以近世而计，尚人怀破虏之心，户有挞秦之志。一二强汉，不满于爱亲〔新〕觉罗者，义旗纷举，时有所闻。而郑成功抗节于海隅，卢象观揭竿于宜兴，陈子龙、沈犹龙起兵于松江，侯峒、黄淳耀倡义于嘉定，李成栋、金声桓之反正，阎应元、金声之拒敌，此虽鼎革之际，效果未收，而卒之得衍其余波，连绵不绝者，盖二百年，一演三藩之活剧，再演太平天国之血战。割辫发者之蔓延于山东、直隶、江、浙等处。八卦教之陷滑县，破东华门，以密刺胤祯〔禛〕。陈德庆之持小刀入神武门，以刺伤近臣。张洛行之纵横于河、洛，唐浏阳之流血于鄂渚。广东惠州之举，粤西联合之军，铁道炸弹之爆发，广州万寿宫之计画。江西则庐陵、瑞昌、新城也，江苏则扬州、新扬也，湖南则平江、宝庆也，湖北则罗田，安徽则霍山，浙江则浦江也，皆前后出现，小试其技。外此，如哥老会也，三合会也，致公堂也，安庆道友会也。黄汉会也，双刀会也，大刀会、小刀会也，则丛林伏莽，所在皆是。其手段虽各殊，而其目的对于满清政府，则协同一致。盖若辈之思想，近更进步。将来任急先锋以启革命之机者，必非他人也；诸君欲破坏乎，固破坏也，不欲破坏，亦破坏也。与其以破坏之事俟之他人，如黄河一决千里，不可收拾，毋宁以破坏之责负之于我，则尚有建设，有结果也。如更有疑吾说者乎，则请观二百六十年满胡之虐政。二百六十年满胡之虐政不之信也，则请观吾祖先之彝训。祖先之彝训不之信也，则曷观吾民族现象之若何。夏桀之时，费昌之河上，见二日。在东者，烂烂将起，在西者，沉沉将灭，若疾雷之声。昌问于冯夷曰："何者为殷？何者为夏？"冯夷曰："西夏东殷。"于是费昌徙，疾归殷。愿我同胞其善自择！

　　手持钢刀九十九，

　　杀尽胡人方罢手！（《洞庭波》第一年第一期，1906 年 10 月 18 日，署名"屈魂")

三合会讨满清檄文

为招贤纳士，以驱满虏而恢中原事。照得种族沉沦，朱明有驱胡之举；天人顺应，汤武兴除暴之师。前者仆，后者兴，大丈夫当如是也；成则王，败有〔则〕虏，小朝廷可求活哉！风景不殊，新亭怕上；人民犹是，地狱堪怜。引救世为不二法门，仗舍身为惟一宗旨。俾斯麦铁血主义，越勾践薪胆生涯。既末日之可回，何狂澜之莫障！无剥不复，我汉族岂甘屈于人下者乎？有志竟成，彼枭獍终当窜诸塞外焉耳。乃者中原鼎沸，禹域尘埋，帝子不归，国魂何处？渺建州之游牧，混上国兮衣冠，舞爪扬牙，披毛戴角，语言既异，血统不良。负其豺狼之能，凶其水草之性，僭窃我神器，侵夺我政权，奴隶我人民，草芥我性命。扬州十日，同归枉死之城；嘉定万家，惨作断头之鬼。苛政与弱流并永，诗狱偕史祸代兴。剃发之令行，问汉官威仪安在；通婚之禁下，叹胡儿身价何高！几千哩鸡犬不宁，五百万虎狼坐食。分职如同儿戏，驻防以御家奴。旗饷较绿营偏优，文臣而军事不假。人生至此，天道宁论！况夫逞侈心，穷人欲，狰狞面貌，禽兽行为。虐焰燔于苍穹，秽声播夫宸极。烝淫之丑，叔嫂偕欢；骨肉之亲，豆箕〔其〕互咏。统男以女，则妖牝鸣晨；移履作冠，则权阉玩国。黔黎兮血泪一滴，幕庭兮土木累年。开经济特科，续博学宏词之法纲；创昭信股票，实征捐加税之别名。官以贪号能，士以愚为贵。商绝阴雨之望，农咏《下泉》之诗。赔款累累，苛担未了；地权处处，断送堪哀。纵刚毅、铁良敛货财而南下；假端方、载泽愚黔首以西游。政出多门，刑分两级。内讧展转，外侮频仍。秦汉来之所无，胡元时其未睹。纵寻天路，难上愁书；试倒昆仑，莫填苦海。幸天心忌满，未容反主为奴；值胡运将终，孰肯认贼作父？指三岁童子，屈膝犬羊，犹为之怒，岂七尺须眉，同群鸟兽，曾不是羞乎！

某等汉族遗黎，轩皇贵胄，鬼神可质，血气犹存。怀百年灭种之忧，抱九世复仇之志。上天聩聩，悲从中来；彼黍离离，泪如雨下。姑苏为麋鹿之薮，洛苑有铜驼之悲。秽涨腥流，神州同痛；水深火热，穷路奚之；呆卿誓除羯奴，夫差宁忘而父。记曾三合，创芳会以团沙；乃整三军，起义师而荡虏。同仇共赋，岂曰无衣，非种必锄，行无所事。管夷吾得力处尽在攘夷，诸葛亮不世功惟思扶汉。墺皇专制，卒一统以造新邦；俄土虚无，誓九死而亡政府。法兰西革命三次，王纲破而共和；美利坚苦战八年，母国认其独立。惟殷鉴之未远，实前事之可师。爰于屡败之余，再画中兴之策。广开贤路，普渡众生。图势力之扩张，为旦夕之预备。微长必录，一格不拘。龙独眼而何妨，敌万人而并重。骏骨千金可市，豹皮百变犹存。或匕首入秦，死落祖龙之胆；或铁椎走晋，生游屠狗之乡。车后马前，取头颅于反掌；花间月下，从肘腋而现身。暗鸣叱咤之雄，慷慨激昂之气，拥〔摧〕枯拉腐，破釜沉舟。造暗杀恐怖之时期，布多方改革之政策。祝乌头与马角，梦想都灵；并风虎兮云龙，扶摇而上。异日功铭绝域，师会孟津。撞自由钟，惊醒黄人之梦；登平等阁，推开紫塞之烟。夷满洲为放牛场，赦载湉作降王长。四百兆顶天立地奇男子，新造强邦；二千年沐雨栉风旧山河，重归故主。向江洲而刷马，翻银汉而洗兵。画列强均势之圈，开世界大同之局。逐虏西逾海，平胡北到天，曷足道哉！雪耻酬百王，除凶报千古，此其时也。檄到如律令。（《汉帜》第二号，1907 年 1 月 25 日，署名"屈魂"）

章太炎

讨满洲檄

天运丁未纪元四千六百零五年〇月〇日，中华国民军政府檄曰：

昔我皇祖黄帝轩辕氏，与炎皇同出于少典之裔，实建国于兹土。上法乾坤，乃作冠带，弧矢之利，以威不庭，南剪蚩尤，北逐荤粥，封国万区，九有九截。少昊高阳继之，至于唐虞，分北三苗，海隅苍生，莫不循化。夏商之世，王威不远，亦能保我子孙黎民，不失旧服。自周公兼夷狄，定九宇，四海之内，提封万里，旅獒肃慎，无敢不若。衰周板荡，始有赤狄白狄九州陆浑之戎，交捽诸夏，夷言被发，渎乱华俗，部落聚居，胜兵稀疏，亦财比于癣疥。秦始皇帝奄有海内，乃命上将驱而致之河湟之外，始筑长城以阻匈奴，中夏清明，秦功为大。皇汉肇兴，则有平城之役，孝武赫然，锐意北伐，终绝大幕，勒石纪功于狼居胥之山。三世载德，威烨旁达，日逐呼韩邪单于，南向奔命，愿为臣妾。迄于新都季汉之世，胡祚世衰，边庭少事。晋道陵夷，授权降虏，刘元海、石勒之徒，凭借晋威，乘时僭盗，则我中华之疆土，自是幅裂。五胡麇聚，甲覆乙起，江左建国，不由荆扬，然犹西殛姚泓，东诛慕容。徒以燕冀未靖，又资拓跋，崔浩魏收，腾其奸言。明朔方之族出于黄帝，奸人王通，复以元经张虏，乃云黎民怀戎三才不舍。由是言之，非虏之能盗我中华，顾华人之耽于媚虏也。天诱其衷，唐室受命，西戎突厥，咸服其辜。以中原之地，久陷索虏，任用将帅，胡汉杂糅，卒有安史之变，延及朱梁，沙陀内寇，石晋刘汉，世载其凶。宋承百王之末，疆域削迫，燕云诸州，沦于契丹，全源继逆，播迁南服，遂启蒙古宰割赤县，则我中华始丘墟为亡国。以民志未携，能贵其种，韩宋天完，扶义伐罪，卒统一于朱氏，衣冠礼乐，咸复其初。虽疆域之广，不逮汉家，挞伐所及，远逾宋氏，辨章种族，严于有唐。九边分卫，斥候相属，卫虏不能肆其毒，蒙古不能播其氛。边防之严，趣重西北，蕞尔东胡曾不介意，乃使建虏稚兔窜伏于其间，荐食沈阳，侵及关内，盗窃神器，流毒于中华者二百六十三年。

逆胡爱新觉罗氏者，女真遗丑，蘖芽东垂，蒙鱼为皮，使犬逐鹿，自以朱果之祥，发于神鸟，诱惑诸夷，肆其蚕食。昔在明室万历之初，跳梁作贼，父子就诛。凶嗣奴儿哈赤长恶不悛，世济其逆。我中华念其昔愚，不忍尽戮，因夷治夷，疆以戎索，则有龙虎将军之命。奴酋背诞忘德，恣其虐饕，职贡无时，东珠不入，盗我边部，旁及叶赫尼堪外兰诸部，将率群丑，黄衣称帝，其子皇太极因袭便利，入据全辽。我中华亦有流寇之难，讨伐不时，将帅亟易，遂得使虏穷凶极恶，肆其驰突，外劫朝鲜，内围京邑，稔恶盈贯，亦陨其命。属以流寇犯阙，思宗上宾。多尔衮、福临父子，假称义师，盗有中夏。自弘光初元迄于延平郑氏之亡四十有一岁，冠带遗民，悉为虏有，以至于今，传嗣九叶，凶德相仍。今将数虏之罪，我中华国民其悉心以听。昔拓跋氏窃号于洛，代北群胡，犹不敢陵轹汉族。虏以要害之地，建立驻防，编户齐民，岁供甲米，是有主奴之分，其罪一也。

概据燕都，征固本京饷以实故土，屯积辽东，不入经费，又熔金巨亿，贮之先陵，穿地藏资，行同盗贼，故使财币不流，汉民日匮，无小无大，转于沟壑，其罪二也。诡言仁政，永不加赋，乃悉收州县耗羡以为己有，而令州县恣取平余，其余厘金夫马杂税之属，岁有增加，外窃仁声，内为饕餮，其罪三也。自流寇肆虐，遗黎凋丧，东南一隅，犹自完具。虏下江南，遂悉残破，南畿有扬州之屠、嘉定之屠、江阴之屠，浙江有嘉兴之屠、金华之屠，广东有广州之屠。复有大同故将杖义反正，城陷之后，丁壮悉诛，妇女毁郭。汉民无罪，尽为鲸鲵，其罪四也。台湾郑氏，舟师入讨，惧海滨居民之为乡导，悉数内迁，特申海禁。其后海外侨民，为荷兰所戮者三万余人，自以开爨〔衅〕中华上书谢罪，大酋弘历悉置不问，且云："寇盗之徒，任尔殄灭。"自是白人始快其意，遂令南洋侨民死亡无日，其罪五也。昔胡元入寇，赵氏犹有瀛国之封，宗室完具，不失其所。满洲戕虐弘光，朱氏旧宗，剿灭殆尽，延恩赐爵，只以欺世，其罪六也。胡元虽虐，未有文字之狱，自知貉子干纪，罪在不赦，夷夏之念，非可划绝。满洲玄晔以后，诛求日深，反唇腹诽皆肆市朝。庄廷鑨、戴名世、吕留良、查嗣庭、陆生楠、汪景祺、齐周华、王锡侯、胡中藻等，皆以议论自恣，或托讽刺国诗歌字书之间，虏遂处以极刑，诛及种嗣，展转相牵；断头千数，其罪七也。前世史书之毁，多由载笔直臣，书其虐政，若在旧朝，一无所问。虏以人心思汉，宜所遏绝，焚毁旧籍八千余通，自明季诸臣奏议文集而外，上及宋末之书，靡不烧灭，欲令民心忘旧习为降奴，其罪八也。世奴之制，普天所无，虏既以厮役待其臣下，汉人有罪，亦发八旗为奴仆区之法，有逃必戮，诸有隐匿，断斩无赦，背逆人道，苛暴齐民，其罪九也。法律既成，即当遵守，军容国容，互不相入，虏既多设条例，务为纠葛，而督抚在外，一切以便宜从事。近世乃有就地正法之制，寻常私罪，多不覆按，府电朝下，因人夕诛，好恶因于郡县，生杀成于墨吏，刑部不知，按察不问，遂令刑章枉桡，呼天无所，其罪十也。警察之设，本以禁暴诘奸，虏既利其虚名，因以自扇威虐，狙伺所及，后盗贼而先士人，淫威所播，舍奸宄〔宄〕而取良奥，朝市骚烦，道路侧目，其罪十一也。犬羊之性，父子无别，多尔衮以盗嫂为美谈，玄晔以淫妹为法制，其他烝报，史不绝书，汉士在朝，习其淫慝，人为雄狐，家有麀鹿，使中夏清严之俗扫地无余，其罪十二也。官常之败，恒由贿赂，前世赃吏，多于朝堂杖杀，子姓流窜，不齿齐民。虏有封豕之德，卖官鬻爵，着在令典，简任视事，率由苞苴。在昔大酋弘历，常喜任用贪墨，因亦籍没其家以实府藏。盗风既长，互相什保，以官为贾，以法为市，子姓亲属，因缘为奸，幕僚外嬖，交伍于道，官邪之成，为古今所未有，其罪十三也。毡笠绛缨以为帽，端罩箭衣以为服，索头垂尾以为发，鞅靷璎珞以为饰。往时以蓄发死者，遍于天下，至今受其维絷，使我衣冠礼乐夷为牛马，其罪十四也。

夫以黄神遗胄，秉性淑灵，齐州天府，世食旧德，而逆胡一入，奄然荡覆。又其腥闻虐政，著在耳目，凡有血气，宜不与戴日月而共四海。故自僭盗以来，朱一贵起于台湾，林清起于山东，王三槐起于四川，洪秀全起于广西，张乐行起于河南，其他义师，不可悉数。岂实迫于饥寒，抑自有帝王之志？诚以豺狼之族不可不除，腥膻之气不可不涤，故肝脑涂地而不悔也。

今者民气发扬，黎献参会，虏亦岌岌，不皇自保，乃以立宪改官之令，诱我汉民，阳示仁义，包藏祸心，专任胡人，死相撑拒。我国民伯叔兄弟，亦既烛其奸匿，弗为惑乱，以胡寇孔棘之故，惟奋起逐北，摧其巢穴，以为中华种族请命。幕府总摄维纲，辑和宗族，惧草泽之骏雄良材鲜学，则自以为王侯，同类相残，授虏以柄；或有兵威既盛，虏不能制，思寻明祖之迹，与比邻诸雄互相角夺，不念祖宗同气之好，日寻干戈使元元涂炭，帝制既成，惟任独断，不可以保世滋大。又惧新学诸彦，震于泰西文明之名，劝工兴商，汗漫无制，乃使豪强兼并，细民无食，以成他日之社会革命。为是与内外民献四万万人契骨为誓曰："自盟以后，当扫除鞑虏，恢复中华，建立民国，平均地权。有渝此盟，四万万人共击之。"

呜呼！我中华国民伯叔兄弟、诸姑姊妹，谁无父母？谁非同气？以东胡群兽，盗我息壤，我先帝先王亦既丧其血食，在帝左右，旁皇无依；我伯叔兄弟、诸姑姊妹亦既降为台隶，与牛驹同受笞棰之毒，有不寝苦〔苦〕枕块挟弓而斗者，当何以为黄帝之子？惟革命之不可以已，而不可以有二也，故有共和之政，均土之法，以维持于无极。事虽未形，规模则不可以不闳远。惟我国民，恺悌多智，以此告勉，庶几百姓与能。迩来军中之事，复有约束曰："毋作妖言，毋仇外人，毋排他教。"昔南方诸会党，与燕齐义和团之属，以此三事，自致不竞。惟太平洪王之兴，则又定一尊于天主，烧夷神社，震惊孔庙，遂令士民怨恚为虏前驱。惟是二者，皆不可以崇效。我国民之智者，则既知引以为戒，其有壮士，寡昧不学，宜以此善道之，使知宗教殊涂，初无邪正，黄白异族，互为商旅，苟无大害于我军事者，一切当兼包并容，有违节制，悉以军律治罪。

又我汉族仕宦于满洲者，既实同种，岂遽忘其祖父？徒以热中利禄，受彼迫胁。人亦有言："满堂饮酒，有一人向隅而泣，则举坐为之不乐。"幕府张皇六师，神武不杀，虽蚍蜉蚁子犹不妄戮，况我同种而当迫害？念尔搢绅，及尔介胄，既污伪命，如彼赤子，陷于深谷。尔虽湛溺，尔心肺督脉犹在，尔亦念往者胡人入关陵暴，尔祖尔父，斫头屠肠于绝辔之野，尔室毁破，尔庙摧夷，尔墓掘穿，尔先妣与尔诸母诸姑，亦有污辱。我政府肃将天讨，为民理冤，以为有人心者，宜于此变。若能舍逆取顺，翻然改图，有束身归命及以一城一垒迎降者，任官如故。若自忘其本，为虏效忠，以逆我大兵之颜行，一遭俘虏，或得赦宥，至于再三，杀无赦，其为间谍者，亦杀无赦。

又尔满洲胡人，涵濡卵育于我中华之区宇，且三百年，尺布粒米，何非资于我大国？尔自伏念，食土之毛，不怀报德，反为寇仇，而与我大兵旅距，以尔四体，膏我萧斧，尔抚尔膺尔谁怨？若自知不直，愿归部落，以为我中华保塞，建州一卫，本尔旧区，其自返于吉林黑龙江之域。若愿留中国者，悉归农牧，一切与齐民等视。惟我政府，箫勺群慝，淳化虫蛾，有回面内向者，怀柔以体，革其旧染，选举租赋，必不使尔有倚轻重。尔若忘我汉德，尔乃盗边，尔名马大珠不入，尔恶不悛，尔胡人之归化于汉土者，乃蹀足謷欬，与外胡响应，幕府则大选将士，深入尔阻、犁尔庭、扫尔闾、遏绝尔种族，幕府则建筑尔尸以为京观。

如律令布告天下，迄于蒙古、回部、青海、西藏之域。（《民报》增刊，1907年，署名"军政府"）

驳神我宪政说

罗马教高僧马良自吴淞抵日本，说宪政事，以神我为国家根本，视阖茸者稍愈。马氏治法兰西哲学，初祖笛伽尔，言"思在即我在"，与数论所云"我是思"者相类，故马氏亦传会数论神我之说以为本氏。详其所论"求神我之愉快"者，愉快不与神我相应，其在佛乘，则为"受阴"；其在数论则为"萨埵喜德"，求愉快亦不与神我相应。自性三德，生我慢谛，此乃所谓求愉快者。神我不当为境界缠缚，一求愉快，即絷维于境界之中，乃自负其神我矣。名实相反，而皮传以为言，是则眩惑后生之论也。复以神我形我相对为名，我但一耳，宁有形神之别？形我者，即数论所谓"五知根""五作根"，不容与神我对立，则知马氏所谓神我，即罗马教所谓灵魂。名之不可相假，盖稍治学术者所能知。儒者言神气，非罗马教所谓灵魂；罗马教言灵魂，非数论所谓神我；数论言神我，非佛家所谓"中阴""五阴"。界说各殊，不容相贸。今以灵魂而假神我之名，斯不察其同异矣。至引《孟子》少乐众乐之文，以为国家成立在是，则一切博饮淫佚者，悉可借孟说为表旗。以国家言，则兼并者亦可以是文饰，背人道而为残贼，乃以神我涂附其肤，黄发兒际诸公，当不食其余矣。余因举马氏所说，分条驳难，著于篇。

马氏之言曰："国家之起原，果何自昉乎？凡有血气者，莫不自爱我。"然所谓我者，有形我焉，有神我焉。禽兽知有形我而不知有神我，故永世不能以为群。人类者，非徒以形我之安佚而自满也，必更求神我之愉快。苟孑然孤立而无偶，则虽极耳目口腹之欲，而非人情之所愉乐，于是乎家族不得不兴。普通之人，其爱其家族也，殆与爱己身无所择，盖神我之作用然也。然神我之愉快，又非徒恃家族而能满足也。善夫孟子之言曰：与少乐乐，与众乐乐，孰乐？曰："不若与众。盖人类之恶独而乐群，全由其天性然，于是乎由家族进而为部落，由部落进而为国家。禽兽不能为家族部落，而人能为之，曰惟知有神我故；野蛮人不能为国家，而文明人能为之，曰惟能扩充其神我故。"今案神我之名，自数论始。据自在黑金七十论：离身别自有我，我非作者，名为见者，与自性三德合。如烧器与火相应，是三德者，何等为相？一、萨埵，喜为体，能作光照；二、罗阇，忧为体，能作生起；三、多磨，暗为体，能作系缚。三德互违，得共一事，如油炷火，三合为灯，是为作者，非为见者。故我与自性合，如生盲人负生跛人，是和合者，能生世间。自性先生"大"，大者，或名觉，或名为想，

或名偏满，或名为智，或名为慧，大次生我慢。"我慢"者，或名五大初，
或名转异，或名焰炽。慢次生十六，十六者，一五唯，五唯者：一声、二
触、三色、四味、五香。次五知根，五知根者：一耳、二皮、三眼、四舌、
五鼻。次五作根，五作根者：一舌、二手、三足、四男女、五大遗。次心
根。是十六从我慢生，从五唯生五大，声唯生空大，触唯生风大，色唯生
火大，味唯生水大，香唯生地大，是名二十三谛。此二十三，皆有三德，
譬如黑衣从黑缕出，末与本相似故。自性三德作我，事已则得分离，如世
间中无知水草，牛所啖食，应养犊子，于一年内，能转为乳，犊子既长，
牛复食水草，则不变为乳。若如其说，三德为我作用，则我在缠缚之中矣；
三德与我脱离，而我入涅槃之境矣。今马氏所谓愉快者，即由喜德转为我
慢，与心相应，乃适为缨芾神我之网罟，于神我何所利焉？若家族者，若
部落者，若国家者，虽事有巨细，对境不过五大五唯，士用不过五知五
作，特以此二十事展转交叉，递相蓄变。即实而言，家族作用，特男女根
之"戏"尔；部落作用，特手根之"执"、足根之"步"尔；国家作用，并
此三者，益以舌根之"言"尔。所对外境，于无机物，不出地水火风四者；
于有机物，骨肉筋毛，悉归之地，精血涕泪，悉归之水，暖气蒸动，悉归
之火，呼吸出入，悉归之风。除此四者，何处得有人类？人群相与，舍此
无他事矣。特以从此则乐，违此则忧，皆由我慢执持，不得自遂。使神我
而见自性，于此方遁逃不暇，复何愉快之有？非特家族、部落、国家则然，
即彼爱我心者，亦由我慢煎迫使然。于神我适为桎梏，斯正可谓形我耳。
是故马氏欲以家族、部落、国家供养神我，神我所不受也。其言扩充神
我，尤不可通。神我本自不增不减，无微尘数量，神我不为之损；有恒沙
数量；神我不为之增。如鹅羽衣不受水染，如金刚石不作浮沤，纵欲扩充，
亦无扩充之处。是诸论议，可谓伧陋不学者矣。若以佛法相稽，惟许有阿
赖耶识，并不许有神我。所以者何？若我有自性者，不应生灭相寻；若我
无自性者，不应执着难舍。是故立阿赖耶识为根，以末那之执着者，谓之
我见，谓之根本无明。而此阿赖耶识，唯与舍受相应，不与苦乐忧喜四受
相应，乐且无存，皇论外界之多少乎？又云：禽兽知有形我，不知有神我。
若以神我为寂灭者，人类不知，亦几十得八九；若以神我为求愉快者，虽
高之至于建设国家，亦只形我之事。禽兽与人，知识明暗虽相远，其有我

慢与五知五作一也。且蜂蚁有君臣，猿猱有渠帅，谁谓禽兽无部落、国家者？禽兽虽有部落、国家，人视之则不以齿数，此由形有巨细，事有幽明，故二者不能以相拟。令有修人，无路建立国家，视吾侪所谓国家、部落者，亦若蜂蚁猿猱之聚矣。马氏所执，亦谓禽兽无灵魂，人有灵魂耳。灵魂之说，义固芒昧，形骸既殁，理不独存。若就生存为说，灵魂者，即与知识无异。人与禽兽，知识虑有短长。至谓禽兽有现量而无比量，则亦夸诬之论。马行道上，见有人偃卧其前，则却行勿进，以前比量，知蹴则伤故。狸闻鼠声，必审听其方位，从其方位而捕啖之，以余比量，知鸣处即鼠所在，故鹿于石上砺角，必就池沼自镜，观其形态妩媚与否，以平等比量，知水中像即已形故。若徒知有现量者，必不审虑如此。且"心所"有五遍行境，人与禽兽所同也。作意触受，无过动向感觉之伦，乃至想以取境分齐，思以构造善恶，禽兽虽愚，于此岂异于人耶？特其别境五事，则不必尽与人同。要所缺者，惟定慧胜解耳。未来之欲，过去之念，此亦非有异人也。以此鄙夷禽兽，既非其实，以寻常知识之本体而被以神我之名，其名实亦不相应矣。卒之禽兽之所以劣于人类者，在其少自觉心，不在其不知神我，家族、部落、国家之所以建造，亦不系神我观念之有无。有知神我者，有进而知无我者，则独往之念必盛，而合群之力必衰。世俗所谓文明野蛮者，又非吊当之论也。

昔德人尼采有言曰："路德所以能改教者，非由其才调志行度越常人，亦非由北欧君主同心与法皇相抗，又非由罗马旧教内容腐败，可炊而僵；实以北欧文明过浅，人人有平均之信仰，故从之如风靡耳。南欧文明已进，故与路德相和者少，上观希腊盛时，毕他科罗斯、柏拉图、因柏图克黎斯诸圣哲，人人有建立宗教之资，然而独倡寡和者，由希腊文明最进，个人之发达有余，则思想不容一致。以此反观，改革宗教之所以成，正由北欧之文明缺乏耳。"是岂特宗教然，虽于国家亦然。凡能成国家者，必其人民于国家有平均之信仰也。假令人民参半皆知神我，团体解散，直反掌之事而已。今信仰国家者，以信仰宗教为非文明，惟信仰国家为文明；信仰无政府者，以信仰国家、信仰宗教为非文明，惟信仰无政府为文明。三者虽殊，其当合群一也。若信仰神我者，则不容有团体。纵如雨际诸师，亦成宗教，率皆屏营独处，僻在深山，与上说下教者有异。故神我之说成而团体从之熔释。然世固有以止观禅定为见危授命之资者，此但旷览死生，能轻躯命，故其成效有然。所谓尘垢秕穅，陶铸尧、舜，非直接于清净法流也。且审于自知有我者，亦审于知他人之有我，互相题品，则方人自此始。然知人愈明，其团体亦愈难巩固。今以中国民情论之，他无所长，独知人为长耳。有雄略之士出，宅塞北与蒙古处，宅南海与侨人处，其人知识浅短，不知交际蓄变之情，则易于结合也。黄河以北，抵长城而止，五岭以南，抵崖山而止，稍难于凝集矣。大江左右，其人机智相猜，互见肝肺，纵欧洲诸豪骏生在区中，亦无以使人翕合，一相诊察而崩离立见矣。惟庸德庸行，有时足以感人，愈雄略则愈见其拙。是即尼采所论南欧、北欧之例，非审于知我之效耶？今以知有神我为国家之起原，抑何其纰戾也？由家族而部落，由部落而国家，特彀张使大耳。若以但有家族为野蛮，既有国家为文明者，今应问彼，文明野蛮，为反对耶？为部类耶？若云是反对者，家族、部落、国家，巨细有异，其为人群相处则同，反对之性安在？若云是部类者，文明野蛮，即不应分别高下。家族者，野蛮人所能为，增进其野蛮之量，则为部落；又增进其野蛮之量，则为国家。是则文明者，即斥大野蛮而成，愈文明者即愈野蛮，亦犹伏卵为鸡，至三尺之鸮而止，鸡为极成之卵。文明为极成之野蛮，形式有殊，而性情无异，安用徒张虚号矣？今以文明野蛮为国家有无之准，又何其纰戾也！

马氏之言曰："洵如孟子少乐不如众乐之言，则神我之最宜感愉快者，莫我中国人若也。盖个人之乐，不如家族之乐；家族之乐，不如部聚之乐；部聚之乐，不如国家之乐；小国寡民之乐，不如大国众民之乐。"比例则然也。而我中国今日之人，乃适得其反。今案人之情性，好群好独，固有两端。好群者虽多数，如婴儿多嗜甘也，稍长则或嗜姜蓼诸辛，有睹饴蜜而作吐者矣。研精冥想之士，多好闲居，乐群者惟恒民为尔，不然，则死权殉利、奔走衣食者也。就云众乐为本性者，暗醲之物，强阳之气则然。非对于神我必应如是。伉俪相处，不如陈列嫔嫱；父子更佣，不如传呼仆役。骄奢淫纵，皆自众乐之念生，马氏亦与之耶？若云小国寡民不如大国众民之乐，自非侵略他人，其乐何由而遂？夫事有同名，而指趣绝相违戾者。博爱并容，墨子之所谓兼士也；侵牟蚕食，商君之所谓兼并也；其言兼同，其所以为兼异。乃如水火白黑，势不相容。今假众乐之言，以文饰其帝国主义，是犹借兼士之名，以文饰其兼并主义。墨、孟有知，必縈以朱丝，攻以雷鼓无疑也。马氏固罗马教僧，其言不得不稍薀〔蕴〕藉，充其意趣，去金铁主义不远矣。

马氏之言曰："吾侪以求神我之愉快故，而组织此政闻社；吾侪以遵良知之命令故，而组织此政闻社。人人各有其所信之主义，所信之主义适相同者，乃集合而为一党。谁信之？吾之良知信之也。故政党者，多数政党员之良知之结晶体也。人而不自服从其良知，时曰非人。"是说固非甚谬，然应问良知云何。当婴儿能啼笑时，宁知有政治？亦宁知政治中有相岐之主义？长而有所见闻，以意推校，或可或否，则既非良知矣。且人当服从良知固也，而良知所信者，未必皆正。即彼为盗贼者，亦有任侠可贵之名。凡诸椎埋攻掠之徒，赤心悃幅以崇效宋江为义士者，其心岂皆虚伪？盖贞实自信者多矣。故虽服从良知，而所信既非，不得以良知为解。世之言致良知者，始自余姚王守仁。以宸濠仁孝多闻，视武宗荒淫之主，一尧一桀可知也。而守仁拥戴乱君以诛贤胄，亦谓效忠天室，良知所信则然。今以匡扶胡羯、热中巧宦之政党，主义相同，同在慕膻之事，而以良知所信文之，斯良知亦不足邵矣。昔康德有言曰：过而为非，后必自悔，此良知之命令使然也。后有人驳之曰：过而以任恤之事许人，后亦自悔，此亦良知之命令使然耶？若云至诚所发，悉本于良知者，一切悖乱作慝之事，苟出至诚，悉可以良知被饰。宜哉孔有德、范承谟辈，得以致命遂志称也。

呜呼！马良以方闻之黄耇，为承学重。今其持论款空，徒为侈大，有以知权利之涂，令人丧其神守而已矣。虽然，吾当为马良告曰：马良本罗马教僧，吾亦崇信相宗，与沙门比迹，虽佛乘与天教有殊，其游心方外一也。既与乞儿马医同贱，为民请命，是其故常。且释教以王贼并称，而罗马教所奉《旧约·出埃及记》一篇，亦即民族主义，纡此净土天宫之想，以其头目脑髓持救汉民，则僧徒所有事；若蹀躞政党之间，熔金跃冶，既不祥矣！而黑衣宰相之名，又足以点污正教，抑何不矜惜其门风耶？吾意马良之命名也，盖亦有所则效。昔汉末有襄阳马良矣，蜀先主辟为左将军掾〔椽〕，遣使吴下，良求诸葛亮为介于孙权，亮曰："君试自为文。"良即为草曰："寡君遣掾〔椽〕马良通聘继好，以绍昆吾豕韦之勋。其人吉士，荆楚之令，鲜于造次之华，而有克终之美，愿降心存纳，以慰将命。"今马良自吴淞来，不惮波涛，自日没以至日出，又与东国勋旧应和，寡君爱新觉罗氏，其亦叹为白眉哉！汉有胡广，明有胡广，中庸之道既同；汉有马良，清有马良，协穆二家，亦复古今一揆。所志固遂，若无以昭事上帝何？（《民报》第二十一号，1908年6月10日，署名"太炎"）

反

去矣！与会党为伍

发难自平民，而窃获其利乐者，则为一时之权贵，往古之革命然也。发难自平民，而均享其幸福者，则为举世之黎氓，今后革命之所期也。二者不问何居，革命主动，首推平民。此东西所共见，证诸理论，亦莫能易斯辙也。在今日论中国革命，更不问其或发愿于政治之改革，或注目于社会之更新，事之前驱，舍平民揭竿斩木之外，更无他道。若世之奔走权贵，欲借大权以行"雨我公田，惠及我私"之政策者，多属小人无耻之徒，不可与有言也。更进（一）步，言及无政府，则尤当规诸归纳学理。凡事由下积而上者率多真实，由上演而下者类为幻想。则无政府革命，直以平民之力，梃击王庭，锄刈豪右兼并之家。既革之后，仍以平民之力，组织各尽其能各取其需之社会，不使有以人治人之法，以人役人之政。其义皆合于公理。既合公理，则其理亦在于人心，知之本非艰也。然中国之民，久失教养，明斯道者，士君子林，千无一二，况平民也乎！如斯则虽一旦政府崩丧，强者败北，亦恐不能操久胜之权。更况平民之多数不明斯旨，则政府之安然总如故也。

考究中国平民之能力，足以与有为者，则在乎其富于团结力。以其有团结力故，而秘密会党之盛，甲于全球各国。故曰会党者，中国平民之代表也。回观往迹，会党之能力发现于革命而奏伟业者，约有二端。一曰驱逐胡元。夫以胡元蹂躏欧亚之余威，临制文弱之中国，本易易也。然不逾百年，而使胡酋大去燕京，逃归沙漠者，固非吮笔嚼字学士之力，亦不得仅云徐达、杨〔常〕遇春武士之功，实秘密会党积威有以致之。当日之白莲教，乃秘密会党之著者，韩林儿、朱元璋辈亦不过彼党之一分子耳。一曰反抗满清。自满清盗中国以来，其能反抗最力者，首推太平天国，人所熟知。然太平天国致盛之由，不得不推洪门结社之功。洪（有人云秀全并非洪姓，因加盟洪门，遂以洪为姓）、杨之徒，仅其一毫毛耳。据此二端，则中国会党之力，实足为中国近史上之伟观。往事已矣，即若今日，会党之势力仍足以左右中国之社会。在理教即昔日之白莲，哥老会、三合会即昔日之洪门。试推会党之原始，白莲之称，无从推究（或云起于东晋）。洪门之号，据彼中人谓，悉少陵五祖及陈近南之所开创云。五祖不知其何指，近南更不知其籍贯。以意察之，当悉明末遗民，哀中邦之陵夷，痛异族之淫暴，弃士冠而走入草泽，散资财以结纳平民者。积年既久，反清复明之观念遂浸润平民之间，致成今日之盛。试披今日之报章，无一日无会党之记事，良有以也。在理、三合、哥老无论矣，即若盐枭、大刀会、小刀会、道友会以及东三省之马胡子，名目烦多，屈指难数。总计其人，当亦不下百万。满清兵备，防会党如防敌国，亦诚未有之奇。惜乎近世之文明，尚未传布于其间，故不能谓会党于中国文明上有多少之价值。然政府时抱民心怨叛之虑，财政匮乏至如此极，尚不敢横征暴敛者，未始非会党之赐也。且中国会党较诸中上社会，其道义有可高贵。趋生避死，人之恒情，而中国之中上社会尤为甚焉。非谓会党中人，皆可顶礼罗拜，然其视死如归，大有古武士风。故虽政府日加以淫威，施以酷刑，而其盘据于通邑大都，出没于山泽江湖，未之或息。较诸吾党数年以来，尚不能树一威势于内地者为何如耶！

欧美近年主张社会革命者，率以"总罢工""非军备"二事为根本之作用。是诚可为吾辈师法。近年以来，中国工业渐有发达之兆。加以外资输入，犹如倒河，开凿矿山，敷设铁路，不数年后，俨然一工业国也。然则从事于劳力之民，未尝非今日之会党，即未尝不可时与有为。若前年萍乡之役，岂非中国罢工之一大记〔纪〕念乎？以烹刀门扉直捍军队之枪炮，较诸昔日法民之以椅几格官军，未能分高下也。苟使罢工之说传布于其人，非可限量者矣。至若军备，中国之兵本未受忠君爱国之迷信，如欧美日本者。长江一带，凡充当兵丁之人，亦大半来自会党。故兵与会党相冲突之事甚少，是已往之情形也。今也无识之徒，主张征兵之说，将食欧美之余毒，以病吾民，固当用"非军备"之说以排斥之。排斥之法，从会党下手，亦较最宜。因彼党已占军队之多数，以一传百，不恐其余者不随波而起。

当十九世纪之七十年代，俄国革命以"去矣，与人民为伍！"为标的，游说全国，革命风潮方能致今日之盛。近年欧西各国，盛主张工会主义，以团结劳力之民，推为社会革命之急务。百十志士，身入工场矿山，以传布主义，诚伟观也。继今以往，中国欲革命成功，亦非设工会不可。但与其从新建设，何如就其所已有之会党而改良之？傥得千百同志，投身会党之中，持简单之无政府共产，易其简单之反清复明，以自由联合之义，变其所谓正龙头副龙头阶级之制，彼辈亦必乐从。因当今之会党，多有忘其民族排外之观念，而纯为一种生存互助之团体者。证诸近年长江一带之哥老会，凡在通商大埠之劳力者，莫不入党，特因不入党，则在斯埠无立足之地，而入党之后，尚得若干利益，即不怀一钱，可走遍长江。据此一端，亦可观会党互相协助之力，虽无欧美工党之名，而诚有工党之实。由其时怀造反之思想观之，则又非德国派之社会党所可比也。

呜呼！哀吾华民，日受荼毒于专制政府之下，继今以往，又必受新资本阶级之奴役。不过数年，世之强者，争来陵辱，棰楚之声，当遍山区水隈。平民之疾苦，非可与欧美同日道者。苟不早日操戈以练敌对之方，则中国之会党恐亦长此终古矣。故吾效昔日俄人之口吻，而亦大呼于众曰：去矣，与会党为伍！（《新世纪》第四十二号，1908 年 4 月 22 日，署名"反"）

吴稚晖

革命商

中国不能不革命之理由，因卑之无甚高论，在满洲政府手中，无望有民权伸长之一日。民权既能伸长，则满洲皇猪皇狗之障碍物，断无可以不加排除之理。

盖人类若不求平等之自由，而惟乐利之是趋，则苟以宁死惟求政权之精神，及宁死忠事异族皇狗之精神，与外界相周旋，则亦何必以瓜分等之危词，恫吓国人？彼英、德、法、日等之侵略而来，亦箪食壶浆，迎之惟恐不后，早求中国得一日之安可矣。

彼如深知中国人之无耻，能坚戴外族皇狗，永不侵畔也者。则当要求政权之时，亦即鉴其为公安，而不疑其谋反。又知要求政权者，有宁死不悔之精神。政权不得，又将朝事英者，晚即改事一更强之德，至政权必得而后已。则亦何乐不为此忠仆顺民，稍留人道之几希。虽今之所谓列强，彼等之为民贼皆同。然短中论长，主张开明专制论者，当亦明知所谓列强者之较开明于满贼。

自今日世界以前，仅有所谓被征服者，未有所谓苟得政权，即可安戴异族者。

征服者对于被征服者，常虞其谋反。故压制之手段，一切皆异于对待其本国之民。然则今之立宪党之危言，所谓外族瓜分，中国将得如何较多之苦痛。因列强之政府，迥不如满洲政府之易于反抗。此皆文不对题。当对于不受外族强权之民种而言，中国人略有排外之良心。故觉我将排之，彼必压我，当以对待印度、非洲旧策，如法泡制。

岂知中国人固富于无耻之顺民心，则自"苟得政权，可安戴异族"之秘诀既发明，惟当用英、法、德、日等之文字，大发政论。设一世界政闻社，使各国闻之，则将聚世界之大政治家，代设一瓜分责任政府，实行一瓜分乐利宪法。一切开矿、造路、教育、商业，吾正色而谈，必可较满洲政府立宪后，兴盛十百千万倍。吾更正色，毫无戏谑而谈，其利归各国人者固三，而归中国人者则七。因中国人皆宁死不失权利之人，不是好相与者。各国皆将爱怜其忠顺，而敬惮其强硬也。

或曰：否否。此等之奇想，直是谝小孩之戏言。所谓"我能拉了我自己的辫子，提我至空中"，极像一句说话，揆诸情理，则如同放屁。岂有能用强硬者，又必致其忠顺？则以立宪党之所能词而辟者，还质诸立宪党，亦当哑然失笑。盖如以上实行瓜分立宪云云，立宪党必曰：是何能者？中国人对于瓜分之列强，虽百口以矢忠贞，彼族岂能见信？故不瓜分则已，一瓜分则必施压制属民之政策。因决不信，酷嗜政权之民，终能为不相侵畔之顺民也。然则吾将诘之曰：惟满洲政府为至愚，乃必信之？乌乎！此真掩着耳朵放爆竹，断为想富贵者自欺欺人之谈耳。否则岂将对于满洲政府，作一顺民之榜样，使世界传信，以备一旦瓜分，则列强信之，一如满洲政府之信之乎？则中国人将永永为无耻之顺民，亦将永永享世界乐利之政权。可贺哉！吾拉杂赘言此数百字者，以明中国苟望有进步，不能不革命。中国人今日排外之名词，并非用之于兼弱而攻昧，本乃用之于抵抗强者。所谓满洲政府者，英、法、德、日等者，皆握强权者也。中国人年来固未尝排斥高丽人，或安南人，或印度人。其人能排斥强权，即其人能保持自由，不言政权，而政权自无不包。

故就中国人一方面之希望言之，欲得政权也，欲免瓜分也，皆不受强权之代名词耳。能知瓜分后之苦痛，决不能以顺民苟免。即知政权之把持，决不能以顺民苟得。故又要用着至宿之陈言，所谓："有革命之事业，自然有完全之自由，亦即免强者之瓜分。"

故其人死心踏地，愿为无耻之顺民也者。今日虽满口立宪，保全满洲之皇统。苟需之数年，腐败至于极点，不免瓜分，则壶浆之迎，亦必此辈为独先。故狼心狗肺之官党，所谓笑骂由你笑骂，好官我自为之。天良已斫丧净尽之辈，可不必与之有言。

吾所欲与言者，则为实有心于中国前途者，为甲类。其人恬退而弱于抵抗力，实则富于自由者，为乙类。

甲类之中

其一能尽瘁于革命之实行者，今亦略有数十万之同志。不必问何地可以成事，但有机会可以进行，随时发动。又必各竭其智能，结机关于要害之都会。机关既已密布，自然一处偶然得手，而处处响应。

其一能为秘密之运动者。无论印刷物及实用器械，苟可以密输密藏密致者，勿谓不可与言而不言，勿谓无所大用而不用。

其一能为表面之抵抗者。今已遍于交通甚便之诸省，勿以此为有济于实事，亦勿为立宪诸邪说所利用。但随便遇有能间执政府之口者，即鼓动大众，实行要求。要求者，要求直接之权利，而非要求间接之立宪，务使政府威权渐失。即梁启超等所谓"革成〔命〕未成以先，尚有数年之间隙。此时政府所丧失之权利，即丧失中国人之权利，故不能不有监督政府者"。此即可用监督盗贼法监督之。故此等表面之抵抗，不惟可以关满政府之口，并可以关立宪党之口。

其一能为热心之游说者。无论朋友燕谈，及亲戚情话，如有机会，可以畅谈革命，宁详勿略，宁渎勿省。能常常以革命二字，在耳中互相强聒不休，则如佛氏之屡诵阿弥陀佛、耶氏之每饭祷告上帝，自然信心弥坚，热力更大。每有高明朋友，始则因陈腐而不屑言，而心中则固斩然不惑也。岂知久久坐忘，由厌生憎，竟有为革命反对之谈，甚则反效力于伪政府者。故知缮性之功，断赖不息。有等贱儒，每喜言本性坚定，则无惧外铄。岂知不以爱力相结，一任他质料之浸润，而求其无所变化者，天下固无此物质也。讲心学而不通物理，徒自欺耳。

乙类之中

有欲培养中国之元气者，则如兴办路矿，或教育乡里。当认定政府非惟不足与有为，必反为掣肘。无论何事，在中国向来之习惯，苟以社会互相协合之实力行之，其效力远胜于官办。故其事一经官手，无不立蹶。此类类乎常识之人所恒言。最可怪者，平日胸中了了，及其迷惑于政论，又作政府万能之想。无不以为建设政府，始能有为。岂知革命者，乃驱除社会之障碍物，有如恶劣政府之类耳。即或近今短时期中，常人每以为不能无政府，则所谓革命后之新政府，亦不过曰此种新政府，可望其阻碍自由之处减少，即有若帮助社会之力加增。其实社会之进行，实皆以社会之实力，得自由而自动耳。故中国社会之元气，全恃社会之自己进行，岂可反与阻碍自由之政府作缘，处处变为官办之腐败，能望有元气之可以培养乎？所以当一方面社会自进行，一方面以革命排除障碍自由物，二者同时发脚，无所谓有待乎立宪或革命之告成，始可谋中国之进步。（有进步，必俟革命后；谋进步，应在革命先。）有失其自食之能，已经委蛇于升斗，聊以自存者，则对于社会之事，仍当暗中扶持之。对于政府障碍人民之事，则一切放弃之，以尽心于社会者，尽个人之天职，以放任于职务者，速革命之进行。

有老或病之交侵，无可振作，不能施助力于革命者，勿失志而为助纣之虐，附和立宪等等。用其暮气，转灰他人之壮心。故有如严几道者，虽其懒放稍过，然彼固绝未肯出而附和一哄无知之立宪。彼用其名士气，以为中国人者，皆禽兽耳，岂足与言！纵此言出于中国气十足之严几道，未免自忘其本来。然未尝不可使梁启超之徒，稍自愧其鄙背也。

有大多数自食其力之工商，政府之为谁氏，终之于彼皆有损而无益，则正可安居乐业。倘革命军之兴，可视如向来官军之过境，共作壁上之观可也。否则能察知革命军之将为排除障碍自由物，而稍稍以旁观慰劳之，亦宜也。

如此各尽其所能，以对于革命之前途，则革命之进行，本无所用其人人断头截足，焦毛濡体，为全社会之骚扰。固何必神奇革命，至迷惑于伪立宪，疑其或可和平讫事哉？（《新世纪》第六十五号，1908年9月19日，署名"革命党之一分子来稿"）

二十世纪者军人革命之世纪也

经十九世纪突然发展之浅化，虽鸟兽草木，皆得自由，不应独遗于军人。

彼民贼以强词夺理之声口，吓制军人，以自便其私图，则曰惟军人贵服从。然则军人者，将不得与鸟兽草木之优等者同被自由，岂非咄咄大怪事乎？故我辈反对军国主义者，无他，即反对其善服从，如猎狗之见嗾于凶人，专择善良者而噬耳。

然返顾所谓文明世界之军人者，其自命不凡，则又若一入二十世纪，其最伟大之人物，莫有如军人。乌乎！此真不可思议之怪事哉。岂以其肩金围绣，大类红印度人之鸡羽翘翘，螺串灼灼，其状美丽者，即已合于文明之名词乎？抑或以其杀人不瞬，浴血自豪，能与世界文明史中之污点，所谓拿破仑、毕士麦等之恶徒同传，遂自以为伟大乎？果如此，则二十世纪公理已大昌。虽神圣自命之民贼皆力避专制之名，独军人则不避。是军人者，直人类至恶之凶贼而已。其然，岂其然乎？

吾盖见今日所谓伟大人物之军人者，乃以彼之教育，则与专门名家同论，彼之品格，则在自由市民之上。而抑强扶弱，人类有侵陵之事，惟彼能先于同胞，而为之保障。如其此非饰说也，则军人之能言公理，必将首屈文明世界之一指。称之谓最伟大之人物，谁曰不宜？

然则所谓军人贵服从者，乃民贼污辱军人之名词。本其意旨之所在，当改为"军人守信约"。盖军队分职之事，非有信约，则涣无统绪。由是狡黠者假此理由，遂生"服从"之金言。因其意义晦昧，不可猝驳，竟使此等名词，蹂躏于文明之军界者，已历一纪。然则"信约"是其本义，而"服从"则为主仆之名词。不应二十世纪，鸟兽草木，皆得自由，而独遗于军人。

即以信约相责，何患军纪不肃？盖某事于信约当杀，直杀可也。然不能谓捧马搋提溺器，亦在信约之中。惟一言服从，则上官得因之而蹂躏，民贼得利之而嗾使。军人之界，纷纷皆捧马搋提溺器者，军人不以为羞，曰惟军人贵服从故。乌乎！狡黠者以名词弄人，使人颠倒如此。

既如以上所论定，则二十世纪之军人，本其优等之教育，高贵之品格，行其保障同胞之事业。因统绪而有信约，决非服从于民贼。于是而凡有居民贼之地位，为同胞之障害物者，惟军人能首先起而相诘责。此所以浅化如土耳其者，已实行之。而西班牙则倡其说于土耳其之先，印度则踵其事于土耳其之后，亦将收效。故曰：二十世纪者，军人革命之世纪。

西班牙在十九世纪中运动军队革命，已非一次。印度则近方着手。

正月十七日，印京驻防第十师团之"嘉兹"步兵队，发见全队之中，已满杂革命党。随即用秘密手段，捕系首要十人，隔别监禁于营仓。旋于二十三日，赶将"彭嘉比"之第二十七队，与发见革命党之各队相对调。革命党之各队，则调置"吼度来排"，设法遣散。三十一日将"北勃罗克"邮船装运出港。又捕二十五人，分别定罪，秘密异常。各营统将，皆纷纷威戒其部属。然闻内容之传布者至速。英官视此事最为重大，绝非炸弹案等所可比拟。故已嘉励各封域之酋长，俾布忠贞之誓诰，冀收狞狗牧羊之效。

板成将付刊，市中报纸，喧传广东省城兵变，皆系日本法教练之新军。虽与伪提督李准略交锐，小有失挫，然伪总督袁海观等慌乱异常。虽此事之成败，十有八九，时会尚未尽合，惟动机之流露，可见涓涓者，转瞬将成江河。革命万岁！军人革命万岁！军人能革命，又即反对军国主义之起点。反对军国主义万岁！（《新世纪》第一百十八号，1910年2月19号，署名"四无"）

革命党之光荣

乌乎！革命党固无负于同胞，同胞其负革命党哉！吾观于广东新军之变，至于宁忍饥饿，不肯掠食于村市。此革命党足以谢天下万世之同胞，而证今日之同胞固无意于革命也。

同胞之言曰：革命固要，惟惧其若李闯、张献忠、努尔哈赤、多尔衮、洪秀全、曾国藩等之暴乱，更惧若法国革命之恐怖。革命党再三以时势晓解之，以为此必不可以数十百年以前之人之程度，牵论二十世纪之人之程度。同胞往往不之信。然自革命之动机，屡发于各省，无一次非党人文明，而官军凶暴。如其每一动机之发，无论军人官人，与夫民间之志士，急起直追而响应之，则除与顽固之官兵打恶仗数次外，以后即迎刃而解，一面于所得之地，建立新中国之组织，一面整旅而进。新中国国民兵之所至，直可如学校远足队之过境，孩童妇女，相率出观，无异幼弟弱妹，观其兄长朋友之遣赴征兵营也。如是则满人知势不可为，亦遂俯首帖耳，穷蹙出关而去矣。既去以后，彼能自立可也。愿为新中国之保护国，或日本及俄罗斯之保护国，均听其自择而已。

我等之所以必取新中国以代旧满洲者，杂以目前小事为譬，则必知消长之数，决不可以道里计矣。

（一）假如中国人今日之不足与人竞存者，财政困难，是其一大原因也。然中国民间之实力，较之日本人，凡曾莅日本之境内者，无不能言我之优胜矣。而何以日本庶事皆举，吾民则庶事皆隳？

吾民亦知非路矿制造种种实业，渐臻发达，则财源无所自开。路矿制造等等，必集巨资，始可以兴事。巨资之集，全赖信用。

我之同胞常诟中国人为无信用之民族。乌乎！何其诬耶！凡吾华商，如与西人交涉，西人且称为信实远过于日本人。乃无论何人，熟闻之而熟知之者。此不必居为吾民性质之独良。因信用之不肯失坠，出于好善者半，出于虑患者亦半。若以粗迹而论，虽谓西人今日之宝爱信用，尽出于虑患之一念，亦无不可。盖信用一失，而困穷终身之患随之。所以人必兢兢焉不敢肆也。华商之守信于西人，独较守信于国人为强者，亦无非因西人之为患于其不信，无可幸免而已。

若满洲政府，则常为不信之魁。非惟不为患，而且为利。姑无论加捐房税等，明明言以厘金相抵也。而厘金之抽纳，且苛于前。又无论昭信票及国债票等之全为欺妄，即如招商电报等股票，有利则夺而有之矣。尤可笑者，明明为官铸之钱币，而完税等皆不收用，此无异家喻户晓使人不必有信用耳。

此等政治上之弊窦，若根本不清，能改良欤？决不能也。总而言之，彼决不愿人民有好人，而后其灵祚乃长。故彼所选之官吏，苟非至猥琐者，无敢信用。以至猥琐之官吏，而欲行至整齐之政事，所以徒多文明之章程，为纸上之谈兵而已。

至可怪之事，中国无论兴何实业，其创始之人，皆非有官衔不可。其民之劣根性，明知官之无信。然转念之间，又必以其人有官衔者，方成为社会之一人。于是年来稍稍亦集股矣。主事者无一非官。即明明商人，苟为公司之总理，亦渐渐入官。所谓商部顾问官等皆是也。吾非为商与官有何分别，入官之社会，即无官之头衔，自有官之性质。投资之人，莫不视公司为奸谝之媒介。脱有不利，亦莫不随即遁入于官，而人即无如之何。无论若何得罪于社会之人，官场无不容纳。盖如奕劻等之老饕，天下信其贪矣，犹不恤罪言官而蔽之。故凡不信用之人，苟能献纳小赂，即不患无人蔽之。否则彼此相扶持，有所谓官官相护者，自然决无以经手股票等之细故，而为其同官所不容及不助也。

且又可不必尽咎主张集股之人，即使其人初念极欲爱好。譬如将集股百万，以举一业。乃竭其久久之运动，止以十万。欲以十万而举百万之事，自然顷刻消耗而完。至无以为继之时，则亦不得不同出于辜负。此等人往往有官者，遂亦鸿飞冥冥，向官途而遁。且投此十万者，往往亦为亲戚朋友。出钱之时，已明知投之于东流，后则果然，亦即付诸一笑。

然社会之信用，无论出于何途，终归失坠。故必破此旧官之局，庶几易一新官之局。有如西洋者，则人民所虑之祸必不爽，不能不以华商之对待西人者，对待其国人。于是信用以立，信用立，集股不难，集股不难，然后实业盛而财源开，竞存之力充矣。旧官之局之与满洲政府，直如臭虱之与草荐。欲尽除臭虱，非尽焚草荐不可。

（二）假如中国人今日之不足与人竞存者，智识短浅，又其一大原因也。然智识之所由来，亦正与信用相等。出于好善者半，出于虑患者亦半。亦可曰若以粗迹而论，虽谓西人今日竞进于智识，尽出于虑患之一念，亦无不可。

所以吾人互以高等学问相劝勉，人每迁之者。其间接之故，社会既不以智识相贵，则愿助他人之能卒其学者自鲜。其直接之故，人苟得一浅尝之学，已大足见重于社会。于是虑将以学问之故，而得其久学之困难，而愿深造者去其十之九。又虑将以学问之故，而失其富贵之机会，而愿深造者又去其一，遂始终变为无人。

此一言以蔽之。亦由满洲政府利用猥琐之人，而不愿人之智识高明也。吾友尝以此言为吾存心之刻薄。然无如事实如此，不见留学生之归国者，徒委蛇于郎署乎？如明知徒送彼等之日力，盍不稍选能事于学问者，用日本派遣大学助教等留学他国之例，更令出国研学。无论此必不为，即内国所谓高等学中学之人，且日诱以科名官衔，裨尽浮沉于茫茫之孽海，而后甘心。

挟智识而无用武之地，则壮夫为之怯懦。如非将此利用猥琐人之政府除去，则社会之智识，决决无望增进。吾惟请问留学诸君子可矣。诸君子如急于求售，挟其一知半解之学问，以谈洋务。愿在留学生手中作事乎，抑愿在假新党手中作事乎？此不待再三计较，必曰假新党。其所以然之故，则因留学生之与诸君子，智识相等夷，而无以售其欺耳。故粗以俗语所谓内行外行论之，便觉俗情所注意之吃饭，自有难易。所以既易新中国，其内阁议会之人物，不必果有如何之高明。如其载沣、奕劻、那桐、鹿传霖、吴郁生等无一人，而留学诸君子中之矫矫者皆在其中，则今头顶学校之招牌，略具通事之小技者，即无以啖饭。贤智之竞争既烈，而智识之相引自高。

然满洲政府而一日存者，彼于袁世凯、岑春萱之徒，且畏之矣。不求有功，先求无过。始终必惟陆润庠、吴郁生辈，乃视为正当之人格。勉强参用留学生数人，亦若有洋人迫而为之。彼之意中，固视为盗贼之不可近者也。

即以此区区之两端以为例，而其余可推。中国不革命，中国必无翻身之一日。世界各国之竞进，方如风掣而电飞。吾民汰之愈后，则比较之程度，必愈以差违，将久而久之，生活非复人类之生活，智识非复人类之智识，种种皆不合于人类，即为可陶〔淘〕汰之畜生。

同胞乎，不闻尔之将待子孙耶？尝曰：今之成年者已矣，必望儿童。所以小学教育宜急急也。其言似甚美，然不知我之祖宗，用其懒惰，久待于我等之不肖子孙，我等又欲诿之子孙。是明明以革命为断头流血之事，互相推诿〔诿〕，为父子间之贼恩也，思之当自失笑。

故欲贻断头流血之祸于子孙，无宁以我等之老牛代之为牺牲。此必同胞舐犊之情甚深，常为子孙作犬马者所极赞。惟或虑革命将召大乱，则必再三晓然于心曰：二十世纪人之程度，决不可更以数十百年前之历史比较。如其不信，则前年安庆之变，有不借民物之事。河口又有之。今则广东新军固忍饥受缚矣。乌乎！此革命党之光荣，真我中国人类之光荣也。因百拜以志之曰：此庚戌正月王先生占魁余先生"倪映奎"等所赐同胞之光荣也。

乌乎！此非熊先生成基乎？英俊哉，吾族之良！仇雠目之为贼，而陨其首者也。乌乎！同胞负先生，先生不负同胞也。愿贵报并刻之，使有觍面目之"媚满贼"愧焉。（《新世纪》第一百二十号，1910 年 4 月 23 日，署名"革命党"）

林　獬

筹备宪政问题

自顷，朝廷鉴于时势之日危，容各督抚之奏陈及人民之请愿。幡然以九年筹备为无及，遂有十月初三日之明谕，缩改期限，许以宣统五年为实行开设议院之期。自此谕下，其以为不足者，则有东省之谘议局、直隶之绅民及湖北各团体；其以为满意者，则有江苏谘议局，苏州各团体，浙江、贵州谘议局。各持理由，不相一致。然皆国会迟早之问题，非筹备宪政之问题也。窃以为国会之开，无论早至于明年，迟至于五年，而筹备之事均不可免。今谕旨既下，尚未再争缩改，则合我全国上下之心思才力以研究此三年中筹备宪政之事。岂可徒如满意者之以庆祝提灯，不满意者之以上书发电为惟一事业乎？（按从前筹备清单所载：宣统八年始颁布议院选举诸法，举行选举之事。是召集国会及开院犹在宣统九年，即筹备之第十年也。

今初三之谕旨云：宣统五年实行开设议院。是宣统四年即须举行选举，或于四年秋季即须召集。然则此次谕旨实将先朝所定筹备第十年开设国会之年限，缩改至筹备第六年。实际上实缩短四年。世人多误以筹备第九年即开议院，故咸谓此次为缩改三年。盖以未将筹备清单细查，于此次谕旨所云"实行开设议院"六字亦未曾加以精密之解释。故举国皆云缩改三年也。）

国会期限既已缩改四年，则筹备之事不能不提前办理，此不必言矣。查照从前清单所列，则关于筹备之事为类共十四。

（一）皇室，（二）宪法，（三）议院，（四）资政院，（五）弼德院，（六）变通旗制，（七）官制，（八）户口，（九）地方自治，（十）巡警，（十一）财政，（十二）教育，（十三）法律，（十四）审判。就此十四类观之，除自光绪三十四年至宣统二年（即本年）止，所已经筹备者外，所余尚夥。盖今年只筹备之第三年也。今朝旨既定"宣统五年实行开设议院"，则若照从前清单所列者而递缩之，是宣统四年即须宣布宪法及皇室大典矣（清单定筹备第九年宣布皇室大典及宪法，同年举行上下议院选举。故推知必为第十年始实行开设议院。今宣统五年实行开设议院，故推知宣统四年当宣布宪法及皇室大典也）。是举，凡宣统五年（即筹备第六年）以后，八年以前（即筹备第九年）所应筹备之事，皆须并于宣统三年、四年中一一兼营而并进矣。今先将清单所列筹备事项之已经办理者，系表如左（按所谓已经办理者系照清单之年限而推想为已经办理也。其办理之成绩如何，或竟有并未遵限办理者皆非本论所及）：

事项	筹备年限	筹备情形
资政院	第三年（即宣统二年）	已开院
变通旗制	自第一年至第八年	正筹办
官制（京师）	第二年厘订（即宣统元年）	已厘订（按今尚未闻）
官制（直省）	第三年厘订（即宣统二年）	已厘订（按今尚未闻）
文官考试任用及官俸章程	第三年颁布（即宣统二年）	已颁布（按今尚未见）
户口	第三年汇报人户总数（即宣统二年）	已汇报（按今尚未闻）
户籍法	第三年编订（即宣统二年）	已编订（按今尚未闻）
各省谘议局	第二年开办（即宣统元年）	已开办
厅、州、县地方自治	第三年筹办（即宣统二年）	正筹办
城、镇、乡地方自治	第三年续办（即宣统二年）	续办
厅、州、县巡警	第三年一律完备（即宣统二年）	已完备（按今尚未见完备）

事项	筹备年限	筹备情形
财政	第三年覆查岁出入总数（即宣统二年）	已覆查
地方税	第三年厘订章程（即宣统二年）	已厘订（按今尚未闻）
预算决算	第三年试办各省预算决算（即宣统二年）	已试办
教育（厅、州、县简易识字学塾）	第三年推广（即宣统二年）	已推广（按今尚未闻）
刑律	第三年颁布（即宣统二年）	已颁布
民商律及民刑诉讼律	第一年编订	已编订（按今尚未闻）
法院编制法	第二年颁布（即宣统元年）	已颁布
省城商埠审判厅	第三年成立（即宣统二年）	已成立

如右表所列，扣至本年十二月止。其已筹备之事项，应有上之二十余种。其未筹备者尚有如左之所列：（一）确定皇室经费，（二）制定皇室大典，（三）编纂宪法，（四）编定议院法，（五）编定上下议院议员选举法，（六）编定弼德院章程，（七）变通旗制章程，（八）调查人口总数及汇报人口总数，（九）续办厅、州、县地方自治，（十）续办城、镇、乡地方自治，（十一）筹办乡镇巡警，（十二）汇查全国岁出入确数，（十三）颁布地方税，（十四）厘订颁布国家税，（十五）编订会计法及颁布实行，（十六）试办全国预算决算，（十七）设立审计院，（十八）创办乡镇简易识字学塾及推广，（十九）实行新刑律及核订颁布实行民商律并刑民诉讼律，（二十）筹办府厅、州、县审判厅及其成立，（二十一）筹办乡镇初级审判厅及其成立，（二十二）设立行政审判院。

据此以观，则未筹备之事尚有二十余种。以六年筹备之事（自宣统三年至八年），而并之于二年零数个月中（自本年十月初三日起扣至宣统五年开国会日止），其期限之逼促，一难也。从前所筹备事少，今后所筹备事多，其事项之繁杂，二难也。自今日起至宣统五年止，财用之支绌，必较之筹备第一年至第三年（即本年）为尤甚，其经济之困乏，三难也。有此三难，然则内外各衙门对于今后筹备之问题，其将以何法而解决之乎？不揣谫陋，用贡其愚，述如下方。

凡事之进行，皆有一定之次序。次序不乱，则进行速；次序乱，则进行迟。此不易之理也。今筹备宪政，何独不然？从前行之三年所以无成效者，因次序乱也。今后若不先定次序，则后之二年数个月，所筹备必至视前尤不及。何也？以限促事繁，而款更绌也。次序之定，宜分中央与地方。请先就中央言之：

中央筹备之最要者，以内官制为本。官制既定，则新内阁可以克日成立，各部行政乃能统一。（按：议院未立先设内阁，本与立宪精神不合。然欲宪政之进行，必以改革官制为先。因中央政府为百政之所从出，官制不改，则政令不相统一，此推彼卸，适足以互相牵掣，互相推诿，而于宪政前途生莫大之障碍。观夫明治维新，先行着手于改革官制，可以审矣。）官制既定，内阁既立，其第二步即着手于财政与户口二事。查度支部于调查财政之事，据清单所列，则今年业已覆查各省岁出入总数。各省既有财政监理官为度部之机关，限期呈报，必有把握。调查既竟（按：此事当可于半年之限期了之。因前已调查，今系覆查，覆查较调查为易也），则国家税、地方税可以厘订。（按：清单筹备第三年，即宣统二年，厘订地方税章程。是则地方税本年已经厘订，惟国家税尚未厘订耳。）厘订之事尚不需时。以意揣之，以半年之时期，厘订一国家税，当无不及之患。既厘订，即颁布，此更不必多费时矣。至会计法之编订颁布实行，照清单所列，匀作三年，甚为可笑。而试办预算、决算，本年已在应行，当非茫无头绪者可比。若夫审计院之设立，似亦非大费踌躇之事者。此关于财政之事也。户口之事以理论之，亦非甚难。据清单所列，第三年（即本年）汇报人户总数。是则全国人户多寡，本年已汇报矣。至于人口总数，虽尚未着手调查（因清单列此事于第四年，即宣统三年）。然去年开办谘议局，各省于此事既已习练有素，则今年办理亦非至难。（按：全国人口确数一时似无从查知，因地方自治之事尚未办完，而户籍法、户籍吏亦未设，无精密之调查机关，今似只能查知其大概。此事虽与选举法有甚大之影响，然选举法非宪法之比，将来尚可改正也。）至于户籍法之编订颁布实行，清单亦匀作三年。今缩改之，亦属易易。此关于户口之事也。财政之事关于预算，户口之事关于选举。二者皆直接关系议院之事，且非于议院开设以前办理完全，则议院无开院之日。此亦稍明宪政者之所知矣。

以上所举，如厘订官制，为会议政务处与宪政编查馆之事，调查财政则为度支部与各省督抚之事，调查户口则为民政部与各省督抚之事。此外要事，则以涉于编纂者为多。如皇室大典，如宪法，如选举法、议院法，如确定皇室经费、弼德院章程，皆内务府、宗人府、宪政编查馆、会议政务处分别办理之事也。设立行政审判院，设立审计院，则会议政务处专办之事也。如民律、商律、民刑诉讼律，则修订法律大臣专办之事也。如厘订国家税章程，则税务处及度支部之事也。变通旗制，则变通旗制处之事也。

总而言之，中央筹办之事，除组织内阁外，其涉于编纂、厘订法令章程之事，居十之八九。且此项之事与财政困难无所影响。故两年之筹备岁月，不可谓为不长，断无不及之患，而地方则异是。兹请更言地方：

地方筹备之宜先者，以直省官制为首务。直省官制既定，则地方与中央之权限已明。督抚以下行事，于其权限内可以自由，不受牵掣，乃可以责其呈效。此亦不易之理也。此事办妥，则着手于筹备者应以财政为先。此时宜催中央速将地方税及国家税划定。地方税额既定，则预算若有不足，可向谘议局提议加税，或开办公债以剂其虚。于是财用充矣。乃以所入之财，筹办府、厅、州、县及乡镇初级之审判厅，并推广简易识字学塾之事。盖司法机关不完全，不足以言立宪；教育未普及，亦不足以言立宪。（按：清单所列教育之程效，第七年，即宣统六年，须有识字义百分之一，第八年，即宣统七年，须有识字义五十分之一，第九年，即宣统八年，须有识字义二十分之一。今筹备期限既已缩改，则欲以一二年内责全国人民识字义者骤增至二十分之一，必不可能。故只应极力推广教育，不必泥定程效，须有几分之几，徒托空言也。）故以此二事与中央之财政、户口二事相较，其关系于开设议院也，正同。

审判、教育以外，以地方自治为要。据清单所列，则厅、州、县自治，第三年已在筹办（即本年）。城、镇、乡自治，第三年已在续办（即本年）。惟清单分粗具规模及一律成立为二期，今宜删去粗具规模，限定宣统四年一律成立。此事办理有章程在，且各地既已开办，尚无大难。财政一层，尤为地方人民自己之责任，固无须地方政府代彼筹谋也。至于巡警一项，各省早已开办，岁糜巨金毫无成效。今若泥于清单所指，欲于此两年数个月中责令省、厅、州、县、乡镇巡警一律完备，无论无此巨款，而亦有所不必。盖此事就眼前观之，尚非十分切要。窃谓其已办者不必停，其未办者暂且从缓。俟巡警学堂育材渐夥，再议扩充，未为害也（按：以推广巡警之费，用之于推广简易识字学塾，较为有效。缓急之序，不可以不审也）。

地方筹备之事，以官制为第一，次则财政，次则司法与教育，此皆一定之次序也，今将中央地方筹备事项及筹备之年月试为预拟如左：

一曰宪法　此事已有旨：特派伦、泽两亲贵为纂修宪法大臣。从前既有宪法大纲，今可依据大纲妥为编纂，限以一年告竣，当无不及之虑。故编纂宪法定为一年（宣统三年秋间）。一曰皇室大典此事未闻特派大员，以意揣之必为编纂宪法之人，或内阁会议、政务处与宪政馆同办。今亦定以一年（宣统三年秋间）。

一曰议院法及选举法　此事或归编纂宪法大臣，或归宪政编查馆办理。若定一年必可告竣（宣统三年秋间）。

一曰弼德院章程　此事为会议政务处及宪政馆所同办，三个月必能告竣（宣统三年春间）。

一曰变通旗制章程　此事属之变通旗制处，事关筹办八旗生计及融和满汉，或恐需时，然限以一年编订章程、一年实行，亦无不及之理（宣统三年至四年冬间）。

一曰调查人口总数　此事系民政部与各省督抚同办。由部电各省督抚，由督抚通电全省各府、厅、州、县，限半年查清，即行汇报到部，至多不出一年，可以告竣（宣统三年秋间）。

一曰覆查全国岁出入确数　此事系度支部办理。从前业经调查，且已覆查。此时倘各省尚有未报者，或尚应覆查者，不难立时电催，促其即覆。至多亦不出一年，可以告竣（宣统三年秋间）。

一曰续办厅、州、县地方自治及城、镇、乡地方自治　此事今年业已开办，各省应已略有头绪。再竭一年有半之力从事于此，亦能竣功（宣统四年春）。即偶有一二处尚未完全，而实赶办不及者，亦无大碍。

一曰厘订颁布地方税、国家税　此事系度支部及税务处同办，颇与汇查全国岁出入总数有关系，必俟汇查已毕，方能着手，故此时不能兼营。然限一年亦必能厘订告竣，立时颁布（宣统三年冬间）。

一曰编订会计法及颁布实行　此事亦度支部所办。清单分编订、颁布、实行为三年，今宜缩改一年（宣统三年秋间）。

一曰设立审计院　此事为度支部所办，订章程及设立为时无多，惟须俟以上各事办妥后方可成立。故姑待之宣统四年。

一曰试办全国预算、决算　此事亦归度支部。清单列之第六年、七年，今宜于宣统三年行之。然若关于此事之手续尚未告竣（指上列财政诸事），则不必试办亦可。

一曰确定预定决算及制定预算　此事清单列之第九年，因第十年开议院也。今于宣统四年行之。

一曰创办乡镇简易识字学塾及推广　此事系学部与各省督抚同办。惟欲如清单之所期，谓必须于开设议院之前一年，其程效有全国二十分之一识字义者，恐必甚难。惟有尽力推广，不拘期限。盖宣统五年以后仍宜继续行之，未可视为有止境之事也。

一曰实行新刑律　此事清单列之第六年。今新刑律既已颁布，各省城、商埠审判厅今年本已成立，自可即日实行。

一曰核订颁布实行民商律并刑民诉讼律　此事据清单所列则第一年编订，第四年核订，第六年颁布，第八年实行。夫第一年编订至第四年始核订，此犹曰民商各律，调查习惯，费时颇多，不能不宽以三年之日月，至第六年颁布。而必待第八年始实行者，实不知其何解也。将谓乡镇初级审判厅此时方成立乎？则何以新刑律可于第六年实行？刑律则据其新者，民商律则依其旧者。然则第六年之审判厅，不已视之可怪乎？故窃谓此时似宜急急从事编订，限以一年成功（宣统三年冬间）。即有匆促未能尽善之弊，将来亦可于议院开后随时修改，无大难也。

一曰筹办府、厅、州、县、乡镇审判厅及其成立　此事据清单亦分为三期。筹办为一期，粗具规模为一期，成立为一期。今不宜袭此徒延岁月之积习。尽宣统四年以内饬令各省一律成立，偶有一二瘠省因经费十分困难者，不妨暂借州县衙门划分一庭为审判官所驻，却无须另造衙门之必要。盖与其以费绌，不成独立衙门，无宁为权宜之计也。

一曰设立行政审判院　清单以此事列之第六年始行设立，亦不明其理由。今既缩改年限，以近时吾国不肖官吏之多，此等行政审判院似以及早设立为贵。且此事非如财政、户口、法律等事手续之繁，只须速定章程，即可立时设立。

一曰筹办乡镇巡警　此事前已论之。窃谓以今日各省巡警之有名无实，益以经费之困难，此项经费必至不赀，眼前亦非与开设议院有直接之关系，不如且从缓办。以此项省出之费供司法、教育两项之用较为有益。

综而论之，筹备之事其在中央者，以编订章程、法律之事居多，其事多与财政困难无所影响。其在地方者，以筹办、推广、设立之事居多，其事多与财政有关系。中央之事，各部皆可委任三数留学生为之，其忙在下不在上。地方之事，各督抚皆当躬为规画，其忙在上而不在下。故中央逸而地方劳，中央简而地方繁，此不可掩者也。以今日地方之乏财，而欲责其庶政朋兴，克期呈效，其势非出于敷衍，即任其缺略。故中央政府须代各省督抚设身处地，为之宽筹地方之财政。必使之财足以办事，然后乃能责其效之如何。而宽筹经费之法，与其取积极主义，无宁取消极主义。以下分论之。

何谓积极主义？曰增旧有之税额，创新设之税项是也。旧有税额之可增者，如钱粮地丁及各种杂税；新设税项，如印花税、烟酒税、所得税、营业税，此皆积极之办法也。其次即募内国之公债，借外国之洋债，亦积极筹款之办法也。然以今国民之穷蹙，实业未兴，国家财源未曾加以涵养培植，若更从而重征之，必起祸乱，一不可也。国会未开，加税之事无人承认。政府滥用，监督者谁？苦口劝导，人且不信。二不可也。若夫募集内债，则以国会未开，政府对民之信用无所保证，势必应募无人，空言徒托，此不可恃者一也。至于息借洋款，动必抵押，且以筹办宪政而借洋款，亦属不成事体。盖国际募债，必有一定之名目。今以筹备宪政之名目而募外债，则名目为太空矣。以所募之债投之于如此不生产之内政，尤为不合经济原理。将来偿还更无把握，或至起意外之危险，受意外之损失。此不可恃者二也。即此以观，则积极筹款之方法，其不可行，可断言矣。

何谓消极？曰消极者，对于积极而言也。积极之法在于开源，而消极则以节流为贵。其在中央则定币制、颁新币、开设国家银行以谋金融机关之统一，此一事也。速颁官俸章程，此二事也。裁驿站，三事也。裁吏、礼二部，四事也。定皇室经费，使宫、府早分，五事也。废步军统领衙门，六事也。停办海军，七事也。节减陆军费用，八事也。（按：吾国今日尚非可以恃练兵为图存之时。因国际孤立无援，军事亦无素养，军机不足，交通机关未备。就种种方面观之，欲与强邻交绥，皆处必败之势，故不宜在此事多所糜费。若为防内乱计，则每省有新军一协尽可足用，无须多练也。然今之世界，非海、陆军甚强者不足以立国。窃谓宜仿德国之制，行国民兵制度。各省遍设体育会，凡十八岁以上之男子，强迫其习练体育。高等小学以上之学堂，注重体操科，视此科与修身、国文并重。而开帝国体育会于京师，每年择适中之地举行全国大演习一次。各省亦每年比赛一次，优予奖励，此事既省费，又有实益。行之五年而小效，行之十年则全国皆兵。一旦有事，一召而集数千百万之劲旅，既不启外人之忌嫉，又可省眼前之巨费，而所收实效则较之募兵为大。吾固非谓节减陆军费用，即可不必练兵而使国家立于危险之地也。）

其在地方，则裁绿营、防营，一事也。（按：裁绿营、防营，须多开工艺厂，或兴垦务、矿务、水利诸事，以便被裁之兵可以从事于劳动之业。既可防乱又可为地方生利，不可不为之计也。）整顿税务，二事也。裁并局所，汰冗员，三事也。定官俸，剔中饱，化私为公，四事也。裁并经历、巡检、典史各官缺，五事也。

合中央地方所执消极主义，而通计其成绩，每年所省之费约三千万或四千万。以此三四千万增添于筹备宪政之费用以内，当亦可以差强人意矣。况地方自治若能早促其各地成立，则凡关于自治范围以内之事，官府可以委任自治局自行筹费，此已节省官力不少矣。

此次缩改国会年限之动机，盖有远因，有近因焉。其远因，则因近年中央集权，事事掣督抚之肘。督抚之不慊于中央之所为，非一日矣。中央、地方意见既分漓，而各省督抚彼此同病，自易于结合。此远因也。各省督抚既有结合之势，而督抚中之翘出者，则有东督锡、鄂督瑞二公。瑞与度尚有姻娅之亲，故对中央政府号敢言。锡则身受东省之祸变，大有不堪终日之势，而机会恰至。二督同时入觐，乃合谋国是，倡借债之议，通电于各省以征意见。各省督抚既受度支部之牵掣，日苦无方。骤闻此论，而又重以锡、瑞二公号称最开明、最有力者之所倡，则虽有或虑其议之不行，然动机自此发矣。于是，因谋借债而防流弊，因防流弊而思及国会、内阁之不可缓。及其结果，乃舍借债之问题，而有联合电请速开国会之举。请愿代表从而援之于下，资政院同时具奏，而此事乃告成熟。此其近因也。国会缩改年限之因既如此。则将来直省官制，若过于裁削督抚之权，其事甚难。然此为别一问题，姑不具论。第以此二年数个月中之筹备宪政，窃谓必须再由各督抚公同定一筹备之次序，分一筹备之缓急，以及筹款之法、节流之方，联名奏请，则将来宪政进行，可期一律。不然，在中央只有责备之严辞，在地方毫无诿责之余地。两年之期，转瞬即届。衮衮诸君，其将何以为计乎？此则记者所深忧也。（《东方杂志》第七年第十一期，1910年11月25日，署名"宣樊"）

戴季陶

武力救国论

天仇向主张人道主义者。以强力而与人争胜负者，人道之大耻也。而今日更番主张之，岂非前后相矛盾耶？虽然，事实有缓急之不同，主义亦有精神形势之异。当今之时，世界各国各私其国，各私其人。以拥护其政治阶级者，侵凌己国而外之国家，以扩张其人民之势力者，排斥己国而外之国民。故势力不平则战，生活相妨则战，政治权力相冲突则战，社会利益相矛盾则战，此犹国际之战争也。社会之阶级既多，政治之权力不齐，或君主暴虐，或政府专横，或贵族跋扈，或官吏贪婪，或富豪残忍，种种原因皆足酿成国民间种种杀机。于是权利不均则战，生活不平则战，受虐政之苦深则战，被侵夺之害甚则战。同一民族，同一国家，同一社会，而以利害所关，人民揭竿而起，操戈而斗，于不得已之中者盖非异事也。而况近世各国，各以扩张领土、膨胀权力、侵夺权力，残害人族、覆灭人国者更属自然之趋势焉。

吾国国势积弱，政府专横，人民委靡，内困于恶劣腐败之政治，外迫于虎狼之强凌。当此之时，我不侵人，不能禁人之不我侵也；我不重武力，不能禁人之不以武力加诸我也。而况国中有为政府作伥之民贼，有为外人作奸细之汉奸，一举一动，无不排迫吾人于死地者。夫我已至于将死，而尚可坐而待毙乎？故吾之主张人道主义者，对于世界人类发慈悲心，而主张武力救国者，乃对于吾国人民下对症药也。即以社会主义而论，今日世界各国之社会党人，其以生活幸福之目的而诉诸武力者，比比皆是。虽曰以暴易暴，然大势所趋，事实所迫，不得已耳。

吾国大陆国也，地土之大，人民之多，为世界冠。且天然利益亦未尽开发，即以农业而论，虽为世界各国中之最有名者，然未垦之荒地尚不下十七八，而矿产及其他之富源更无论矣。故外人之侵我，并非恶我而侵我也，实不过欲攘夺我之利权而已。世界各国之争战，未有不原因于经济者。鸦片战争即其最彰明较著者也。今日吾国之危机亦多矣，西藏之于英，蒙古之于俄，云南之于法，满洲之于日本，皆岌岌不可终日者。徒以吾国奄奄弱见，无力与抗，故仍其刮剔而不敢动耳。今则势且急矣，屏藩既去，根本斯危，苟非力求抵御之方，神州大陆行且为外人之大工厂，文明华胄皆将作外人之苦力工人矣。抵御之方有二：其一为养成本国之经济实力，已屡言于本报社说中，其二则于发展本国实业、整理本国财政、扩张本国经济外之维持保护法而已。是法为何？曰：养成国民之武力是也。

今世世界各国之趋势，皆以扩张军备为最要政策，而于扩张军备之中，尤以海军为最。如日本在日俄战争未起以前，其陆军费岁有所增，而战后则全国精神注重于海军。

吾国处积弱之中，欲救危亡非重武力不可。其理由已具述之矣。然重武者为扩张国力之实力保障故耳，故以对外论，为御敌之善策，以对内言，为卫民之要义。试观外国之国力稍强者，谁不以兵力为最大原因哉？不特此也，即以改造政府而言，苟非人民有坚强之实力，亦绝不能达其目的也。谨分论之如左：

第一，陆军者，吾国救亡图存之唯一保障也。吾国为大陆国，外人之侵我，未有不以陆军者。蒙古、新疆、西藏、云南等处之边防无论矣，广东虽傍海，然外患之来未必不始此。日本之与吾国仇隙日深，虽表面力求邦交之和平，然精神已全注于战斗。特政府畏日人之强，人民惧侮外之祸，相与隐忍而不言耳。满洲之祸，朝夕即发，经济政治之全权已尽握诸日人之手。朝鲜又亡，屏藩尽去，其将来必以制朝鲜者并满洲，识者已早论及之。故将来之战争，必不如前此之黄海激战，而实以满韩接壤之利益问题为炸弹之引药也。由是观之，则欲弭全国之外患以御侮强国，舍力整陆军外，别无他法也。

吾国前此整顿军备之计画，练全国陆军三十六镇。然以今日时势风云之现象观之，以吾国之大，人民之众，外侮之急，三十六镇必不能救今日之危亡也。以近世各国之现势观之，俄国九十万，德国五十八万，日本六十万，英国四十八万，法国五十三万，美国最少仅七万。然英、美本海军国，而英国之国土既小、国势又强，对于外国可无战争之祸，其所谓国防者，实为对于殖民地之防范用耳。吾国今日四围之国，无非敌国，而日、法、俄、英四国之祸尤切。且以事实论，欲维护中国之平和，倘无激烈战争，则人民既无以振自强之心，而国家之根基亦必不能固也。日本以区区小国而今日所能雄视东洋侧身于世界强国之列者，岂以国度之文明而人民之智识高尚欤？实以武勇之力有以胜于人耳。吾国今日之外侮既深，以一国而当数国，则兵力之雄厚虽驾各国上之，犹恐有鞭长莫及之感，而况其兵力较之弱国尤且不及，恶能图存于今日乎？且吾国今日练兵，绝不能如他国之兵力集中，盖各地之交通不便，地土窎远，号令既难即施，情形亦复大异。且气候之冷热不同，人民之习俗各异，如南省之兵苟以驻屯蒙北藏西，一至冬日，即伏处亦将冻死，焉能从事战争耶？至于招兵之举，吾国士夫早已知其有害无利，征兵之法亦已试行，其效果如何，虽不能知，然征兵美制行之而有弊，是办理者不善耳，故今日而整顿陆军，必尽行征兵制，而其军事行政方针，则宜判为中央军政及地方军政之二种，绝不能如日本之军权集中制度也。

夫吾国之各省其历史上之性质既类于德意志之联邦，而将来组织必如北美十三州之共和，而其地土之广大则更为世界所未有。苟以军人之训练全属诸中央，一任专横政府以军权制国民之死命则国亡，以委靡不振而废弃军政则国亦亡。故规划军政、制定军法之权宜在中央，而训练征集之权不能不予之于地方也。且军人之于政治，其力最大，无记何国改造政府之举，未有不出之于军人者。此次葡萄牙之共和所以如斯之神速者，亦以全国军人具爱国热诚，明人道大义之所致耳。由是观之，以御敌言，宜整顿陆军，实行地方征兵制，以收敏捷之功。以卫民言，亦宜如是，以防政府之专制。嗟乎！吾国人民之苦于兵也久矣。所以然者，无非以向之所谓兵士皆为一二人作伥灵故耳。苟能严其制度而和其精神，则人民之幸福、社会之秩序、国家之存立，正赖军人以为之保障也，则国人枕戈之志未始不兴，而爱国之念亦未始不发也。虽然，政府防吾民之意正深，军政大权握诸亲贵置诸中央，愚之以野蛮之法，制之以强横之术，以国民之保障作政府之护法，竭国民之财力饲亲贵之鹰鹯，则吾国民又何望哉！

第二，海军者，卫国家存立、图国家发展之先锋也。吾国虽称陆军国，然自广东以至远东，海岸线之长达五千里，且南洋各岛及南北美洲各处，吾国人之经商者数百万人。若欲使吾国发展于世界，必不能不整顿海军，然后卫国权而维持国家之发展也。试观欧美列强，商工业势力所至之处，则其海军力所至之处。商船中之一切组织，与海军制度所差者仅些须。由是观之，则兴海军不必尽为战争之用，而欲免战争之祸，固不能不整顿之，以固国力。

尔来各国全力整顿海军，前论已述其情形。吾国沿海各港以及长江一带，外国兵船林列星阵，而吾国则无之。广、闽、浙各港无一完全之战船，无一完全之将士，以较外国船队之来集于我国者，已不敌十一，则外人之欺我凌我也亦宜矣。虽然，吾国今日陆军尚无根据，即政府所定之全国陆军三十六镇尚未成立，若同时再分力整顿海军，财力、人力两有不逮。且恢复海军其最困难者有四：一、吾国无完全之海军人才；二、无独立之军港；三、无完全之造船厂；四、无十分之财力。苟此时不先专派学生赴外国习海军及造船各学，以备将来应用，又岌岌焉设专部、定官制之是务，事尚未举，而糜费已数千百万，耗实力而无实效，吾知其不可也。若能及时实行征兵制，使全国陆军皆能整肃严厉，东北西南一带之边防可无他患。夫然后开西藏之富源，辟蒙古之荒地，移殖内地人民，而生息之经营之，则国富日增，国力稍固，以吾国之大，不特应恢复海军，且不能仅以重复旧日之海军力即足也。故在今日，整顿已有之战船，计画将来之军港，培植应用之人才，皆为最要问题。但宜先全力整顿陆军，俟陆兵之战斗力足以与今日各强国敌，然后再举全力以练海军，既不愁无人才，亦不难筹经费。否则，陆军既难成立，海军亦无根据，欲速反迟，殊非得计也。

抑又有感焉者，政府中人既知海军人才之不可不极力培植，遂有派遣贵胄子弟留学海军之议。呜呼！吾国之人才多矣，何必定派贵胄子弟耶？此柔筋脆骨贵胄子弟，即学成海军，亦未见便能制服人民也。政府之欲以自固者，徒自速其亡而已。

陆海军问题既如上所述矣，吾国人民习于文弱，而年少者尤甚。以体质言，早已输于外人远矣。夫无充足之体魄者，不能耐重大之劳苦。吾国今日之国民多无远大思想，亦实体力之弱有以致之焉。且实行征兵制度，凡属国民具有从军之义务，如此体质，何能胜之？故欲吾国驾外人而上之，非使吾国国民人人皆习于武勇，以坚固之体质养成向上之精神不可。今后国民教育之方针，必不能不改而图此也。

嗟乎，国事急矣，民力微矣，外则有虎狼之敌国，内则有专横之政府。吾国民唯有抔热血以抗之耳。实力不强，自取死也。吾国民亦知吾国黄祖之开国为大刀阔斧乎？曷共遵祖制而奋起为之？（《天铎报》1911 年 1 月—3 日，署名"天仇"）

孙中山

在旧金山丽蝉戏院的演说

今日所欲与诸君研究者，为革命问题。"革命"二字，近日已成为普通名词，第恐诸君以为革命为不切于一己之事而忽略之，而不知革命为吾人今日保身家、救性命之唯一法门。诸君今日之在美者，曾备受凌虐之苦，故人人愤激，前有抵制美货之举，今有争烟治埃仑之事，皆欲挽我利权、图我幸福耳。而不知一种族与他种族之争，必有国力为之后援，乃能有济。我中国已被灭于满洲二百六十余年，我华人今日乃亡国遗民，无国家之保护，到处受人苛待。同胞之在南洋荷属者，受荷人之苛待，比诸君在此之受美人苛待尤甚百倍。故今日欲保身家性命，非实行革命，废灭鞑虏清朝，光复我中华祖国，建立一汉人民族的国家不可也。故曰革命为吾人今日保身家性命之唯一法门，而最关切于人人一己之事也。

乃在美华侨多有不解革命之义者，动以"革命"二字为不美之名称，口不敢道之，耳不敢闻之，而不知革命者乃圣人之事业也。孔子曰："汤武革命，顺乎天而应乎人。"此其证也。某英人博士曰："中国人数千年来惯受专制君主之治，其人民无参政权，无立法权，只有革命权。他国人民遇有不善之政，可由议院立法改良之；中国人民遇有不善之政，则必以革命更易之。"由此观之，革命者乃神圣之事业、天赋之人权，而最美之名辞也！

中国今日何以必需乎革命？因中国今日已为满洲人所据，而满清之政治腐败已极，遂至中国之国势亦危险已极，瓜分之祸已岌岌不可终日，非革命无以救重亡，非革命无以图光复也。

然有卑劣无耻，甘为人奴隶之徒，犹欲倚满洲为冰山，排革命为职志，倡为邪说，曰"保皇可以救国"，曰"立宪可以图强"。数年前诸君多有为其所惑者，幸今已大醒悟。惟于根本问题尚未见到，故仍以满洲政府为可靠，而欲枝枝节节以补救之，曰"倡教育""兴实业"，以为此亦救国图强之一道。而不知于光复之先而言此，则所救为非我之国，所图者乃他族之强也。况以满洲政体之腐败已成不可救药，正如破屋漏舟，必难补治，必当破除而从新建设也。

所以今日之热心革命者，多在官场及陆军中人，以其日日亲见满洲政府之种种腐败，而确知其无可救药，故身虽食虏朝之禄，而心则不忍见神明种族与虏皆亡也。其已见于事实者，则有徐锡麟、熊成基，其隐而未发者在在皆是。惜乎美洲华侨去国太远，不知祖国之近情，故犹以为革命不过为小人之思想，而不知实为全国之风潮也。

又有明知革命乃应为之事，惟畏其难，故不敢言者。此真苟且偷安之凉血动物，而非人也。若人者，必不畏难者也。如诸君之来美，所志则在发财也，然则天下之事，更有何事难过于发财乎？然诸君无所畏也，不远数万里，离乡别井而来此地，必求目的之达而后已。今试以革命之难与发财之难而比较之，便知发财之难，必难过于革命者数千万倍也。何以言之？以立志来美发财者，前后不下百数十万人也，然其真能发财者有几人乎？在美发财过百万者，至今尚无一人也。而立志革命之民族，近百余年来如美、如法，如意大利、希腊、土耳其、波斯并无数之小国，皆无不一一成功。如是，凡一民族立志革命者则无不成功，而凡一人立志发财则未必成功，是故曰革命易而发财难也。又一民族立志革命，则一民族之革命成功，而千万人立志发财，则几无一人能达发财之目的，故曰发财之难过于革命者有千万倍也。以有千万倍之难之发财，而诸君尚不畏，今何独畏革命之难哉！

今日有志革命而尚未成功者，只有俄罗斯耳。然此亦不过一迟早问题，其卒必能抵于成，则不待智者始知也。今又以俄国革命之难，与中国革命之难而比较之：俄帝为本种之人，无民族问题之分；且俄帝为希腊教之教主，故尚多奴隶于专制、迷信于宗教者，奉之为帝天。又俄国政府有练军五百万为之护卫，此革命党未易与之抗衡也。俄民之志于革命者，只苦专制之毒耳。中国今日受满政府之专制甚于俄，而清政之腐败甚于俄，国势之弱甚于俄，此其易于俄者一。清帝为异种，汉人一明种族之辨，必无认贼作父之理，此其易于俄者二。中国人向薄于宗教之迷信心，清帝不能以其佛爷、拉嘛等名词而系中国人之信仰，此其易于俄者三。又无军力之护卫，此其易于俄者四。俄人革命虽有种种之难，然俄国志士决百折不回之志，欲以百年之时期而摧倒俄国之专制政体，而达政治、社会两革命之目的；中国之革命有此种种之易，革命直一反掌之事耳。惟惜中国人民尚未有此思想，尚未发此志愿。是中国革命之难，不在清政府之强，而在吾人之志未决。望诸君速立志以实行革命，则中国可救，身家性命可保矣！（新加坡《星洲晨报》1910 年 4 月 18、19 日）

与刘成禺的谈话

予常与留日本、欧美习政治法律学生谈倡建五权之原则，闻者骇异曰："吾人未闻各大学教授有此讲义。立法、司法、行政三权鼎立，倡自法儒孟德斯鸠，君主民主立宪国奉为金科玉律，[任]何人不敢持异议。今先生欲变世界共尊之宪法，增而为五，未免矜奇立异，为世界学者所不许。"

予驳之曰："三权宪法，人皆知为孟德斯鸠所倡，三权以后不得增为五权；不知孟德斯鸠以前一权皆无，又不知何以得成立三权也。宪法者，为中国民族历史风俗习惯所必需之法。三权为欧美所需要，故三权风行欧美；五权为中国所需要，故独有于中国。诸君先当知为中国人，中国人不能为欧美人，犹欧美人不能为中国人，宪法亦犹是也。适于民情国史，适于数千年之国与民，即一国千古不变之宪法。吾不过增益中国数千年来所能、欧美所不能者，为吾国独有之宪法。如诸君言欧美所无，中国即不能损益，中国立宪何不将欧美任一国之宪法抄来一通，曰孟德斯鸠所定，不能增损者也！"欧美、日本留学生如此，其故在不研究中国历史风俗民情，奉欧美为至上。他日引欧美以乱中国，其此辈贱中国书之人也。

吾读《通鉴》各史类，中国数千年来自然产生独立之权，欧美所不知，即知而不能者，此中国民族进化历史之特权也。祖宗养成之特权，子孙不能用，反醉心于欧美，吾甚耻之！

曰监察权。自唐虞赓歌飏拜以来，左史记言，右史记事，行人采风之官，百二十国宝书之藏，所以立纲纪、通民情也。自兹以降，汉重御史大夫之制，唐重分司御史之职，宋有御史中丞、殿中丞。明清两代御史，官品虽小而权重内外，上自君相，下及微职，儆惕惶恐，不敢犯法。御史自有特权，受廷杖、受谴责在所不计，何等风节，何等气概！譬如美国弹劾权，付之立法上议院议决，上议院三分之二裁可，此等案件开国以来不过数起，他则付诸司法巡回裁判官之处理贪官污吏而已。英国弹劾亦在贵族、平民两院，关于皇室则在御前议政院，亦付诸立法也。如我中国，本历史习惯弹劾鼎立为五权之监察院，代表人民国家之正气，此数千年制度可为世界进化之先觉。

曰考试〔权〕。中国历代考试制度不但合乎平民政治，且突过现代之民主政治。中国自世卿贵族门阀荐举制度推翻，唐宋厉行考试，明清尤峻法执行，无论试诗赋、策论、八股文，人才辈出；虽所试科目不合时用，制度则昭若日月。朝为平民，一试得第，暮登台省；世家贵族所不能得，平民一举而得之。谓非民主国之人民极端平等政治，不可得也！美国考试均由学校教育付诸各省，中央不过设一教育局，管理整齐；故官吏非由考试，而由一党之推用，唯司法有终身保障。英国永久官吏制度，近乎中国之衙门书吏制度，非考试制度。唯唐宋以来，官吏均由考试出身。科场条例，任何权力不能干涉。一经派为主考学政，为君主所钦命，独立之权高于一切。官吏非由此出身，不能称正途。士子等莘莘向学，纳人才于兴奋，无奔竞，无缴〔徼〕幸。此予酌古酌今，为吾国独有，而世界所无也。

立法、司法、行政三权，为世界国家所有；监察、考试两权，为中国历史所独有。他日五权风靡世界，当改进而奉行之，亦孟德斯鸠不可改易之三权宪法也。(《国史馆馆刊》创刊号，1947 年 12 月，原为刘成禺《先总理旧德录》)

致檀香山同盟会员函

国民盟长并列位同志仁兄大鉴：

敬启者，前上一函，请各同志筹款接济香港机关为长流经费，以得办事无滞，想已达览施行矣。

乃者时机日逼：外而高丽既灭，满洲亦分，中国命运悬于一线；内而有钉门牌，收梁税，民心大变，时有反抗。吾等新军之运动，已普及于云南、广西、三江、两湖，机局已算成熟。加之党中财政日困，虽香港一隅或得檀埠同志之接济，而他方则仍无法可设也。且长贫难顾，久待非策。弟今承内地各地同志之催促，并有办事领袖人员到此商议，已决策定计，不久再举。此次机局较前尤佳，且有弟就近指挥策划，一举必可成功，决无疑义也。

惟预备之费当要十万元，乃足布置周密，而出万全。今欲合南洋、檀、美各地同志之力，在此一两月之内筹足此数。但南洋各埠华人虽多，而风气闭塞，所有之同志前曾屡次尽力，几成强弩之末。此次之款，总望檀、美同志担任一大分也。弟提倡革命以来，至今日为第一好机，民心归向，军士倒戈，所缺乏者只此区区之财力十万元，不过檀银四五万耳，若檀山同志出钱能似内地同志舍命之勇，则此区区之数，檀地同志亦能独力任之而有余，无待弟更向他求也。

见信之日，务望向众宣布，即日举行开捐，事前预备军费。无论会员、非会员，凡我汉人，皆当助成此事。有力者多尽力，无力者亦尽其所能，众志成城，众擎易举。如能筹足此数，则决无失败之虞也。故此次事之利钝，则全视乎海外同志之尽力与否耳。内地同志既不惜身命，苦心焦虑，竭尽其力，乃能达至此地步。今只待海外同志一臂之助，则大功立可告成，如葡萄牙近日之伟业矣。望为勉力以竟全功，幸甚幸甚！

信到之日，限两个月期内筹集收齐，汇出大埠支部理财员彙汇弟收，暂由理财员发给收条，俟汇到弟处，弟即着筹饷局人员发给凭据收执，以昭大信。兹付上筹饷局约章乙纸，请侥〔统〕为宣布于众是荷。

此候，

义安不一

弟孙文谨启　西十月十六日槟城发（《总理全集》第四集）

在槟榔屿中国同盟会骨干会议的讲话

现在因新军之失败，一般清吏自以为吾党必不敢轻于再试，可以高枕无忧，防御必疏。至新军之失败虽属不幸，然因此影响于军界最巨。吾党同志果能鼓其勇气，乘此良机重谋大举，则克复广州易于反掌。如广州已得，吾党既有此绝好之根据地，以后发展更不难着着进行矣。且此次再举亦远非前此历次之失败可比，因曩者多未有充分之筹备，每于仓卒起事所致；今既有先事之计划，当然较有把握，可操胜算。但诸同志疑虑莫决者，乃在于饷械之无着。不知现在因吾党历次之举义，与海外各埠同志竭力之宣传，革命精神早已弥漫南洋群岛中。只怕吾人无勇气、无方法以避免居留政府之干涉，以致贻误事机。今吾人则以"教捐〔育〕义捐"之名目出之，可保无虞也。（《建国月刊》第三卷第一期，1930 年 5 月）

在槟榔屿筹款会议的演说

余每次会晤同志诸君，别无他故，辄以劝诸同志捐钱为事。诸同志虽始终热心党务，竭力勷助，或不以余为多事。第余以吾党屡起屡蹶，深不自安，故对诸同志甚觉抱歉。惟念际此列强环伺，满廷昏庸之秋，苟不及早图之，将恐国亡无日。时机之急迫，大有朝不保夕之概。且吾党春初广州新军之失败，虽属不幸之事，然革命种子早已借此而布满于南北军界。因新军中不乏深明世界潮流之同志，业极端赞成吾党之主义。在今日表面上视之，固为满廷之军队；若于实际察之，诚无异吾党之劲旅。一待时机成熟，当然倒戈相向，而为吾党效力。是以诸同志咸认为绝好良机，光复大业在此一举，固将尽倾吾党人材物力以赴之也。

吾适间所云，每晤同志诸君辄以劝捐力事，虽予亦极不愿对同志诸君每有斯求，但念此等责任，除我明达之同志外，又将向谁人求之？是以虽欲避免，实不可得。盖海外同志捐钱，国内同志捐命，共肩救国之责任是也。总而言之，捐款之义务，诸同志责无旁贷，此应请同志诸君原谅予勤〔劝〕勉之苦衷，仍当踊跃输将，以助成此最后之一着者也。设天不祚汉，吾党此举复遭失败，则予当无下次再扰诸同志，再向诸同志捐钱矣；倘或仍能生存，亦无面目见江东父老矣！是则此后之未竟革命事业，亦惟有赖之同志诸君一肩担起矣！总之，吾党无论如何险阻，破釜沉舟，成败利钝，实在此一举。而予言亦尽于此。（《建国月刊》第三卷第一期，1930 年 5 月）

在云高华华侨欢迎会的演说

我党之志谋固已早定，而着着进行。中国今日之陆军编成者十八镇，其中八镇以北京为中心，而散布于直隶。此等军人尝经袁世凯之训练，当时所称为"新式兵"者也。其一镇则全系满人，有皇室之卫兵。此等军人若尽入吾党，则兵不血刃，而大功可成。

我党既有步兵三四万、炮兵七八千，而某处某处更有兵百万。地方人士勇而好战，我党为之供给武器，则大功之成可以操券。所恐者，则外国之干涉耳。

今满洲政府之对于施行宪政、开设国会，无一毫之诚意，故到底不能见诸实事；即见诸实事，亦决无效果也。政府无统辖之力，以愚蒙人民为政治之秘诀。此虚伪之政治，必当去其根柢而一新之也。……（《民立报》1911 年 3 月 25 日）

宋教仁

钦定宪法问题

朝廷编定宪法，皆模拟日本之钦定主义，以为日本皇统万世一家，天下最有利安全之宪法，莫日本若也。

虽然，近日日本亦有幸德秋水等，谋以炸弹危其皇室，则又何以称焉？

甚矣，日货之不中用也。（《民立报》1911 年 2 月 11 日，署名"渔父"）

宪政梦可醒矣

资政院者，宪法上机关乎？抑行政法上机关乎？

中国今日只有宪法大纲，且尚未有施行之效力，而资政院之发生，则由于一纸之上谕，何从得云宪法上机关？目为行政法上机关，犹觉其太新式耳。

是故其总裁之任命也，罢免也，皆与普通之奴隶大臣同一形式，固可随意招来挥去者也。

吾国人尚望其由此养成宪政，尚选举许多议员，以希协赞立法，预备许多政党，以谋监督政府，真作梦矣。

或曰：伦贝子兼为宪法纂拟大臣，恐其听民选议员之运动，编成民主共和的宪法，故易之云。噫！中国之议员果有此程度乎？（《民立报》1911年3月25日，署名"渔父"）

希望立宪者其失望矣

呜乎！吾国民其犹要求政府之立宪乎？其犹希望政府之预备立宪乎？呜呼！吾国民之大梦其犹未醒耶？是亦不可以已耶？

夫立宪之根本，孰有大于宪法者？立宪之精神，孰有大于立法机关之作用与责任政府之组织者？天下岂有虚悬一宪法于此，政府不必遵守，徒责人民之服从，而犹谓之立宪者乎？又岂有立法机关之作用与政府之组织不合宪法政治之原则，而犹谓之立宪者乎？吾人试观北京政府近日之举动，其果若何矣。

资政院者，虽不必有立法机关之实，然设立之始，非明明经敕裁而定为议院之基础者耶？其章程上之职掌（第十条）"议决国家岁出入预决算事件及税法公债"也，曰"议决新定法典及嗣后修改"也（但宪法不在此限），曰"奏陈行政大臣侵夺权限违背法律之事"也，此数者，非又以煌煌之法律所赋予而不可抹杀者耶？乃顷者彼辈一切举动，无不侵夺资政院之权限，即以公债一项论，已足以见其他而有余。日本、丹麦前后四国之借款，照章固非交资政院议决不可者也，而政府悍然行之，不闻有一字之通告，及乎舆论不服，请开临时会，则假上谕，悍然号于众曰："借款非紧要事件，着毋庸议。"至于近日，又恐资政院于开例会时攻击己等，则更议修改院章，而专以内阁总协理与正副总裁任其事，道路相传，皆谓将制限资政院之弹劾权。夫院章明明有其规定，而彼辈偏不遵守，独断独行，其心目中尚有所谓法律乎？请开临时会，则以非紧要事件一语搪塞，惟知有院章第三十三条，而第十四条议决公债之文则不提及，一若忘却者然，市井小人亦不至狡诈无赖如此，其尚得谓为有国家主权者之气象耶？修改院章，原无何等已成之规定，然资政院既为议院基础，立宪国议院法之修改，固夫有不经议院自身之议决者，则院章之修改，使资政院自身得协赞之，固立宪国所以保立法神圣之道而必不可少者，而彼辈竟专委之于一二家奴，不使国民丝毫参与其间，其暴戾无道，不合立宪精神为何如者？噫！此等现象，而犹望其尊重立法机关之作用，以成立宪政治，其不谓之痴人说梦其可得乎？

暂行内阁之组织，其不合乎立宪之原则，已不必论，谘议局联合会再三陈情，力攻皇族内阁之不宜，其持论甚正大，而所以为皇族谋者亦可谓甚忠，使彼辈而稍有立宪之诚意者，则当如何力悔前非，下罪己之诏，另简贤能，组织内阁，以收拾人心，痛除积弊，实行庶政公诸舆论之前谕，方可以对国人而伸大信。乃彼辈不是之顾，始则欲以夙所惯用之留中法以避舆论之锐锋，继则知此法不行，乃勉强厚颜以宣言曰："朝廷用人，审时度势，一秉大公。"夫今之时为何时？今之势为何势？必此昏庸贪残之皇族组织内阁而后能御大灾捍大患耶？若有他贤能居内阁者，反将不宜于今之时与势耶？吾不知所秉之大公果为何也。夫果知审时度势者，则今之时势，岂犹是在上者搬〔班〕门弄斧以门面语压人之时势乎？而奈何不一揣量，竟靦然忘之，而毫不知人间有羞耻事也？呜呼，其横蛮无理，吾不知较极野蛮之专制国为何如！而犹冀其鉴谅愚诚，顺从民意，以设立真正之责任政府，是真所谓缘木求鱼之类也。

尤可笑者，彼辈动辄假口宪法大纲，以为抵御舆论之一大武器，前者既屡次不伦不类用以压制国会请愿与其他各种之要求，此次联合会之反对皇族内阁，彼辈复用此武器以为对付，其上谕曰："黜陟百司，系君上大权，载在先朝钦定宪法大纲，并注明议员不得干预。值兹筹备立宪之时，凡我君臣上下，何得稍出乎大纲范围之外？……尔臣民等均当懔遵钦定宪法，不得悉行干请，以符君主立宪之本旨。"大哉王言，其荒唐可谓蔑以有加，今试陈之。夫宪法大纲果何物者？其抄袭东邻岛国半专制之宪法条文而又谬以己意增减之，处处卤莽灭裂，作外行语，已为通人所不齿，果真欲立宪者，将拉杂摧烧之不暇，有何面目引为御侮之具耶？其荒谬一也。即使宪法大纲果善，然在今日果为已施行之法典否乎？昔者德宗景皇帝不过为将来真正宪法编定时示之准则而发布此大纲，且诏宪法未颁前，悉遵现行制度（光绪三十四年八月初一上谕），是宪法大纲今日并未有施行之效力，未有效力之法典只可视为故纸，何得强人民以遵从乎？其荒谬二也。且即就大纲言，亦不得以联合会所请为干预黜陟权，大纲所规定者，只谓议员不得干预，此议员乃指将来之国会议员而言，今之谘议局联合会者，非国会议员也，其陈请亦非以议员之资格，而实以普通人民之资格，与去岁之请愿国会正同，不得以宪法大纲有议员不得干预之文，遂以加诸该会也。其荒谬三也。宪法大纲固为君民上下所应共守，然试问君若上者果已遵守无少违乎？大纲第十条所谓司法权不以诏令随时更改者，今何如耶？第十六条所谓臣民言论、著作、出版、集会、结社均准自由者，今何如耶？第十七条所谓臣民非按照法律不加以逮捕监禁处罚者，今何如耶？第十九条所谓臣民之财产居住无故不加侵扰者，今何如耶？躬自薄而厚责于人，吾不知以何服天下。其荒谬四也。又谓臣民不率行干请，以符君主立宪之本旨，其意盖谓干请便非君主立宪，又为可笑。立宪国臣民非有请愿之一法乎？即我朝国法亦许人民上书言事，何得谓组织内阁不得请愿耶？其荒谬五也。要之，宪法大纲实为彼辈装腔作势抵御人民之利刃，其之言动合此与否，则未尝顾虑，故动辄无理，而彼辈亦恬然不以为怪，要其不晓立宪精神，无真诚立宪意思，惟知倒行逆施之结果有以致之耳。

吾如是而得断案焉，曰：立宪者，决非现政府之所得成者也；现政府之所谓立宪，伪也，不过欲假之以实行专制者也；其所以设资政院，立内阁，非以立宪国之立法机关与责任政府视之者也，故其所以对付资政院之权限与内阁之组织者，亦不得责以立宪之原则者也；其所谓宪法大纲者，不过欺人之门面，赖人之口实，万不可信者也。立宪者，决非现政府之所得成者也。呜乎！吾国民之大梦，其尚未醒耶？吾国民而果欲真正之立宪者，其速纳贷价，勿用彼廉贱不值一钱之要求方法矣。(《民立报》1911年7月9日，署名"渔父")

梁启超

立宪九年筹备案恭跋

光绪三十四年八月初一日，宪政编查馆王大臣会奏遵拟宪法大纲并逐年应行筹备事宜折，末附有九年筹备案一份。此实宣统八年前立法行政之准则，而国家安危存亡之所攸系也。吾侪小民，朝夕循诵，祗惕奉承，罔敢惑怠。虽然，于钦佩之中，犹有不能不怀疑者焉，曰：此筹备案果能一一实行否耶？苟不能实行，则其所以捍格之者安在？有案而不实行，则其所生之结果，又当何如？借曰悉能实行也，即此遂足以举预备立宪之实否耶？苟其不能，则其缺点又安在？凡此皆今日全国民所亟当研究之大问题也。而自此案颁布后，已逾二年，上而大吏，中而台谏，下而民间舆论，似未尝于此一厝意焉。揆诸先帝涣汗大号之本意，其有怍矣。今也日日言豫备立宪，而人民之失望于政府也愈甚。虽曰局中之艰苦，非局外所能尽喻，得毋亦所由之道有未尽善，而其效乃坐是不睹耶？不揣梼昧，条其所惑，以效忠告，庶几我政府我国民，一省览而资采择焉。

一、筹备案所列举之条目

谨案全案所列举筹备之目，都凡二十七事，赓续分属于九年中。每年所筹备者，多则十四五事，少则六七事。夫以一国之大，政务之繁，而所列举者仅有此数，则其宜为荦荦最大者可知也。顾恭绎原案，则其洪纤有太相悬绝者。大者则如宣布宪法、皇室大典，厘订颁布民、刑、商、诉讼、法院、会计诸法典；小者则如筹办八旗生计、编辑国民必读课本、设简易识字学塾。夫八旗生计、国民识字等，夫孰谓非今日至急之一政务！夫孰谓非此九年内所亟应筹办！然以列于此案中，则夫最急而应筹办之政务，其类此者抑何限？即如货币法之当颁定也，银行法之当改正也，铁路之当推广也，邮电之当经理也，农业之当保护也，工商之当奖厉也，种种卫生章程之当颁布也，凡此皆何一可缓者？欲悉数之，又可尽乎？今一切不举，而独于编纂课本、创设学塾等列为一条，得毋于轻重繁简之间有所未当乎？就令专就教育言之，简易识字一事，其目之见于案中者凡五年，胪举其成效者复三年，其他各种学校皆不及焉。在王大臣之意，岂不曰教育普及，所以增进人民程度，为立宪之基础也？独不解所谓教育普及者，仅恃此区区之简易识字学塾而已足耶？乃于最重要之国民教育机关，若小学校、中学校等皆未尝以其推广完成之期，列诸案中，于彼何其疏阔，而于此何其苛细！此愚蒙所不能解也。况此事第二、三年办之于厅州县，第四、五年办之于乡镇，而原案皆注云学部、各省督抚同办。吾以为此等事非由地方自治团体办之则决不能有效者也。今以责诸鞭长莫及之督抚及学部，其毋乃徒欲于案中增一项以为美观乎？夫吾则岂有恶于简易识字学塾者，顾以凡图治当先知治体，于不必干涉者而干涉之，徒益烦扰。而国之大臣，疲精神于衡石量书，其他要政，势必反致丛脞，姑举此一端以为例耳。

又原案第二、三、四年，均有筹备文官考试章程、任用章程、官俸章程一项，此皆澄清吏治之一要务，固已。然与此同类而所关尤为重要者，有若文官分限章程，有若官吏服务章程，有若官吏惩戒章程，皆阙而不举，则又何也？得毋以此等综核名实之举，于今日专务钻营徇庇舞文作弊之官吏社会有所不便耶？

又各级审判厅之筹备，其项目亘于八年，而审判官之养成考试任用分限等，一字未提及，得毋以审判官之性质，与普通文官毫无差别耶？不然，何详于彼而略于此也！

又原案之例，每办一事，必先以厘订章程，次以颁布章程，然后次以实行。独于第六年有设立行政审判院一项，而六年以前于行政审判法之制定初未之及。若谓制定行政审判法即包举于设立行政审判院一项目中，则其他诸项目，何皆不然？若谓无行政审判法而可以设行政审判院，则吾不解此院果何所据以行审判也。

原案第一年颁布城镇乡自治章程，第二年颁布厅州县自治章程，第二年至第六年办城镇乡自治，第三年至第七年办厅州县自治。由此推之，似国家所认为地方团体有法人之资格者，仅城镇乡与厅州县之两级。然参证诸他种法令，则又不然。城镇乡自治章程中，明有府议会、府董事会等名称，是府亦为一种之自治团体也。谘议局章程中，明定各省之所有财产及所负义务，是省亦为一种之自治团体也。而此九年中，关于省与府之地方自治事项，未闻以何年颁布章程，未闻以何年筹办、何年成立，此大不可解也。夫府且勿具论，若夫各行省在法律上之地位，应认为地方自治团体，而赋与以法人之资格与否，实为目前之最大问题，全国人民直接之休戚胥系是焉。夫以我国地理上、历史上之关系言之，其不能以厅州县为最高之地方自治团体，此人人所共知，而亦政府之所默认也。乃于此九年筹备案中，竟不闻颁布省之自治章程，实行各省之自治，则何也？窥王大臣之意，得毋以第三年有厘订直省官制一项，谓即此而已足耶？夫官治与自治，其性质绝不相蒙，而其道并行而不悖，此王大臣所能知矣。而今乃阙之，其遗忘耶？其有意剥夺各行省之自治权耶？

又原案于各种法律，皆先以厘订，越一二年或三四年乃始颁布。独至第九年宣布宪法一项，则前此八年中绝无厘订之文。岂以为宪法之重要，反不如他种法律，而可轻率以将事乎？抑谓事关重大，其内容不可先行漏泄，以避事杂言庞之弊乎？夫我国立宪之机，发之自上，则应采钦定宪法主义，诚不俟论。虽然，法也者，国民意力之所合成也，法而不与国民意力相应，则事实上终不能有效。先帝立宪之本意，盖实有见于此。然则将来之钦定宪法，其必当博采舆论，所欲与聚，所恶勿施，明矣，而秘之果何为也？

又原案宣布宪法项下，注曰宪政编查馆办。夫谓我国宪法当由钦定，则断自圣衷，而下此一切机关，不许容喙，犹可言也。今既不尔，以如此重大事件，而仅属诸宪政编查馆，而不使他机关参与，其毋乃非朝廷郑重审慎之意乎？

原案所最可骇者，则责任内阁以何年成立，始终未尝叙及也。谓此事包举于京师官制中耶？则行政审判院也，审计院也，弼德院顾问大臣也，何一非京师官制者！曷为而于第六第八第九等年而别条举之？谓彼等为前此所未有之官，故不得不别举耶？则责任内阁，亦何尝为前此所有者？王大臣之意，得毋谓现今专掌题奏之内阁，或夙夜出纳之军机大臣，或分立无统之各部尚书，稍易其名，遂足以当立宪国之责任内阁乎？必不然矣。夫建设责任内阁，实为立宪政体之第一义。今也编制此外观秩然之九年筹备案，纤悉至于简易课本学塾，且年年缕举而不厌。独于此最重要之机关而遗忘之，其果遗忘耶？抑有恶其害己者，而故去其籍耶？则人民之致疑于政府立宪之不诚，又何足怪！凡此皆鄙见对于原案所列举之条目不能无疑者也。其类此者尚多，不复缕述。

二、筹备案所排列之次序

原案区分九年，排列整整，一若于次第秩序之间，几经审慎而后发者。然按诸实际，乃大不然。有宜先而后者，有宜后而先者，有宜合而分者，有宜分而合者。试条举之，原案第二年厘订京师官制，第三年厘订直省官制，一事而两年分办，此大不可解者也。试问厘订官制之本意，果实有见于现行官制之不足以致治，而欲大行改革耶？抑欲撷拾一二外国官职之名，入吾缙绅录中以为美观耶？如后之说，则何筹备宪政之可言；如前之说，则宜合内外以通盘筹画，而不能枝枝节节以图功明矣。大抵厘订官制之根本办法，在先定国家政务之范围及其种类，次乃辨其孰为属于官治行政者，孰为属于自治行政者。于官治行政范围中，辨其孰为属于中央官厅者，孰为属于地方官厅者。夫所谓中央官厅与地方官厅之别，非以其官厅之或在京师或在直省云也，其政务属于中央者，虽其官厅分设于各直省，不害其为中央官厅，如各国之海关、造币厂、专卖局等其最著也。（类此者极多，若遍举之，当数百事而未有已。）其政务属于地方者，虽其官厅设于京师，不害其为地方政厅，如京府京县之衙署、都城之市政公廨等其最著也。今议改官制，而京师与直省乃各不相蒙，则试问各铸币局、各官办铁路局、各电报局之官吏，其在外省者什而八九，将归诸京师官制乎？抑归诸直省官制乎？然此犹曰专办一事，且或非各省所俱有也。又如提学使、交涉使、巡警道、劝业道、乃至清理财政官等，将归诸京师官制乎？抑归诸直省官制乎？夫现行官制之缺点虽不一端，而最甚者莫如将中央与地方分作两橛，界限不清，而互相侵越，互相推诿。今厘订新官制，是无异为中央与地方划定一新界约也。凡重定界约者，必于旧界有所变更，或一造有所新割让而他造有所新占领焉，或两造互有所新割让而亦互有所新占领焉，要之非两造协而谋之，不能为功者也。乃今也必厘订京师官制既毕，然后厘订直省官制，吾诚不知其厘订之从何着手也。

原案第三年厘订地方税章程，第四年厘订国家税章程，骤然观之，一若登高自卑，有条不紊。不知此大乖财政学理，而按诸实际，又决不可行也。盖一国之租税政策，欲使之既足国用而复不病民，则不可不根据租税原则，按照本国情形，以确定一租税系统。而此租税系统者，则国税先定，然后地方税随之者也，故断无先厘订地方税而后及国税之理。况地方税之最重要者，为附加税（即城镇乡自治章程所谓附捐）。附加税云者，附于国税而加课之也。然则国税未定，地方税将何所丽以存立？原案云云，真解人难索矣。此事甚长，吾当别论之。（参观第三号论说门《地方财政之先决问题》及第四号论说门《国税与地方税之关系》）

原案于第三年试办各省预算决算，第六年试办全国预算，而第四年始编订会计法，第七年始颁布会计法，第八年始实行会计法。吾不知会计法未颁布实行以前，预算决算，从何办起。勿论他事，即会计年度与预算格式，已不知其何所适从矣。或曰：会计法未布以前，略计本年所需几何以制为一表，何尝不可？答曰：是诚可也。然若是则我国已行之千数百年矣，无俟宣统二年、宣统五年始行试办也。

原案于第二年调查各省人户总数，第四年调查各省人口总数，户与口分为两次调查，吾诚不解其命意之所在。夫调查人户时，已非并口数而调查之不可。（民政部奏定调查户口章程第四章为调查户数，而此章第十一条即以人口多寡为正户附户之别。）何苦分为两截，徒增政费，且重扰人民也？

原案之最奇特者，则凡各种法令皆将编订、厘订、颁布、实行逐年排列是已。故第一年则修改新刑律，第二年则核订新刑律，第三年则颁布新刑律，直至第六年乃实行新刑律。第一年则编订民律、商律、刑事民事诉讼律等法典，至第四年乃核订之，第六年乃颁布之，第八年乃实行之。第二年编订文官考试章程、任用章程、官俸章程，第三年乃颁布之，第四年乃实行之。第二年厘订京师官制，第三年厘订直省官制，至第五年乃颁布新定内外官制，第七年乃试办新定内外官制，直至第九年然后新定内外官制一律实行。第三年编订户籍法，第五年颁布，第六年实行。第四年编订会计法，直至第七年然后颁布，第八年然后实行。惟第三年厘订地方税章程，第四年颁布，第四年厘订国家税章程，第五年颁布，皆不言实行之年。大约此章程为政府所凭借以取于民者，急何能择，故即以颁布之时为实行之时矣。夫民律、商律、刑律等诸大法典，其内容浩瀚，其条理繁杂，几经审慎然后颁布，此吾所最钦佩也。若谓无论何种法律章程，必须穷一年之力以编订，而编订既了之后，又必须待来年或越数年始宜颁布，则天下安有如是之情理！夫国家之所以立一法者，岂不以此法为应于时势之要求，万不可缺也。信如是也，则早颁一日，即救一日之敝。而故辽缓之，效彼月攘一鸡以待来年者之所行，果何为也哉？然此犹得曰出于慎重之意，未可厚非也。若颁布与实行为期悬绝，则事实上将有无穷之障碍生焉。今世各立宪国之法律，皆以经国会议决君主裁可之后，即为完成，公布特其形式耳。然加以此形式之公布，则其法律立生效力，更无复丝毫疑义。其有施行期限稍予犹豫者，不过因辽远之地，小民或未能周知耳。故大率以官报到达该地之日，即为新法律在该地有效之时。此何以故？盖新定一法律，皆所以规定人民之新权利新义务也；而凡新法律皆有改废旧法律之力，是又消灭人民之旧权利旧义务也。故每一法律之颁布，则国中无量数人之公私权利义务，皆缘而生大变动。既颁布矣，而实行之期，乃迟至一年或三四年，则此一年或三四年中，人民将何所适从，其间公私诉讼，甲则主张新权利，乙则主张旧权利，而孰为适法，一任官吏之上下其手。如此，则蜩唐沸羹之象，岂复可思议，此真所谓治丝而棼之也。鄙意以为中国幅员太广，交通未便，则法律效力发生之期间，不能各地画一，原非得已。然或据各省距京师道里之远近，定一等级，或即以政治官报到达之日为期，皆未始不可。今若原案所定，则虽辇毂之下，而奉旨颁布之法律，犹有一年或数年等于废纸，吾不知果有何理由而必须如此也！而尤可异者，则莫如新官制：第二年已厘订矣，至第五年始颁布；颁布犹具文耳，至第七年始试办；试办犹儿戏耳，至第九年始实行。夫官制之为物，固当与时推移，务求其适。而今日之时局，一日百变，国家政务之范围随之，故各国官职之废置，无岁无有。自第二年至第九年，凡八年间，其变迁当几何，而谓前所厘订者，后尚可用乎？且政府既立意于第九年乃改官制，则何不亦俟彼年始行厘订？而先尔仆仆，甚无谓也。平心论之，今日非先行大改官制，复何一事之能办？全份筹备案乃至一切折奏章程，皆拉杂摧烧之可也。若欲举预备立宪之实者，惟有于第一二年全力以注此耳。宪政编查馆诸王大臣，亦岂不知此？而无奈完善之官制于国家宪政虽有大利，而于筹备宪政之人，乃大不利，其筹备之责任愈重者，则其不利也愈甚。故筹备案中不能不于第二三年姑列一厘订之目以塞舆望，而迟之又久而颁布，迟之又久而试办，更迟至又久，无所逃避，然后实行。夫所厘订之新官制，其内容如何，果足为施行宪政适宜之机关与否，未可知也。然犹涂饰迁延，一至于此，他更何望矣！全案中本末倒置之事，莫此为甚，稍有识者，安得不为流涕而长太息哉！

要之全案中每一项目而分数年排列者，大率毫无意义，不过苟以塞篇幅，示每年项目之多而已。夫以九年内全国托命之法案，而其究极不过塞篇幅，是安得不为流涕而长太息也！

三、筹备案所责成之机关

原案每项目下，皆有某部某馆某处办或各省督抚办或某某会同办字样，就表面论之，则以此明责任之所归，岂不甚善？然按诸事实，即又有不可行者。盖政治上之事项，与行政上之事项，其性质截然差别（参观附录《宪政浅说》第二章第三节）。行政事项贵分任，而政治事项贵总揽。今此案名曰筹备宪政，其性质固宜属于政治事项者居多数，有欲专责于一二行政机关而不能者。若前所述制定宪法之权，不能专委诸宪政编查馆，其最著矣。（宪政编查馆虽非行政机关，然亦岂足为总揽机关？）其他若厘订官制，若厘订租税，若举行预算等事，何一非当内合各部外合各省然后能行者？又如设立行政审判院，设立审计院，设立弼德院顾问大臣等事，凡此皆为独立之一机关，又何待他机关之代为办者？（此诸院与资政院事同一律，而第二年第三年关于资政院事项皆注曰资政院办，而此诸项则宪政编查馆、会议政务处同办，此不可解也。）又此九年内虽未有完全之上下议院，而资政院固已成立，则厘订官制核订诸大法典，以及草定宪法，乃至凡一切政治事项，固宜许资政院以参与。乃原案于第三年举行开院以后，资政院无复一事可办，岂真仅以此为一装饰品耶？推原案之蔽，在于仅据现在所有之机关，而硬派以职务。殊不知现有机关，本不足以副筹备宪政之用，而性质之散漫无统一，尤为致梗之大原。苟非建设一有统率有责任之内阁，则宪政万无能筹备之时。吾国人徒见各国之所谓内阁所谓国务大臣者，大率以行政各部之长官组织而成，乃谓吾既有各部，则凡百分委之已足。殊不知内阁之与各部，其性质大有差别。其即以各部长官列为阁员也，不过取事实上之便利，而非谓法理上不得不然。故其人实以一身而同时兼司两机关，以其为各部长官之资格而分任行政上之事项，以其为阁员之资格而总揽政治上之事项。故各部则独裁机关也，而内阁则合议机关也。虽曰舍各部之外无内阁，而断不能径指各部之本体即为内阁，盖其性质使然也。今吾国徒有行政机关，而无政治机关，故于事之不能专属一部者，不得已而悉以归诸宪政编查馆及会议政务处。夫此两者果足以当政治机关乎？勿论朝廷本视之为无足重轻，其资格不足以语此也。即欲强以当之，然一国之总揽政治机关，岂容有两个乎？总揽政治机关而与行政机关全然分离，则有又一事能办者乎？苟不屑意于此，而欲筹备之有成效，吁其难矣。

四、筹备案所期待之成效

原案所指数之成效，如云某年某事一律成立，某年某事一律完备者颇多。而尤切明者，则如第八年云变通旗制一律办定，化除畛域；第七年云人民识字义者须得百分之一，第八年云人民识字义者得五十分之一，第九年云人民识字义者须得二十分之一。夫变通旗制处以第一年设立，若云法律上之满汉平等也，则应自第一二年即为实行，何待八年？第八年以前民刑商诉诸法典已大半颁布施行，若旗制尚未变通办定，岂一国中人民尚有所谓治外法权者在耶？则一切法典几何不全归无效也？又第八年以前城镇乡、厅州县之地方自治，已一律成立，若旗制尚未变通办定，则公民之资格，何能画一？岂一国中人民尚有一部分不加入地方团体，不能沐自治之惠者耶？故此事至第八年始办，实属迟迟，事理之至易见者矣。抑变通旗制者，政治上之手段也；而化除畛域者，社会上之事实也。国家之力所能逮者，惟在变通旗制；若民旗畛域之以何时而始得化除，盖有非徒恃政治之效者矣。即曰有效也，必需时日。今于第八年始变通旗制，而于是年即云化除畛域，得毋谓人民心理之转移，有似化学上物质之和合，可使旋至而立有效者耶？以此期成，不至大失望而不止也。

又原案所谓某年人民识字义者须得几分之几，问其何以能致此，必曰吾固有简易识字学塾也。顾吾又尝考学部奏定简易学塾办法，则凡皆以为中年失学者补习之地也。夫人至中年，则固非父兄师长之所能督责，且为仰事俯畜计，其职业各有所趋，国家宁能以待未成年学童之法待之？而强迫以必就学塾之义务乎？殆不然矣。若是则学塾虽开，亦安能言人民识字义者必递年以一定之比例而增进耶？即曰可以比例增进，又安能谓今年方有百分之一者，明年即有五十分之一，再明年便有二十分之一。夫树人之计，期以百年，教育之为效，庶政中之最强固而亦最辽缓者也。虽以德国日本教育之盛，而其发达之程度，且经十年犹未能增进一倍，今我乃欲两年而一倍，三年而五倍，天下有如此容易之业耶？夫如原案所云云，岂非吾侪小民所日夜祷祠者！而无如按诸事势与其所以经画之迹，实无异适燕而南辕，蒸沙以求饭，盖未有能致者也。其他各项目，亦什九类是耳。古人有言：其言之不怍，则为之也难。又曰：轻诺者必寡信。人民之窃窃焉疑之，又何怪焉！

嗟乎！此九年筹备案者，宪政之能成立与否系之。宪政之能成立与否，则数千年国家之存亡、数万〔万〕国民之生死系之。而今也其内容之卤莽灭裂一至于此，就令事事实力奉行，然其效之如何，抑已可睹，况乎其未必尔也！嗟乎！国家苟非煎迫于内忧外患，穷无复之，则亦何必纷纷焉为是改作者？既已不堪于煎迫而欲有所改作矣，毋亦朝野上下精白乃心，困而学之，诚而求之，其庶几挽浩劫于万一，而回天眷于将替。而今顾何如矣！夫俗吏愚氓不足深责，若乃宪政编查馆诸王大臣之公忠体国，及其中济济髦士之绩学识时，则举国所具瞻也。谓其苟欲涂饰耳目，敷衍门面，以上欺君父下愚士民耶？则以我大夫之贤，何至如是！而其所表示设施以与天下共见者，则固若此矣。而筹备之功，历程已三之一，其成绩则又若彼矣。循此以思，则至宣统八年号称筹备完成之时，其果有以上答君父之忧勤而下苏士民之饥渴与否，又岂待问也！呜呼！以我大夫之贤而竟如是也，其必有虑之未熟而择之未精者也。吾侪小民，虽百无一似，然幸生不讳之朝，与有匹夫之责，苟心所谓危而不以告，则戾滋重焉。乃谨述所疑，恭跋如右。语曰：狂夫之言，圣人择焉。又曰：良药苦口利于病，忠言逆耳利于行。庶几改之，余日望之！（《国风报》第一年第一期，1910 年 2 月 20 日，署名"沧江"）

论政府阻挠国会之非

一　上谕与军机大臣责任问题

国中谘议局及其他公私团体，痛国事之败坏，忧宗社之陆沉，敬谨联合二十余万人，为第二次请愿国会之举。乃以五月二十一日奉上谕，深闭固拒，未予曲从。使此上谕而由我皇上断自圣衷，则吾侪小民何敢更生异议？虽然，我皇上冲龄典学，未亲大政，此天下所共见也。监国摄政王，谦恭自牧，事无大小，悉咨廷臣，又天下所共闻也。此次谕旨，经召见会议政务处王大臣及面询各衙门行政大臣而后决定，此又明见于谕旨文中及宫门钞者也。且自宣统元年以来，凡一切诏旨之末，皆有军机大臣署名，此制实为国朝二百年来所未有。今兹所以行之者，则以先朝既确定中国为立宪政体，因采大臣副署之制，以明责任所攸归也。夫立宪政体之精神，君主不能为恶。其有过举，则惟大臣辅弼无状实职其咎。故诏敕中一句一字，副署者悉任其责，万不容诿过于君上。其有假制诏以为护符者，是自处于至安，而贻君父以至危，其罪为大不敬，所谓乱臣贼子人人得而诛之者也。是故吾侪小民得援此义以诘责署名诏末之军机大臣。

二　国民吁请速开国会之理由

军机大臣署名之　上谕有云：愿我臣民勿骛虚名而隳实效。呜呼！以国民万斛血泪，而轻轻以虚名二字抹杀之，政府荧惑圣听之技，可谓巧矣。夫宣统八年之必召集国会，既明见于先朝大诰，我皇上且申之以信誓。国民即好虚名，亦何争此区区数年之岁月？而国民所以哀号迫切再三吁诉者，徒以现今之政治组织，循而不改，不及三年，国必大乱以至于亡，而宣统八年召集国会，为将来历史上所必无之事也。吾之此论，非惟政府群公闻而掩耳，即邦人诸友，亦将疑为泰甚。虽然，吾亦岂忍为此不祥之言？因果相嬗，自有定律，固非讳言之而遂能逃避也。今中国亡征万千，不可殚述。但举财政一端以为例，而其他可推也。今中央之财政，每年入不敷出者几何，非吾侪所深悉，惟见其日日与外省争财源而已。各省之财政，每年入不敷出者几何，虽不能得实数，然多者缺数百万，少者亦缺百余万，此则见于度支部清理财政之折及各督抚之奏报，历历可按者也。约略计之，则每年全国岁出三万万两内外，而岁入仅二万万两内外，虽不中当不甚远。假令有一家于此，所入短于其所费三之一，偶然如此，尚可以谋挹注。若年年以为常，则其家人非相率为饿莩，即欺盗劫夺以陷于刑僇，此事势之无可逃避者也。而不幸中国之财政，乃有类于是，前此犹得竭蹶以弥缝于一时也，及最近一二年间，而有惊心动魄之一现象起焉，则官俸与兵饷之延欠是已。（《大清会典》所定之官俸，近数十年来已折扣殆尽，官吏亦久不恃此以为养。吾所言者，非指此，乃指新官制之津贴及各差委之薪水耳。）都中除度支部、外务部、邮传部外，其他各署，大率皆以筹给司员薪水为最大问题。外省则虽素号富庶之邦，而各局员薪俸，率皆支半欠半。而各省所练新军，欠饷不发者，多则半年，少亦三月，军军如是，省省如是。问将来从何处得款以补发，则毫无成算，但祈天雨金而已。夫国家而欠官俸，更何词以整顿吏治？国家而欠兵饷，则无异授众人以太阿，使聚而戕我；此现象继续一年，全国所至兵变矣，故即此一端，而大乱已可以猝发于旦夕。政府诸公，其亦知之否耶？夫财政现状既已若是，虽一事不办，力图撙节，固已傺然不可终日。而政府当道，犹日日假新政之美名，致岁出增加无艺。今日设一研究所，明日设一筹备处，全国所费，动百数十万也；不宁惟是，今日增一局，明日置一课，全国所费，动百数十万也。不宁惟是，中央则今日添一丞参上行走，明日添一参事官；各省则今日添一劝业道、巡警道，明日添一交涉司、度支司，薪俸及行政费之增加，动百数十万也。不宁惟是，今日派员往各省监查甲事，明日派员往各省监查乙事，每员薪水，月辄数百，每派一次，所费动百数十万也。夫此种种日增之费，不取诸民，将焉取之？呜呼！一国中同时能得几个百数十万人民之力？能负担几个百数十万？管子不云乎，天之生财有时，民之用力有限，而人君之欲无穷，以有时有限而养无穷之君，足以上下相贼也。今我皇上虽恭俭自持，而政府当道抱无穷之欲者乃千万辈。古者虽以殷富之民，竭其力以奉一多欲之君，而大乱未尝不缘之而起，况当民穷财尽之秋，而豢千万之虎狼以噬之，其安得不激而横决？今吾民迫于全世界生计竞争之大势，既已尽失其恒业矣。而政府复从而蹙之于死地，加恶税、募恶债、铸恶币、发恶钞，以致百物腾踊，四海困穷。孟子曰：庖有肥肉，厩有肥马，民有饥色，野有饿莩，此率兽而食人也。又曰：使民盻盻然，将终岁勤动，而不得以养其父母。又称贷而益之，使老弱转乎沟壑。又曰：百姓举疾首蹙頞而相告曰，何为使我至于此极也？父子不相见，兄弟妻子离散，今一一当之矣。循此不变，不一二年，国中百业俱废，民终岁不得一饱者必居其半（此绝非危言悚听，试读拙著《中国国民生计之危机》等篇，当明其故）。民劳亦死，逸亦死；进亦死，退亦死；为乞丐亦死，为盗贼亦死。及乎举国皆有死之心而不乐其生，则虽有善者，亦不能为计矣。此仅就财政一端论之，而必至之趋势，既已若是，而况乎他事之与之相缘者，又更仆难数也。故使政治现象一如今日，则全国之兵变与全国之民变，必起于此一二年之间，此绝非革命党煽动之力所能致也，政府迫之使然也。夫民变而遍于全国，则政府虽有兵，固已无自镇压。若重之以全国兵变，则政府及其他赫赫之官吏为怨毒所集者，惟有束手以听暴民、暴兵之脔炙而已。况以今日中国在世界之位置言之，东西列强，必不容我鼎沸糜烂。政府之力既仅能召乱而不能戡乱，斯则必有代起而戡之者，则其祸岂惟中于三百年之皇室，势必且中于五千年之国家。呜呼！政府诸公乎，公等日日梦呓，尚以为有此优闲之岁月。待公等饱而飏去之后，至宣统八年开国会，乃举艰大以遗诸他人乎！夫必有国然后有国会，吾敢断言曰：中国而欲有国会者，惟开设于宣统四、五年以前为能有之。过此以往，吾中国永永无开设国会之时矣。借欲有之，则如芬兰之求国会于俄，印度之求国会于英也。我国民所以泪尽眼枯以求国会者，徒以一失不可复得，故愿及未填沟壑而睹其成。使诸公而有一铢一黍之良心，有一铢一黍之能力，能保我国家之祚命及国民之生命至于宣统八年者，则此区区期限之久暂，敬当忍以待之，何辱命焉？而不然者，则《诗》不云乎："鸱鸮鸱鸮，既取我子，无毁我室。"我四万万人前世对于公等，无论结有何种不可解之冤业，公等夺其幸福者数十年，报之已足，幸毋并其所以托命者而夺之也。

三　国会之职权及其功用

军机大臣署名之上谕又云："论议院之地位，在宪法中只为参预立法之一机关耳。其与议院相辅相成之事，何一不关重要？非尽议院所能参预。而谓议院一开，即足竟全功而臻郅治，古今中外，亦无此理。"呜呼！读此而政府诸臣炀蔽圣明之罪，昭然若揭矣。夫谓议院（议院即国会也，此从谕旨之文）为参预立法之机关是也，下一"只"字、一"耳"字，一若议院舍此别无他职权，则大非也。欲明议院之性质，必合法理上及政治上两方面以观察之，而始得其全。以云法理耶，则我宪法今尚未颁定，无成文之法理以资解释，所能论据者，惟比较各国成法，以求其公共之原则而已。考各国议院，其职权之大小广狭，千差万别，莫或相同。有以议院为单独之大权机关，其权非惟在政府之上，且在君主之上者，如德意志帝国及比利时是也；有与他机关共同而组成大权机关者，如英国、美国、法国等是也；有兼为司法机关者，如英国之贵族院、德国之联邦参议院、美国法国意国之元老院是也。有兼为行政机关者，如德国之联邦参议院、美国之元老院是也（参观第八号拙著《中国国会制度私议》第七叶至第十叶）。第此勿深论，专就各国议院共通之职权论之，则（一）参预改正宪法之权；（二）提出法律、议决法律之权；（三）议决预算、审查决算之权；（四）事后承诺之权；（五）质问政府之权；（六）上奏弹劾之权；（七）受理请愿之权。此七者，无论何国之议院，咸所具有。故就比较法理言之，即谓此为万国议院共通之职权可也，即谓此种职权，苟缺其一，即不成为国会可也。今乃云议院只为参预立法之一机关，将其他职权尽为削去，此则无论征诸何国宪法之法理而皆抵牾者也。（名国会为立法机关，此本于孟德斯鸠三权鼎立之说。其实今世各国立法事业，非悉经国会，而国会职权，又不仅立法。绝对的三权鼎立之说，久为学者所纠正矣。）以云政治耶，则议院最重之职务，在于代表民意，监督政府，即参预立法之权，其根本精神，亦在于是，并非谓人民所选举之议员，其立法上之智识，必能视政府为优也。今世立宪国之法案，由政府提出者什而八九，由议员提出者不过一二，顾不闻缘是而谓议院参预立法之权可以轻视者。盖非是则无以防政府立法上之专横，而所立之法，必不能顺民所欲。夫当顺民所欲而防政府之专横者，岂惟在立法而已，大而政治之方针，小而行政之成绩，苟非立监置史以坚明责任，未有不积久而生弊者。故就政治上以论议院之地位，则议院之所以能安社稷利国家者，不徒在其有参预立法之权，而尤在其有主持财政、监督行政之权。其主持财政之权，则以协赞预算之形式行之，盖庶政非财不行，故政治上一举手一投足，无不与财政相丽。预算案者，即政治方针之具体的表现也，议院既有协赞预算之权，则政府凡百施政，自不得不取途于预算以受国民之公断。其所施之政，为有方针耶？为无方针耶？其方针为适宜耶？为不适宜耶？皆观预算而可以得之。而既经议院协赞之预算，即以证明政府之施政能顺民意者也。其预算不能通过于议院，即以证明政府之施政不顺民意者也。故议院有协赞预算权，其于监督政治之大体，则已若网在纲矣。犹虑临机应变之政策或有误也，则有质问权及事后承诺权以监督之；犹虑循名责实之有未周也，则有上奏弹劾权以监督之。有此诸权者以与参预立法权相辅，而完议院之功用。故为政府者，进则收集思之益，自能兼听以生明；退则懔具瞻之严，自能敬慎以毋肆。立宪政体所以优于专制政体者，其根本精神皆在是。而我德宗景皇帝，所以宏此远谟以保子孙黎民者凡以此也。今而曰议院除参预立法之外一无所事也，则议院不过宪政编查馆之舆台已耳。以宪政编查馆之舆台为议院，则其谓议院无关于国家安危大计，亦固其所，而惜乎其与各国议院之性质，大相刺谬也。

谕旨云："谓议院一开，即足竟全功而臻郅治，古今中外，亦无此理。"诚哉然也。夫政治进化，靡有止期，若何而可称为全功？若何而可称为郅治？虽合全世界政治学大家，固无从下其定义。即在今世宪政久行、议院久开之国，彼其君民上下，亦曷尝敢谓已竟全功而臻郅治者，而况于中国乎？虽然，吾抑尝遍读各团体之请愿书，则未见其以此种夸大无实之言上荧圣听也。我国民主张速开国会之理由，图治尚其第二义，而救亡乃其第一义。譬诸在冰天雪窖之中，而胥谋亟炽炉火，非谓但有炉火，而人生之幸福，即已具备，然目前苟无炉火，将立失其生命，而后此之幸福，将安所托？今吾国之急需国会，正此类也。夫以今日卖官鬻爵，公然列肆，持筹而算，驵侩围隶，弹指卿相者，一经国会之质问，政府能辨答乎？冗署、冗缺、冗差、冗员，政府所以位置私人，而招徕善价者，将其经费提出于国会，能见承诺乎？日构虚辞，捏报成绩，经国会委员会分科调查，其能隐蔽乎？国家岁计，入不敷出者逾万万，而岁出之属于糜费者，殆三之二，此种豫算案，其足以出丑于国会议场乎？凡编豫算，必期于收支适合，国会若质问政府以何术弥此巨亏，能置答乎？其他若外交政策之方针，军事政策之方针，教育政策之方针，交通政策之方针，产业政策之方针，理藩政策之方针，无论为大纲，为细目，国会任举一焉以质问，各部大臣其能以片语见答乎？民间种种颠连疾苦，上请愿书以求国家救济者，国会受理之以移于政府，政府能展一筹乎？此不过随举数端，其他庶政，罔不类是，盖更仆难尽也。彼政府及一切官吏，所以视国会如蛇蝎者，曰惟此之故；而国家与皇室与人民，所以恃国会为性命者，亦惟此之故。是故谓有国会而国立强，则古今中外，洵无此理；若夫无国会而国立亡，则古今中外，不乏成例。而在今日之中国，其理尤洞若观火者也。夫组织国会，选举议员，此非特为国民之权利也，而一方面亦为国民之义务。政府自言其不得已之苦衷，谓非故靳国民以此权利，曾亦思国民苟非万不得已，亦何乐汲汲焉揽此义务以自增其负担耶？假使有圣祖仁皇帝、世宗宪皇帝、腓力特力大彼得以为之君，管夷吾、诸葛孔明、张太岳、俾士麦、加富尔以为之相，则厉行开明专制一二十年，而吾民于其间耕食凿饮，安居乐业，扶杖以观德化之成，岂非快事！夫我皇上他日亲裁大政，绳武仁宪，方驾腓彼，诚意中事，然此当期诸十年以后也。此十年中，事无大小，总己以听于政府诸公；政府诸公，乃敢觍然自比管、葛，而为俾、加之所不敢为乎？夫公等为天之降材所限，不能自媲于前贤，吾民亦岂忍苛责，但使有至诚恻怛忧天下之心，有皎然不敢欺君父之志，则亦自能取人为善，相与有成，而吾侪小民以生命财产托于公等之手，魂梦亦可以暂安。如日本之三条实美、岩仓具视，皆非有过人之才，而能翊佐大业，垂名无穷，是其例也。即不然者，委蛇伴食，无咎无誉，虽不能为国家增幸福，犹不肯为国民滋毒痛，则吾民犹可以苟活数年，以待公等之代谢。今也公等之所为，明明恶国祚之绵长，而日夕并力谋所以斫丧之；恶人民之蕃息，而日夕并力谋所以屠杀之。吾民诚不忍列祖列宗艰难缔造之国土，从兹沦亡，抑亦不甘以天地父母仁爱覆育之躯，宛转就死。故于前途希望一切断绝之余，作九死一生之想，冀此国会成立，得唤醒公等良心于万一，续此千钧一发之国命，以奉诸我皇上而已。而公等乃谓其希全功而望郅治，是晋惠食肉糜〔糜〕之类也。

四　国会与筹备宪政

军机大臣署名之上谕，动以筹备宪政为辞，一则曰面询各衙门行政大臣皆奏称筹备一切尚未完全，再则曰仍俟九年筹备完全再行降旨，其他连行累牍，皆不外敷衍此一语。呜呼！亡中国者，必此言也。今请立四义以明辨之：

第一　宪政二字，当作何解释乎？

第二　九年筹备案与国会果有何神之因果关系乎？

第三　无国会而所谓宪政者果可得筹备乎？

第四　现政府于其所谓宪政者果尝筹备乎？

第一，宪政二字当作何解释乎？　三四年来，朝野上下，洋洋盈耳，皆曰宪政宪政。然试叩以宪政之果为何物，恐能对者什不得一二也。宪政也者，立宪的政治也。立宪的政治也者，对于非立宪的政治而得名也。何谓立宪的政治？何谓非立宪的政治？此非绳之以论理学，则正确之意义，不可得而见也。今吾立一名于此，曰：此人也，此非人也。人与非人，以何为识别？盖人自有人之特质焉，以示别于禽兽，具此特质者名之曰人，缺此特质者，时曰非人。宪政与非宪政之别则亦有然。立宪的政治，自有其特质焉以示别于非立宪的政治，苟缺此特质，则无论如何，终不得以冒宪政之名也。夫所谓立宪的政治之特质者何？则政府对于国会而负责任是已。盖他事皆立宪政体与专制政体之所同，惟此事惟立宪政体之所独。是故有国会谓之宪政，无国会谓之非宪政。筹办国会谓之筹办宪政，不筹办国会不谓之筹办宪政。（责任内阁，立宪的政治之一大特质也。故筹办责任内阁，得谓之筹办宪政。然责任内阁之名何以立？以其对于国会负责任而始立也。故无国会，则无责任内阁。不筹办国会，则等于不筹办责任内阁。何也？责任内阁者，非对于君主而负责任之谓也。苟对于君主负责任，而即称为责任内阁，则凡专制国之大臣，何一不对于君主负责任者？果尔，则是专制政体与立宪政体之所同，非立宪政体之所独，何足称为特质乎？是故必对于国会负责任，始足以符立宪的责任内阁之定义。使无国会，则责任内阁何所丽以成立？故不筹办国会，即等于不筹办宪政，毫无疑义也。）夫非谓舍国会以外，凡百庶政，可以无须筹办也。今世界中已有国会之国，其所筹办诸政，曷尝一日荒怠？然此乃筹办普通之政治，不名为筹办宪政也。我德宗景皇帝命嗣皇及百执事筹办宪政，恭绎圣意，则不外筹办国会而已，今政府非惟不筹办国会，而反沮挠国会，舍宪政不办，而惟日日指宪政以外之事为宪政，指与宪政不相容之事为宪政，于是中外衙署，纷纷设立宪政筹备处。他且勿论，彼翰林院有何宪政之可筹备者？彼理藩部有何宪政之可筹备者？其他各署，亦皆若是已耳。添置一局所则曰筹备宪政，颁布一章程则曰筹备宪政，任用一官吏则曰筹备宪政，凡政府一举一动，皆纳入于筹备宪政之范围中，盖经现政府筹备之后，而宪政一名词，遂永永为世诟病，是故我国民上奉先帝之遗诏，下按世界之学理，决不能许现政府以冒筹备宪政之名。孔子曰：名不正则言不顺，言不顺则事不成。究其弊之所极，至于民无所措手足，今若正筹备宪政之名乎，则惟筹备国会而已。

　　第二，九年筹备案与国会果有何种之因果关系乎？　现政府所谓筹备宪政，则以光绪三十四年奏定之九年筹备案为金科玉条，此筹备案之卤莽灭裂，不成片段，吾既已痛驳之。（参观本报第一号时评门。）今政府托于筹备未完以沮挠国会，所谓未完者，谓此筹备案之项目，敷衍未完，如小学堂学生所读课本未卒业也。今且勿论此筹备案之价值，惟论其与国会之关系何如。考筹备案虽胪列八十余项目以塞篇幅，按其内容实只得十四项：一曰设立谘议局、资政院；二曰调查户口；三曰编纂法典；四曰司法独立；五曰办理巡警；六曰办理地方自治；七曰编订官制官规；八曰清理财政；九曰编国民课本；十曰变通旗制；十一曰设行政审判院；十二曰设弼德院；十三曰颁布宪法；十四曰颁布议院法及选举法。今得一一检其与国会之关系，以证筹备未完国会不能开之说果为正确与否也。

（一）国会与资政院、谘议局。谘议局为一省之议会，国会为一国之议会，其性质虽相类，其系统不相蒙，两者之间，绝无因果之关系。谓必先有谘议局然后能有国会，无有是处；借曰必须尔也，则谘议局之成立，今已两年，他事虽筹备未完，而此则已完矣，其不足为沮挠国会之口实明甚。若夫资政院，政府恒称之为议院之基础，在彼固以为与国会有密切之因果关系，吾则以为资政院非惟与国会不成关系，而且与国会不相容者也。此其理由，国会请愿代表言之甚详，吾亦于下方别为专条以论之。

（二）国会与调查户口。户口与选举，略有关系，则调查户口与国会，不得谓绝无关系。虽然，谓户口调查未竣，即选举不能执行，此謷言也。谘议局议员，由选举而成，而筹备案以调查户口列于谘议局成立之后，谓谘议局议员，可以无须调查户口而选举国会议员，则非调查户口后不能选举，此何理乎？

（三）国会与编纂法典。国会与编纂法典，绝无因果之关系者也。盖法律之应否编为成典，至今尚为世界学者论争之一问题。若谓必须法典完成之后乃能开国会也，则如彼英、美等诸不典国，将永世无开国会之期矣。（不典国与成典国相对待。成典国者，将民刑商诉等重要之法律，以系统的组织编为成书也；不典国者，国中惟有许多单行法，而未尝编为成书也。今世界上无所谓英国民法、美国民法等，盖英、美皆不典国也。）即在采成典主义之国，亦从未闻必先有法典然后可以有国会。法国国会，起于一七八九年，其民法颁于一八〇四年。德国国会，滥觞于一八四八年，大成于一八七一年，其民法颁于一八九七年。日本国会，开设于明治二十四年，其民法颁于明治二十八年。其他诸法，无论何国，大率皆成就于国会既开之后，故开设国会与编纂法典，可谓之绝无关系，若必曰有关系者，则谓当先开国会而后颁法典，犹为近之，此不徒征诸各国成例为然也。盖法典之为物，其效力视普通之单行法为尤强，国民公私权，于兹托命焉。国会以参预立法为一重要之职务，若民刑商诉诸大法典，未经国会议决而遂颁布，是举国民参预立法权之一大部分而剥夺之也。是故筹备案以编纂法典列于召集国会之前，实为大悖论理。至谓非俟编纂法典事业筹备完全之后，不能开设国会，则更梦呓矣。

（四）国会与司法独立。司法之事，与国会最不相蒙，其绝无因果关系，不辨自明。

（五）国会与巡警。巡警不过内务行政之一事，与国会绝无因果关系，如曰必办完巡警始能开国会，此无异谓必须练成海军始能开国会也，有是理乎？

（六）国会与地方自治。谓地方自治之成立当先于国会，此现行俗说之最强有力者，非特政府借此以延宕，而大多数之国民，亦或缘此而自疑，即吾党前此亦误于此说，此所谓弥近理而大乱真者，不可以不辨也。夫谓自治当先于国会者，不过曰借此以养成人民政治上之能力而已，夫人民习于地方自治，则能唤起其参与公事之兴味，孕育其服从多数之习惯，政治能力，缘而增长，谁曰不然？虽然，在欧美诸国，其地方自治，为历史上所固有者既数百年，非国家强迫之、奖厉之而始成立也，是以能收其效。若国中本无地方自治之习惯，或虽有之而与多数政治之精神相抵触者，则假国会以养成政治能力，为道尚稍易，假地方自治以养成政治能力，为道尤难。彼日本初开国会，已斐然可观，后此年年进步，而其地方自治，办理二十余年，至今讫未完备，而一切要政，多受成于官吏，实最确之例证也。此其故何耶？盖事业无论大小，成之存乎其人，国会议员，以一国之大，所需不过数百人，地方自治，则一镇一乡动需数十人，于一国而拔其秀者得数百人为事易，于一镇一乡而拔其秀者得数十人为事难，此理势之至易睹者也。今中国人之有新智识而感政治上之兴味者，本已甚稀，其或有之，则当此国家危于累卵之时，自必急其所急，以全国之利害为重，而一方之利害为轻，故非俟国会既开、危机已过之后，则有新智识而抱热诚之士，必不肯尽瘁于一镇一乡之自治，有断然也。然则此数年内，就令地方自治果能成立，其机关亦不过为顽劣绅士所盘据，愈以助其武断乡曲之淫威，于人民究何利焉？而此辈强半不适生存于立宪政体之下，不久当受天然淘汰，若望其练习数年后为国会之中坚，是欲雕朽木而圬粪墙也。由此言之，则泰西之地方自治，诚与国会有因果之关系；而现政府所筹办之地方自治，则与国会无一毫之因果关系者也。况以事势言之，则国会不开，地方自治又决无成立之期。何也？办地方自治，必须先筹地方财政，而筹地方财政，必须使地方人民于负担国税之外，仍有力以负担地方税，然后可以言筹也，中国若三年内不开国会，则全国之民，皆憔悴于虐政而转乎沟壑，夫安有以救死不赡之人，而犹暇为乡邻造福者哉？

（七）国会与官制、官规。官制、官规，全属行政范围，与国会不相蒙，其无因果关系，不辨自明。而立宪政体之官制，莫要于责任内阁，无国会则责任内阁无所丽；而官规之实行，亦赖国会为间接之行政监督。故谓有国会然后官制官规能臻完善则是也，谓官制官规完善后始能开国会则非也。

（八）国会与清理财政。国会以承诺租税、监督财政为最重要之职务，故为积极的财政计画起见，非有国会不可；为消极的财政整顿起见，亦非有国会不可。我国民之主张速开国会，此实其最主要之一理由也，而政府则谓以财政未清理之故，不能开设国会，此何理耶？谓附属于国会之经费无所出耶，公等日日取吾民之脂膏血汗，恣意挥霍，一掷千万，所忧者岂在此区区？若此区区者公等诚不能筹措，则国会自必有术焉以筹措之，无劳公等仰屋也。若曰豫算表不易编成，无从提出于国会耶，此诚公等不可告人之隐衷，然试问此一二年内犹不举行预算，则国家破产之祸，更能免否？国家破产，更安所得宣统八年以召集国会也？且政府不言以资政院为国会基础乎？此为国会基础之资政院，亦有议决预算权否耶？如其无之，何基础之可言？如其有之，则可以提出于资政院者，曷为不可以提出于国会？故筹备案中关于财政之各项目，谓必俟一一筹备完全之后，始能开国会，其说决不成立也。

（九）国会与国民课本。筹备案中有编辑简易识字课本、编辑国民必读课本、创设简易学塾等条，最为可笑。吾前曾言之（参观第一号时评）。政府日以程度不足责吾民，问其以何术筹备而使之足，则于九年筹备案中，年年排列简易识字课本、简易识字学塾等项目，黔驴之技，止于此矣。夫国家教育之本意，非驱一国之人民悉从事于政治也，故普通教育重焉。普通教育，固随处灌输之以立宪国民之常识，而所恃以为国会议员以代表民意者，则非以此而遂足，故恒注重政治教育，使人民之秀者，得由此以自致。所谓政治教育者不一端，而官私大学之教授、报纸之论列、政党之指导，其最要也。使筹备案中所规定，为某年设立官私大学，某年推广官私大学，限某年在大学毕业者须得若干人，未及此数，则指为筹备未完全、国会不可开，则吾无间然也。又使政府以国中报馆程度幼稚，以国中无一政党，而筹备所以改良之奖厉之者，当其筹备未完全，而因言国会未可开，则吾益无间然也。今也不然，方禁止私立法政大学，方停止留学法政官费，方桎梏报馆，方推锄政党，而所以为国会之预备者，惟恃筹备简易识字。试问简易识字，果与国会有何关系？度公等固断未必肯行普通选举制也，且谘议局尚行复选举制，则将来国会之必行复选举制，又可推也。于国民中拔其秀者然后予之以选举权，又拔其秀者然后予之以第二次选举权，又拔其秀者然后举而列诸国会，复何虑其不识字？是故筹备简易识字，与国会无丝毫之因果关系，其事甚明。

（十）国会与变通旗制。变通旗制，为一种特别行政，与国会绝无关系，事至易见。若谓旗制未变定以前，于选举议员，不无窒碍，则如现在谘议局暂设旗籍议员，俟他日变定后始行归并，有何不可？此固不足为国会之障也。

（十一）国会与行政审判院。

（十二）国会与弼德院。行政审判院受理行政诉讼，弼德院备君上顾问，皆为一种独立机关，与国会异其系统，其彼此不必相待至易见。

（十三）国会与宪法。宜先有宪法而后有国会耶？宜先有国会而后有宪法耶？抑国会、宪法宜同时成立耶？此我国人亟欲研究之问题也。当世诸立宪国中，国会与宪法同时成立者居多数，吾国采此主义，未始不可。虽然，谓非有宪法即不能有国会，此大谬也。英国为立宪政体之祖国，其国会建设，已数百年，而至今尚无成文宪法，使国会必有待于宪法，则英何以称焉？不独英也，法国先有国民议会然后有宪法，美国先有十三州议会然后有宪法，德国先有联邦议会然后有宪法，自余诸国，率皆类是。盖虽两者同时成立，然犹必召集国会后，乃颁布宪法。观各国宪法条文，其发端皆有经国会协赞字样，斯可证也。惟日本以有特别之国情故，先颁布宪法，乃始召集国会，然国情异于日本者，固非可以漫然学步。即以日本论，彼中有识之学者，于此举犹多腹诽，盖宪法既颁于未有国会以前，斯不得不用君主单独之名义，而用君主单独之名义以颁布宪法，其宪法之硬性过甚，虽时势变迁，而改正不易，非国家之福也。故吾党所主张，谓宜先制定宪法草案，而暂勿颁布，俟国会第一次开会，将草案提出，经协赞然后布之，此既符各国通例，亦适应我国国情者也。夫宪法之与国会，诚有密切之因果关系，制定草案诚不可不先时筹备，然以一年之力为之，亦既优优有余，谓徒以此而必须费九年之光阴，甚无理也。

（十四）国会与议院法、选举法。此其因果关系，最为直接，非有议院法、选举法，则国会决不能发生，不能存在。当召集国会前必须筹备者，惟此一事而已，然此则何难之有？以宪政编查馆之济济多才，数日半月可了矣，况关于谘议局之种种法规，皆足以为先河，及今筹备，其事已因而非创乎？谓此区区者而须期以九年，尤无理也。

准此以谈，则九年筹备案中，虽胪列八十余目，按诸实际，仅得十四项。此十四项中，与国会有因果关系者，仅得两项。此两项中，又惟一项必须筹备于召集国会以前，其他项则虽一面召集一面筹备亦不为晚，而此必须筹备于召集国会以前之一项，则数日半月可了者也。然则谓筹备必经九年始能完全，未完全则不能召集国会者，直欺罔而已。独奈何以我皇上之圣明，而政府诸臣，乃敢于欺罔、忍于欺罔也？独奈何以我国民之忠爱，乃坐视政府诸臣欺罔我皇上，而曾无所动于中也？

第三，无国会而所谓宪政者果可得筹备乎？　上所论者，谓九年筹备案，与国会绝无因果关系，国会之能开与否，不视此案筹备之曾完与否也。虽然，案中所列，什九皆属要政，此数年中必须次第筹办，自无待言。虽然，苟无国会，则此诸政者果可得筹办乎？吾请立两义以衡之。夫政无大小，其举之也必以财，故财政实为一切政治之总前提。然今日之中国而无国会，则财政万无整理之时，吾既屡言之矣。夫国家所以得收入之道，举其重者，约有三端：曰租税也；曰官办事业之利益也；曰公债也。国会未开，无从募一文之公债，征诸前事，既历历矣。官办事业，若邮政电报，若铁路，在各国政府之收归官办者，其目的虽非借以筹款，然办理得法，自然能于利便人民之外，仍有非常之利为国家岁入一大宗。今中国诸官业中，有须赔垫者，有仅得微利者。然使经办之官吏，能有实心有常识，则现之赔垫者决无须赔垫，而微利必易为厚利，可断言也。（试举一事言之，即如京汉铁路，现每年获利虽云有数百万，然搭客车价每人至六十余元，世界各国无此奇昂，此无异欲阻禁人民之搭车而已。又如普通行车，惟日行而不夜行，其他设备之种种不完，经理之种种无法，不可具述。使东西各国有此繁盛延长之路，其便民必数十倍于我，而政府所得亦必数倍于我，可断言矣。姑举此为例，其他皆可以是推之。）夫无实心、无常识之官吏所以得滥竽其间者，徒以无国会监督之使然也。故国会不开，则此种收入必有日减无日增，盖可必矣。（现政府所最津津有味者，则惟在争此种官业之余利，而不知日减之象久已见端。谓余不信，试观五年前京奉铁路所获利与近两年比较，则何如？吾知此种好梦不久亦将惊觉矣。）若夫租税，则英国人所谓"不出代议士不纳租税"之一格言，国中一部分人士虽倡导之，然未必能见诸实行，故政府亦不以介意。虽然，旧税之抗纳，容或为事理所暂无；而新税之增征，则为情势所万不能致。此征诸印花税推行之艰窘而可知也。又不惟新税而已，即以旧税论，苟循今日之政治现象而不变，则今后征收日以困难，而收入日以减少，又事势之无可逃避者也。其在间接税（如厘金、关税等），财政学上所谓最富于自然增收之性质者，其性质既能自然增收，则亦能自然减收，民富日发达，则一切物品之销场广，不必加增税率，而收入反以自增，反之而民富日萎悴，则一切物品之销场狭，虽税率仍旧或议增焉，而收入反以自减，此不易之理也。我国厘金统捐等，近一二年来，各省所收皆锐减，官吏瞢于学理，咸莫解其所以然，不知履霜坚冰，所由来渐矣。其在直接税（如田赋等），政府定率取盈，人民固莫得而抗，然虽有公忠驯良之民，亦必其负担力所能逮，然后得以自效于国家。若老弱转乎沟壑，壮者散而之四方，则虽欲靖献，其可得乎？然中国此种现象，则日迫一日，不一二年，决无幸矣。故中国而无国会，则新税决不能增征，而旧税必日以减收，其事至易明，夫所谓有国会而政府收入可以增者，非谓国会以有承诺租税权故，遂能强国民以苛重之负担也。（政府中亦有一部分人怀此理想者，而民党之游说政府，亦或以此饫之，其实非正当之观念也。）盖国会既开之后，则政府无论如何，必须将财政计画，提出以求协赞。而计画之太悖于学理，能生出涸竭民力之恶果者，决无从通过，故税源得受保护，而无自然减收及逃匿不纳之患，此其利一也；欲增新税，虽其税目选择极当，然犹必使人民解其所以然之故，乃始不以为厉己，而推行可免阻障。何以能如此？则必使人民于国家之观念，见之渐真，于政治之兴味，感之渐深，然后开导之乃易为力。彼日本政府，于所得税相续税等，明知其为最良之税目，然非俟召集国会以后，不能施行，此中消息，盖可参矣，故必有国会然后善良之租税系统，得以建设，此其利二也。由此言之，则非有国会，而财政之整理，万不可期，虽苏、张之舌，无能相难矣。而财政不足以给新政之所需，则未办者必永远阁置，即已办者亦半途废止，势必然矣。不见此两月来，京外大吏，陈请缓办新政之疏，已果上乎？其言虽或由于顽固，或出于忠爱，未可以一概论，而要之皆以财政问题，不能解决，致生此反动，此万目所共睹也。是故此一二年内不开国会，则无论以何人当筹备宪政之局，决不能为无米之炊，而九年筹备案中所列诸项目，其属于宣统三、四年以后者，势不得不悉行中止，吾所敢断言也。

复次，即舍财政勿论，而以现在之政治组织，果足充筹备宪政之机关乎？盖九年筹备案虽属卤莽灭裂，然任欲筹备其一二端，固已非有适当之机关，不能为力，而现在之政治机关，则无一而适者也，现机关之不适者，其事非一，而根本之缺点，则在事权不统一，责任不分明，举措无计画，名实难综核。此事吾于宪政编查馆所编行政纲目，别有批评，将于彼文详之，今且勿具论，然一言以蔽之，其枢纽不外在设责任内阁。然非有国会，则责任内阁决无从成立，故国会又枢纽之枢纽也。今也在现行政治组织之下，虽使管夷吾、诸葛武侯、俾士麦、嘉富尔复生，则亦困顿于簿书期会，束缚于筑室道谋，而销磨其精神，破坏其计画已耳，故曰无国会而所谓宪政者决不能筹备也。

第四，现政府于其所谓宪政者果尝筹备乎？　前此所论，（其一）以宪政与普通政治不容混为一谈，不得举凡百政治而尽托于宪政之名也；（其二）

谓九年筹备案卤莽灭裂，不能援之以为延宕国会之口实也；（其三）谓苟无国会，则并此卤莽灭裂之筹备案而不能行，无论以何人当筹备之任，皆将束手也。然此皆勿具论，就令如政府之意，谓筹备案所列项目，与宪政之范围，适相吻合，舍此以外，更无宪政，而此所谓宪政，又不必有国会而已能筹备也，而现政府果尝从事于筹备乎？此则当请政府诸公扪心自问，无劳吾辈更赞一辞也。今军机大臣署名之上谕，一则曰各衙门行政大臣皆奏称按期次第筹备一切，再则曰经宪政编查馆奏派妥员分起前赴按照筹备清单认真考核，三则曰朝廷按期责效，并未尝稍任松懈。呜呼！政府诸臣乃敢为不怍之言以上欺君父而下欺国民乎？今每半年奏报筹备成绩一次，听其言则百废具举，稽其实则百举具废，此非吾辈少数人之私言，实天下无智愚贤不肖所同认也。上谕有云：宵旰急切图治之心，当为薄海臣民所共谅。夫我皇上之急切图治，凡有血气，莫不尊亲，虽微明诏，我臣民宁不知感？若政府诸臣乎，我臣民惟见其急切图乱而已。公等而欲求谅于臣民耶，则请先自求谅于其良心，正恐薄海臣民虽恕公等，而公等之良心，无一刻可以恕公等也。易曰：鼎折足，覆公餗。其形渥凶，言不胜其任也。夫此九年筹备案者，虽一一依单筹备，已不足以称为救时良药，而在现在政治组织之下，虽有非常之才，真心筹备，固亦无术以底于成，而况政府诸公，乃视为儿戏，资为利薮，而绝未尝为一日之筹备者耶？然则如公等言，谓必须筹备完全乃可开国会，是国会终无能开之日而已。何也？以公等之筹备，终无能完全之一日也。

五　国会与人民程度

谓人民程度不足不能开国会，请愿国会代表诸君，已力辨其谬，而政府犹津津然借此以为口实，且易"不足"之名曰"不一"，此其说果足以自完乎？夫我国民动曰吾人民程度已足，此吾所不敢苟同也。吾国现在人民之程度，以比东西诸立宪国，实自惭低下，安能为讳？虽然，此足为阻挠国会之口实乎？吾又将立三义以质之。

第一　程度不能为国会议员者，果能为政府官吏乎？

第二　程度不一，果足为国会之病乎？

第三　现在程度不适于开国会者，果九年后而遂适乎？

第一，程度不能为国会议员者，果能为政府官吏乎？　所谓人民程度者，指全国之人之程度言之也。故凡有籍于此国中者，自必悉在此程度范围之中而无所逃，若欲将官吏置此范围外也，则必官吏非人焉然后可也。官吏与非官吏者既同为人也，且同为中国之人也，则谓程度本不足之非官吏者一变为官吏而程度遂足，天下断无此理。不特此也，政府官吏所需之程度，其悬格宜视国会议员为更高。何以明之？

（一）现今各立宪国一切法案大率由政府调制以提出于国会。国会议员虽亦有提出之权，然什九皆出自政府，则各国所同也。故政府之计画为创，而国会之评决为因，创者劳而因者逸，创者难而因者易，非程度极高者，以创而苦不足；虽程度稍下者，以因而犹有余也。

（二）国会于凡百庶政，则批评其是非得失而已。政府官吏，则当执行之。故议员虽以坐论之士，犹优为之。政府官吏，非富于经验有干事才者，不能胜任也。故议员之程度，惟以智识为标准。政府官吏之程度，兼以智识与能力两者为标准。此取一而彼取二也。

（三）国会为多数合议之机关，而各行政官署，大率为独任机关。合议机关，一人程度不足者，他人可以补之。管子所谓民分而听之则愚，合而听之则圣也。独任机关，尸之者惟一人，苟非其人，则此机关全隳矣。故国会议员之程度，以相补而易足；政府官吏之程度，以寡助而难完也。

准此以谈，则谓今日中国以人民程度不足之故，无一人堪为政府官吏，则吾或无以为难。既有人堪为政府官吏，而独云无人堪为国会议员，此犹谓力足以举百钧，而不足以举一羽，天下宁有是理？是故政府而欲自完其说，则必当自己先认程度不足，而立刻辞职。不宁惟是，以程度不足故，一切行政官厅，皆须立时废止，以俟程度既足之后而始再设。而不然者，以程度如此低下之国民，以之充议决机关之分子而犹虞偾事者，更安望其能充执行机关之分子？今政府乃难视其所易，而易视其所难，此何理也？是故人民程度不足之说，外国人以此诮我则可，人民以此自鞭策则可，而独出诸政府官吏之口，则大不可也。

第二，程度不一，果足为国会之病乎？　政府亦知程度不足之说终不能成立也，于是变不足以名曰不一。军机大臣署名之两次上谕，皆有此言。舞文于字句之间，诚现政府之长技哉。吾请更树两义以破其说。

（一）夫物之不齐，物之情也。无论政教若何修明，终不能以使全国人民，程度悉归于一。例如今日仅有少数人民，程度达于乙点，而其他多数，程度尚止于甲点，此不一之名所由起也。陶冶而迁化之，则前在甲点者，可进而至乙点矣；而前在乙点者，又将进而至丙点，如是递嬗，以至无穷，是以终无能一之时。试问政府，今世各立宪国，果有何国焉其人民程度能一者乎？是故一程度之说，大悖论理，决无自成立也。

（二）且国会又决非俟人民程度均一而始能成立者也。其在古代雅典、斯巴达等市府国家，议会由人民全体组织而成，则程度均一，尚不失为理想的要求。今世之国会，则采代议制度而已，人民各举其贤智于我者以为议员，被选人之程度，恒加选举人一等，此各国之通例也。故选举人程度尚在甲点者，则必能选乙点之人以为议员。选举人程度进于乙点者，又自能选丙点之人以为议员。正惟以程度不一之故，而代议制度，乃得运行圆活，曷足病焉？夫今日政府官吏之程度，决无有以优越于一般之人民，此举国所同认也，借曰稍优越也，亦不过甲点与乙点之比例已耳。政府官吏程度能达乙点，何以见人民所选议员，其程度不能达乙点？以同级程度之议员，监督同级程度之政府，此正所谓枝枝相对叶叶相当者耳。

第三，现在程度不适于开国会者，果九年后而遂适乎？　政府而曰：国民之程度，不适于开国会，故中国政体，惟宜专制而不宜立宪也，则吾亦更无责焉。今也不然，宣统三、四年之人民程度不足，一至宣统八、九年而程度遂足，吾不解其何理也。噫嘻！吾知之矣，政府增进人民程度惟一之利器，则彼筹备案中最大特色之简易识字政策也，故原案于第七、八、九年间，将人民识字者须得几分之几列为一项。夫仅能识字，其与立宪国民程度之关系，至为微薄，吾既痛陈之；就令曰有关系也，而试问以现政府之力，果能使今后数年间，人民识字者日以加增乎？吾见其适得其反已耳。以吾论之，则此一二年内，吾民之程度，尚足以开国会，更阅数年，乃真不足以开国会矣。此非好为矫激之言也，请言其理：

（一）现在人民浴国家百年养士之泽，承先民好学之风，其治国闻而知大义者，尚不乏人。及近年所谓新教育者兴，非素封之家，不能遣子入学，而舍学堂外又更无就学之途，而学堂学科之内容，其腐败又日甚一日，故此后国中识字解文义之人，惟有岁减而无岁增，多阅一年，而人民程度低下一级，此征诸已事而可知者也。

（二）距今数年前为全国人民最热心以求政治智识之时代。盖留学东西洋以学法政者，殆及万人焉。今政府一变前此之奖厉政策为摧抑政策矣，故留学生之学法政者，则撤其官费，私立法政学堂则禁止之。（今虽弛禁，然不积极奖厉，终无从发达也）；而官立诸校，其不足以养成人才，至易睹矣。故自今以往，国中有政治智识之人，亦恐有日减而无日增，虽至宣统八、九年，而其所恃以为议员之中坚者，仍不外现在已具此种智识之人而已。然人之志气，最易销磨，而学问亦至易遗失，学成而无所凭借以发挥之，则或慷慨悲咤，颓然自放；或媚世取容，丧其所守。自非有高世之行，绝伦之才，则其不堕落以侪于流俗者几何？而其热狂过度者，则又或走于诡激之途，而婴罗网以死。故现在具有政治智识之人，急开国会以招致之，则咸能出其所学尽瘁国事，且才智以磨练而愈出，行将蔚为国干，更阅数年，则虽有存焉者寡矣，而继起者又且日衰。是故于此一二年内速开国会，国会犹可以得人，九年以后，其程度决无术以逮今兹也。

（三）管子有言：仓廪实而知礼节，衣食足而知荣辱。必国民生计稍足自给，少数优秀之民，不至太以衣食之累扰其神明，然后得有余裕以尽瘁于国家。今中国国民生计，日趋萎悴，其征已显。今者爱国之士，见迫于仰事俯畜之计，而自卸责任者，已不乏人，愈迟一年，则此势愈甚，且谋生愈艰，则全国子弟失学者愈众，坐是之故，人民程度惟有日退而无日进，又必至之势也。

吾故曰：此一二年内，吾民之程度，尚足以开国会，更阅数年，乃真不足以开国会。此皆根于事实之言，非激论也。

要之人民程度说，其根据甚为薄弱。合请愿国会同志会意见书与吾此论观之，其说盖不攻自破矣。

六 国会与资政院

军机大臣署名之上谕，谓有资政院可以无国会，此种误解，请愿国会同志会意见书中，辨之至详，恰如吾意所欲言，故不复再论。（参观第九号所载原书。）吾对于资政院，尚有意见，他日更当别为文论之。

七 所谓不准再行渎请者何如

军机大臣署名之上谕，最末一语曰：不准再行渎请。是将以杜第三次请愿之途而永钳民口也。呜呼！方今国会未开，军机大臣署名之诏敕，固无独立之机关以纠其责任，不知军机大臣对于列祖列宗，亦应负责任否耶？祖宗既设立都察院，更于通政使司置登闻鼓，凡所以宣小民之隐而通上下之情。盖列圣以一夫不获时余之咎为心，故远踵唐虞三代盛轨，立诽谤木，建敢谏鼓，虽里巷之谣，蒙瞽之议，犹不惮延揽以广圣聪。世祖章皇帝、圣祖仁皇帝圣训，于此事不啻三令五申，列宗绳武，代有明训。即最近而光绪二十四年六月，德宗景皇帝尚有严饬都察院不准任意延阁人民呈请代奏呈稿，违者严行治罪之谕。盖人民有请愿权，而政府之特设机关，有必须为代奏之义务，此实我圣清之不文宪法，百世子孙，莫之敢易者也。我皇上之仁孝，其断不忍蔑祖宗大法，自无待言。而军机大臣有辅弼之责者，岂其于历朝圣训竟未一读，乃敢于破坏列圣所赐与臣民之权利，而陷我皇上于不孝也。盖请愿之见采择与否，圣心自有权衡。顾虽于不可采择之事，而犹许其请愿者，列圣所以念民瘼而察迩言，且使政府毋得漫为炀灶。故欧美各国之硕学，有谓我中国立宪精神发达最早者，此即其一也。今朝廷既以立宪号于天下，虽前此本无此制，犹当急颁之，而况于列圣相传之家法乎？今曰不准再行渎请，不知国会以外之事件，自今以往，我国民尚得呈请愿书于都察院，而都察院尚有必为代奏之义务否耶？如曰不得也，则是三百年来列圣之所以贶我民者，今一旦委诸草莽也。如曰得也，则事之关于一局部之利害者，犹许请愿，而关于全国之利害者，独不许请愿；出于一人之私见者，犹得请愿，出于全国人多数之公见者，独不许请愿，此何说也？吾国民固有懔遵谕旨之义务，同时更有懔遵圣训之义务。若遇谕旨与圣训矛盾，则吾民当遵谕旨耶？当遵圣训耶？愿署名之军机大臣一明示之也。如曰不当遵圣训也，则其人乃圣清之乱臣贼子也。如曰当遵圣训也，则吾民之第三次请愿，乃体我皇上继志述事之仁，非违诏也。呜呼！我国民其思之矣。

八　结论

要而论之，我德宗景皇帝，下九年开国会之诏，全由当时时势，与今不同，各省代表所上书，谓先帝犹是尧步舜趋之时，我皇上已处禹驰汤骤之世，诚哉然也。然使德宗景皇帝非遽弃臣民，则依最初之计画，着着实行筹备，群僚慑于威灵，罔敢松懈，则中国之危，或不至如今日之甚，而行此数年开明专制，其造福或且益多。昊天不吊，龙髯难挽。我皇上当典学之年，总已以听政府，而不料政府之所谓筹备者，乃无一事不出于欺罔。我国民惟以哀慕先帝爱戴皇上之故，乃乞早开国会以纾宵旰之劳苦，而防威福之下移，忠爱之诚，已为皇上所深悉。而政府徒以不便己之故，设种种诐辞以行沮挠，且不自任责，而托诏旨为护符，盖我皇上为彼受过，方且语人曰：非吾侪不欲速开国会，其奈圣意不可回也。呜呼！皇上之委政于公等，天下孰不闻？公等虽欲人民府怨于皇上，人民安肯受欺？李固与胡广、赵戒书云：后之良史，岂有所私。吾愿为公等诵之。（《国风报》第一年第十七期，1910 年 7 月 27 日，署名"沧江"）

资政院章程质疑

　　资政院召集开会之期，瞬息将届。去年九月资政院总裁会同军机大臣所奏定之资政院章程，即院中职权及议事规则所根据也。窃尝取该章程再三细读，见其内容条件所规定，与原奏所谓钦遵谕旨所决公论之精神，多相反背，吾当别为专篇条辨之。（参观次号论说门《资政院杲足为立宪基础乎》一文）本篇所谓质疑者，专就该章程文义字句间之不可索解者剔出之，求资政院议员之注意，以为质难修正之豫备云尔。

　　凡法规之文，在今日已别成为一种专门之文体，非可苟焉已也，所以者何？盖今世国家，以法治主义相尚。每颁一法规，则或人民之新权利新义务从此发生，或国家机关内部之组织及事务范围，受其影响。是故制定法规者，不独于实质上当折衷学理，斟酌国情以期达福国利民之目的而已，即其形式上（即文义上）亦当严守论理学之法则，力求明确，然后官民始有所持循。故英儒边沁，尝以法律文体比诸精金粹玉，其意盖谓他种文虽诡异连犿，或不为病；法律之文，苟有瑕疵，则其效力遂将减杀，或且全丧失也。法律文体之要件多端，然其最要者：（第一）当求意义正确，所下字句，树义谨严，毋或为模棱骑墙之语以淆观听。（第二）当求文义一贯，无或与他种法律或本法律他条之文相矛盾。此两禁苟犯其一，则法律不复成文也已矣。我国近二三年来，法如牛毛，官民上下，亦既穷于应接，然什九皆成纸上具文者，语其远因，虽由与法相维之机关，种种不备；语其近因，则法律之不完善，亦有以致之。所谓法律不完善者，则实质上之不完善居其半，形式上之不完善亦居其半。实质上之不完善，则由立法者不通学理不审国情使然也；形式上之不完善，则由立法者不遵论理不识文体使然也。近年来所颁一切章程，皆不免此弊，而资政院章程，亦其一也。今请专就本章程中之模棱者矛盾者条举之。

（其一）本章程第十四条，规定资政院应行议决事件。其第三款云："税法及公债事件。"其第四款云："新定法典及嗣后修改事件，但宪法不在此限。"此第四款所列"法典"二字，当作何解释乎？此资政院权限广狭之第一大问题也。考光绪三十二年六月编纂官制大臣奏拟官制草案，其资政院项下第十二条之条文，规定资政院应议事件，实为本章程第十四条所本，而彼文第二款云"新定法律事项"，本章程则移作第四款，而将"法律"二字改为"法典"二字。何故必如此改作乎？实吾所甚不解也。以中国通行文义论之，则宪典令典，皆法律之通名。故《大清会典》，可以大清法规之意义解释之，则法律与法典，义盖无择。虽然，若就今世法学上通行之术语言之，则法律与法典，其范围广狭，大相径庭。"法律"之语源，本于罗马语之"周士"（Jus），"法典"之语源，本于罗马语之"哥狄克士"（Codez）。法律可以包法典，法典不能包法律，法典者，与单行法对举者也。（编纂法典 Codifieation 一语，创自英之边沁，即袭"哥狄克士"之名而名之者也。罗马之周士的尼安帝，将前此种种单独颁行之法律，辑为一编，命曰"哥狄克士"。后此遂为专名，以别于单行法。单行法，则英语之 Commen〔common〕Laws 也）。故今世术语，惟民法、商法、刑法、民事刑事诉讼法、法院构成法及成文之宪法，以系统组织的方法编纂成帙者，始命之曰法典，其他皆不名法典。今本章程所谓议决新定法典及嗣后修改事件者，不知系指此种编纂成帙之法典乎？抑指普通法律，兼法典与单行法悉纳其中乎？若惟指编纂成帙之法典也，据九年筹备案所列举，则法院构成法于去年既已颁布，新刑律于今年亦既颁布，民律、商律、民事刑事诉讼律，则宣统三年始行核订，则今年资政院开院，竟无一法律可资议决，则参与立法权之谓何？不宁惟是，除宣统三年以外，后此各年，则诸法典核订已了，资政院亦更无容喙之余地矣（九年筹备案于核订诸法典条项，只写宪政编查馆修订，法律大臣同办，亦并无资政院字样），信如是也，则国家何贵有此资政院以为装饰品？而所谓为议院基础者，更何所取义也？吾意当时拟此章程者，其荒谬当不至是。然则本条所谓法典，解为普通法律，当无甚过。虽然，第二十一条、第二十四条、第五十二条皆有"法律"字样，同一事物，名称曷为参差？而他处皆言法律，独于此处言法典，则又何也？且本条第三款，复云议决税法及公债事件，税法亦法律之一种，若第四款之法典，与法律同义，则税法自包于其中，何必更赘言之，然则两义皆无一通也。平心论之，谓当时拟章程之人，有意将旧章之法律改为法典，以剥夺资政院立法权之一大部分，恐未必然，特用字不知所择耳。殊不知坐是之故，可以起他日无穷之争论，而资政院或且缘此而成为废物。孔子所谓名不正则言不顺者，其此之谓乎？呜呼！无使我不幸而言中也。

（其二）第十五条云："但第四款所列修改法典事件，资政院亦得自行草具议案。"此法典二字，无论解为编纂成帙之法典，或解为普通之法律，然考各国议院法，凡议员皆有提出法案之权，所谓提出法案者，兼原案与修正案言之也。今据此则能提出者仅属修正案，脱欲提出原案，其亦许之否耶？夫议员虽提出议案，经议决后，然非得裁可，不生效力，裁可与不裁可，权操自上。议员即有此权，何遽足为政府之梗？何必并此区区者而靳之？彼拟章程之人，若有意剥夺此权，则其心可诛。若曰行文偶尔缺漏也，不知缘此缺漏之故，而资政院损失已多矣。

（其三）第十六条云："资政院于第十四条所列事件，议决后由总裁、副总裁分别会同军机大臣或各部行政大臣具奏，请旨裁夺。"据此条文，则资政院尚能单独具奏否耶？万一军机大臣及各部行政大臣，不肯联衔，则所议决不悉成无效耶？

（其四）第二十条云："资政院于各衙门行政事件及内阁会议政务处议决事件，如有疑问，得由总裁、副总裁咨请答覆。"此条所规定，根本于各国议院之质问权，意至善也。虽然，各国所谓质问权者，议员中任举一人，皆可向政府委员，以口舌当场质问，不必用公文，尤不必经议决。盖凡议院开会时，行政大臣或亲临会所，或派员代表，故议员对于政府政策，有所怀疑，自可以当场往复问难，为势甚顺也。今本条所规定，限以由总裁、副总裁咨请，则议员对于莅会之政府代表，不能面诘一辞，世界各国议院，岂闻有此办法？而所谓总裁、副总裁咨请云者，例必须经全院议决而后得行也。考本章程第三十六条云："资政院自行提议事件，非有议员三十人以上之同意，不得作为议案。"然则议员有欲质问政府者，必须先求得三十人以上赞成提议，再经多数议决，然后得由总裁咨请，明矣。似此仆仆，则一会期中所能质问者几事？呜呼！是不啻剥夺资政院之质问权而已矣。

（其五）本章程第二十一条、第二十四条、第五十二条皆有"违背法律"一语。其第二十一条所规定，则军机大臣或各部行政大臣违背法律，资政院得奏劾也；其第二十四条所规定，则各省督抚违背法律，资政院得核办也；其第五十二条所规定，则资政院议决事件违背法律，得由特旨谕令停会也。此三者与资政院权限所关皆甚巨，其不可无一定之范围甚明，吾不知此所谓法律者，果以何为范围耶？考今世诸法治国，其所谓法律者，皆经过一定之手续（手续者，日本名词也。犹次第进行之意。不得善译，故袭之），遵依一定之形式，乃始成立。盖由政府或议员提出，一经国会两院议决，二得君主裁可，三以定式公布之，四然后谓之法律。此立宪君主国所大略从同也。今我国国会未开，其手续虽不能如此完备，虽然，亦当指定一确实范围，凡具若何若何之形式者则谓之法律，然后违背不违背，乃可以有所据以为评决。若如今者，各种章程、则例、条规等名，纷歧杂糅，或沿旧案，或奉特旨，或由各部各馆拟进，或由各省督抚奏准，樊然殽乱，莫衷一是，无一可称为法律，又无一不可称为法律，其各种章程之效力，孰强孰弱，不可得指也。不特此也，旧章程与新章程往往相矛盾，同时所发出者，而此章程与彼章程往往相矛盾。甚且同一章程中，而此条与彼条往往相矛盾，不违背此者必且违背彼。然则违背之界说，究于何定之？然则欲使此诸条所规定者能生效力，非先明示法律之范围不可。欲示法律之范围，非先定法律之形式不可。若一如今日现状，则此诸条必悉成具文，否则亦缘此而生无量之争议已耳。

（其六）第二十一条又云："前项奏陈事件，非有到会议员三分之二以上之同意，不得议决。"条文之意，不知谓有三分过二之同意，始得开议耶？抑谓得三分过二之赞成，始为有效耶？由前之说，则须得三分过二之同意，乃始列为议案。虽以各国改正宪法之提案，且不至如此其严重。由后之说，则原文所规定，其不辞亦甚矣，此虽小节，亦可以使人迷〔靡〕所适从也。

（其七）第五十三条云："资政院有左列情事，得由特旨谕令解散，重行选举，于五个月以内召集开会。"夫议院与政府互起冲突不能相下之时，非政府辞职，则解散议院，二者必居一，此各国通例也，资政院既云为议院基础，则采此制诚属至当。虽然，现今各国，大率行两院制，遇有应解散时，所解散者惟下院，而上院则仅停会，盖以下院纯由人民选举，故得借解散重举，以觇真实舆论之所在，上院多为勋爵世袭或君主敕任，故无取仆仆解散为也。今资政院议员，虽无世袭之一种，而钦选者实居三之一，不知当解散时，此钦选之一部分，同时亦失议员之资格乎？抑其资格仍存在乎？是亦一问题也。

以上所举，皆末节耳，资政院章程之最大缺点，乃在其与各国议院共通之原则太相刺谬，吾将别为专篇以论之。然即此末节，而其窒碍不通，既已如此其甚，穷其弊已可使资政院成为一臃肿无用之长物矣，此实由拟章程者不解法律文体有以致之也。夫资政院之为物，在政府本视为无足重轻，虽有极完善之章程，原不过一纸空文，何必断断与校，且其实质上之纰缪，方不暇指摘，更何有于形式？顾吾犹不能已于言者，则以吾国人于立法上之智识，太过缺乏；而当立法之冲者，又莫或肯以忠实之心将之，徒取外国之法文，东涂西抹，苟塞篇幅而已。故一篇之中，其法理互相枘凿者，往往而有，甚且以事实上所万不能行者，贸然规定之于法文之内。谓其有意恶作剧耶？殆未必然，不过轻心以掉之耳。近数年来，法令如牛毛，夷考其实，大率皆此类也。在立法者之意，吾姑胪列数十条以炫人耳目，内容良窳，孰能纠我？殊不思法律之为物，非以为装饰品也，期于实行也。一及实行，而有不可行者在，则立且阁窒废置。此如机器然，全副事件，有一缺损或枘凿者，则虽有良工，无从运用矣，则其势必变为装饰品也，亦何足怪？西儒有言，国之治乱，亦于其人民习安法律状态与否觇之而已。夫必法律先使人有可习安之道，然后习安乃始可期，若骑墙矛盾之法文，则其本身先自不安者也，中国法治之效不睹，其原因虽多端，而此亦其一也。吾故借端以论及之，岂独为资政院章程言哉？（《国风报》第一年第二十期，1910 年 8 月 25 日，署名"沧江"）

读十月初三日上谕感言

时局危急，极于今日，举国稍有识稍有血气之士，佥谓舍国会与责任内阁无以救亡，尔乃奔走呼号，哀哀请愿，至于再，至于三，于是资政院全体应援之，而有九月念六日之决议上奏，各省督抚过半数应援之，而有九月念三日之电奏。旬日以来，举国士辍诵，农释耜，工商走于市，妇孺语于闾，咸喁喁焉翘领企踵，庶几一朝涣汗大号，活邦国于九死，乃不期而仅得奉十月三日之诏。彼署名诏末之王大臣，使其能察民意之所归，舍己以从，则天下固诵其忠，而不然者，孤行己意，坚定不摇，甚则取异己者而放逐之戮辱之，则天下亦将服其勇，而乃依违模棱以作调人，如买菜之论价，不愿两者并许，又不敢两者并拒，则舍国会而先取内阁，国会既不愿即开，又不敢太缓开，则调停于明年与九年之间。而取五年，诚不知宣统五年可以召集国会者，宣统三年不能召集之故果安在？诚不知国会未开以前，所谓责任内阁者果何所附丽？且督抚电奏，人民请愿，皆言责任内阁，而上谕中特删去责任二字。诚不知无责任之内阁，则与前明以来以迄今日之内阁何以异？与军机大臣何以异？与现在分立之各部院何以异？与会议政务处何以异？若是则吾国之有之也既已久矣，何俟宣统三年，而始成立？何俟再以诏书为之规定？于是而当道一二大老之心迹，昭昭然揭于天下矣。其或者熟计吾身已不久人世，至宣统五年我则已一瞑不复视，则国中蜩唐沸羹之象，无论极于何等，而皆于吾无与也。其或者持筹握算，略揣尽此三年中，所黩之货，差足为长子孙之计，至是乃急流勇退也。呜呼！以全国人万斛之血泪，可以动天地泣鬼神，而不能使绝无心肝之人，稍有所动于其中。我国民之血其虚洒，我国民之泪其虚掷矣乎？虽然，我国民其毋中馁也，其毋徒恸也，今后我国民所当黾勉以从踏厉以进者，正大有在耳。

西方学者有恒言，法律现象与政治现象，不可混为一谭也。夫在西方诸法治国，其法律之效力，至强且固者，犹且有然，而况于今日之中国耶？我国上谕及其他奏定之文牍，就理论上言之，诚与今世各国所谓法律者，有同一之效力。虽然，以政府大臣而视圣训及上谕为弁髦者，其事日有所见，以上谕比诸外国君主裁可之法律，为事本已不伦。夫以外国之法律，犹不能束缚政治现象，而况仅于一种之文告，其平昔所发生之效力，远不逮法律者耶？谓以此而可以定一国政治之运命，其亦误解政治之性质也已矣。盖法律文告者，结晶体之物也；而政治者，活物也。故法律文告之现象，譬之则犹器械，在人所制造，所变置，所利用，不能以自伸缩；政治现象，譬之则犹人之知觉运动，常能制造、变置、利用彼器械，而流动不可方物。是故国民而不娴于政治者，虽有至善良完备之法律文告，亦等于废纸；国民而娴于政治者，虽法律文告至恶极劣，曾不足以为其前途之障也。此不必远征他国，即以我国数年来之事实论之，前此之法律文告，本无所谓立宪政体也，何以今忽有焉？本无所谓资政院、谘议局也，何以今忽有焉？本无所谓国会、责任内阁也，何以今忽有焉？乃至国会及责任内阁，据法律文告所指，则当期成于六七年以后也，何以今忽先焉？昔无而今忽有，有其不得不有者存也；昔后而今忽先，有其不得不先者存也。所谓不得不有、不得不先者，谁实为之？则政治现象是已。是知前此之法律文告，决不能束缚现在之政治现象；而现在之政治现象，实能改废前此之法律文告，且能孕育将来之法律文告。明于此义，则吾国民今后所当有事者，从可知耳。

自今以往，吾民所宜自觉者，有一事焉，则舆论之势力是已。凡政治必借舆论之拥护而始能存立，岂惟立宪政体，即专制政体亦有然。所异者，则专制政体之舆论，为消极的服从，立宪政体之舆论，为积极的发动而已。盖自古未有舆论不为积极的发动而能进其国于立宪者，而虽有淫威无等之专制政府，苟欲撄积极的舆论之锋，未或不败绩失据。舆论者，天地间最大之势力，未有能御者也。夫天下苟非正当之事理而适合于时势者，必不能为舆论之所归，虽弄诡辩以鼓吹之，一时风起水涌，不旋踵且将熄灭。若其既为至当之事理而适合于时势者，则虽以少数人倡之，其始也闻者或皆掩耳而走，及积以时日，则能使成为天经地义而莫之敢犯。故舆论之为物，起乎至微，而终乎不可御者也。即如我国，所谓维新变法论，所谓立宪论，所谓国会论、责任内阁论，自始曷尝不为举国所诟病所目笑？而当道席势怙权之人，曷尝不以为大弗便于己，而尽其力之所能及以明拒而阴挠之者？然其拒之、挠之之术，惟得行之于未成为舆论之时耳，舆论一成，则虽有雷霆万钧之威，亦敛莫敢发。不见乎自辛丑、壬寅以后，无一人敢自命守旧乎？不见乎最近二三年，无一官吏不言筹备宪政乎？不见乎此次资政院提出请愿国会案，无一人敢反对；督抚公电，无一省持异议；而代表团历访枢府当道，莫不温言唯唯乎？且如资政院当决议上奏时，有大声疾呼，促反对党之演说者，彼时此二百议员中，谁敢保其无一二人不慊于国会论。虽然，当此之时，虽悬高爵重禄以诱于前，设大戮严刑以驱于后，吾知其欲求一反对之演说而不可得也，而要路之人之唯唯于其间者，亦若是则已耳。夫岂无以伪相应者，然社会制裁之力，能使人不敢于为真小人而自托于伪君子，则其功用已不可谓不伟。况乎舆论之监察诚有进步，更不容彼辈之以伪自遁耶？

由前之说，凡能成为舆论者，必其论之衷于正理而适于时势者也，顾此虽有能成为舆论之资格，然所以成之者，恒存乎其人。夫舆论者何？多数人意见之公表于外者也。是故少数人所表意见，不成为舆论，虽多数人怀抱此意见而不公表之，仍不成为舆论。是故当舆论之未起也，毋曰吾一人之意见，未必足以动天下，姑默尔而息也，举国中人人如此，则舆论永无能起之时矣。当舆论之渐昌也，毋曰和之者已不乏人，不必以吾一人为轻重，姑坐观成败也，举国中人人如此，则舆论永无能成之时矣。故近世立宪国所谓政治教育者，常务尊重人人独立之意见，而导之使堂堂正正以公表于外。苟非尔者，则国中虽有消极的舆情，而终无积极的舆论。有消极的舆情，而无积极的舆论，此专制国之所贵，而立宪国之所大患也。且如此次速开国会建设责任内阁之国是，其主持者由我仁圣皇帝固也，而翊赞之者谁耶？谓代表团耶，仅代表团则安能致是？谓资政院耶，仅资政院则安能致是？谓督抚耶，仅督抚亦安能致是？盖实有一种无形之势力主持乎其间，而假涂于代表团、资政院、督抚以表示之，而此无形之势力，则存于国中无量数不知名之人之身中者也。苟此无量数不知名之人，人人以为吾之一身，无足以轻重于国家之大计，则此势力遂永不能发生矣。夫国中此种势力，其宜发生之日久矣，而前此迟迟不发生者，岂非以国中人人皆自以为不足轻重耶？今虽发生矣，然其微抑已甚也。我国民若能人人鉴于此次之效，而知势力本存于我身，则后此所以进取者，必有道矣。

比年以来，一种悲观论弥漫于国中。其稍有知觉之士，日惟相对欷歔，谓国必亡国必亡。（其醉生梦死，并此等危急情形而不知者，更不足责。）夫以现在当道之人物，处现在时局之危机，其安得不令人意丧气尽？虽然，既已托生为此国之人，于其国之将亡也，宁得仅以之供凭吊感叹之资料，如词章家之歌咏前代古迹，如历史家之叙述他国陈迹乎？稍有血气，其必不忍不谋所以拯之也明矣。而彼以亡国论为口头禅之辈，必曰：吾岂不愿谋所以拯之，顾吾确已见乎中国今日之亡，非人力所得而拯也。嘻！甚矣其慑也。凡自然界之现象，其存在也纯恃他力，故其成毁非其本身所能自主也；社会界之现象，其存在也全恃自力，故其成毁实其本身所能自主也。（自然界之物质，其分子皆以无意识之阿屯结合而成，阿屯为物理学上必然之法则所支配，丝毫不能自由。社会界之团体，其分子实为有意识之人类，人类意志常自由发动，不可方物，非必然之法则所能严限也。）国家者，社会界现象之一也，故国家之亡，苟非其"组成国家之分子"（即国民）自乐取亡，则他人决无能亡之者。吾辈以为吾国今日所处至极艰险，而岂知各国情事虽异，要之莫不各有其艰险者存，我之视彼，犹彼之视我。吾尝以今日中国事势，与美国独立前后相较，与法国大革命前后相较，与德国、意国统一前后相较，与日本维新前后相较，惟见彼之险艰，倍蓰于我而已。夫法国当革命前后，财政紊乱之极，而继以屠戮恐怖，举邻强国，咸起与为难，此等现象，我无有也。美国本为人藩属，奋微力以抗上国，既脱羁勒，而联邦各自为计，中央政府不名一钱，此等现象，我无有也。德与意本以无数屠国，介于列强之间，冒大险经数战始能自建树。而德则外之畏敌国之报复，意则内之受教会之劫制，此等现象，我无有也。日本承数百年幕府专制之威，竭全力仅能胜之，而藩国犹存，王室守府，此等现象，我无有也。夫以我国历史凭借之深厚，国中秩序之安顺，政令施行之便易，而犹不能以自振，而日日忧亡，使吾辈处他国之所遭，又将若何？今吾国凡百不足病，所病者在政府不得其人耳。而政府者固非能有深根固蒂以自植者也，又非能强有力而敢于明目张胆以与举国之舆情为难者也。然则其能为国家进步之障者几何？大抵国家之大患，莫患乎国中有一特别之阶级，与多数人之利害不相容，而此阶级者，智力较优秀，而结合至巩固，人民有所论列，彼则相结而挫之，则多数舆论之政治，决难遽行，而国运之进，常为所窒。我国无此种特别阶级，此即我国民政治运动最易成功之一大原因也。我国君主国体之精神，自始本与欧洲中世以降之君主国大有所异，在彼则以国家为君主之私产，在我则以君主为国家之公人，故曰所欲与聚所恶勿施，天视民视，天听民听，经训中类此者不可枚举，此等大义，数千年深入人心，虽至悍之夫，只敢阴蔑而不敢明犯，盖立宪主义发达之早，未有若吾中国者也，故舆论所在，君主在理在势，皆曲从之。此中国相传之天经地义，历久而弥光晶者也。而黢乎其间者，不过此以职务为传舍之官吏。官吏非人民以外之一团体也，其未进也，不过一平民，其既退也亦不过一平民。故其目前之利害，虽或与一般人民小矛盾，而永久之利害，终必与一般人民相一致，夫举国人民利害略相一致，此实吾国固有之特质，而在数十年前，东西诸国，无一能几者也（其小利害有不相一致者，此则又今世诸国所皆莫能免也），是故以官吏而出死力以防害人民之政治运动者，为我国事理上所不能有，即有之而亦脆薄已甚，其势万难以继续。试观比年以来，人民所树之义，但使壁垒稍坚，几见官吏不同化之而附和之者耶？是不得曰彼以其为官吏之资格而纳降于人民也，彼不过以其为人民一分子之资格，而加入于人民运动之队而已。夫君主决不肯为人民之敌也既若彼，官吏决不能为人民之敌也又若此。然则但使有正当之舆论，能发生于多数人民之间，则何求而不得，何欲而不成？而彼不负责任、不适时势、不达治体、不顾国益之人，岂能一日尸政府之位？凡彼辈所以得尸其位者，皆由消极的舆论默许之而已。今如曰我国于政府腐败之外，别有亡国之原因也，则救亡之道，容或难焉，若原因止于此也，则吾以为救之之易，莫过此也。何也？天下事惟求诸在外者为至难，孟子所谓求之有道得之有命，求无益于得者也。若求诸在我者则至易，孟子所谓求则得之舍则失之，求有益于得者也。夫欲使政府毋腐败，欲使国毋亡，岂有他哉？亦吾民各各求诸在我而已矣。

　　今中国凡百皆不足深患，而惟人心风俗之病征为足患。人心风俗其他之病征尚不足深患，而惟此坐以待亡之心理为最足患。人人皆曰国必亡国必亡，则莫复肯为百年、十年之计，而惟苟且偷生于一日，既已苟且偷生于一日，则纵肉体之欲惟恐不及，此奢汰贪黩之风所由起也。以名誉为更不足顾惜，此寡廉鲜耻之行所由多也。以学问为无所用之，此学绝道丧之象所由见也。夫人之生，生于希望而已，希望一绝，则更何事可为者？又更何事不可为者？夫人虽堕智井，虽陷虎穴，但使须臾毋死，犹未尝不思所以自拔，盖于无希望之中而犹怀希望，人之情也。独乃于吾侪所托命之国家，全世界人所共认为前途希望汪洋靡涘者，我民乃以其偶处逆境之故，而嗒然自绝其希望，天下不祥之事，莫过是也。譬有人于此，或试验落第，或懋迁失利，而遽发愤自戕，此天下之不祥人也。今之持亡国论者，盖有类于是矣。是故我国之亡不亡，匪由天也，匪由人也。而实在我辈四万万众之心。四万万众皆曰听其亡，斯竟亡耳；四万万众皆曰不许其亡，斯不亡耳。

而论者或曰：今四万万众之听其亡者，既什而八九矣，我一人独何能为？应之曰：不然。我而在四万万众之外也，则诚无如何。此如欧美、日本人虽有爱于中国而欲其不亡，无能为力。顾我非四万万人中之一人也耶？四万万人皆各自我其我，故不必问他人之欲亡此国与否，惟问我欲亡此国与否而已。夫群众心理之感召，良莫能测其朕，一人欠伸，举坐随焉，涉乐方笑，言悲己叹，此不必有大豪杰然后能负之以趋也，其互相吸引，互相倚重，各不自知其然而然，而其传播之迅速，气魄之雄厚，乃极之至于不可思议。勿征诸远，即以此次之国会论、责任内阁论言之，自其始萌芽以迄今日，为时几何？其有人焉单提直指以鼓吹之者，为时更几何？而其风被之远、响应之捷，则竟若是矣。使自始而人人皆曰：倡之者不必自我也，则其结果当何如？使继此而人人皆曰：应之者殆无待我也，则其结果又将何如？是故吾辈但患我之不如人耳，毋患人之不如我。我虽至幺么，而四万万人之我则至伟硕；我虽至脆薄，而四万万人之我则至雄强。我而不信我之伟硕雄强，则是非侮我也，而侮四万万人也，我国之所以殆，坐是而已。夫此四万万人之我本具有伟硕雄强之力而不自知，今读十月三日之大诏，不已明示之以征证耶？呜呼！可以兴矣。

由此言之，吾国前途之最大希望，实惟舆论势力，而可持之以为中国不亡之券，亦既明甚，而此后所以运用此势力者如何，则我国民所最当留意也。昔政府动持人民程度不足之说，以沮挠国会，吾侪既力辟其谬矣。虽然，此不过谓现政府之程度，比于一般人民尤为劣下，以现在人民之智识，优足以监督之而有余，故与现政府相对，而得言人民程度已足云尔，实则吾人民而诚欲沐浴宪政之膏泽，则今后所以吸收政治上之智识磨炼政治上之能力者，今方当大有事，而现在之程度，其歉然不足者不知凡几，是又吾国民所不可不自省也。夫舆论势力之表示于外而最强有力者，莫如国会。国会所行职权，若议决法律，若协赞预算、审查决算，若事后承诺，若质问政府、弹劾政府，若信任投票，虽采种种形式以显其势力之作用，一言以蔽之，则政策之讨论辩争而已，其种种形式，则无非借之以为建设一政策或反对一政策之手段也。夫必先有政策然后能有讨论辩争之鹄。而政策也者，非政治智识圆满之人，不能建树；非政治智识粗具之人，不能批评者也。今我国人于政策二字，习为常语，小有建白，动辄以冒政策之名，而不知学术上之用语，万不能如此其蒙混也。凡国家任欲举一政事，无不与他项政事相联属，其他项政事又更与他项政事相联属，如是相引，若循环无端，不可殚穷，苟欲举一项而遗他项，则并此一项亦不能举而已，是故必有组织者乃得称为政策。复次，凡政治固莫不以国利、民福为鹄，而国利、民福，决非一端，而时且或相矛盾。建树政策者，或向甲端或向乙端，惟其所择，而决不取两不相容之策以糅为一团，果尔则其利必以相消而尽耳，是故必有一贯之系统者，乃得称为政策。复次，凡一政之实行，则其直接、间接影响于一国社会现象者，不可纪极。人民所蒙乐利固多，而苦痛亦在所不免。欲评政策之价值，惟以乐利能余于苦痛与否以为衡。而苦乐之效，往往发见甚迟，其间接所波动，抑非粗心浅识之人所易见及，是故建树一政策固甚难，即批评一政策抑亦非易。而国会所以能于政治上有大作用者，则在其能建树政策、批评政策而已。苟国会议员不知政策为何物，其所讨论不悬一政策以为鹄，而徒东涂西抹，杂提出许多无组织、无系统之法案，而扰扰焉赞成之、反对之；或枝枝节节以行其质问弹劾之权，不探根本而摘枝叶，则虽有国会，而其补于政治现象之进化者，抑至微末耳。由此言之，则国会既开之后，吾国民所需政治上之智识，其程度当若何？若今日其能以自足耶？

且吾更欲有言者。吾近年以来，默察时势，窃以天若相中国，使得举立宪之实者，则将来政权所趋，其必成为英国式之政党政治，向非复德国、日本式之官僚政治焉矣。夫政党政治、官僚政治，各有短长，吾固未尝漫为轩轾，且官僚政治整齐严肃之效，与今日之时势极相应。而按诸我国历史，官僚政治之根柢极深，因而利用之，其于施治当较易，故吾自昔固深望我国之政治现象，能如德国、日本，而非欲其强效英国者也。虽然，以比年来事势察之，深恐官僚政治，有绝对的不能维持之势，何也？当一国改革政体伊始，苟其官僚于政治上之道德智识能力独为优秀者，则将来政权，恒在官僚，而不然者，则必移于政党，此征诸各国已事而可见者也。

今我国官僚，强半暗于世界大势，无丝毫政治上之常识，其智识较诸民党之俊秀者，实下数等（若新进少年，初得一官者，其中固不乏英才，然未可具指为官僚党也），其职务上之经验，虽视民党为多，然不过簿书、期会之事，非复适于新政体之用，则其能力固未见有所特长也。又彼辈虽自为风气，俨然若成一所谓官僚社会者以自别于齐民，实则不过无机的集合，偶然的凑泊，绝非有一共同之目的以相团结（此我国官吏社会与欧洲各国之贵族社会、日本之藩阀社会最相异之点也），趋利则相轧，过患则相陷，绝无足以称为党派者存，论者或加之以吏党之名，其宠异彼辈，抑太逾分矣。夫中国现在之官僚，既已若彼，自今以往，彼等固不敢作永远蟠踞政权之妄想，即时势亦岂容彼辈之长尔尔耶？今责任内阁克期建设矣，国会次第召集矣。自始组织此责任内阁者，必为现居要津之人，此自然之数也。而试问其能提出一有组织、有系统之政纲以与天下人共见否耶？即提出矣，而试问其能一一按照之以见诸实行否耶？五尺之童已有知其必不能矣。既已不能，则现在之资政院及将来之国会，苟空无人焉，斯亦已耳。若犹有人者，则此卤莽灭裂涂饰敷衍之内阁，安能一日存立？善夫各督抚联衔电奏之言也，曰："既有国会监察，权限明则责成专，虽欲诿卸而不能；才力薄则应付穷，虽欲把持而不得。数经更易以后，求才者知非破格不为功；饱尝忧患之余，任重者亦必审量而后进。"盖责任内阁既建、国会既开以后，无主义、无统一之内阁，万不能存立。此既为自然之效必至之符，而群现在之官僚社会，其必不能成一有主义、有统一之内阁，抑章章矣。于此时也，若国会议员，亦等是无主义、无统一也，则将国会与责任内阁两者，皆成为无用之装饰品。政治现象，混杂至不可名状，腐败且日益甚，而国遂以亡。使于其时而国中有堂堂正正之政党出焉，揭健全之政纲以号召天下，而整齐步伐以从事运动，则国会势力，必为所占，以之与无主义、无统一之官僚内阁相遇，其犹以千钧之弩溃痈也，进焉则取而代之，退焉则使官僚内阁唯唯服从也必矣。吾故曰：吾国将来之政治现象，必变为英国式之政党政治，势则然也。

夫然，而我国民之责任抑更重，而所以完此责任者抑更难矣。凡天下事批评易而筹画难，筹画易而实行难，此事理之至易睹者也。是故批评一政策，则但有政治上普通之常识，可以无大过矣。筹画一政策，则非有圆满之学识，所不能也。筹画一政策，则但有学识，亦庶几矣。综揽此政策而实行之，非有相当之器量才技所不能也。如彼德国、日本者，其官僚社会中人，皆一国之秀，又阅历极深，于政务无所不娴，故其所筹画之政策，率皆能与最大之国利民福相应，而无甚可议，而行之又无所阂滞。国会之政党，则不过拾遗补阙，匡其不及以泄其过已耳，故为道较易也。我国不幸而官僚社会，太紊乱无纪，脆薄无力，欲其负荷此艰巨，而餍天下之人心，殆成绝望。于是将来我国国会之政党，不惟负批评政策之责任也，且不能辞筹画政策之责任，甚且不能辞实行政策之责任。欲云完之，岂其易耶？呜呼！我国民其念之！此责任之压于公等之双肩，盖不远矣，公等虽欲避之，而固有所不得避，而将来公等之能负荷此责任与否，即国家存亡所攸判也。由此言之，则自今以往，我国民所以自鞭策者当何如？而此二三年之光阴，其可以一寸一分掷诸虚牝也耶？呜呼！我国民其念之哉。

吾诵明诏，既感我皇上之仁圣，感舆论势力之伟大，复感吾国民将来责任之艰巨，辄杂述其所感如右。（《国风报》第一年第二十八期，1910年11月12日，署名"沧江"）

朱谕与立宪政体

旬日以来，以资政院弹劾军机之故，连颁朱谕，皆不以军机大臣副署之形式行之，此实两年来一种新异之政治现象也。王言如纶，吾侪小民，岂敢妄赞一词，惟按诸中外古今之法理以研究其性质，则亦闻政者所当有事也。

朱谕者，唐、宋以来曰内敕，谓中旨特下，不由廷臣拟进者也，质言之，则出于君上单独意思，而不参以他机关之同意者也。其在专制政体之国，一切诏敕，皆以君上单独意思而成立，故内敕与普通诏书，在法理上本无区别之可言。然我国向来习惯，犹必指定一机关为出纳之府。故唐人有言：不经凤阁鸾台，何得为敕？而斜封墨敕之屡颁，历代皆引为大戒。良以内敕者，名义上虽云出于君主单独意思，事实上往往有他人之意思参乎其间，而此所谓他人意思者，其人大率假君主为护符者也。故我国前古令辟，凡事之关于赏罚黜陟及邦国财用者，每不肯轻用内敕，非法理上有所限，凡以示王者无私言，一切皆与大臣共之云尔。

若近世之立宪国，则凡政治上之诏敕，不经国务大臣副署者，不认为有效，非削君主之权也，法理之结果，不得不然也。英国者，立宪政体之祖国也，而其谚曰：君主不能为恶。夫人性可以为善，可以为不善，君主亦犹是人也，而曰不能为恶也何居？学者解之曰：君主者，以一自然人而为国家之最高机关者也，就其为一自然人之地位言之，则固与其他之自然人同，能为善亦能为恶者也；就其为国家最高机关之地位言之，则只能为善而不能为恶，盖此机关实绝对的不能为恶之机关也。凡君主皆举一国立法、行政、司法三大权而总揽之，然皆不以自专，而分使他机关参预。司法权则法院以君主之名行之者也；立法权则议会协赞君主以行之者也；行政权则国务大臣辅弼君主以行之者也，故君主之一机关，曾无单独自动之事，其有动，则必挟他机关以动者也，夫既挟他机关而始动，苟其动而恶也，是亦他机关有以成之耳，大臣副署制所以为立宪政治之命脉者，其精神皆在于是。故近世各立宪国，苟其诏敕有不经大臣副署者，只认为君主以自然人之资格而发私牍，不认其为以国家机关之资格而发公文，此不必君主为然也，即以普通官吏论，无论何人，皆不能无私牍，然体制总不能与公文相混，既名曰公文，则必有画行、用印等种种条件，条件有一不具，即失其为公文之用，此事理之至浅者也。立宪国诏敕必以大臣副署为成立之条件，其作用亦犹是耳。既有此条件，则责任自有所归，盖虽有违法违宪之诏敕，苟非大臣副署，则不成其为诏敕，使君主违法违宪之举得现于实者，皆副署之大臣成之也。所谓大臣负责任者，非责任本在君主而大臣代负之也，君主本无责任，而责任实全存于大臣之自身也。浅识者流，或以为君主并非不能为恶，徒以其神圣不可侵犯，虽有过举而勿宜问，故移而尸之于大臣，如周公抗法于伯禽，如魏绛戮扬干之仆，此大谬也。夫臣民之尊君亲上，以实不以文，故以足蹴路马刍有诛，齿路马有诛，谓其嫌于逼君也，若明明以君为过举，徒束于名分不敢议，而议其所亲昵，以使之闻之则，其与于不敬，抑又甚矣。今立宪国之精神则异是，君主者，常立于无过之地者也，其所谓不能为恶，非理想上之不能，而事实上之不能也。何也？苟其为恶，非副署之大臣长之逢之，则无所取涂以现于实，故恶惟在大臣，而决不在君主也。明乎此义，则今世各立宪国，断不肯用不经大臣副署之内敕，其故可思矣，其所以以大臣副署为诏敕成立之必要条件者，凡以使君主常立于无过之地，而臣民之爱戴君主得出于至诚云尔。

孔子之称舜也，曰无为而治，其称尧也，曰荡荡乎民无能名焉。孟子曰：尧以不得舜为己忧，舜以不得禹、皋陶为己忧。此其言君主无责任、大臣负责任之理，可谓博深切明。哀公问孔子曰：一言而丧邦有诸？孔子对曰：言不可以若是其几也。人之言曰：予无乐乎为君，惟其言而莫予违也。如其善而莫之违也，不亦善乎？如不善而莫之违也，不几乎一言而丧邦乎？此以言乎君主发言之不可以易也。远循先圣之鸿训，近察各国之法理，有国有家者，可以知所择矣。

夫我国昔在专制时代，贤君谊辟，犹兢兢致谨于是，况其在立宪政体，久布于天下者耶？夫降乘舆之尊，以代一误国殃民之人受过；去高明之地，而立于人民相对待之势，甚非所以保威严而定民志也。呜呼！乃心皇室之君子，倘亦有能以此言闻诸君父者耶？（《国风报》第一年第三十三期，1911 年 1 月 1 日，署名"沧江"）

敬告国人之误解宪政者

我国朝野上下，竞言宪政，亦既有年，而国中大多数人，实全不解宪政为何物，其在官吏社会，盖梦梦更甚，故比年以来，举凡事之变更成法而便于己私者，则指为宪政，于是筹备宪政之文牍，高可隐人，而一遇乎事之稍有近于宪政之真精神者，则相与骇怪之而破坏之。叶公好龙，好其似而非者，逮真龙窥牖，斯颜色沮异，今国人之言宪政，正此类也。自刘廷琛参劾资政院之折上，稍有识者，莫不斥刘为破坏宪政之罪人，岂知一切大小行政官吏之举措，何一非与刘同类者？刘之言，正乃代表全官吏社会之理想而已。夫一刘廷琛诚无足轻重，然举国皆刘廷琛，则宪政前途，洵危乎殆矣。吾窃计多数人之怀彼理想者，虽强半出于怀禄之私，而其坐不解宪政之真相以生迷惑者亦未始无之。夫今日之立宪，开数千年未有之创局，稽诸经典，则仅有其意而无其法；征诸史乘，则非直乏其例而且阙其名。而今者遍国中号称谋新之士，或未治国闻，故虽有他技，而不足以语于治道，即有妙解斯义者，亦未尝思所以广宣之，以喻诸庸众，则民听易惑，固其所也。吾故举宪政最重要之特质，且为吾国人最易生迷执者，敷陈其概以正告天下焉。

学者言宪政之所以示别于非宪政者有三：民选议院其一也，责任内阁其二也，司法独立其三也。然司法之事，与政治别为系统，其关系于政体变迁者非甚密切，故语宪政之特色，实惟前二义，而议院与内阁，又必相倚而始为用，二义实一义也。夫宪政有君主立宪与共和立宪之异，共和立宪，非我国所宜效，不必论矣，所谓君主立宪之异乎君主专制者，其在专制之国，则立宪与行政两大权，皆由君主独断而躬行之。立宪国不尔，立法权则君主待议院协赞而行之，行政权则君主命大臣负责任而行之。质言之，则专制国之君权，无限制者也；立宪国之君权，有限制者也；立宪之与专制，所争只此一点，而我国人士所最苦于索解者，亦即在此一点。盖我国数千年来之视君权应无限制，几若天经地义，故一闻限制君权之说，即疑与侵犯君权同义，此最不可不辩也。试举国权以明其例，夫国之立于天地之间，必恃有完全独立之主权，反是则不成为国，此尽人所同知也，然不能谓此主权之行使绝无限制。各国所公认之国际公法，及甲乙两国互缔结之条约，即其限制也。虽有至强之国，终不能明犯国际法及条约所规定而专欲以行其志，非限制如何？然此得指为国权之不完全乎？曰决不然。盖承认此国际法与否，缔结此条约与否，纯出于国家之自由意志，绝非他国之所能强，既已承认矣，缔结矣，则此后惟于国际法及条约之范围内行其国权，不能轶乎其外。若此者限制则诚限制矣，然实自己限制自己，而非受限制于他国。苟我轶此范围外以行国权，而他国起而责我挠我，则亦其义所宜然，不能谓彼之侵犯我明矣。君权亦然。君主国之君权，其性质宜完全独立，而绝不容或侵犯者也。虽然，其行使之也，得立限制，虽立限制，而于其完全独立之本性，曾无所损。何也？立宪君主国所以行使君权之法式，皆以宪法规定之，而其宪法或由君主独断制定，或由君主谘询人民，从其所欲以协和制定，要之制定之者恒在君主，故无论其于行使君权之形式设何种限制，要之皆君主限制自己，而绝非受限制于臣民。此如承认国际法或缔结条约以自限制其国权，全出本国之自为，非他国所得而限制我也，则于其完全独立之本性，岂损豪〔毫〕末焉？况乎限制云者，决非放弃之谓。虽以条约限制国权之行使，然苟属独立国，则决无或以放弃国权之文句入于条约中者；虽以宪法限制君权之行使，然苟属君主国则决无或以放弃君权之文句入于宪法中者，此自然之理也。是故立宪国之君主，其行使立法大权，与专制国无异也，所异者则以经议院协赞为限制而已，而议院决议者之事件，非得君主裁可，不成为法律，议院欲稍侵君主大权而不得也。其行使行政大权，亦与专制国无异也，所异者则以副署大臣负责任为限制而已。而任免大臣，惟君主所欲，内阁欲稍侵君主大权而不得也，故曰非放弃也；然既已立宪，则断无或不经议院而专行立法权者，断无或不经内阁而径行行政权者，故曰限制也。议院与内阁，实立宪国君主所自设之以为限制自己之机关，其所以与专制异者，徒视此君主限制自己之机关之有无而已，故学者或称专制政体为君权无限之政体，而称立宪政体为君权有限之政体，斯真可谓片言居要者矣。而我国自先帝既颁大诰，采立宪制度为国是，是即先帝以君权有限之政体贻谋百世。凡我臣庶，宜永永不愆不忘以率由之者也。

夫君权行使自立限制与否，纯由君主所自主，既已若彼，然则今世各立宪国之君主，曷为必设此限制以自束缚耶？曰：此则非法理上之问题，而事理上之问题也。国家之承认国际法与否，与邻国结条约与否，原由国家所自择，然无论何国，皆无不认之结之，宁自限制其国权之一部分，而不肯离群独处者，以此为有利于国家也。君主之采用立宪制度与否，原由其所自择，而列国君主，皆采用之，既采用则决不肯废之，宁自限制其君权之一部分，而不肯专欲自恣者，以此为最有利于皇室，且最有利于国家也。夫限制君权之行使，则曷言乎最有利于国家耶？君主贤否，为一国盛衰存亡所攸系，此不烦言而解者也。为臣子者，恒必自私其君，而颂为至圣至明。虽然，此文辞耳，平心以论，其实则君主虽贵，固犹是人也，人性不能有善而无恶。析薪之荷，尧、舜不能以得之于朱均；祖武之绳，禹、汤不能以得之于桀、纣；故欲代代继体之必为贤君，实事理之绝无可冀，此尽人所同信也矣，又不徒继体者为然也。人生数十年间，虽以大圣，终不能无过举，故放勋之圣，失诸骧兜；成王之贤，惑于管、蔡；齐桓公、梁武帝、唐玄宗，皆不世英主，而以艰难始，以耄荒终。人类自然之缺点，谁则能免？况乎君主固有之特别位置，其习于为不善，有视齐民为更易者耶？夫齐民之过举也，则社会之制裁，国家之宪典，常有以抑之使不克恣，即偶不及抑，灾亦仅及其身已耳，若君主则异是。哀公问孔子："一言而丧邦者有诸？"孔子曰："言不可以若是其几也。人之言曰：'予无乐乎为君，惟其言而莫予违也。'"如其善而莫之违也，不亦善乎？如不善而莫之违也，不几乎一言而丧邦乎？夫言而莫违，即行权无限制之谓也。而孔子危之若此，岂不以君权无限之国，必代代笃生尧、舜，乃可以久安长治，然兹事终亦非人力所能及也哉？抑限制君权之行使，曷言乎最有利于皇室耶？夫皇室者，国存与存，国亡与亡者也。国而不纲，皇室将安所丽以尊荣？况乎君主之失政，往往祸未中于国而先中于厥躬。大则放巢流彘，坠其神器，小则海陵昌邑，覆其本支。论史者咸谓当时苟有人匡救其恶，岂其至是？则君权无限之效，盖可睹矣，是故古昔圣帝明王，恒汲汲思所以自限制其权，惟恐不逮。《书》曰："予违汝弼，汝无面从。"又曰："用顾畏于民碞。"《传》曰："岂其使一人肆于民上？"又曰："专欲难成。"又曰："好民之所恶，恶民之所好，是谓拂民之性。"凡此之类，若条举之，虽累千百条而不能尽。我国民苟能读书识字者，当必知此种理想，为我国政治上之天经地义，无俟余喋喋矣。而此种理想当由何道而始使之现于实，此则五千年间，千圣百王所殚精焦虑而未有得，直至我德宗皇帝始竟其志者也。先王忧君权无限之不胜其敝也，而设为种种制度以自坊，于是置诽谤木，建敢谏鼓，瞽史诵诗，庶人传语。上之立师保疑丞，使有所严惮。置起居注，君举必书。及其崩殂，则称天而谥，名曰幽、厉，百世莫改，今日兢惕。及后世则有御史台，有直言极谏科，以拾遗补阙为专责，黄门给事，得封驳诏书。凡此等类，其立法之意，岂有一焉非以限制大权之行使，务使毋或自恣，以贻陨越者耶？然而其效卒不睹，即偶有效，而亦鲜能持久不敝者何也？其所设种种限制机关，皆隶属于行政机关之下，而未尝别为一独立系统。其司此机关之人，皆由君主任免，而无他途以使之发生。夫隶属机关，欲对于上级机关而施限制，其所能限制者几何？而以君主所任免之人，司限制君权之机关，则赵孟所贵，赵孟能贱之，欲使举其职难矣。苟遇令辟，固常能妙选贤才，使当此机关之任，亦常能自节制以尊重此机关之权，则此机关洵为有效矣。虽然，既曰令辟，则虽行使大权，绝无限制，而断无或贻祸害于国家，则此机关即勿设焉可耳，所以必设此机关者，为不令之辟置坊也。而不令之辟，则其蹂躏此脆弱之机关，固自易易，又常能将己所严惮之人，屏诸此机关之外，而使此机关变为长恶逢恶之具者也，夫如是，故立法之意虽至美，而立法之效终不可期。数千年来所以亡国破家相随属，且治日少而乱日多者，岂不以此耶？是故我睿圣文武德宗景皇帝有忧之，近之为圣子神孙立不拔之基，远之为亿兆烝黎积无疆之福，以我国历代相传之理想为体，以各国经验有效之成例为用，遂以创此君权有限之立宪政治。其行使行政权，则责成于副署之内阁，而不以衡石量书为能；其行使立法权，则察迩于民选之议院，而不以防口若川为事。是故德宗景皇帝所建之立宪政体，使君主常立于无为而治之地者也。惟无为也，故无不为也，无为而无不为，故无不治也。由此言之，则君权行使之自立限制与否，虽由君主所自择，而先帝所以必立此限制以贻子孙者，良非猥自贬抑，徒以有此限制，则国家与皇室两蒙其利，无焉则害亦如之。而所以为限制之具，亦非自先帝而始谋建设，不过历代哲王屡易其途，未得一当，至先帝乃深探其本而举其纲云尔。是故今日凡我国人，首当知所谓宪政者，惟以君权有限之一义以示异于专制；次当知君权有限，乃君主自限，而于君权尊严神圣之本体，无损豪〔毫〕末；复次当知欲保持君权勿坠，舍君权有限外，更无他法；复次当知此君权有限之理想，为我国尧、舜、孔、孟所发明垂教，绝非裨贩之于他国；最后当知此君权有限之制度，实根本于先帝大诰，申之以末命，更非为人臣子者所能私议。明乎此义，则庶可以自列于中国之立宪国民也已矣。

今国中言论之最易惑民听者，则号称老师宿儒者流，动以今日之立宪制度，为有大权旁落之患，宜亟设法以为坊也。倡此说者，其果出于忠爱之诚与否，且勿问，然吾以为苟诚忠爱，则当思所以使其忠爱现于实际者。吾请得为彼辈更进一言。

夫今世之立宪国，其君主不能如专制国之出言为法也，而必有待于议院之协赞，则似大权旁落于议院；不能如专制国之中旨特下也，而必有待于内阁大臣之副署，则似大权旁落于内阁大臣。彼老师宿儒之忧大权旁落者，岂不以此耶？吾试诘之，公等以设此限制即为大权旁落，然则必以无此限制者为大权不旁落明矣，然而按诸事实，果尔尔耶？吾固言之矣，君主虽贵，固犹是人也，既名之曰人，则其聪明才力所能及者，要自有限界。虽乌获之勇，终不能以挟泰山；虽离娄之明，终不能以察野马。谓一日万几，而能以一人悉躬亲之，非愚则诐已耳，是故无论若何天纵神武之君主，终不能无所待于群策群力而独以致治，而稍一不谨，即为魁柄下渐之阶。试观秦、汉以来，二千年之史乘，举国威令，何尝有一时代焉不号称自天子出者？然又何尝有一时代焉实自天子出者？其暗昧之主，则枭桀者劫而持之；其骄汰之主，则聚敛者迎而卖之；其明察之主，则深刻者伺而中之；其恭俭之主，则乡愿者承而谩之。以新进为不可信而求诸耆旧，则权移于耆旧；以大臣为不可信而求诸小臣，则权移于小臣；以异姓为不可信而求诸宗藩，则权移于宗藩；以草莽为不可信而求诸外戚，则权移于外戚；以朝列为不可信而求诸方镇，则权移于方镇；甚至以外廷为不可信而求诸宦官宫妾，则权移诸宦官宫妾。莽莽数千年，一邱之貉，虽有佞口，亦岂能为讳也哉？夫莽、卓、操、懿之徒，积威福以倾大命者无论矣，乃如秦之李斯、赵高，汉之吕、霍、上官、阎、梁、许、史、董贤、石显、曹节、王甫，唐之杨国忠、李林甫、李辅国、卢杞、王叔文以逮群宦竖，宋之蔡京、秦桧、贾似道，明之刘瑾、严嵩、魏忠贤、马士英，其他历代类此者千百辈而未有已，其在当时，曷尝不日日自托于宣上德扬主威？匿影黼座之下，而敷痛毒于四海，有偶语议己者，动则科以指斥乘舆之罪，如刘廷琛罗织资政院所云云。于是举天下善类，草薙而禽狝之；举全国人养生救死之资，缘臂探喉而篡取以入于怀。遍布其爪牙羽翼，恣拑噬于邦国都鄙，令天下人侧目而视，重足而立。深痛极创，无可控诉，乃真不得不集其怨毒于人主之一身，大则国破社屋，小则幽废播迁。而彼假君上为护符之元恶，乃常或先事考终，而不身与其难，其群小则或反覆狡卸以保首领禄位。即使天道有知，得伏其罪，以与天下共诛之，而生灵则既涂炭什七八，国家元气，则既丧尽，而大事败坏已不可收拾矣。吾试请问刘廷琛与夫党于刘廷琛者，吾此所言，有一字虚缪〔谬〕否耶？彼其时则曷尝有所谓资政院？曷尝有所谓国会？宜若君之大权，常中立不倚，峻极于天，永永无旁落之患。然竟何如哉？此非必历代之人主皆闟冗不肖也。以一人而欲专制，一国之事，本为事理所万不能致，况乎君主所处之地，阶前百里，堂下千里，其审察因应之艰，视常人且什佰者耶？又况乎继体之主，生于深宫之中，而长于阿保之手者，欲责以知民情伪，为道本太不谅耶？是故凡行专制政体者，必致大权旁落，专制之与大权旁落，如形影之相附而不可离，其本质则然也。彼阘冗不肖之主，其受蔽固最深，即英君谊辟，亦只能稍减其害而不能以尽免，此如行于日中，影必随现，无可逃避者也。即如我朝圣圣相承，旷古莫媲，犹且有鳌拜、明珠、和珅、肃顺诸逆。虽浮云偶翳，不足以伤日月之明，而国家元气，所损不已多耶？至如我皇上天亶之聪，我监国摄政王硕肤之德，凡有血气，孰不共见？而试问以全国十一部，二十二行省，一年三百六十日，日日所发生之政事，其果有一一亲裁之暇耶？夫今日政治现象之蔽，万目具瞻，此非吾一人敢为谰言也。数月以来，各督抚之章疏通电，资政院之质问上奏，言之亦已哀切详尽，虽有工谀之人，亦不敢谓今日之绝无稗政也明矣。夫以我皇上之圣，以我监国摄政王之贤，则安有肯行稗政之理？则稗政之决非出于皇上与摄政王又明矣。稗政既决非出于皇上与摄政王，而稗政之为物，则又层累出现，章章在人耳目，然则谁为为之而孰令改之，此岂必待吾言？即彼病狂丧心之刘廷琛与夫无耻小人之党于刘廷琛者，苟一抚良心自问，其亦必知有窃我皇上与摄政王之名以行之者矣，质而言之，则大权盖久已旁落也。夫苟非大权旁落，则必政无大小，皆自我皇上、我摄政王出。既政自我皇上、我摄政王出，则何以解于圣贤在上而犹有稗政？圣贤决无肯行稗政之理，而稗政固日出不穷，则此稗政之行，其必反于圣贤之意明矣。既反于圣贤之意，而顾假圣贤之名以行之，吾请诘彼病狂丧心辈，此非大权旁落更有何说也？孔子曰：盗憎主人，民恶其上久矣。今日首倡邪说，谓宪政实施则大权旁落者，实则现在大权，已旁落而入于其手，深惧立宪以后，则取以还诸我皇上，乃先距人而以自固，而彼附和其说，以肆狂吠者，亦不过思丐此旁落之大权所沾溉之余沥，惟恐一立宪则失其所凭，故助人劫持，不遗余力。夫彼窃此大权之人，敢于窃之，则既甚矣。不宁惟是，犹复丛天下之恶于一身而不自居，而悉以府之于君父，其人真豺虎之所不食，有北之所不受，天道有知，其终必有三家磔蚩、千刀剸莽之一日，而彼凭托城社而为之狐鼠者，则亦必至剖巢熏穴之顷而与之俱尽已耳。夫吾于彼辈则更何责？而独惜乎国中不乏读书稽古、尊君亲上之君子，乃亦惑此谀辞，从而播之，为盗窃大权者所卖，而与拥护大权之良法为敌。许世子不尝药而不免于弑父，律以《春秋》之义，则其罪又岂可末减也？孟子曰："齐人莫如我敬王。"愿读书稽古、尊君亲上之君子其慎思之。

　　若夫君权有限之立宪政体，则正所以拥护大权，而使之永无旁落之虞者也。何以言之？古贤君之于治道也，疑人勿用，用人勿疑。所最劳思虑者，则求得一贤宰相而已，是故尧以不得舜为己忧，舜以不得禹、皋陶为己忧，齐桓公托国于管子，一则曰仲父，再则曰仲父。置相之权，操自君上，君上常绾此权勿失，则一切大权，莫不毕举矣。若如今日，任一郎曹，免一丞尉，皆仰敕裁；黄河安澜，畿辅得雪，皆劳纶旨，以此明君上大权之无所不周，此秦以后烦苛之政，古无是也。然则今世各立宪国之以行政权全委内阁，实与我国先圣遗训暗合，而非彼之所自创明矣。然相权之重，既已若彼，则得人与否，实为国命所关，故圣帝明王，咸以为难，而所以旁求之者，惟视民之所好恶。故曰：国人皆曰贤，然后察之。见贤焉，然后用之。经籍中敷陈此义者，不知凡几。然则欲察民之所好恶，为之有道乎？其一，则如英国之制，凡宰相为议院多数党（政党之占多数于议院者），所推戴者，必其为民所好者也，否则非为人民所好者也。其二，则如法国之制，每宰相就任，则将其政纲发表于议院，而议院则对于其政纲而行信任投票，信任票多者，必其为民所好者也，否则非为民所好者也。其三，则如德国、日本之制，宰相以其政纲，表示于诸法律案及预算案中，其案能通过于议院者，必其为民所好者也，否则非为民所好者也。而君主则以大公无我之心立乎其上，察民之所好者则进用之，察民之所不好者则罢免之，如是，则复何不得人之为患耶？今如曰君上用人不当察民所好恶也，如曰君上察所好恶以用人，即为大权旁落也，则吾复何言？虽孔、孟之书，且先当摧烧矣。若孔、孟而稍知治体者，则今日各国通行之制，岂非天经地义而无可訾者哉？夫君上察民所好恶，而爱立一贤以作相，则其于致治之道，既思过半矣，犹以为未足也，复假议院以质问、弹劾、上奏、建议、事后承诺、解除责任等种种职权，令所以监督纠绳诸大臣者，靡或不周。夫大臣之方始就职也，其选择之慎既若彼，及其既受事也，而匡救之勤又若此，为大臣者，其孰敢溺职以受千夫之指耶？溺职且不敢，宁更有专权逼上或殃民而贻患害于君父者耶？脱其有之，不终朝而罄带褫矣。我国人徒习见乎历代权臣之祸，遂乃谈虎色变，骤闻内阁权力之重，辄大疑骇以为嫌于逼君，然苟一平心静气，略考世界各国数十年来政治之成绩，彼其政府大臣职权之广，岂复我国史上杞、京、桧、瑾之徒所能逮其万一？而曾未闻有坐是损主威、干国纪者，则其故可思矣。而或者又以为大权不旁落于政府，必将旁落于议院，此其愚谬尤不可以理喻，议院不过一议决机关，除与政府交涉外，绝不能直接以发号施令于人民，天下又安有以不能发号施令之机关而疑于盗国柄者哉？况乎议院之发案权、议决权本有限制，虽议决后，而裁可与否，权仍操诸君上。其政府认为不正当之议决，则可得请于君主以行停会解散之权，议院虽欲跋扈，又何术以跋扈耶？要之立宪政治，一言蔽之，则权力有限而已，以议院限制政府，故政府之权力有限，以政府限制议院，故议院之权力有限（此语就法理上论之，颇有语病，但取易解耳。读者知其意可也）。若夫君上所总揽之国家统治权，本来无限者也，而当其行使立法权，苟非自设限而使议院于其限内以行协赞，则议院无权以对待政府，而政府之权且过重。当其行使行政权，苟非自设限而使政府于其限内负责任，则政府无权以对待议院，而议院之权亦且过重。夫惟君权有限，然后政府议院之权乃各得发生，各得充实，各得保障。政府权非不大，而常以议院之权为界；议院权非不大，而常以政府之权为界。两界不相侵越，而君权遂安于磐石。何也？君权而将旁落于政府耶，则议院限之使不得落。君权而将旁落于议院耶，则政府限之使不得落。既不得落于政府，又不得落于议院，则此权非常在君主之手而何？立宪政体之大精神，实在于是，而我德宗景皇帝所以采此政体以贻谋子孙者，其用意亦实在于是。国中人士，闻吾此言，其犹有将君权有限与大权旁落并为一谈者乎，则真冥顽不灵，吾末如之何也已矣。噫！

　　闻吾言者，幸勿以为吾有所私于资政院也。今次资政院，其举措不满人望之处甚多，吾亦何必为讳？而或者惩于其失，遂疑此监督行政、参预立法之机关，为非吾国人所能适用，甚且疑为有害，而思蔑弃之，摧残之，此大不可也。夫此种机关为吾国数千年来所未尝有，最初用之，不能尽如法，此实事理所当然，毫无足怪。初学语者而责以演说，初学步者而责以竞走乎？况彼资政院议员，亦不过国民全体中之一人耳。国民全体，于宪政之精神功用，多未了解，而欲责议员以超群绝伦之智识才力，云胡可得？且齐民属望于议员者太奢，观其结果而觉失望，犹可言也，若以政府官吏而菲薄议员，则厚颜抑更甚矣。政府官吏，其为国家公人也非一日，且号称筹备宪政也亦既有年，在理则智识才力固宜出议员上，而今也官吏之什八九，瞢然不解宪政之精神功用，视议员中之下驷且更甚焉。愈居上位者，则愈梦梦，曾不知耻而顾责人乎。又况议员举措之失次，更大半由政府激之使然乎？夫一树之果，有青有黄；一源之水，有清有浊。吾岂敢谓议员中无失职者，顾以之谤及全体，则乌乎可？谤议员全体犹且不可，而况于谤及机关乎？机关自机关，人自人，今不能以某部尚〔常〕侍之失职，而谓国家可以不设此部；不能以某省督抚之失职，而谓国家可以弃置此省，何独于资政院而疑之？今政府有意摧残资政院，固无责也。而一般人民之对于资政院，亦若易希望而为厌弃，甚则院中议员之贤者，且时或环顾同列，若羞与为伍，而几将一瞑不复顾。吾睹此现象，真乃忧从中来，不可断绝也。呜呼！我大夫乎，我邦人诸友乎，当念此机关，实先帝所特设以为国会之范型，而在立宪政体下为万不可缺之物。吾侪若谓中国自今以往可以毋立宪也，夫复何言？若信中国非立宪不足以救亡，则此未离襁褓之资政院，宜如何深惜调护，其忍自为牛羊以牧此萌蘖也！故政府如以资政院议员为不足代表舆论也，则宜解散别选。虽然，无心肝之政府，吾无责也。若夫一般士夫齐民之对于资政院，监督之、鞭策之可也，匡救其失可也，谋改造之可也；而冷视之，而厌弃之，而摧残之，不可也。资政院议员之贤者，则惟有设法自坚壁垒，自整步伐，自增进其政治上之常识，而更思所以普及于同列，自厉气节以为同列倡，共戮力以间执谗慝之口，毋使为机关羞而已。颓然自放不可也，靡然与之俱化，尤不可也。呜呼！我国民诚能了解立宪政治之性质，则于吾言其庶几肯垂听一二乎？

（附言）此文所论，实至粗浅之理，其在外国，几于妇孺能解，今采掇入报，其亵读者诸君实太甚，吾初固不欲作此重僰也，然细察国中大多数之士君子，若有并此理而犹未能解者，故终不能已于言，愿大方之家毋笑之。

著者识。（《国风报》第二年第一期，1911 年 2 月 9 日，署名"沧江"）

责任内阁释义

比奉明诏，以宣统五年召集国会，而先之以责任内阁，自今以往，立宪政治之重要机关，殆将略具，今所求者，则如何而使名实克相副而已。国会之事，吾既别为制度私议，有所论列，若乃责任内阁者，其直接关系于国利民福，尤巨且切，而国中多数人士，或习闻其名，未稽其实，万一虎皮蒙马，以鹜易鸡，将益非所以奉承圣指而慰天下之望，吾故撰为兹篇以释其义，至其与责任内阁相丽之诸事将更以次论焉。

上篇　释内阁

·第一章　释内阁名义·

内阁之名，采自日本也，而日本实又采自我。日本所谓内阁，本以译英文之 Cabinet。英国喀宾尼特之性质，非惟与吾国现在之内阁有别，即与明代及顺治、康熙之间之内阁亦大有别。夫现在之内阁，不过循例题奏，毫无职权，不必论矣，即明代及国初之内阁，亦不过出纳王命、王之喉舌，与今之军机处相等，而与英之喀宾尼特绝相异。英之喀宾尼特，实颇有类于我秦、汉间之丞相府，《汉书·百官公卿表》云，丞相掌丞天子，助理万机，无所不统，天子之待丞相，御座为起，在舆为下，未尝不尊礼严惮之，而丞相亦得独立行其职权，有所建树。及孝武设尚书令，丞相渐拥虚号，光武益废相不置，万几悉归台阁，论史者以是为我国政治之一大变局，此无他，故盖丞相者国家之公人，而台阁者天子之私人，其性质绝相异也。明洪武初本置丞相，未几废之，设内阁，置学士若干人，内阁之名昉于此，其设置内阁之意，亦与汉孝武、光武同，皆废国家公人之机关，而置天子私人之机关也。英国之喀宾尼特，本国家公机关也，而日人以洪武间所设私机关之名名之，则译者之陋也。故吾平昔持论，谓宜勿袭日人之陋，以免名实混淆之病（正名为政府最善），但今者此名既通行全国，且明见诸谕旨，则又安敢更立异，今惟就其名以正其义而已。

（附言）今世立宪国之内阁制度，率皆取法英国，故欲知内阁之真意义，必当于英制沿革求之，而英国内阁，最初本建之以为天子私人机关，其后乃于无意中渐变为国家公人机关，即以今日论，实际上虽纯属国家公人机关，名义上仍为天子私人机关，此实最有兴味之史谈也。英国当那曼王朝维廉第一初创业时（一○六六年，宋治平三年），本有所谓"大议会"者，The great council，由国中阀族组织而成，每三年开会一次，实为一国政权所从出，盖英本贵族政治之国，固宜尔也。乃未几而有所谓"常任顾问院"者，The permanent council 发生，则由大议会之议员中，而君主特自选其所亲信者，置诸左右，以备闭会时之顾问也，而大会议之职权，乃渐移于兹院矣。及亨利第六时（一四二二年，明永乐二十年），又自常任顾问院议员中，更选其所亲信者若干人，以建所谓"枢密院"者，The privy council，自兹以往，权又趋于枢密院。盖直至今日，凡英国之发号施令，尚一切以枢密院之名行之也。然前此常任顾问院之院员，必自大议会员中选出，即初设枢密院时，其院员亦仍必自常任顾问院员中选出，其后逐渐迁移，而枢密院员，乃一随君主所好恶以为任免，君权之盛，过其旧矣。逮查理士第二时（一六七九年，康熙十八年），以枢密院员数太多也，又以其人率皆先朝耆宿有誉望者，任意黜陟，于事不顺也。乃复就枢密院员中，更拔其少数人，使专任各部之行政，时称之曰小枢密院，亦称曰枢密院内部之委员会，即今之内阁也，The cabinet。由此言之，内阁之前身，即枢密院，枢密院之前身，即常任顾问院，常任顾问院之前身，即大议会。其范围则愈缩愈小，其权力则愈积愈重，而推其所以蜕变之故，皆由君主疏远其所严惮者，而昵近其所私爱者。此如我国汉迄唐、宋，政权由三公而移于尚书、移于中书、移于门下、移于枢密院；明迄本朝，政权由丞相而移于内阁、移于内三院、移于南书房、移于军机处，其动机固酷相似也。

虽然，至维廉第三时（一六九九年，康熙廿八年），而有一新例起焉。盖前此英王日思置其私人以垄断一国之行政机关，本为英民所不喜，舆论嚣嚣，指为违宪者屡矣，后此国会权力日张，英王施政，动见龃龉，维廉忧之，乃就国会中占优势之政党，擢其首领，使居内阁。维廉之意，盖欲引民党骁将，使为王室代表，因得以操纵国会，毋使为己敌，其广置私人之意，亦与前朝无异也，然无端而养成政党内阁之美习，卒使英国宪政巩固不摇，以迄今日，此则非惟英王所不及料，抑亦英民所不及料也。特来尔者，彼都之宿学也。其所著《英国中央政治论》，述英国内阁之沿革及其现今之地位颇详尽，今摘译以供参考。

（一）最初之内阁，不过一种无规则之小会议，国王就枢密院中人，随意选任以备顾问。彼阁员之有所忠告于国王也，不过自布其私而非以公式行之，又非经枢密院之承诺，则一事不能执行，且其时并内阁之名亦不著于世，人但知国王在枢密院中特有所私爱之一小团体而已，此查理士第一时内阁之实状也。

（二）至第二期，内阁之名称虽立，然其对于他机关之位置，尚未为一般所公认。盖当时仍以枢密院为唯一之有力谘询机关，内阁惟荫于枢密院之下，枢密院法律上之实权，渐移于内阁而已。此查理士第二时之情形也。

（三）内阁发达之第三期，实在维廉第三时，于是内阁始纯然代表一国中最有势力之政党，盖前此内阁，虽未尝不以党人厕其间，然所谓近世的内阁之地位，实自维廉第三时而始得睹也。自兹以往，内阁虽仍未成为宪法上之机关，然语其实，则固已为国中唯一之最高议政府、最高之行政机关矣。但当时犹不免为他机关所嫉妒，后此使内阁大臣必列席于国会以举责任之实，此则积渐而成，非一朝夕之功也。

（四）现今之内阁，其特色有五：（1）内阁员必须以国会议员组织之；（2）内阁员必须以右院多数党之党员充之；（3）阁员合议以施行政策；（4）负联带责任以行政，遭国会诘责，则总员相率辞职，以举责任之实；（5）推一人为总理大臣，阁员皆服从之，此十八世纪末年以来关于组织内阁之惯例，至今为宪法上之定说，率而不变者也。

由此言之，则英国内阁，本君主所建之以为私人机关，其累代蜕变之迹，与吾国历朝政治机关之嬗代，殆同循一轨。此无他故，当立宪政治思想未确立以前，政无大小，君主应全负其责，非特置其所亲昵之人于左右，不能图施政之敏速，旧机关之人物常不免为资望文网所拘，时主不能率其意以易置，故经若干年，恒有一新机关与之代兴，实非得已也（曾、胡诸公于额设官，缺外喜置各种局，所以潜夺其权，即是此意）。而英国内阁，本纯为君主私人机关，及今乃忽变为国家公人机关，君主绝对的不能以此职私其所亲爱，其名称虽与昔同而精神乃适相反者，此则民权发育之结果。大势所趋，非人力所能强致，亦非人力所能强遏也。

治国闻者，观政于英，则亹亹乎其最有味矣。夫今世诸国中，内阁权力之重，则未有逮英者也，抑诸国之内阁制度，又未有不以英为师者也。虽然，今世诸立宪国之内阁，莫不认为宪法上一最要之机关（如法国现行宪法第三条、第六条，德国宪法第十七条，日本宪法第五十五条等，其他不必缕举），独英国则绝无明文，就形式上言之，则英国今日施政之府，仍枢密院也，非内阁也。法律现象不能左右政治现象，而政治现象常能左右法律现象，此其显证矣。牛津大学教授谛西氏，著名之硕学也。其言曰："内阁二字，吾侪无日不以悬诸齿颊。虽然，合全国之法学大家，竟无一人能为此团体下一定义者。"夫彼都巨子，且为斯言，而况于异邦之后学乎？吾故略述其沿革，使我国人知此制度之所由来，而乃得斟酌国情以图损益云尔。

夫名称固无关宏旨也，若夫其义，则为观念之所系，非讲明之，则生心害政，且将不免，故吾先以赅简之语，道其崖略，其详则见下方诸章。

内阁云者，非指内阁衙门所管政务之范围而已，各国通例，亦往往将不便隶属于诸部之政务，编归内阁所管（如日本内阁所管有法制局、赏勋局、印刷局、铁道院、拓殖院等是也），行政法上所谓内阁者指此，然内阁重要之性质，顾不在是，所重者在其政治上之性质也。政治上所谓内阁，不能求之于具体的，而只能求之于抽象的。盖内阁阁员，以一身而兼有为国务大臣与为各部行政长官之两种资格，当其以国务大臣之资格，相集而为一无形之团体，即内阁也。故内阁之为物，指各大臣之个人以当之，固不可也；指内阁及各部之官厅以当之，亦不可也（官厅之意义本已为抽象的，内阁则又于抽象中更抽象也）；即谓各大臣或各官厅相加而成，仍未可也。彼盖为统一而分化之一体，存乎各大臣与各官厅之中，而又立乎各大臣与各官厅之上。明乎此义，而取次章所论地位职权等证之，则庶几可得其概矣。

（附言）我国人于国家机关之一观念已不甚明了，以机关本为抽象的观念也，况内阁之一机关，尤为抽象中之抽象乎。今骤语人以内阁为统一分化之一体，闻者将茫然不知所指，此无他故，盖我国向为专制政体，政治上之统一，惟存于君主之本身，于君主之下而别有统一机关，吾国多数人所苦难索解也。然既以君主为统一机关，而于其下杂置多数之机关以分掌各部分之行政，君主与各部，为上级机关与下级机关之关系，则又非以一机关而分化者矣。内阁之为物，总理大臣与各部大臣，立于同等之地位，各有所职，而其中自有统一者存，求诸我国前古制度，未有一焉能与吻合者也。今者新内阁，行将取军机大臣与各部尚书相加（数学上之加法）而命以此名，夫杂排多数之丝缕不能指为帛，杂堆多数之瓦石不能指为室，以其非组织体也，非组织体之内阁，又可以冒内阁之名乎哉。

· 第二章　论内阁之组织 ·

近世各国内阁之组织，其内部节目，固不能从同，然有两原则为万国所共遵者焉。

（其一）以内阁为行政之府故，恒必以各部行政长官组织之，各国内阁，皆取法英国，而英国内阁，为枢密院之化身。既如前述，枢密院之初建，凡百政务，由院总领，初无分司，至爱法华第六时（一五五三年，明嘉靖卅二年）始分院为五部，每部置委员会，此即今日行政各部之滥觞也。后安时（一五五六年）病王室与枢院阂隔，乃由后自派秘书官五人入院，其后遂为各部之委员长，此即今日各部大臣之滥觞也。夫内阁为一国政令所从出，必筹画之人，同时即为执行之人，然后事无捍格，而责有所归，故各国通例，必以各部行政长官组织内阁，其阁臣不领部者，虽间有之，然亦希矣。

（附言）我国汉制，丞相府中，有诸曹掾，然分为佐属，不能自达于上，与今世各国内阁之诸大臣与总揆同僚者异矣。自东汉以降，权归尚书，分设诸曹分位略等（置尚书五人，其一人为仆射，他则分领常侍曹、二千石曹、民曹、客曹，凡四曹），魏、晋、六朝、隋、唐，谓之八座（吏礼兵刑户工六部，益以令及仆射，谓之八座），而各部尚书，率皆有同平章事、参知政事等职，实摄相事（《文献通考》卷五十二云，开元以前，诸司之官兼知政事者，午前议政于朝堂，午后理务于本司），实以一职而兼有国务大臣与行政长官之两资格，与今世各国通制，最相近矣。中间晋、宋、齐、梁，权移于中书省，浸复移于门下，而中书省之监令、门下省之侍中，皆无专掌，执政不躬亲政务，自兹始矣，宋制平章、参政、枢使，职皆宰相，而并不有专司，元、明亦然，政治与行政之乖离，自尔益甚。本朝大学士，名虽宰相，实权不属，无关重轻，雍正以还，事归军机，而军机大臣，为差不为官，恒以各部尚侍充之，其大学士入直者，亦什九管部，政治与行政，稍获调和，其制较美于宋、明，惟各部之长，不能尽列枢府，偏畸为病耳。及丁未改官制，有持不许兼官之论者，于是军机大臣一职，始画然与各部分离，揆诸祖制既多乖，按诸学理又无取，此则当日改制者之陋也。（今世立宪国之阁臣，以一身而兼国务大臣与行政长官之两资格，此自其职务之性质使然，非兼官也。丁未新官制，于京外各大小官之兼摄多差者，一毫不能厘革，而惟使军机大臣为独立官，何取焉？）

（其二）以内阁为政治之府故，故恒采合议制度，置总理大臣一人以为之长，而阁僚悉由总理大臣延揽汲引。夫内阁者，由各大臣以其为国务大臣之资格，相集而为统一分化之一团体。吾既言之矣，夫行政机关之组织，常以独裁制为善（署中置一长官，而其下僚属，惟受其指挥，谓之独裁制，行政机关皆当如此，我国一部置堂官数人行合议制，戾此原则矣）。而内阁独采合议制者，以内阁本为政治机关，与普通之行政机关有异，而各大臣皆有辅弼君主、经纶国务之责任，其地位无所高下也，然聚多数地位相等之人于一堂，而无所以统一之，则政且棼而不可理，故总理尚焉。总理若何而能统一其僚？则非由彼自延揽同主义同政见之人以组织之，不可得也。然则内阁之必须由总理组织，实事势之不可避者矣。

（附言）汉初之制，九卿受成于丞相，固大能收统一之效，然一人独断，常不免偏蔽以贻误。且各行政长官，既有所受成，其责任自有所诿卸。唐制尚书八座，位望略等，固可以各举其职，而其各曹之长，非与令仆同其进退，故无所得统一，若今制军机大臣与各部尚侍，位阶既不能相临，任务又互不相属，则两失之矣。

据此两原则，则我国将来内阁之组织，有应商榷之问题四焉。

问题一：副总理大臣与各部之副大臣，果当设置乎？

颇闻今议阁制，有于总理大臣外复置副总理一人或二人之说，此果何取义乎？求诸各国成例，当组织内阁时，添入不管部务者一二人以为阁员，虽未始无之（盖阁员本兼有为国务大臣与为行政长官之两资格，不管部务之阁员，则两资格中仅有其一者也），然亦仅矣，其偶出于此，必有别故。今我国则政治上有何所不得已耶？夫总理大臣，往往不兼部务，然必设之者，以非此无所统一也（若美国之制则无总理大臣，其统一之者则大统领也），且其在内阁本衙门，亦尚有行政上专责，固非高而无位焉矣。今复设副以为之丞，则何取焉？其人既可以为副，则曷为而不畀以一部之事权，而令其坐啸画诺，徒糜重糈，比于缀旒也，故副总理之决不当设置，无可疑者，至于各部设副大臣之失当，则吾既言之矣（参观去年第三十三号时评门《评新官制之副大臣》）。

问题二：总理大臣尚当管部乎？

总理大臣本为统一内阁之枢轴，不亲庶务，义亦宜然，顾吾犹设此疑问者，则以我国今日若欲树立一有力之内阁，则以总理管一要部，其事较顺，若此义不谬，则其应管之部有二：

（一）度支部。度支部大臣之地位，本视他部略有不同，以其掌一国财政计画，而财政计画即政策之中坚也。故学者论度臣之人物资格，谓于种种美德之外，仍须具有威望，乃足以镇服其僚（参观本号《豫算制度概论》论度支大臣之地位章），故英国例以首相兼度支总裁，他国时亦效之（日本现内阁首相桂太郎即兼大藏大臣）。我国财政，各部各省，纷纷攘夺，紊乱殆不可收拾，由总理大臣任此以重其事，亦一道也。

（二）民政部。我国督抚之权，久已积重难返，若欲举中央集权之实，则以总理大臣领民政部而使受其成，是亦一道，但此事非今所宜及，悬之以待将来耳。

问题三：阁员非由总理大臣汲引，则内阁可得成立乎？

就各国共通之法理言之，任免大臣，其权全在君主，不容有所假手也，然事实上则恒由总理大臣独受组织内阁之大命，组织既成，乃奏请亲任，盖非是无以收统一之效也。今者新内阁行将成立矣，颇闻即以现在军机及各部尚书之旧，易其名号而已。在当道者本无改革之诚心，其为此敷衍，固不足怪。然此必等于无内阁而已，夫吾固言之矣，杂排丝缕不能谓之帛，杂堆瓦石不能谓之屋也。吾以为今兹内阁，虽难望得人，然为养成善良习惯起见，则当组织新内阁时，各部大臣宜悉辞职以待后命，虽转瞬仍就新职，兹举亦足以示后也。

问题四：各省督抚，果宜列于内阁乎？

我国行省制度，为万国所无，督抚权限问题，政论家苦难解决。昔日本博士有贺长雄，尝语我考察宪政大臣，谓当以督抚列于内阁，其论新奇可喜，国中人士，颇有祖述之者。虽然，所贵乎内阁制度者，谓其能于分化之中保统一而已。统一之方：（其一）则缘全体阁员，皆由总理大臣延揽组织。（其二）则由常开阁议，交换意见，阁员皆有交让精神，以避冲突。今督抚既非由总理延揽，且相去辽远，无从参列阁议，拥此虚名，于事何神？况既为阁员，例应负连带责任，内阁一交迭，而全国地方政局，悉数动摇，又岂国家之福？故此论虽奇，亦适足资谈柄而已。

（附）内阁果对于谁而负责任乎？

吾在本报草《责任内阁释义》一文，方成二章，属有台湾之游，戛然中止。未几而阁制遂发表，大不餍国人之望，内地各报，所以纠其缪〔谬〕者亦既多矣。夫有治人，无治法，今以彼哉彼哉尸内阁之位，内阁复有何可语？故在今日而徒论阁制当若何组织，实无价值之闲言语耳，吾念此感愤，几欲将前论阁笔也。虽然，我国民既已辛劳孟晋，欲进吾国于立宪政体，且舍此一着，亦更无起衰救敝之途。然则相与讲明立宪主义之真精神，亦安可以已，吾之赓续以成此文，抑亦无用之用也。第四号所列章目，颇有病其类于著书体裁，入诸报纸，不免使读者望洋而叹，乃散其结构，择问题之尤要者先论之，乃次及其他，读者合诸篇以观其会通，则亦犹前志也。偶读宪政编查馆奏议，觉其言大有足荧人听者，不得不一辨，故先为此篇，实原文第六章之第一节也。辛亥四月著者识。

宪政编查馆会奏遵拟内阁官制折云："查各立宪国内阁之设，在负国务之责任，而对于何者应负责任，各国立法，又复不同。恭绎《钦定宪法大纲》，统治之权，属诸君上，则内阁官制，自以参仿日、德两国为合宜。日本宪法，各大臣辅弼天皇任其责，以国务大臣责任，关于辅弼之任务而生，故对于君主负责任，而国务大臣任免黜陟，君主皆得自由，与英、法之注重议院者不同，与德意志宰相对于其君负责任非对于议会负责任者则相类。我国已确定为君主立宪政体，则国务大臣责任所负，自当用对于君上主义。任免进退，皆在朝廷，方符君主立宪宗旨，议院有弹劾之权，而不得干黜陟之柄。"此其言，将法理论与政治论并为一谈，支离灭裂，不可究诘，即以文理论，亦前后不相衔接，绝似顽钝学童之学作搭截题之八股文者，不暇深论，但取其文中"对于何者应负责任"一语，疏通证明之。

国务大臣果对于谁而负责任乎？此在稍治国法学、稍明国家性质者视之，实不成问题，盖兹义可一言而决曰：对于国家负责任而已。曲学阿世之徒，无端造为对君主负责任之说，其陋固不值一笑，而矫之者则曰：是对于议院而负责任也。按诸法理，则其不完亦正相等，所谓楚固失而齐亦未为得，是故予曲学之辈以口实，而诡辩无已时也。我国多数人于国家性质，所见未莹，故此种误解，得而中之，今不避复沓，先简单论述国家性质以为论据焉。

国家者，法人也。若君主、若内阁及其他行政官署，若议会、若法院，皆其机关也。（我国人于法人与机关之意义，多不能明了，去年军机大臣某君在资政院演说，自称为法人，最近某某等报之论说，亦称内阁为法人，窥其意，殆指凡奉公职者皆为法人欤，虽然，此可谓之公人，不能谓之法人也。公人者对私人言之也，法人者对自然人言之也，自然人者据生理上之状态而命之为人也，法人者据法律上之状态而命之为人也。法人固有其机关，自然人亦有其机关，自然人之机关则眼耳鼻舌身意等是也，法人之机关则公司之总理监督等，国家之政府议会等，皆是也。今指军机大臣及内阁等为法人，是无异指眼耳等为人也，得乎？是故新名词不可妄用，科学上之术语，尤当谨诸。因有所感触，附论之如右。）凡"人格者"莫不各有其目的，有目的故有意思以决定之，有行为以成就之（"人格者"亦法学上一术语也，谓凡有人之资格者也，兼自然人与法人而言之），其意思行为，莫不假途于其机关以表现。然自然人者，有形体可指者也，其机关（即眼、耳等）皆附着于其体中者也，故眼、耳、鼻、舌等之运动，非别自有其目的而惟以本人之目的为目的，稍明事理者皆能知之。法人之国家，则无形体可指者也，常假自然人以为其机关，故浅识者流，常误认机关（政府、议会等）之意思行为，为属于运用此机关之自然人（君主、大臣、议员等）之意思行为，而不知非也。运用国家机关之自然人，当其立于机关之地位也，则不容自有其目的，而惟以国家之目的为目的，是故君主也、政府也、议会也。虽其所司之职务各有不同，至其为国家机关则一也，各机关同对于国家而负责任，非甲机关对乙机关而负责任，譬犹心脏、耳、目、手、足，并为人身之一体，而各率其职，非耳、目对于心脏而有应尽之职，非手、足对于耳、目而有应尽之职也。准此以谈，则谓政府对于君主而负责任固不可，谓政府对于议会而负责任，亦安见其可？

夫谓大臣对于君主而负责任，此其义，在专制政体之国诚无以易，若以之解释立宪政体之责任内阁，此惟日本陋儒之讆言耳，欧美无有也（若美国之采绝对的三权分立主义，不行责任内阁制者，又当别论）。日本陋儒，认国家为一物，而不认之为一人，质言之，则彼盖视国家如一什器然，而谓此器即属于君主之私产也（世界学者皆谓国家为统治权之主体，而日本陋儒，则有指为统治权之客体者，夫一切权利之主体皆人也，一切权利之客体皆物也，国家者本为有人格而能统治之人也，日本陋儒则指为无人格，而谓为被统治之死物也）。彼亦明知此说之不能通也，乃为之词曰："日本国体，为世界所无，故在他国，则应以国家为人格，而以君主为国家之机关，在吾日本，则应以君主为人格，而以国家为君主所统治之物也。"嘻！
甚矣！其愼也，既命曰国家，则必凡国家共通之现象悉已具备，然后能锡
以此名，所谓共通现象者，万国之所同，而决非一国之所能独外也。谓日
本国家而与他国家异其性质，则必日本国非国家焉然后可耳，夫谓国家而
非有人格，谓国家而非统治权之主体，则以推诸一切法律现象、政治现象，
将无一而可通（参观本报第一年第一号、第二号《政治浅说》第一章论国
家之意义），彼陋儒之说，自谓将以此尊其君主，而不知乃适以蔑其国家，
故彼中稍有识者，已抨击此邪说不遗余力。而举国中亦殆无复更为所惑者
矣，顾不料我国之小人儒，乃复有摭此粪土之言以恣其簧鼓者也。夫使国
家而果为君主私产，则君主固自应非国家机关，即政府议会等亦不过为君
主之机关，而非国家之机关（吾国古代称王之喉舌，称臣作朕股肱耳目，正
指百执事皆为君主机关者也），则语责任内阁问题，其结论必归宿于对君主
负责任，固其所也。然此说究可通乎？如曰君主非国家机关，而国家为君
主所有也，则必君主得任意割裂国家，如人之析产以授诸子焉然后可，则
必君主得任意举全国以畀人，如人之以己物馈赠朋友焉然后可；则必旧君
殂落而一国家随以亡，新君即位而一国家随以建焉然后可；此非惟天下万
国无此事理，即按诸吾中国古训，其不相容亦明矣。故孔子曰：天生民而
立之君，使司牧之，岂其使一人肆于民上？此以言乎君主实为国家一机关，
其义最著明者也。《晏子》曰：君人者岂以陵民，社稷是主；臣君者岂为其
口实，社稷是养。故君为社稷死则死之，为社稷亡则亡之，若为己死而为
己亡，非其私昵，谁敢任之？此以言乎大臣惟对于国家而负责任，非对于
君主而负责任，其义最著明者也。若曰大臣惟当对于君主负责任乎，则凡
君主之所欲行，大臣有将顺而成遂之而已。脱有君主于此，如汉哀帝之欲
禅位董贤，则若何而策加九锡，若何而劝进，若何而筑坛埠授玺绶，正大
臣之责任也；脱有君主于此，如石敬瑭之欲以燕云十六州赠契丹，则若何
而绘图，若何而缮表，若何而遣使画界，正大臣之责任也；脱有君主于此，
若金海陵之嗜淫嗜杀非此不欢，则若何而为之物色妖冶、掳掠良家，若何
而为之张钳网、砺刀锯、陈鼎镬，正大臣之责任也。此非吾好为诡激之言
也，盖尽责任云者，质言之，则忠于所职而已。既对于君主负责任，则无
论君主命以何职，皆当忠之。贤主命以为善之职，则务成其善，乃其责任；

暴主命以为恶之职，则务盈其恶，亦其责任，论理学上正当之结论，固应如是也。是故龙逢、比干，则对于君主最不尽责任之人也；蔡京、秦桧、刘瑾、魏忠贤，则对于君主最尽责任之人也。如曰大臣仅对于君主负责任，而可以为治也，则必君主皆尧、舜、汤、武焉然后可也，夫使君主诚皆尧、舜、汤、武，则专制岂不更有利于国，而何取乎立宪？所贵于立宪者，徒以尧、舜、汤、武，不能代有其人，故于君主之下，而别置一机关焉，使对于国家负政治上之责任，立宪之所以示异于专制者，全在此耳。如曰大臣惟对于君主而负责任也，则是取立宪政体之原则翻根柢以破坏之，而复返于专制。故曰：此陋儒之邪说也。

　　然则为对于议会负责任乎？是又不然，凡两"人格者"以事相委托，则此对于彼之责任得以发生，例如某甲以其财产委某乙经理，则乙必对于甲而负责任，今议会亦机关耳，非人格也。国家非议会所有，国事非议会私事，故议会不能使政府对于己而负责任，亦犹君主不能使政府对于己而负责任也。是故谓政府对君主负责任，则无以解于大臣之可以拒绝副署；谓政府对议会负责任，则无以解于大臣之可以奏请解散议会。要之，此两说者，皆由误认国家机关为一独立之人格，忘却人格之主体惟在国家，忘却机关之不能离人格而别存，故无适而可也。夫国家之有议会，犹公司之有监查员也，监查员虽应纠察总理之责任，而总理非对于监查员负责任也，对于公司负责任而已，议会虽应纠察政府之责任，而政府非对于议会负责任也，对于国家负责任而已。

　　明乎此义，则知对君主对议会之争辩，实不成问题，然则正当之问题何在？亦曰当问以某机关纠察此责任而已，彼"自然人"之治一事也，苟其躬自治之，则是非得失，皆由一人躬负其责，无俟他人过问也。若委托他人为代理，则躬自纠察其人之克尽责任与否，为事亦至便也。国家则法人而非自然人也，国家虽自有意思，然非借自然人为机关，则不能发表之；国家虽自有行为，然非借自然人为机关，则不能实现之；是故国家虽自有目的，然非借自然人为机关，则不能贯彻之。彼自然人之为国家机关者，固以意国家之意、行国家之行、贯彻国家之目的为其责任者也。虽然，人类之德，非能生而粹美者也，国家既不能自意其意、自行其行、自贯彻其目的，而悉举以委诸机关，而司机关者又恒为德非粹美之人类，苟其人意私意、行私行以反于国家之目的，则国家将如之何？古今中外之国家，其为此问题所窘而苦于解决者，不知几何世矣。畴昔之国家，惟置一总揽机关，而会凡百机关皆隶属其下，则君主专制政体是也。然既已不胜其敝，近一二百年来，以经验之结果，而别创为种种法门：（其一）则以数机关分立，各行国家职务之一部，而互不相统摄，若美国、瑞士等之共和立宪制是也；（其二）则以数机关并立，有执行国家职务者，有监视之者，而别以一最高机关，不偏不倚，超然立乎其上，则英、德、日等之君主立宪制是也。要之，其所以异于专制国者，专制国之机关，以惟一之系统而成立；立宪国之机关，则于此系统以外更有其独立之别系统焉。别系统惟何？即议会是也，议会最要之功用，则在其能纠察政府之责任而已矣。夫纠察政府责任之权，原不必专畀诸议会也，苟使有他机关可以行此权而收效更多于议会者，则国家固不惮畀之，然无如其不可得也。将以托诸君主耶，临之以尊严，而随之以赏罚，宜若最宜矣。然以君主生深宫之中，堂上百里，阶前万里，其地位果能举纠察政府之实耶？使其能之，则历代大臣之欺罔专恣、史不绝书者，又何以称焉？然则将别置一机关、妙选官吏使助君主以行纠察耶，古代之御史台、今兹之都察院皆是矣，而其人之得列于此机关者，则皆由政府所拔擢也。以政府所拔擢之人，其又能举纠察政府之实耶？使其能之，则历代权奸，常以台谏为鹰犬，而今者豺狼当道，寒蝉俱噤，又何以称焉？将泛然托诸舆人之诵耶，则彼固不成为国家机关，又安有力以实行其纠察者？若是乎纠察之道殆穷，其不得不以此权托诸议会，此实东西诸国积数百年经验之结果而始得此法，而以吾国数千年经验之结果反证之，而益当信其法之无以易也。是故今日而欲举责任之实，则首当问者为内阁责任果需人纠察与否，然此殆可一言而决。盖非有严重之纠察，则责任决难期实践，事理之至易见者也。次所当问者则当使何机关纠察之，彼曲学阿世之徒，则曰君主纠察之而已足也，而公明正直之学者，则曰君主最不适于行此权，惟议会适于行此权也。两说之孰是孰非，我国民试平心以断之。

彼曲学阿世者，动则以危言悚听曰：谓政府非对于君主负责任，则是蔑君主之神圣也；谓政府对于议会负责任，则政府将夷为议会之隶属也。而民党之主张对议会负责任者，其义虽极正当，而措词不免有语病，徒使彼辈有所遁饰以助其焰。若首明乎对国家负责任之义，次明乎责任必借纠察而始举其实，次明乎国家之设议会实用之以为纠察政府责任之机关，则彼曲学阿世者，其将何说之辞？

（附）论德、日两国关于责任大臣之立法

宪政编查馆折称，责任内阁，各国立法不同，而谓日、德两国皆以对君上负责为主义，谓为我国所当采。此言果当乎？夫谓各国之运用责任内阁，其政治习惯，各有不同，斯诚然也。若求诸法文，则馆折所云云，吾苦难索解也。彼言英、法之立法，为采对议院负责主义（折中虽无此语，合上下文观之，其意必云然），按英国为不文宪法之国，其法文原不完备，顾勿深论，但据学者所认为"准英国宪法"者，若《大宪章》，若《权利请愿》，若《权利法典》，遍读其原文，则并大臣负责任之文句且无之，遑论对君主与对议院。法国一八七五年二月之宪法第六条云："国务大臣，关于政府一般政务，连带负责，关于自己之行为，各自负责。"亦未尝有对议院之明文也，彼言日、德之立法为采对君上负责主义，按德国宪法第十七条云："宰相缘副署而负责任。"普鲁士宪法第四十四条云："各大臣代国王而任其责。"日本宪法第五十五条云："国务各大臣辅弼天皇任其责。"其与法国宪法原文，大同小异，又未尝有对君上之明文也。据此等条文而指为对君上主义，不过注释家之言耳，然此种注释之当否，固大有容商榷之余地也。据普国宪法有"代国王"一语，夫既已对此人负责者，则又安能代此人负责？然则不能指普国为采对君上主义甚明。即德帝国及日本之条文，其意义亦漠然而含极富之弹力性，强以对君上主义解之固可也，即以对议院主义解之，又安见其不可？彼玛耶、伊陵尼、美浓部达吉、市村光惠辈所著书言之已详，无俟吾喋喋矣。而馆折之论日本也，谓"其国务大臣之责任，关于辅弼之任务而生，故对于君主负责任"。此数语者，以论理学衡之，适见其不可通耳。何也？辅有将顺其美之义，弼有匡救其恶之义（《书》曰：予违汝弼）。谓缘辅而生出对君主责任可也，谓缘弼而生出对君主责任则苦难索解。若君主不听其弼，而大臣抗拒不肯副署，此果为对君主负责任者所当出乎？此一疑问也。反是，若君主不听其弼，而大臣徒以顺从君主之故漫然副署，以致生出政治上之恶果，此责任将归诸大臣乎，抑归诸君主乎？此又一疑问也。若持对君主负责之主义，则此两疑问皆不可解决，然则据辅弼二字，何从生出对君主负责之结论耶？夫咬文嚼字以解释法文，猾吏之所为耳，博通君子，固所不取，善解法者，惟当贯通全法系以求其精神之所在。夫立宪之所以异于专制，惟在君权有限之一大义，大臣责任制之所由立，皆为是也，无论何国之宪法，要不能背戾此精神，陋儒强为曲解，徒增其丑耳。明夫兹义，则知馆折所谓各国立法不同者，实莠言也。若夫政治习惯，则固有异矣，英、法议会之势力甚强，而日、德议会之势力较弱，此事实之昭然共见者也。然此则安可以与立法论并为一谈者？夫以英国宪法中绝无大臣负责之条文，而议会纠责之权，乃如彼其庞大，法、德、普、日之宪法，条文略相类，而所演之事实乃互殊异，是知法律条文为一事，政治现象又为一事，安得援此而诬彼乎哉？且即以政治现象论，若日本者，馆臣所指为采对君上主义而非采对议院主义者也，吾且与之言日本政府议会交涉之事实，彼第一次伊藤内阁何以辞职（明治二十四年四月），岂非以与议会约言节减政费而不能实行乎？彼第一次松方内阁何以辞职（明治二十五年八月），岂非以议会提出干涉选举之上奏案乎？彼第二次伊藤内阁何以辞职（二十八年八月），岂非以三国干涉还辽外交失败为议会所攻击乎？彼第二次松方内阁何以辞职（三十年十二月），岂非以进步党中途与政府绝，而不信任案以大多数通过于议会乎？彼第三次伊藤内阁何以旋起旋仆（三十一年正月成、五月倒），岂非以自由、进步两党联合，在议会以全力搏政府乎？彼隈板内阁何以旋起旋仆（同年六月成、十一月倒），岂非以宪政党中道分裂，在议会不复能制多数乎？彼山县内阁何以能支持三年余（自三十一年十二月至三十四年六月），岂非以与自由党提携，在议院得其助乎？其何以瓦解，岂非以逢立宪政友会之反抗乎？彼第一次桂内阁何以能亘五年（自三十四年六月至三十九年一月），因缘当日俄战役内讧尽息，抑亦恃立宪政友会之保障也。其何以瓦解，岂非缘战后外交失败，为议会所指攻乎？要而论之，日本自明治二十三年开设国会以来，凡内阁大臣之能立乎其位者，未有不恃议会之多数为后援者也，其颠蹶瓦解者，未有不缘议会之反抗者也。然则日本之纠问内阁责任者，为君主乎？为议会乎？愿馆臣有以语我来，夫以法理一方面言之，则日、德立法之本意，既非如馆折所云云，即以政治方面言之，则日、德与英、法之差异，亦不过程度问题，而非性质问题，曲学阿世者，其亦可以已矣！

（附）论大臣责任与君主任免权之关系

馆折述日本之制于"对于君主负责任"句下，紧接以"国务大臣任免黜陟，君主皆得自由"二语，而谓其与英、法不同，其论我国所当采之制，则于"用对于君上主义"一语下，紧接以"任免进退，皆在朝廷"二语，谓以符君主立宪宗旨，玩其语气，一若苟非行此对君上负责任主义，则君主任免大臣之权立即失坠者，一若英皇与法大统领，在宪法上无任免大臣之权者。嘻！吾不知馆臣所据者为何项之法文，而所宗者为谁氏之法理也。英国为不文宪法，故任免大臣权之安属，不能于法文中求之，然向来研究英国宪法者，皆以为除大宪章权利、请愿权利法典所明列限制者之外，自余权利，一切保留于君主手中，故英王任免大臣，有完全之自由，绝非他机关所得干预，此全世界法学者所同认也。至法大统领之任免权，则更明载于彼宪法第三条，无所容疑议矣。馆臣欲为将来政府开一逃责之涂径，惧议院之持其短长也，乃敢于造作诐说，以危言耸听，一若议院稍申其职权，君主即沦堕其魁柄。呜呼！是安得此不祥之言？抑各国成规具在，又安能以一手掩尽天下目也？

若夫以政治现象论之，则英、法大臣之进退，诚若惟议院所左右矣，然以此指为其制度所生之结果焉，不可得也。法国本为共和政体，加以政党未能完全发达，故其政治习惯，无甚可诵法者，兹勿具论。专言英国，据英国之法理，则君主欲任何人为内阁大臣，本有绝对的自由权也，虽举一不识字之屠沽博徒以爰立作相，不为违宪也；其国务大臣，原不必视议院之向背以为进退也，苟遇议院之反对，则虽奏请解散之数次乃至十数次，不为违宪也。然而实际上不尔尔，其大臣一失多数之援于议会，恒立即辞职，而君主恒必择多数党之首领而任命之者，盖其大臣深知反于民意之政治，决不能施行圆滑，故非得多助，不肯滥尸其位，其君主亦知为国择贤，其道莫妙于从民之所欲，察舆诵所归而授之以政，此皆为国利民福起见，夫岂有法制强之使不得不然者哉？若德、日两国，推馆臣之意，一若其君主借宪法成文之拥护，可以悍然不恤舆论，滥引私人而委以大权也。然按诸实际，又岂其然？彼德国本为联邦国，其宪法之系统，自不能与单一国同科，就法理言之，则为德国元首者，乃联邦参议院也，非皇帝也；皇帝对于立法事项，无发案权，无不裁可权，无单独宣战媾和之权，质言之，则皇帝不过对于两议院所议决之事，而自为其执行机关而已。其在法理上之权力既如此其薄力，则运用之于实际上，不能不有所以补之，故其政治现象发达之方向，适与英国相反，其任免宰相，所以不能专视帝国议院之向背者，盖以帝国宰相，苟非以普鲁士王国宰相兼充之，则一切施政，不能圆滑，而帝国之基础且将危普鲁士王国之宰相，自有普鲁士议会监督之，其不容以此权多畀诸帝国议会，固其所也，此其第一原因也。又创建此帝国者，实出俾斯麦一人之力，俾公即为建国后第一次之宰相，以迄维廉大帝之殂落，其威望固足以服全国，而舍此亦更无可以代之之人，故虽间遇议会之反抗，而其君不忍易之也，此其第二原因也。然俾公执政数十年，固无日不以操纵政党为事，其在议会，固未尝不常得多数以赞成其政策，遇反抗太剧，则解散议会，仍必以得多数然后已，其操术果轨于正道与否，且勿具论，而要之谓其专恃君权以蹂躏议会，则固俾公所不肯出也。及其晚年之失职也，虽曰新帝猜忌之所致，然亦犹其所提出之排斥社会党法案，为帝国议会所反对，及举行新选举，而反对党之焰益张，盖至是而俾公之操纵政党，已穷其术，其辞职盖不得已也。由此言之，谓德国议会，全然不能左右宰相之进退，得乎？至如日本，则吾前文所列举，彼其自明治二十三年以迄今日，内阁之起仆以十数，当其仆也，何一非以议会攻击为其原因者？其支持稍久之内阁，何一非由与议会多数党提携而得之者？即以最近政界现象论，彼首相桂太郎，向以不党主义号于众，曷为而今春乃纳降于政友会？（今春桂太郎亲诣政友会本部相谈判，宣言与之情投意合，彼中各报多哗笑之。）彼得君方如彼其专，则何不怙天威以蹂躏议院，而胡乃惮之至此？彼任免大臣之权，自法理上论之，固全操自天皇也。顾天皇曷为而不以畀诸其所最昵爱之皇族，而必择舆望所归者？而每当一内阁之见窘于议会而辞职也，天皇曷为而不强留之？且现在桂内阁之将倒，尽人皆知矣，而继其后者必为西园寺公望，亦尽人皆知。其天皇是否能扶桂氏使不倒，是否能于西园寺之外，别任一人？若其不能，则彼任免之自由权，尚足称为完全具足否？此中消息可以参矣。由此言之，谓日本议会，全然不能左右内阁之进退，得乎？夫以法理言之，则不惟德、日之元首能自由任免大臣也，即英、法亦何莫不然？以政治现象言之，则非惟英、法之元首常察议会之向背以行任免也，即德、日亦何莫不然？今馆折既混二者为一谭，而于英、法则揭其政治现象而匿其法理，于德、日则揭其法理而匿其政治现象，任意上下其手，颠倒是非，苟以荧惑圣聪而已，其不知而妄为此言耶？并此且不知，而犹觍然敢尸立法之职，无耻孰甚焉！其知之而故为此言也，则欺罔君父，罪且不容于诛矣。

抑吾尝闻日本学者斋藤隆夫之言矣，曰：

真正之立宪政治，亦务于宪法法理范围内养成宪法的习惯而已，此征诸日本宪法而最易见也。据日本宪法，则天皇虽解散议会几何次，惟所欲对于议会议决之法案，可以行其不裁可权；议会不通过之法律，得发紧急命令或独立命令以补之；议会不肯协赞豫算，得施行前年度豫算，又认为必要时得为豫算外之支出；欲任命何人为国务大臣，全属天皇之自由；又大臣虽被弹劾，可以不去其位。凡此皆日本宪法上所表现之法理也。若一一适用之，则所谓立宪精神者，将从根柢破坏以尽，并国会可以不设，并宪政之名可以摧弃矣。何也？苟不阿附政府之国会，则累解散以解散，与政府意见不合之法案，则行不裁可权以抑之毋赦，滥发紧急敕令、独立命令，而为国务大臣者，无论遇国民若何抵抗，犹恋其职而不肯去，如是则纯粹的专制政治耳，而复何立宪之可云？而或者犹为之辩护曰：是固未尝违背宪法法理也。是徒知有法律学而不知有政治学，适成其为陋儒之论而已。

富哉言乎！宪政妙用，尽于是矣。今宪政编查馆馆员，所为刻意模仿，惟恐不肖者，乃欲利用最无聊、最无价值之法理，以文饰其最恶劣之政治习惯。其与他国殷殷求治之心，不亦相反耶？吾请为一言以正告馆中起草员曰：贵馆中老朽大员，本未尝梦见宪政之为何物，不足责也，若公等则大率皆尝留学东西洋，以博学达识闻于时者也，否则曾历聘外国，考察宪政，饫闻其贤士大夫之言论者也，岂其于此至浅之理论而无所知焉？苟能出其丝毫爱国之良心，举所学以忠告当道，或未始不可冀其一窍，若终不见采，则洁身而退，亦可以告无罪于天下，而徒徇区区薄禄，倡邪说以受天下万世之唾骂，窃为公等惜之。夫国民所为想望宪政，先朝所为断行宪政者，岂不以有鉴于专制之极敝，知非此不足以转危为安耶？夫宪政之所以能成立，全恃上下有交让之精神，而不然者，势必出于革命而已。前此未尝以立宪号于众，国民犹冀其一旦幡然而改也，今乃假立宪之名以行专制之实，而公等复杜撰支离灭裂之法理以逢其恶，则国民益何望哉？呜呼！公等而犹有人心者，其庶几改之。

（附）内阁是否代君主负责任

内阁是否代君主负责任，此就法理上以明内阁责任之所从出也。畴昔学者，多有谓责任本在君主，特以君主神圣不可侵犯之故，不能以他机关起而问其责，于是乎别置内阁之一机关以代之，此责任内阁之义所由生也。而各国宪法，甚且有以"代君主"之一语著于正文中者，征诸我国，则如周公抗法于伯禽，如魏绛戮扬干之仆，如商君黥太子之傅，凡此之类，皆以法不可枉，而又不可以加诸尊者，故权宜以出此两全之策，是说也，其足以说明责任内阁之真意义乎？此治国法学者所欲深论也。

各国学者论此义虽多，要以德国硕学波伦哈克之说为最当，今节译如下：

波伦哈克曰："君主以一人而兼有二人之资格，其一则国法上之资格，其他则私法上之资格也，就国法上之资格言之，君主与国家同体（按波氏持论，主张君主主体说，与国家人格说不能相容，但本节所论，却甚正当，即揆以国家人格说，亦不矛盾，吾于下方更释其义），君主恒遵依国法所规定之形式以表示意思，若此者，其所表示之意思，即认为国家之意思者也。夫国家者，正义之源泉也，自法理上言之，国家万不能为恶。何以故？以善恶之标准，惟国家为能决定之故，夫国家既不能为恶，则与国家同体之君主，其不能为恶，自不待言，此非拟议之词，实法理上颠扑不破之事实也。[（按）所谓不能为恶者，与不可为恶有异，与不肯为恶亦有异。不可为恶者，谓事实本能为善，亦能为恶，而道义上诏之以不可为恶也；不肯为恶者，亦事实上本能为善或为恶，而其人遵守道义上之原则，故不肯为恶也；若不能为恶则异是，虽欲为恶，而事实上有所不能也。国家曷为不能为恶？以善恶之标准，由国家出故。善恶之标准曷为必由国家出？必须先知性理上所谓善恶与法理上所谓恶善之区别，然后能明之。性理上所谓善恶者，据人类之良知所认为善恶者是也，然此不过抽象的意思耳，而非具象的行为。法理上所谓恶只能专指具象的行为言之耳，必有某种某种之行为表现于实，乃认以为恶而从而罚之，此法理上罚恶之原则也，而所谓认某种某种行为为恶者，舍法律所规定外末从求之，易词以言，则法律所禁之行为，而或犯之者，是即为恶也。是故国家则无法律，无法律则无所谓善恶，各国法律不同，故各国所谓善恶亦随而不同。例如在君主国有谋侵犯君主者则为大逆，在民主国有谋拥戴君主者则为大逆，孰善孰恶，舍国法外无从得标准也；又如在古代闭关之国，见外国人格杀勿论，在今世文明国杀外国人与杀本国人同罪，孰善孰恶，舍国法外无从得标准也；又如古代埃及奉蛇为神，杀蛇者服上刑，古代斯巴达凡盗窃财物者不惟无罪，而或且得赏，孰善孰恶，舍国法外无从得标准也。由此言之，则善恶由法律出既章章矣。而制定法律者则国家也，国家既为法律所从出，自然即为善恶所从出，虽有恶事，然国家既不认为恶，则其性质自立变为不恶矣（例如在斯巴达行窃）。然则国家虽欲自为恶，岂可得哉？法理上所谓善恶之意义略如右，骤闻之若甚足骇怪，然按诸实际则无以易也。夫国家既不能为恶，则与国家同体之君主亦自不能为恶，固无待言。］虽然，此必其所表示之意思真为国家意思者，始足以语于是耳，必如何而后真为国家意思，则以一定之形式而表示者是也（参观本报所载拙著《论立宪国之诏旨》及《违制论》，又《法政杂志》所载拙著《论立宪国之公文格式》等篇），苟不遵此形式乎，则所表示者，非与国同体之君主的意思，不过一私人的意思而已（解释详下文附言）。君主以其为一私人之资格，无论何种恶事，皆可得为，然犹谓之不能为恶者，则君主以其为君主之资格，虽欲为恶而决不可得也。其枢机何在？则大臣副署之一形式是已。吾据普国宪法第十四条之趣意，凡国王政治上之诏令，必要一大臣副署而始有效。该大臣即依之而负责任，然则凡政治上之诏令，必以大臣副署为发生效力之一条件，无副署者纯然无效，虽发之亦与未发等，至易见也。然各种国务上之发令，尚须各循特别之形式，例如法律、如预算等，必须经议会之协赞，苟不依此种形式，则违法也，虽有大臣副署，依然违法也。易词以申明之，则此种举动，非君主以其为君主之资格而发令，实君主以其为一私人之资格而发令也。大臣也者，惟对于国法上之君主而辅弼之耳，若副署违法之发令，则非辅弼国法上之君主而加担于私法上一私人之违法行为也。而副署此种行为，以施诸有政，则大臣实无所逃罪，此大臣责任所由发生也。"（原著《普鲁士国法论》上卷第一百三十七叶以下。）

（附言）波氏主张君主即国家，故有君主与国家同体之说。或疑其与吾党所信之国家人格说、君主机关说（谓国家为一人格，而君主为国家之机关）不相容，而不知非也。波氏所谓君主以一人而兼有国法上、私法上之两资格者，惟以机关之意义为最能证明之。盖凡以自然人而司法人之机关者，未有不以一人而兼两资格者也。例如以某甲为某公司总办，彼某甲者，固有时以公司机关之资格而为公司治事，有时亦以一私人之资格而自治其私事，彼其一私人之债权债务，与公司之债权债务不相蒙，至易见也。又如以某乙为某署长官，彼有时以长官之资格（即国家机关之资格）而为国家治政务，有时亦以一私人之资格，而自治其私事，而彼之僚属，惟对于彼所委办之政务，理宜服从遵办，若长官私事，则僚属无服从办理之义务，又至易见也。然凡属法人之事务，必有一定之形式以为成立之条件，例如公司之事务，必须于商律及本公司章程之范围内行之。而欲使之生效力，尤必须用签名盖印、贴印花等种种形式，苟逾越范围，缺损形式，则只能认为总办私人之行为，不能认为公司之行为矣。又如官署长官之治政务，亦必须遵守法令及备具公事上种种形式，否则亦认为长官私人之行为而已，长官私人之行为，僚属固无服从协办之义务，苟协办而至于干犯国纪，则僚属亦不能辞其咎明也。波氏谓大臣副署违法之发令，无异加担于私法上一私人之违法行为，即是此意。

由是言之，则大臣代君主负责任之说，其不衷于理论也甚明，盖责任内阁制与君主无责任之大义，实相依而不可离。使大臣而为代君主负责任也，则是君主本有责任，而名义上移之于大臣云尔，而议会之纠问大臣责任者，实则本当纠问君主责任，徒以君主不可斥言，姑以大臣尸其名云尔，此义非是。盖罪恶之为物，自作者宜自当之，在法不容诿诸他人，常人有然，即君臣之际，亦何莫不然？昔周太史劝楚昭王禳灾以移诸令尹司马，昭王犹以为不可，使君主果有过举，而以大臣尸咎，揆诸法理，岂得曰平？且君主神圣，不可侵犯，各国无不明著诸宪法，夫不可侵犯云者，非徒不许有侵犯之迹而已，抑亦不许开侵犯之门，故《礼》曰：以足蹴路马刍有诛；齿路马有诛，谓其嫌于逼君也。使过责本在君主，而人民徒以畏惮尊严之故，集矢于其所信任之大臣而使之、闻之，则先自有亵其君之心，而何神圣之可言？彼豫让击赵襄子之衣，以寄其报仇之宿志，谓豫让未尝加无礼于襄子焉，不可得也。然则大臣代君主负责之说，其不能贯彻君主神圣之本旨，盖可见矣。立宪国之法理，则使君主无责任一语，成为颠扑不破之事实，而绝非虚构拟议之辞；夫如是，然后君主神圣不可侵犯，亦成为颠扑不破之事实，而绝非循例颂扬之比。立宪国皇室所以安如磐石者，道皆在是也。语其枢纽，则亦曰以大臣副署为君主行为成立所必须之条件，苟无副署，则君主虽欲为恶而不成于恶。更易词以申明之，则国中无论何人，皆可以独力为恶事，惟君主不尔，君主苟非得大臣之协助，则在理、在势皆断不能为恶事者也，非惟不能为违法之恶事，抑且不能为失政之恶事，其有几微之违法失政，则罔不由协助之大臣成之，故大臣责任，实其本身所固有，绝非由代君主而始发生也。

夫曰代君主负责，犹且乖于法理，况于言对君主负责乎？夫使大臣为对于君主负责，则谁欤为对于国家负责者？据论理学以穷其旨归，则责仍在君主而已。如是则于立宪国法理上所谓君主无责任、君主神圣不可侵犯之两大原则，益枘凿而不能相容，则立宪与专制，更奚择哉？此义言之已屡，今不复赘述也。（《国风报》第二年第四、十二、十三期，1911 年 3 月 11 日、5 月 28 日、6 月 7 日，署名"沧江"）

新中国建设问题

叙言

十年来之中国，若支破屋于淖泽之上，非大乱后不能大治，此五尺之童所能知也。武汉事起，举国云集响应，此实应于时势之要求，冥契乎全国民心理之所同然，是故声气所感，不期而洽乎中外也。今者破坏之功，已逾半矣，自今以往，时势所要求者，乃在新中国建设之大业，而斯业之艰巨，乃什百于畴曩，此非一二人之智力所能取决，实全国人所当殚精竭虑以求止于至善者也。启超学谫才绵，岂足以语于此，顾亦尝积十年之研索，加以一月来苦思极虑，于多数人心目所悬之诸大问题，穷极其利害，有敢决言者，亦有未敢决言者，姑就所得条举之，以质诸国民，他日更有见，当续布也。

辛亥九月著者识

上篇　单一国体与联邦国体之问题

我国之大一统，逾二千年，单一国、联邦国之问题，本无从发生也。自一月来，各省相继宣告独立，识微之士，始思标此义以谋结合，其利害若何，其进行方法若何，最今日所宜熟讲也，今分三节论之。

·第一节　联邦国体、单一国体之利害·

治国法学者，称联邦国为完全国家之过渡，凡以联邦组织立国者，皆一时不得已之所为，非欲以终焉已也。今世联邦国之最著者，莫如德、美，而彼两国之政治，方日趋于集中，其渴思糅联邦以归于单一，至易见也。故两者之利害，本无商榷之余地，惟诚不得已而出于此，斯不可不商榷耳。今中国之议采联邦制，果为不得已与否，吾今犹未能确言，然其利害固有可先论者。

（甲）主联邦论者所持之说：

一、中国幅员广漠，交通未便，断非恃一中央政府所能善其治理，剖为联邦，治具易张。

二、各省利害关系不同，惟本省人最善知本省利病，利用人民两重爱国心，发达可期周密。

三、各省竞争，互相淬厉，进步愈捷。

四、以现在情形论之，全国未得确定之中心点，将来各省虑难相下，联邦可以息争。

五、旧朝若未遽颠覆净尽，就令暂保一境，使加入联邦，亦可弭兵。

六、蒙、回、藏、疆，各为联邦，自由加入，可免分裂。

（乙）非联邦论者所持之说：

一、联邦宪法，其政权之分赋于中央政府者，皆取列举主义，中央活动之范围甚狭，不能得强有力之政府，恐不适于今之时势。

二、我国近年，已微以省界为病，采联邦制，将益助长人民之地方观念，妨国家之统一。

三、政治问题，画为中央与各邦之两部分，两皆不能具足，政治家无论就何方面，皆不能尽其才，将酿成全国人厌倦政界之习。

四、无历史的根柢，恐事实上之联邦，不能成立。

五、现在各省，多有仰他省补助政费者，析为联邦，发达必至偏枯。

六、蒙、回、藏、疆，更无各自成邦之理，标此以期结合，事实等于抛弃。

以上两造之说，其所根据之理由皆甚强，请于次节撷其要点论列之。

· 第二节　中国将遵何道乃得成联邦国体乎？ ·

国家为一种有机体，非一时所骤能意造也，其政治现象之变化，必根据于历史。今世联邦国有三，曰德意志联邦，曰瑞士联邦，曰北美联邦。瑞太小，实则二十二村耳，可勿深论；德则君主联邦国之代表也；美则民主联邦国之代表也。德之各邦，自中世史以来，久已存在，建国最古者垂千年，新者亦二百余年，新帝国之建，不过排奥戴普，一转移间耳，其历史之深远若彼。美则自清教徒移植以来，各州本为自治体，英王所给约券，即为各州宪法渊源，盖成为具体而征〔微〕之国家者，四百余年于兹矣，脱英轭而易以共和政府，中央之统属变，而地方之组织未尝变也，其历史之深远又若此。我国骤欲效之，其果克致乎？此尽人所不能无疑也。我国昔虽为封建，而废绝已二千年，无复痕迹，虽人民私权，政府向不干涉，缘放任之结果，留自治之美风，然欧美人所谓完全自治机关，求诸我国，实渺不可得。夫德之各邦、美之各州，其内部之构造，实与一国无异者也。今日合全国俊髦，以谋构造唯一之新中国，犹惧不给，其更有余力以先构造此二十余邦乎？此不可不熟审也。夫构造唯一之新中国，不过由旧而之新耳，为事虽难而尚易；构造二十余邦，乃自无而之有，为事似易而实之难，此不可不熟审也。且我国今日必须构造此二十余邦，然后能间接以构造唯一之新中国乎？抑毋须尔，而可以直接构造新中国乎？此不可不熟审也。以吾国幅员之廓，治具之疏，若诚能以联邦为基础，然后置完全中央政府于其上，则政治之密度增，人民之幸福进，此吾所祷祀以求也。虽然，吾求联邦之基础而不可得，吾恐陈义虽高，终属理想，此吾所以不敢坚持也。本节所许〔论〕，非可与不可之问题，乃能与不能之问题，愿我国民稍留意也。

· 第三节　采联邦制所当审慎之诸端 ·

吾前曾言之矣，联邦国不过单一国之过渡，究极必求趋于单一，求之而未得，乃以联邦为一时权宜，故联邦云者，必前此仅有群小国，本无一大国，乃趋〔联〕小以为大也。若前此本有一大国，乃剖之为群小，更谋联之为一大，微论不能，即能矣，而手段毋乃太迂也？吾平素所以不敢持联邦论者，以此也。虽然，凡一问题之发生，皆起于不得已，今既有各省独立之事实，人人忧将来统一之艰，然后心理乃趋于此者，谓非有所不得已焉不可也。若诚不得已而终出于联邦，则吾对于联邦组织，有愿国民注意者数事焉：

第一，联邦首长之资格。

联邦之各邦，实具体而微之国家也，凡国家所有之机关，不可以不备，则首长其最要矣。今世各联邦首长之资格，其种类有三：

一、世袭者，德意志联邦除三自由市外，其余各邦是。

二、由本地方人民公举者，北美联邦、瑞士联邦是。

三、由中央首长任命者，英属加拿大联邦、澳洲联邦是。

第一种绝非我所能效，可勿具论。第二种按诸理论，最为正当，然行之恐多流弊，盖以吾国向来政治习惯，骤使人民全体投票以举首长，则或失之太冷，徒受运动而盲从，或失之太热，缘剧争而酿乱，谓公举必能得国民所真好恶，实空想耳。此义当于次节论民主共和制项下详发之，今不先赘。夫全国阅数年举一民主，识者犹忧其险艰，况各邦又各自公举哉？借曰无险艰，而为国民者，既须举中央首长，举中央国会两院议员，复须举各邦首长及邦会议员，其下地方团体之公职尚不计，是每岁平均当行选举数次，劳费不亦甚乎？然则必不得已而行联邦制，似惟当采第三种之法而已。加拿大、澳洲各有一总督，总督下有巡抚（加拿大七、澳洲六），皆由伦顿政府任命，然皆不负政治上之责任，各自有其国务大臣代负之，实一种之君主立宪制也，可以保威严，可以杜争竞，为法最良。但中国将来苟非立君，或恐难采此法，无已，则犹当由中央共和政府任命，使之对于各该邦之议会负责任。虽然，信如是也，则中央政府之权力甚重，各邦独立之范围仅矣，名则联邦，实与今之行省相去一间耳，顾吾以为中国国家之组织，实当如是，吾于完全之联邦精神，盖不敢妄赞也。

第二，联邦与中央之权限。

联邦之为物，其统治全权，本为各小邦之所固有，及联群小为一大，乃将此权割出一部分，献诸中央，其所割献者，列举于宪法正文，宪法所未举者，则各邦之所保留也，如德国、美国是；若纯粹之单一国，则中央所赋予地方之权限，仅用地方自治制规定之，而不以著诸宪法，如英、法、日本等国是；亦有在两者之中者，中央权限、地方权限，各各列举于宪法中，如奥大利是。我国于此三者，当何择乎？以吾平素所持论，则谓必当采英、法、日之制，然此则已非复联邦矣；若用奥制，骤视若两无偏畸，然天下事理，非列举所能罄，有列举必有洼〔挂〕漏，两方列举，则其洼〔挂〕漏者不知应保留于何方，权限之纷议必生无已。其仍用德、美制乎？若事势必至尔尔，则当制定宪法时，各省人士，万不可存猜忌中央之心，不可务削减中央之权以自广。盖处今日国竞至剧之世，苟非得强有力之中央政府，国无道以图存也，昔美国之始制宪法，地方感情较强，限制中央过甚，后卒酿南北战争，至今卢斯福所倡新国家主义，即欲以药斯病，盖其沮滞美国之进步，不为少矣。我国民爱乡之念甚挚，丰于所昵，亦情之恒，且中央专制，久撄众忌，难保无主极端分权之沦，指为与人民幸福最相应者。虽然，吾望我国民其毋尔也。彼美国之宪法，根于彼之历史，非我所能学也，况彼犹且不胜其弊，我何为效之？治今日之中国，实当以整齐、严肃为第一义，若鉴旧朝中央集权之弊而务矫之，安见其可？彼旧朝岂识机关之集权，但有私人之攘夺耳，夫安可因彼之噎，废我之食？夫军政、外交、司法之必当集中无论矣，即如财政政策、工商政策、交通政策、教育政策等全国方针，安可以不定于一？质言之，则各部之事，其行政上应分权者虽甚多，其立法上应分权者实甚少。以吾之意，窃谓苟不得已而用联邦制，则宪法之规定，当与美相反，对于各邦权限，取列举主义，其不列举者，尽保留于中央。夫似此则已几于非联邦矣。所异于英、法、日诸国者，彼以普通法律列举之，我则以宪法列举之，轻重微有别耳。

第三，联邦之区域。

若必采联邦制，则即以今之行省为联邦区域乎？抑别定联邦区域乎？此一问题也。吾屡言我国联邦无历史上之根柢，若必于无中而强求其有，则惟行省差为近之。虽然，省界思想，本足以为统一之梗，今方当同袍敌忾之时，此种病征，似不发现，或缘此次事变而革除之，诚国家前途莫大之幸，然底定之后，能否长尔尔，实尽人所难断言也。今缔造新国，诚不可不注意此事，将各种行政区域，错综而沟通之，实融合之一种手段也，今若仍各省之旧，而范之以联邦，得毋助长此焰乎？斯不可不熟计也。且现在行省之区分，其幅员大小，境界系属，实多不适，允宜修正，域以联邦，毋乃增障？故吾于行省联邦说，不敢深赞也，若别画疆而新造之，则为道又益艰矣。

抑既称为联邦，必须将其所得行之统治权，充分以行于境内，质言之，则各邦政府，必须能有实力以圆满宰制其本邦也。以今者各省改造之新邦，其果有此实力乎？将来当用何道可以得此实力乎？此国民所当熟审也。万一力薄不任，而于大联邦内复分为小联邦，小联邦内复分为更小联邦，则中国成齑粉矣，吾固日祝我国民之决不尔尔。虽然，凡当革命之际，人民距心力恒发动甚剧，而向心力每为所抑，此征诸各国历史而皆然者也，我国民不可不引为深戒也。

第四，联邦与旧朝。

谓联邦可以暂容旧朝，使之加入，此亦出于调和之苦心。虽然，吾以为直幻想耳。中国联邦，而使旧朝拥片土为普鲁士，谓我国民能承认之乎？使能承认者则又不如行虚君共和制之为得策矣，若以此为应行联邦制之理由，则吾疑其无理由也。

第五，联邦与藩疆。

联邦制所最难处置者则蒙、回、藏诸藩疆也，使彼等能各自为邦以加入联邦中，岂非大善？然平心论其程度，实未足以语于建国，此为所困难也。或曰，如美国虽为联邦，固多中央政府之直辖地，今之阿拉士加及菲律宾无论矣，即如阿利根、华盛顿、新墨西哥、夏威夷诸州，前此皆不认为邦而认为属郡，我今效之，何为不可？斯固然也，然我诸藩疆与本部之关系平昔本已阂隔，尔来强邻介煽，久已生心外向，今若非别有道以维系之，则惟有俟戡难之后，陈兵镇抚，窃恐此愿未偿，而物已非我有矣。此忧国之士所最宜兢兢也。

或者谓欧洲诸国，壤地率皆比我数郡，犹能泱泱称雄，我但拥十八省旧疆，安在不可以立国？况地大难治，甫田莠骄，稍缩政区，易收臂使，即暂时放弃诸藩疆，未足为病也。虽然，今列国方以机会均等相揭橥，我一放弃，则诸藩不能自保，势必将有所属，泰东之均势一破，则本部金瓯，又安能保？况人满之患，我亦犹人，移植之图，急不容缓，人方不惜糜烂其民以求辟新地，我安可举所固有而弃若弁髦？故今者建设伊始，当刻刻以蒙、回、藏、疆为念，务使不自屏于中国之外，而不然者，则对内成功奏凯之时，即对外一败涂地之时也。

要之，吾国今日所要求者，首在得一强固统一之中央政府。今采联邦制，若能用德国式，则此愿诚易偿，然事势既不许尔尔；若用美国式，则无论若何，而于强固统一之程度，总为所不慊，吾所以始终不能释然于联邦制者以此。今所最当熟审者，则今日之中国，是否必须经过联邦之一阶级乃能进于单一，此则须俟全国俊杰之公判，非不佞所能臆断也。若将来事势所趋，可以毋经此级，吾所馨香以祷也，若必须经者，则吾［愿］当草制时，于其流弊三致意也。

下篇　虚君共和政体与民主共和政体之问题

今后新中国之当采用共和政体，殆已成为多数之舆论。顾等是共和政体也，其种类复千差万别，我国将何所适从，是当胪察其利害，而慎所择也。

第一种：人民公举大统领而大统领掌行政实权之共和政体，此共和政体之最显著者，美国是也。中美、南美诸共和国皆属此种。

第二种：国会公举大统领而大统领无责任之共和政体，法国是也。法国大统领，由上下两议院公举，与美国之由人民选举者殊，而其地位亦与美统领绝异，乃略同英之君主，不负政治上之责任，政权悉在内阁，故美国选举大统领，竞争极剧，法国易一大统领，远不如内阁更迭之耸人耳目也。

第三种：人民选举终身大统领之共和政体，罗马奥古斯丁时代、法国两拿破仑时代曾行之，此皆僭帝之阶梯，非共和之正轨，现世已无其例。然墨西哥当爹亚士时代，连任二十余年，亦几于终身矣，凡行此制者，名虽共和实则最剧之专制也。

第四种：不置首长之共和政体，如瑞士联邦是。瑞士之元首，乃合议机关，非独裁机关，瑞士之最高机关为参议院，议员七人，互选一人为议长，对外则以议长之名行之，然议长与其他六人职权实平等也。

第五种：虚戴君主之共和政体，英国是也。英人恒自称为大不列颠合众王国 Great British United Kingdom 或自称为共和王国 Public Kingdom，其名称与美无异，浅人骤闻之，或且讶为不词，不知英之有王，不过以为装饰品，无丝毫实权，号为神圣，等于偶像。故论政体者，恒以英编入共和之一种，其后比利时本此意编为成文宪法，欧洲各小邦多效之。故今日欧洲各国，什九皆属虚戴君主之共和政体也，今省名曰虚君共和制。

第六种：虚戴名誉长官之共和政体，英属之自治殖民地如加拿大、如澳洲、如南非洲皆是也。此等名虽藩属，实自为一国，而英廷所置总督，地位正同英王，故国法学者统目为共和政体也。

右六种共和政体中，我国人所最熟知者，则美、法两国之式，其尤想望者，则美国式也。实则六者各有所长，而后进国择所仿效，要当以适于己国情形为断，就中第六种，不行于完全之独立国，我国除非采联邦制，以施诸各邦（即今之各省），容有商榷之余地耳，今勿具论，请得取前五种比较其利病。

第一，人民选举终身大统领之共和政体何如？

此共和政体之最可厌恶者也，何以故？以他种皆为共和立宪政体，独此种为共和专制政体故，谓此种政体可采，度国民必唾吾面。虽然，西哲有恒言，政治无绝对之美。不能谓立宪之必为美，而专制之必为恶也。凡行此种政体之国，其被举为终身大统领者，必为雄才大略之怪杰，内之则实行开明专制以整齐其民，外之则扬国威于四海，苟中国今日而有其人，则正最适应于时势之要求者也。虽然，此其人固可遇而不可求，苟其有之，则彼自能取之，无劳我辈之商榷，故可置勿论也。

又此种政体最后之结果，必变为君主专制政体，果复为因，因复生果，必酿第二次革命，墨之爹亚士，其近证之最切著者也，故吾国若有此人，固足以救时，竟无此人，亦国家之福也。

或曰：欲防选举大统领纷争之弊，任举一中材为终身大统领，使之如法国制不负责任，似亦一法。答之曰：此殆不可行。一国元首，恒情所同歆也，世袭君主，视为固然，故虽童騃，或不为怪。既属公举，而使庸才终身在人上，势所不克致也。

第二，不置首长之共和政体何如？

此惟极小国若瑞士者，乃能行之而无弊。瑞士一切中央机关，权力皆甚微弱，稍重大之法案，国会辄不敢擅决，以付诸国民投票，不独执行机关惟然也。彼为永世中立国，绝无外患，内之则地狭民寡，而自治之习甚完，无取夫有强大之政府也。我国今日，非得一极强有力之中央政府，何以为国？而以合议机关充一国元首，则于强有力之道，最相反者也，其不足采，盖无俟辩。

第三，人民公举大统领，而大统领掌行政实权之共和政体，何如？

此北美合众国排英独立后，根据孟德斯鸠三权鼎立说所创之新政体，我国民所最艳羡也，而常人所知之共和政体，大都亦仅在此一种。虽然，此可谓诸种共和政体中之最拙劣者，只可以行诸联邦国，而万不能行〔诸单〕一国，惟美国人能运用之，而他国人决不能运用。我国而贸然欲效之，非惟不能致治，而必至于酿乱。请言其理。

其一，凡立宪国，于元首之下，必别置行政府，对于立法府而负责任，两府相节相济，而治以康。独美国不然，彼固有行政府之国务大臣也，然惟对于大统领负僚属之责任，未尝对于议会而负责任，盖其系统各不相蒙也。然则为行政首长之大统领，亦对于议会负责任乎？曰，否否。议会由人民选举，大统领亦由人民选举，所自受者同，不得而相凌也，故美国政府，实无责任之政府，而与欧洲立宪国所谓责任内阁之大义正相反对者也。然则彼曷为而不流于专制？美国政府联邦之国也，政权之大部分，为各州政府所保留，其割爱以献诸中央政府者，实至微末耳，而即此微末之政权，其立法权之全部在两议院，行政府并提案权与不裁可权而两皆无之也，所余行政权之重要部分，上院犹得掣肘之，故美国行政府实权限至狭、权力至脆之行政府也。我国而欲效彼耶？则亦必如彼之广赋政权于联邦，严画界限于两院，使政府无多地足供回旋，庶或可以寡弊。而试问此种政府，果适于今之中国否耶？今卢斯福辈日日号呼于众，即欲革此制度，而别建一强有力之政府，盖深知非是无以竞于外也，我熟睹其覆辙，宁容蹈之？

其二，然则即用此制，而赋予大统领以广大之权限何如？曰，固可也，然势则必返于专制，此征诸中美、南美诸国而最可见也，彼诸国皆袭取美国之成文宪法以建国者也，顾名则民主共和，而民之憔悴虐政，乃甚于君主专制。其最为我国人所新能记忆者，宜莫如数月前墨西哥被革之统领爹亚士矣，彼专制墨国垂三十年，路易十四、拿破仑未能仿佛其什一也。其他中南美诸邦，〔皆类〕是耳。夫彼诸邦之宪法，与美同系，而所演之结果乃若是相反何也？美国政治之大部分，出于联邦各州，而彼诸国则全集于中央，大权所集，而他机关末由问其责任，欲其不专制焉，安可得也？今我新共和国之宪法，将纯效北美合众国耶？〔则〕政府权限太狭，不适于时势；将效中美、南美耶？则政府权力太横，必返于专制。故以美洲之法系施诸我国，实无一而可也。

其三，吾既屡言冀得强有力之政府，然若采用美洲法系，则强有力之政府，适以为继续革命之媒介已矣。彼中美、南美诸国，革命惨剧，几于无岁无之，此稍治国闻者所能知也。即如墨西哥，彼马德罗之革爹亚士而代为大统领，距今三月前事耳。今巴拉拉又起而革马德罗，掠地得半国，迫墨京而要求逊位矣。谓拉丁民族程度劣下，不能运用宪政，斯固然矣。然欧洲拉丁民族之宪政国固不少，何以剧争不如彼其甚？此其源亦半由于立法不善，不可不察也。欧洲诸国，有元首超然于政府之上，政府则对国会负责任，人民不慊于政府，则政府辞职而已耳，政府更迭太繁，虽已非国家之福，然犹不至破坏秩序，危及国本也。美洲诸国，大统领即为行政府之首长，而任期有定，不以议会之从违为进退，人民不慊于政府，舍革命何以哉？夫国家元首与行政部首长以一人之身兼之，此实天下最险之事，专制君主国所以易酿革命者以此，美洲诸共和民主国所以易酿革命者，亦以此也。是故欧系之宪法其体圆，美系之宪法其体方；欧系之宪法其用活，美系之宪法其用死，而其相异之机括，全在此著。吾愿世之心醉美宪者，一味吾言，吾愿将来有编纂宪法之责者，务慎所择，毋贸贸然效颦，而贻国家以无穷之戚也。

其四，法国之举大统领，民夷然视之，其郑重仅视举议员稍加一等耳；美国举大统领，则两党肉薄〔搏〕，全国骚然，几类戒严，贿赂苞苴，动逾亿兆；若中美、南美，则每届改选，未或不杀人盈野，非拥重兵，不能得之。等是民主共和也，而相去悬绝若彼，其固可思也。法之大统领，全摹仿欧洲各国君主，不躬亲政治以负责任，美其名则曰神圣不可侵犯也，质言之，则无用之装饰品也，不能直接用一人，不能直接行一政，政权所出，全在内阁总理，故野心家不乐争此以为重。美洲诸国不然，美国行政府之权，虽云狭矣，然其权限内所属之官吏，悉由大统领进退，虽宪法上规定必须得元老院同意，然事实上皆大统领专行，故每一次改选大统领，苟继任者非其同党，则上自阁僚公使，下逮邮政脚夫、税关验丁，尽行易人，此曾游美国者所能熟知也。彼候选大统领之人，虽或廓然大公，其奈攀鳞附翼之徒太多，挟之使出于激烈卑劣之一途，彼美国幸而为清教徒所建设，道德较优美，自治之习甚完，全国仅两大党，故虽剧争而不至召乱耳。不然，其有以异于中南美者几何也？若中南美，则大统领之权愈崇，人之欲得之也愈甚，而其人民又乏自治之素养，缺政党之训练，争之不已，惟力是视，卒成为军人政治，前后相屠，国家永沉九渊，累劫不能自拔。呜呼！我国民而妄欲效颦美国也，吾惧此祸水行滔没吾神州也。彼诸国大率仅比我一郡，其元首比我古代一小侯耳，而惨争犹若彼，今若以四万万人之投票决此一席，再益以各省联邦首长，亦用此法决之，则其惨剧之比例，又当若何？言念及此，可为寒心。

吾知闻吾言者，必按剑疾视曰：汝何人乃敢侮国民？汝何由知吾民程度必不如北美，而猥以比诸中美、南美？夫吾固非敢侮国民也，然又安敢面谀国民？彼条顿民族所演之英、美两国，最富于自治力，最善训练政党，最能为秩序之政争，举全球各国，莫或能及之者，此天下公言也。谓我民程度能与彼抗颜行，徒自欺耳，自欺将焉取之？侧闻比者武汉首事诸君子，颇能相下，有赵却廉蔺之风，此诚极可喜之现象也。然闻之议道自已，而制法以民，凡立法当为百年之计，使常人皆可以率循，方今大敌在前，同袍敌忾，内讧固可冀不起，而后此变迁，亦安可以不预防？昔法国大革命伊始，狄郎的士党实为首义，未几乃见屠于山岳党；山岳党中，罗拔士比尔、马拉、丹顿辈，又展转互屠。夫自始曷尝非戮力共事之人哉？而后乃若彼者，势则然耳。吾固祝吾国永无此等不祥之事，然吾尤愿缔造之始，勿以立法之不臧，助长其势也。

且尤有一义为吾国民不可不深念者，吾屡言吾国今日所最渴望者，在得一强有力之中央政府，盖非是则不能整齐画一其民以图竞胜于外，此义当为全国稍有识者所同许也。然既已如此，则无异于共和政体之下而行开明专制。质言之，则爹亚士之奠安墨西哥，即操兹术也。然似此实最易酿成第二次革命，此我国民所最不可不留意也（爹亚士前此所以能久于其位者，以其承百余年大乱之后，人心思治已极，不惜牺牲一切以求得一专制之元首，盖与法国经大革命恐怖时代后，拿破仑应运而兴者无异矣，及今年马德罗革爹亚士后不数月，而第二次革命起则时势不同也）。

是故北美合众国所以能久安长治，而中美南美则频年战乱者，北美人民程度优于中美南美，固其一端也，然亦由国家组织法之根本差异有以致之。差异云何？则联邦分权与中央集权是也。使中美、南美各国中央权限之狭，一如北美，或未始不可以小康；使北美合众国中央权限之广，一如中美、南美，亦安见其必无争乱也。故专以人民程度问题为北、中、南美政治现象差别之根原，所谓知其一未知其二也。而中南美诸国所以不能行联邦分权制者，实历史上之根柢使然，虽强欲效颦北美而不可得也。吾愿贤士夫之心仪美制者，且勿问吾民程度视美何如，尤当问吾国国势视美何如耳。

综而论之，吾国若欲采用美制，则有种种先决问题必须研究者：（第一）美国之中央共和政府，实建设于联邦共和政府之上，而彼之联邦，乃积数百年习惯而成，我国能以此至短之日月，产出彼巩固之联邦乎？（第二）美国政权之大部分，皆在联邦各州，其所割出以赋与中央者，不过一小部分，我国效之，能适于今日之时势乎？（第三）美国行绝对的三权分立主义，中央立法之权，行政部不能过问，此制果可称为善良之制乎？我国用之，能致国家于盛强乎？（第四）美国由英之清教徒移植，养成两大政党之风，故政争之秩序井然，我国人能视彼无逊色乎？（第五）美国初建国时，地仅十三州，民仅三百万，其选举机关，夙已完备，我国今日情形，与彼同乎异乎？吾愿心仪美制者，于此诸问题一加之意也。

第四，国会公举大统领而大统领无责任之共和政体何如？

此法国之制也，其优于美制者四：

一、选举大统领，不用全国投票，纷争之范围较狭。

二、其大统领与君主立宪国之君主等，缘无责任故无权力，人不乐争之，故纷扰之程度减。

三、大统领既超然政府之外，政治有不慊于民心者，其极至政府辞职而止，非如美洲法系之将大统领与政府合为一体，施政不平，动酿革命。

四、政府由国会多数党组织，立法部与行政部常保联络，非如美国极端三权分立之拙滞。

此其所长也。盖法人所以创为此制者，（其一）法之共和政［体］，成立在美后，鉴于中美、南美之流弊，且亦积八十年间屡次内乱之经验，不得已而出于此也；（其二）地在欧洲，蒙诸君主立宪国之影响，故晦其名而用其实也。若我国而必采用民主共和制，则师法其优于师美矣，然法制之劣于美制者亦有一焉。美之政府，与大统领同体，而大统领任期一定，对于国会不负责任，故常能继续实行其政见，不致屡屡摇动，以久任而见效；

法则大统领虽端拱不迁而政府更迭频繁，法之不竞，颇由于此。虽然，法制行之而不善，其极则足以致弱耳；美制行之而不善，则足以取乱亡。何也？凡用美国法系之国，苟政府不为多数人民所信任，则非革命不能易之也。此无他故焉，欧洲法系以国会监督政府，国会与政府之联络甚密；美洲法系，政府与国会同受权于选民，离立而不相摄也。

法制与美制比较，其优劣既如彼，若以与英制比较，其劣于英者复有二焉：

一、英王与法大统领其超然立于政府与国会之外也虽同，然英王不加入政党，法大统领则借政党之力以得选。使大统领与总理大臣常为同党，则固无甚窒碍，然此实绝无仅有之事耳。法内阁每数月必更迭一次，安所得常与大统领同党者？苟非同党，则大统领常能用其法定之权，或明、或暗以牵制总理大臣，彼麦马韩（第三共和时代之第二大统领）之阴谋不轨，遵是道也。而后此且数见不鲜，法国政界，常有杌陧之象，此亦其一原因也。

二、英王名虽为王，实则土偶，此种位置，惟以纨绔世胄处之最宜。法大统领既由选举，其人非一国之才望，不能中选，既为一国之才望，乃投闲置散，使充数年间之装饰品，未免为国家惜。昔拿破仑一世初被选为执政官时，愤然语人曰：吾不愿为受豢之肥豚。即此意也。

准此以谈，则法制之视美制，虽有一日之长，以云尽善，则犹未也。

最近葡萄牙之共和宪法，最称后起，欲并取美、法之长而去其短，然其大体实同于美，不过美大统领由人民选举，葡则采法制，由两议院选举耳，美制固有之诸弊葡终不能免也。

第五，虚戴君主之共和政体何如？

此虽未敢称为最良之政体，而就现行诸种政体比较之，则圆妙无出其右者矣，此制滥觞英国，全由习惯积渐而成，其后比利时著之成文宪法，遂为全欧列邦之模范。其为制也，有一世袭君主称尊号于兆民之上，与专制君主国无异也，而政无大小皆自内阁出，内阁则必得国会多数信任于始成立者也。国会则由人民公举，代表国民总意者也，其实际与美、法等国之主权在民者丝毫无异，故言国法学者，或以编入共和政体之列。独其所以异者，则戴一世袭之大爵主为装饰品，国民待以殊礼，且岁供皇室费若干以豢养之而已。夫欧人果何取乎此装饰品，而全国人屈己以礼之，且出其血汗金钱以豢之也？以其可以杜内争而定民志也。夫以法国大革命恐怖时代，全国民死亡将半，争乱经八十余年而始定；以中美、南美之每改选大统领一次，辄起革命一次，试问国家所损失为数几何？以区区之皇室费与照例尊崇之虚文易之，天下代价之廉莫过是也。是故十九世纪欧洲诸国，无国不经革命，夫革命固未有不与君主为敌者矣，及其成功也，则仍莫不虚戴一君主，其尤取巧者，则不戴本国人为君主，迎一异国异种之人而立之，但使之宣誓入籍、宣誓守宪而已，若比利时、若布加利牙、若罗马尼亚、若希腊、若那威皆其例也。夫岂其国中无一才智之人可任大统领，而顾出于此迂远愚谬之举，此其故可思也。中南美诸国所以革命相寻无已时，而彼诸国所以一革之后邦基永定者，其操术之巧拙异也。

且在今日国竞极剧之世，苟非得强有力之政府，则其国未有不式微者。而在美洲法系之国，大统领既与政府同体，且同受权于国民，国会不能问其责任，苟非以宪法极力裁减其权，势必流于专制。故美国政府，不能列席于国会，不能提出法案于国会，不能解散国会，惟奉行国会所立之法而已。夫政治贵有计画，而计画之人即为执行之人，然后可以察责任而课功罪也。美制不然，国会计画之，而政府执行之，两不相接，而各有所诿，非所以图治也，在前此墨守门罗主义，与列强罕相角，固可以即安，在今日则大不适于时势矣，此卢斯福之新国家主义所由倡也。然在美国法系之下，而欲此主义之现于实，吾信其难矣。欧洲之虚君共和制则异是，英人之谚曰：国会之权力，除却使男女易体外，无一事不能为。国会之权，如彼其重也，而内阁总理大臣，惟国会多数党首领为能尸之，故国会常为政府之拥护者，国会之权，即政府之权也，然则政府之权力，亦除却使男女易体外，无一事不能为也，所谓强有力之政府，莫过是矣。然则曷为而不流于专制？则以非得多数于国会者不能执政，而国会实由人民选举，其得多数者，必其顺民心者也。此制也，在专制君主国固不能行之，即在德、日等之大权立宪国仍未能行之，若在美洲之诸民主共和国，尤绝对的不能行之，能行之者，惟虚君共和国而已。此论政体者所以推此为极轨也。

然则中国亦可行此制乎？曰：呜呼！吾中国大不幸，乃三百年间戴异族为君主，久施虐政，屡失信于民，逮于今日，而令此事殆成绝望，贻我国民以极难解决之一问题也。吾十余年来，日夜竭其力所能逮以与恶政治奋斗，而皇室实为恶政治所从出，于是皇室乃大憾我，所以僇辱窘逐之者无所不用其极。虽然，吾之奋斗，犹专向政府，而不肯以皇室为射鹄，国中一部分人士，或以吾为有所畏有所媚讪笑之、辱骂之，而吾不改吾度，盖吾畴昔确信美、法之民主共和制，决不适于中国，欲跻国于治安，宜效英之存虚君，而事势之最顺者似莫如就现皇统而虚存之。十年来，之所以慎于发言，意即在是，吾行吾所信，故知我罪我，俱非所计也。虽然，吾盖误矣。今之皇室，乃饮鸩以祈速死，甘自取亡而更贻我中国以难题，使彼数年以来，稍有分毫交让精神，稍能布诚以待吾民，使所谓十九条信条者，能于一年数月前发布其一二，则吾民虽长戴此装饰品，视之如希腊、那威等国之迎立异族耳。吾知吾民当不屑断断与较者，而无如始终不寤，直至人心尽去，举国皆敌，然后迫于要盟，以冀偷活，而既晚矣。夫国家之建设组织，必以民众意向为归，民之所厌，虽与之天下，岂能一朝居？呜呼！以万国经验最良之虚君共和制，吾国民熟知之，而今日殆无道以适用之，谁之罪也？是真可为长太息也。

无已，则依比利时、那威等国迎立异邦人为君主，使宣誓入籍，然后即位之例，但使现皇室能改从汉姓，我国民或许其尸此虚位乎？夫昔代既有行之者矣，北魏孝文帝之改拓拔为元氏是也，更有进者，则宪法中规定册立皇后，必选汉族名媛，则数传之后，血统亦既丕变矣。吾以为苟用此法，则以视糜千万人之血，以争此土木偶之虚君较为得计，然人心怨毒所中既若此其甚，其可行与否，吾不敢言也。

又所谓宪法信条十九条者，今已誓庙公布，若能永见实行，则虚君共和基础确立，吾民诚不必与争此虚位；然事定之后，旧朝其肯长此退让，不谋所以恢复其权力乎？此尽人所不能无疑也。窃以为若万不得已而戴旧朝以行虚君共和制，则迁都实为一最重要之条件，诚能南迁，则民权之确立，庶可期矣。且京师久为首恶之区，非离却之，则政治之改革，终末由奏效也。然此事果能办到乎？即能办到，而吾国民遂能踌躇满志乎？吾盖不敢言。然则舍现在皇统外，仍有行虚君共和制之道乎？曰，或有一焉，吾民族中有孔子之裔衍圣公者，举国世泽之延未有其比也，若不得已，而熏丹穴以求君，则将公爵加二级，即为皇帝，此视希腊、那威等之迎立外国王子，其事为尤顺矣。夫既以为装饰品，等于崇拜偶像，则亦何人不可以尸此位者？此或亦无法中之一法耶。虽然，尚有三疑义焉：

其一，若非现皇室禅让，则友邦不易承认，而禅让之事，恐不易期。南北相持既久，是否能保国中秩序？秩序既破，干涉是否能免？

其二，孔子为一教主，今拥戴其嗣为一国元首，是否能免政教混合之嫌？是否能不启他教教徒之疑忌？

其三，蒙、回、藏之内附，前此由于服本朝之声威，今兹仍驯于本朝之名分，皇统既易，是否尚能维系？若其不能，中国有无危险？

凡此三者，皆极难解决之问题，其第一、第三项，则无论欲改民主，欲戴衍圣，皆同此患；其第二项，则衍圣所独也，同是戴虚君，而衍圣公不如现皇室者即在此。故曰：现皇室既不能戴，则我国行虚君共和制之望殆绝也。

夫民主共和制之种种不可行也既如彼，虚君共和制之种种不能行也又如此。于是乎吾新中国建设之良法殆穷，夫吾国民终不能以其穷焉而弃不建设也，必当思所以通之者。吾思之思之，既竭吾才矣，而迄未能断也。吾只能尽举其所见，胪陈利病于国民之前，求全国民之慎思审择而已，夫决定一国建设之大问题，惟全国民能有此权，决非一私人所能为役也，若曰一私人应出其意见以供全国民之参考乎？则吾待吾再苦思有得，乃更以献也。（天津《大公报》1911 年 12 月 29、30、31 日，1912 年 1 月 3、5、7、8、9、10、11 日）

张　謇

辞江苏谘议局议长书

为呈报全体辞职事。

上月三十日奉到督院札文，内开"据江苏谘议局呈请'此次复议预算案呈报后，距法定答复之限逾时已久，迅将前项复议预算案克日核准，公布施行，札知本局。再，上年议决，宣统三年宁属预算案内，凡未奉督院说明原委事由交令复议者，自早在核准之列，应请一律公布施行，俾预算案不至消灭于若无若有之中，庶重宪政'等由，据此查谘议局本届临时会复议宣统三年试办豫算案，其中增减数目于各学堂经费有以百分裁去四十余分者，有裁去百分之数分者，有同等学堂用数本多而减数甚微者，有用数本少而减数甚巨者，实无划一办法。上江公学之款，选据安徽谘议局及安徽全省教育会具呈，争执自非核定标准，实无凭裁夺施行。查各省预算案亦尚多未成立，诚以初次试办，不能不审慎于始，未便徒恃理想，转忽事实，以致舛错窒碍。其预决案未经成立之先，自应暂照上年之案办理。此届预算，谘议局于临时会时，函请呈饬各学堂监督等前往讨论。比经莅会，各议员又不令入席协商，仍多执前议，本督院只能核照谘议局章程二十四条、二十九条，送资政院办理。合就札复谘议局查照"等因，奉此。

查各学堂经费，其为核实与否，何尝有划一之成分，即安得有划一之办法？谓核减必计分数，未知据何典要。上江公学挪用江、安两省合设之南洋大学经费，本局仍请照删，为本省即为皖省。该省谘议局、教育会之仍请拨款，系指该省协解南洋之款正多，其旅学应得补助，自为国家行政经费问题，所执极为正当。督院应从国家行政经费项下拨款补助，与本局所议地方行政费何关，即与此项预算案何涉？至督院所示核定标准之旨，何以未蒙核定于交议之先，并未蒙核定于交复议之日？本局调查事实以定议，何尝徒恃理想？

各学堂监督，本由本局呈请督院札派到会讨论，蒙督院札称"已札令会同提学使来局陈述"，本局以各监督及提学使间有未如督院札文本意者，以致未能入席。要之，本局议决之权限，不因各监督入席与否而加损也。此事原委，谨就本局会期日刊，将当日呈札各文及速记录分别签呈，备咨资政院时印证。

各省预算一案，凡议员之稍有信用者，必蒙各省督抚顾念宪政，俯采刍荛，即本省苏属预算亦早荷抚院照议施行，业将议停议办各事宜，并添拨预算不敷之款，列表印发，通行指定放款之司、关、道、局照办。惟宁属预算不蒙督院照察，纵交复议者，仍有不以为然，则不交复议者，何以并遭压阁？议停者，坐视其糜费一年；议办者，坐视其不举一事。为立宪国民教育前途计，岂堪遭此迁延？

督院为国家重臣，南洋系行省领袖，老成硕画必不独后于各疆臣。自缘謇等材轻任重，信望不孚，以致上不见谅于长官，下不见容于父老，謇等不足惜，其如国家宪政何？其如本省行政何？为此，公同协议，引咎辞职，以避贤路。谨于本日出局，合并声明。除呈资政院暨抚院外，理合呈报。为此，备文检同本局会期日刊五张，分别签明，呈请督院鉴核，须至呈者。

◎**通告书**

（其一）启者：本局复议宁属预算案，所奉督院复文前已函陈，并声明俟初三日协议后再将办法通告等情，想蒙察及。一昨协议，金以复议预算得此结果，实无以对全省父老。公决议长、副议长、常驻议员全体引咎辞职，即日出局。除呈报资政院、督院、抚院外，合亟奉闻，即希鉴察。

此布

张謇敬启

（其二）敬启者：宁属预算一案，本局议员竭数十日审查之力，经两度之会议，仅克成之。何图上不见信于长官，借送资政院核办之文，俾本年宁属预算隐为消灭？三年之预算如此，吾党亦何颜隐忍苟且，更议四年之预算乎？謇等承诸君之举，常川驻局，接触尤近，谨于本月初三日临时协议会公决，全体引咎先行辞职。除由局通知外，特再合词报告，即希亮察为荷！

议长、副议长、常驻议员全体敬启（《申报》1911 年 5 月 5 日）

辛亥五月十七日召见拟对

第一，外交危险时期

国家海陆军一时不能完备，全恃外交应付得宜。所谓得宜者，在知事会之缓急轻重。今外交危险时期，约有三节，请摄政王注意、注意。

第一期：今年夏秋改订《伊犁条约》，恐俄人尚有提出不利于中国之条件，于西北一带借启衅端。必令外交官预先详慎研究，以便临时应付。第二期：宣统五年为英日同盟满约之期。日之连英计画全注射于中国，倘仍接续同盟，于中国非常危险。然以世界大势论，英日之交必不坚。上年英国伦敦太晤士报馆主笔，在上海即有英国社会多数人心理厌薄日本之语，必预先布置设法以疏散之。驻英使臣，尤须得人。第三期：宣统七年为美国巴那马运河开通之期。日本为争太平洋权力起见，必设法在宣统七年以前，竭力扩张在中国之势力，或有意外举动，亟宜预筹防范。

总之，中国国势在此四五年内，日日皆系危机，刻刻皆须防备。尤须望中国太平无事，方免外人乘机生衅，切求朝廷不为大拂人心之举动。

第二，内政重要计画

一、须注重民生以实行宪政。

宪政之要，在合君民一体。各省连年皆有灾荒，江苏之徐、海，安徽之凤、泗，受淮之灾，十余年来已经数次。美国去今两年助赈已二百余万圆，现又由其政府令赤十字会派人来为测视。中国认其为慈善事业，出于救灾恤邻，义亦可受。若以土地、人民之大计委之他人，成何国体？

謇前在苏省谘议局提议，先从测量下手，呈请总督奏明拨款五万圆，预先又养成测绘生数十人，本年正月已经开局测量。淮水关系安徽、江苏、河南、山东四省利害，须请朝廷注意，将来必须自行浚治。重视民生，各国方信朝廷实意立宪。

又，谘议局为道达民隐之地，须得各督抚重视舆论，方足宣朝廷之德意；又须朝廷体察民隐，方能得舆论之真相。但得民心不失，则内政可修，外患犹可渐弭。

二、各种人民生计缺乏，即宪政无由进行。

若因生计而一有乱象，则又可引起外患。朝廷一面须将农工商各实业已办者实心保护，未办者竭力提倡，以培元气。国人但知赔款为大漏卮，不知进出口货价相抵，每年输出以棉货一项论，已二万一千余万两，铁亦八千余万两，暗中剥削，较赔款尤甚。若不能设法，即不亡国，也要穷死。此须农工商部通盘筹画，分年进行。

三、此次晋京，系为上海、广东、汉口三处商会所公推，专事组织游美商团、中美银行及航业之事。

现在中国只有联合美国为外交最要之策。然政府组合，或有第三国之干涉，不如人民组合灵活稳便。且实业共同，较之空言结纳，尤有用处。謇尤愿摄政王确定行政方针，督饬内阁总协理及各部国务大臣认定政策，共同一致，实力进行，限期办事，庶可以端内政之基，固外交之盾。（《张季子九录》政闻录卷三）

请新内阁发表政见书

内阁成立，海内人民，奔走相告，喁喁望治，今又两月矣。东西各国，凡新内阁成立之日，必当发表政见。方针既定，庶政即循是进行，故能上下一心，无所抵牾。今两月之间，寂无表见，何以新外人之耳目，慰士民之属望？区区之愚，有不能不效忠告于王爷与协理大臣之前者，请鉴其愚诚而终听之。

中国何以需立宪？何以不适用军机旧制而改设内阁？何以国务大臣必须负连带责任？不可不深长思也。

立宪云者，通政府与人民之隔阂也；改设内阁者，统一各部之事权也；连带责任者，联缀各部行政之方针而使之一致也。今欲通政府与人民之邮，必先通阁与部之邮，尤必先通部与部之邮。内阁成立以来，部与阁不相谋，部与部亦不相谋，与往日之习惯，无以异也。行政何由而统一？庶务何由而进行？宜乎有内阁之名，而不能发表政见。政见不定，则人民之趋向，亦徬徨无措，而簧鼓之徒，得乘隙以肆其诋毁。循是不变，国家前途之危险，有不忍终言者矣。

今敢举简要之辞，敬陈于我公忠体国之王爷与协理大臣之前：一请发表政见，刷新中外耳目；二请实行阁部会议之制；三请与国务大臣并开幕府，遴辟英俊。是三策者，为国家计，为王爷计，为协理大臣计，为各部大臣计，皆今日必不可缓之要图。试更分别陈之。

人民之于政府蓄疑，久矣。积疑生忌，积忌生谤。政府即有善良政策，而无术可使人民相谅，则以我国政府对于人民向无发表政见之事也。新内阁成立，士民之属望，以为必有新猷可涣号于天下。迟迟又久，寂然不动如故，则向之属望于内阁者，至此而愈以增其疑忌。上下相疑，国事焉得而不腾？国势焉得而不落？故发表政见，乃今日急不可缓之图。果能通筹全局，何者当兴，何者当革，举落落数大端宣告于各部，宣告于资政院，使全国人民，一旦改易视听，则此后对于政府，必能一反从前之观念，上下同心，乃可收一致进行之效。此发表政见之万不可缓者，一也。

虽然，政见云者，非独协理大臣一方面之政见，而国务大臣全体之政见也。未发表之前，应有化除畛域、统一机关之组织；既发表之后，应有互相提挈、合力进行之办法。故非实行阁部会议之制，则政见既无从履行，即手续亦无能确定。同举一事，此部与彼部办法不同；同在一部，今日与明日方针忽变。以意见纷歧不相统一之国务大臣，与人民立于对待之地位，徒授人民以隙，予以攻击之资料而已，而于国事曾不能有丝毫裨补。此实行阁部会议之万不可缓者，又一也。

阁部会议，关乎国家大计。国务大臣，集全国政务萃于一身，每日例行奏牍，已足纷其心思。一旦有重要事件发生意外，临大疑，决大谋，必有宏通明达之士，从容讨论于平时，斯临时会议，乃有至当之理论与确定之方针。此即阁部大臣开府征辟之说也。阁与部虽有属官，要皆循资迁擢，未必皆有异材，故日本国务大臣得自辟秘书，不受次官约束者，即中国幕僚之职，外人已先我行之。或疑京朝开府，日朝向无此制。不知专制时代，事由君上亲裁，军机止居参预地位；立宪时代，君主不负责任，内阁实总行政大纲。事变之来，非可逆料，非集思广益，何以应世变而策万全？此国务大臣开府征辟之万不可缓者，又一也。

以上所陈发表政见，为沟通政府与人民计也；实行阁部会议，为沟通政府计也；广开幕府，为政府与人民及政府与政府沟通之补助计也。謇十四年来，不履朝籍，于人民之心理，社会之情状，知之较悉，深愿居于政府与人民之间，沟通而融和之，但必政府先自沟通，先自融和，乃不为人民所借口，愿我公忠体国之王爷与协理大臣，深思而善处之。山野之人，能言之而不能为力。区区为国之私，既有所见，不敢不言，言不敢不尽。谨说。（《张季子九录》政闻录卷三）

代鲁抚孙宝琦、苏抚程德全奏请改组内阁宣布立宪疏

窃自川乱未平，鄂难继作，将士携贰，官吏逃亡，鹤唳风声，警闻四播，沿江各省，处处戒严，朝廷分饬荫昌、萨镇冰统率军队水陆并进，并召用袁世凯、岑春煊总督川鄂，剿抚兼施，其烦圣明南顾之忧者亦至矣。而民之讹言日甚一日，或谓某处兵变，或谓某处匪作，其故由于沿江枭盗本多，加之本年水灾，横连数省，失所之民，穷而思乱，止无可止，防不胜防。沸羹之势将成，曲突之谋已晚，论者佥谓缓急之图必须标本兼治。

治标之法，曰剿曰抚；治本之法不外同民好恶，实行宪政。臣某、臣某亦曾以是概要上陈明听。顾臣等今日广征舆论，体察情形，标本之治，无事分途，但得治本有方，即治标可以一贯。臣等受国恩厚，忝膺疆寄，国危至此，无可讳饰，谨更披沥为我皇上陈之。

自内政不修、外交失策，民生日蹙，国耻日深，于是海内人士愁愤之气，雷动雾结，而政治革命之论一闻。先皇帝颁布立宪之诏，和平者固企踵而望治理，激烈者亦降心而待化成。虽有时因外侮之侵陵，不无忧危之陈请，然其原本忠爱，别无贰心，已为朝廷所矜谅。惟是筹备宪政以来，立法施令，名实既不尽符；而内阁成立后，行政用人，举措尤多失当：在当事或亦有操纵为用之思，在人民但见有权利不平之迹。志士由此灰心，奸邻从而煽动，于是政治革命之说一变而为种族革命之狂，而蓄祸乃烈矣。

积此恶因，腾为谬说，愚民易惑，和者日多。今若行治标之法，必先用剿。然安徽、广东之事，既再见三见，前仆后起，愍不畏死。即此次武昌之变，督臣瑞澂夙抱公忠，其事前之防范何尝不密？临时之戒备何尝不严？而皆变生仓卒，溃若决川。恃将而将有异心，恃兵而兵不用命。即使不大兵云集，聚党而歼，而已见之患易治，方来之患仍伏；有形之法可按，无形之法难施。以朝廷而屡用威于人民，则威亵；用威而万有一损，则威尤亵。是剿有时而穷。

继剿而抚，惟有宽典好言。宽典则启其玩，好言则近于虚，纵可安反侧于一时，终难导人心于大顺，况自息借商款、昭信股票等事，失信于人民者，已非一端！今欲对积疑怀贰之徒，而矢以皦日丹青之信，则信亵不信而有违言，则信尤亵。是抚亦有时而穷。故臣等之愚，必先加意于治本。

盖治病必察其脉，导水必溯其源。种族革命之谬说，既由政治革命而变成，必能餍其希望政治之心，乃可泯其歧视种族之见，然苟无实事之施行，仍不足昭涣号之大信。今舆论所集，如亲贵不宜组织内阁，如阁臣应负完全责任，既已万口一声，即此次酿乱之人，亦为天下人民所共指目。拟请宸衷独断，上绍祖宗之成法，旁师列国之良规，先将现任亲贵内阁解职，特简贤能，另行组织，代君上确负责任，庶永保皇族之尊严，不至当政锋之冲突。其酿乱首祸之人，并请明降谕旨，予以处分，以谢天下。然后定期告庙誓民，提前宣布宪法，与天下更始。

庶簧鼓如流之说，借口无资；潢池盗弄之兵，回心而释。用剿易散，用抚易安。否则伏莽消息其机牙，强敌徘徊于堂奥；民气嚣而不能遽靖，人心涣而不能遽收；眉睫之祸，势已燎原；膏肓之疾，医将束手。虽以袁世凯、岑春煊之威望夙著，恐亦穷于措施，微论臣等。

臣等亦知急迫之言，非朝廷所乐闻，然实念国步艰难已甚，民情趋向所归，既无名誉可沾，惟有颠隮是惧，是以甘冒斧钺，不遑顾忌。如尚不蒙圣明垂察，则负戾滋重，惟有恳恩立予罢斥，敬避贤路，免误国家。臣等不胜激切屏营待罪之至！（《张季子九录》政闻录卷三）

康有为

宣布奕劻卖国罪状书

康有为涕血哭告于我中华五万万同胞曰：呜呼哀哉！中国瓜分日闻矣！吾国五万万同胞将永为奴隶，将为高丽、安南、缅甸、印度、巫来由之民矣！我同胞亦皆发愤集会、同思救国之方矣！而病势已危，医多药杂，患者无所适从也。夫欲治病者，必当诊知病源，乃能下对症之药，而后病乃可起也。今中国内因外感，万病固多，而在膏之上，在肓之下，刺之不可，达之不可，而人尚不知之者，最为不治之症也。夫所谓膏上肓下，刺之不可，达之不可者，谁也？谁卖我五千年文明之中国，鬻我五万万之同胞，而无如之何者？则政府首座之大宰相庆王奕劻是也。

奕劻者，最得前太后所宠，本自疏从贝子，累拔至亲王，食双俸且世袭（中国世袭亲王仅十一人耳）。奕劻之在外部也，垂四十年。及光绪十年，恭王出外部，则奕劻以首座总管外部之政。不必问奕劻得失如何，此四十年中，凡有卖地、鬻爵、赔款、失利之事，皆奕劻一人为之也。赔款则十万万两，借债则十余万万两。刮我地皮，使吾同胞穷尽者，奕劻也。割地则失琉球、安南、缅甸、高丽、廓尔喀、哲孟雄、布丹国，与夫乌苏里江以东数千里与俄，今俄珲春不冻港与夫旅顺是也。又失黑顶子、巴米尔各数千里之地于俄。若夫以台湾与日，以胶州与德，以威海、九龙与夫缅边

之野人山数千里、藏边江督数千里之地与英，以生二国今日之祸，奕劻为
之也。以广州湾与法，又以滇边十二土司中之四大土司与法。其他以铁路、
矿山、船航及一切之利权与外人者，罄南山之竹不能书也。安奉路、二辰
丸其最小者也。若近者争回山西全省之铁矿，争回芦汉与浙之铁路，所争
回利权者，殆不比全身之一脚梢也。合大地万国卖地之牙人一手经理之多，
未有能比之者也。

夫庆王者，最老于外交者，办事殆四十余年，万国外部大臣殆无其比。
惟其阅历极深，故神识极定，主意极坚，对付极易，一切大变，行所无事，
足以应之。故外之边警告急，内之宫廷有问，至重矣。而电报络绎，可以
不阅；奏议旁皇，可以不理；其从容镇静，又未有能比之者也。何以能
之？以其胸有定见也。奕劻谓外人索物，但应之则无事矣。其少缓者，不
过外为托词，磋磨以塞民责，而内先密允敌求，盖已早定一切矣。国人哗
争，实为虚狂。天下有以瓜分之说告者，则奕劻笑而视之，自谓吾阅外部
四十年，闻此熟哉，岂必真哉？英国公使驻中国十余年，与庆王甚熟，临
行抚庆王背曰："我今与王爷别矣，若再来中国，未知尚有中国否。王爷宜
发愤自顾。"奕劻应曰："不碍不碍。未必未必。"庆王尝谓中国太大难治，
若其外人强迫，则中国甚大，即随意分与之，如失台湾耳，于朝廷无大损
也。王今七十七岁矣，以其阅历至多，自信益笃，益无所忌，以为中国虽
分亡，亦必不在此三数年内，而其身必可无恙也。庆王又谓："中国即失
了数省，吾国尚大于日本几倍，吾犹不失为大中国大宰相，吾富贵尊荣如
故，尚大于日本宰相也。"庆王又谓："北京若失，则迁京长安，我不过一搬
家，吾宰相之仪卫服玩如故也。"其见识之明、主意之定如此，故敌国外患
之事，分毫不足以动其心也，真天下之异人也。庆王阅历甚深，谓革命者
乌合，必不能成于轮船、铁路、电线、枪炮之世。彼当国四十年，见乱事
起者千百，不日即灭，故视之甚轻。故以革命内讧之说，分毫而未足动其
心也。

庆王之为首席宰相十年矣，内政、外交皆总于其一手，全国文武大臣皆
出其提拔，实与帝者无异。有外国总理大臣之实，而不负其责任者也。其
心于外患内讧，既一无所畏忌，而其性质惟好金钱玩乐，以是度日。故在
前太后之时，卖官鬻爵，以为专门之商业。某督抚缺定价若干十万，某司

道、某公使缺若干万，某府直若干万千，皆有定价。又且货真价实，决不失诺，不论出身品级，更不论才干德义。他人不便指出，若周东生之以十万得比国公使，人人所共知矣。大清宝号，乃奕劻掌柜，每日卖买之货，经其手者，前后数十年，岂有账簿能记之哉？故袁世凯岁贡三十六万于奕劻，遂使兼管卫军，权倾全国，见于梁鼎芬所奏至明。幸袁世凯富贵之徒，无胆无智耳，否则以袁世凯当时之权力，欲代满洲为帝，则为帝矣。如是则奕劻以三十六万，而卖其祖宗百战所得之全国矣。夫以全权之首相，一切不知，惟知卖官；一切不顾，惟愿攫金，则其执事之人复何所不至耶？故曹汝霖者，三数年前，一日本留学生耳，忽升外部侍郎；传呼其名，举朝无识者，但觅曹太太之丈夫而已，则今安得不暗受外贿以卖国哉？那桐以一郎中，数年而大拜，兼任军机外部，庆王倚为左右手。从何得此，又安得不受外贿以卖国哉？若外人出其银行一束纸，而买吾国有余矣。故今举中国之败坏危亡，非他人，皆奕劻一人为之而已。阻挠立宪，阻挠国会，非他人，皆奕劻一人为之而已。日日卖地赔款，日日鬻权失利，非他人，皆奕劻一人为之而已。

或曰："奕劻之恶，人所共知。然全台劾之，全资政院劾之，而不能去之，此则摄政王昏庸之所致也。故昔举国人望摄政王者，今以恨奕劻之故，皆恨摄政王矣。盖不逐庆王，则摄政王代奕劻受责任也。"

略告之曰：尔未知中朝事也，今全国人之所以恨奕劻者，皆远不若摄政王兄弟恨之之至深也。盖摄政王昔在军机，仅为次辅，日日旁视庆王与袁世凯之专权营私、卖国鬻爵，恶之已甚矣。及顷间泽、涛二贝勒自外归，痛哭流涕，力言国事之颠覆，力讲国会之速开，而分毫不能行也。今已衔口结舌，垂头丧气矣。以泽公之精核理财，涛贝勒、荫昌之发愤治兵，皆至亲贵而不能行其分毫也。以锡良、李经羲及全台全资政院之忠愤，而不能动其分毫也。摄政王岂聋瞽哉？盖摄政王之地位，非帝者也，上有太后在也，且叔嫂之间至难处也。若摄政王革奕劻，至易耳。然而奕劻党人遍宫府，必将日谤摄政王于太后前而劝临朝，则庆王今日革，而摄政王明日废耳。不见于德宗景皇帝乎？以英武之才，三十年真帝之位，得罪一李联英，日日谤之，即监入瀛台，终身囚废矣。况摄政王也非皇帝之位，才逊先帝之英，对于太后纯为人臣，入宫则单身一人，相见则长跪白事，若少有不可，一传懿旨，废监国而临朝，则立废矣。庆王将复出，率其举朝之党人大臣以佐临朝矣。于是挟太后以与国人敌，其功益大，其位益固，立宪国会愈无可望矣。故夫摄政王虽恨极奕劻，而万无革之之理；即深明朝事者，亦无人望摄政王革奕劻也，以其害变更甚也。

故庆王奕劻曰：我不畏外国，我不畏革命，我不畏摄政王。但有一虑者，徐锡麟之流耳。"诚哉，诚哉！

奕劻之权势坚固如此，故吾国民日望于摄政王去之乎，则断断无可望也。然则吾五万万国民，日日坐听奕劻以卖吾中国、卖吾五万万同胞矣。虽欲练国民军以御侮乎，而奕劻犹在，必不听国民军之能练也。不观乎近者各省禁国民军之谕乎，边患瓜分之危，且禁国民言之。夫言且犹不可得，而谓能练国民军乎，必无可望也。

故奕劻者，吾五万万同胞之瘟神也，吾五千年中国断卖契之卖手也，列强之向导也，可萨克队之先锋也。吾五万万同胞乎，上之望摄政王逐奕劻，而必不可得也；坐听国亡，而必不忍也；欲练国民军，又必不可得也。然则如何？此真国民之大忧，而五万万国民之公共责任也。且夫以五万万国民之雄心劲志，欲起国民军以拒列强，乃不能合五万万之国民，以待一卖国贼之奕劻乎？一奕劻之无如何，而谓能拒列强乎？且听奕劻在，又万万无拒列强之理也。故今五万万人欲救中国乎？欲拯身家不永为亡国之奴乎？五万万人朝思暮想、行坐卧立、众谈游食，皆为奕劻之是思，惟如何待奕劻之是务。苟能无奕劻之阻，则国会立开，国民有权，练兵筹饷，防边御侮，乃有可言，中国乃有可保也。

呜呼！以中国五万万人而坐听一卖国贼奕劻卖之，真五万万人之耻也。虽然，天生奕劻，一生以卖中国为业，而未尝作一好事，然亦甚巧黠而知轻重者。若五万万合力对待之，神不旁散，力无中止，彼以身命与权位较，则身命重而权位轻矣；以相权与国会较，则宁与民以国会，而不让人以相权矣。故五万万国民同正告奕劻曰：若能立请诏书，九月即开国会，可赦彼。或如欧人上下商价例，且许彼保相位。若不即开国会，则为举国公敌，为卖国大贼。吾五万万人，虽无目无心，亦必不听彼安坐长生，以卖吾五万万同胞也。（《万木草堂遗稿》卷三）

杨 度

奏请赦用梁启超折

奏为恳恩赦用逋臣，以裨宪政，恭折仰祈圣鉴事。臣闻人情穷极则呼天，劳苦疾病则呼父母。天地之大犹有一物之不容，父母之慈犹有一子之失所。以臣所见，逋臣梁启超者，殆其人也。启超自戊戌去国，至今十余年矣，流转于欧、亚之间，究心于政学之事，困心衡虑，增益所能，周知四海之情，折衷人我之际，著书立论数十万言，审论国情，开通民智，为力之大，莫与伦比。此士夫所能谈，中外所共睹者也。

惟臣所欲言者，则以启超爱国之心久而愈挚，忠君之念在远不渝。数年以前，海外乱党孙文之流，倡民生之说，持满汉之词，煽动浮言，期成大乱。寡识之士，从风而靡。启超独持君主立宪主义，以日本宪政为规，力辟其非，垂涕而道，冒白刃之危，矢靡他之志，卒使邪说渐息，正义以倡。近年海内外谈革命者，改言立宪，固由先皇帝预备立宪，与民更始，有以安反侧而靖人心。然天地不以覆载为功，圣人不以成功为烈，则启超言论微劳，不无足录。

且启超之获罪，以戊戌倡言仿行各国宪政故耳。十余年中，宗旨如一，不为异说所摇。复以负咎之身，忍死须臾，悲号奔走，致皇上为立宪之神圣，国人为立宪之臣民。孤孽之心，亦云苦矣。

今朝廷立宪之期已定，海内延颈以望太平。而当日违众建议负罪效命之人，独使窜伏海隅，鹪鹩枯槁，睹故国之旌旗，恸生还之无日，抱孤忠而莫白，将槁死于殊乡。是则庶女之怨，不达于彼苍；文王之仁，不及于枯骨。此臣所为歔欷而不能自已者也。

臣闻处事不以恩怨，用人不以亲疏者，人君之德也。穷达不变其通，荣辱不易其心者，臣子之义也。别嫌明微，表不白之忠以告君父者，朋友之责也。臣自戊戌以来即与启超相识，因学术各分门户，故政见亦有参差。其后游学日本，相处数年，文字往还于焉日密，亲见其身屡濒危，矢死不变。每与臣谈往事，皆忠爱徘恻，无几微怨诽之词。是以深识其人性行忠纯，始终无二。倘蒙朝廷赦用，必能肝脑涂地，以报再生之恩。此臣之愚，所能深信。倘启超被赦之后，或有不利于国之为，惟乞皇上诛臣，以为臣子不忠之诫。

臣固知朝廷宽大，必不容党禁之长存，宣统五年颁布宪法之时，凡在逋亡，必蒙赦宥。惟以启超学识渊邃，冠绝等伦，方今筹备宪政之初，正为启用人才之日，与其赦罪于后，何若用材于先？昔晋襄求士会于秦，齐桓赦管仲于鲁，以今拟古，事或不伦，然片壤寸流，宜亦不为圣朝所弃。臣以为人才难得，幽抑宜伸，用敢冒昧，具折上陈，伏乞皇上圣鉴训示。（《时报》1911 年 1 月 15 日）

书成后记

　　本书是晚清时期各种思想的选编，是中国社会科学院原院长、党组书记王伟光先生主持的国家社科基金重大委托项目和中国社会科学院创新工程特重大项目"中华思想通史"的阶段性成果，也是"十三五"国家重点图书出版规划项目和国家出版基金的资助项目。实际上，我在写作《晚清思想史》（2003—2005年）的过程中，就开始了晚清思想史资料的搜集，《晚清思想史》（2005年）出版后，进一步加快了资料搜集的进度，并经岳麓书社的努力，有幸入选"十三五"国家重点图书出版规划项目。2016年底，我加入到伟光院长的"中华思想通史"团队，除负责"中华思想通史"绪论卷的有关章节的写作外，还负责"中华思想通史"晚清卷的写作（100万字）和资料的选编（1400万字）工作。这既给我提供了一定的经费支持，也使我感到压力大。为了按时保质完成晚清卷的写作和资料的选编任务，按伟光院长的要求，组织了写作和选编团队。该选编先由我拟定选编大纲、选编子目和选编要求，然后各编者按选编大纲、选编子目和选编要求分头搜集相关资料，最后由我和俞祖华在各编者提供的1400多万字选编资料的基础上，认真进行筛选，形成最终定稿。我拟定选编大纲、选编子目和选编要求的原则是：以能体现历史发展演变的思想为主，同时兼顾其他方面的思想，争取对晚清思想能有一综合而全面的反映。

　　本《选编》共分为十八部分，其中第一部分"鸦片战争前经世思潮的复兴"，刘平选编；第二部分"鸦片战争后经世思潮的发展"，郑大华选编；第三部分"洪秀全与太平天国思想"，郑大华选编；第四部分"清廷朝野与外国人对太平天国的思想反响"，刘平选编；第五部分"洋务派的洋务思想"，俞祖华选编；第六部分"洋务时期的守旧思想以及守旧派与洋务派的争论"，俞祖华选编；第七部分"早期维新思想家的维新思想"，俞祖华选编；第八部分"甲午战争前民间思想观念的初步变化"，俞祖华选编；第九部分"甲午战争后维新变法思潮的兴起"，贾小叶选编；第十部分"维新派的变法思想与主张"，贾小叶选编；第十一部分"趋新官员的变法思想与守旧派对维新思想的反对"，贾小叶选编；第十二部分"反洋教与义和团运动"，任青选

编；第十三部分"戊戌政变后维新思想家的启蒙思想"，刘纯选编；第十四
部分"19世纪末20世纪初的学术启蒙"，刘纯选编；第十五部分"20世纪
初革命派的启蒙思想"，周游选编；第十六部分"20世纪初民主革命思想的
兴起"，郑大华、马守丽选编；第十七部分"革命派内部相关派别的思想"，
郑大华、朱映红选编；第十八部分"君主立宪思想从兴盛到衰落"，郑大华
选编。我近十年的在读硕士生和博士生也对选编校对做了大量工作。在此
表示衷心感谢。

在选编本资料集时，我们尽可能查阅并采用原始资料（刻本、刊本、报
刊文章等），并作了相应的文字点校和整理。同时，为慎重起见，我们在编
校过程中也参考了目前已出版的有关资料集（包括全集、选集、文集等）。
在此，对这些资料集（包括全集、选集、文集等）的编者谨表示衷心的感
谢！本书编辑中夹注文字，用圆括号（ ）括起来；更正讹字，正字用六角
括号〔 〕括起来；缺漏字用平角括号［ ］补入，多出衍入字用〈 〉表删除。

该《选编》的出版，首先要感谢中国社会科学院原院长、党组书记王伟
光先生的大力支持和精心指导，感谢国家出版基金提供的经费资助，感谢
岳麓书社总编辑马美著先生以及其他社领导的支持，尤其要感谢责任编辑
饶毅编审。该《选编》是饶毅编审作为责任编辑编辑我的第三套书，第一
套书是《近代湖湘文化研究丛书》（本人主编），共五册，300多万字；第二
套书是《中国近代思想通史（1840—1949）》（第一、二卷我独著，第三卷
与俞祖华合著），共三卷六册，亦是300多万字；第三套便是本《选编》（我
和俞祖华主编），共十二册，500多万字，这三套书都获得了国家出版基金
的经费资助。岳麓书社是全国著名的出版学术著作的出版社，饶毅编审做
事特别认真，所编辑的学术著作多次获得国家和省部级出版奖。这也是我
把自己耗费了大量精力和心血的三套书交由岳麓书社出版的重要原因。在
此，要对岳麓书社和饶毅编审真诚地说一声谢谢！我要感谢我的父母、我
的家人、我的硕士研究生导师林增平先生和博士研究生导师龚书铎先生；
感谢该《选编》团队的每一位同事，他们的努力和认真工作，是该《选编》
得以完成的根本保证；感谢教育部人文社会科学重点研究基地中华文明伦
理研究中心的资助；感谢长期理解我、帮助我、支持我的所有亲人、朋友、
领导、同事和学生，滴水之恩，必当涌泉相报。

晚清思想资料可以说是汗牛充栋。从汗牛充栋的资料中选编 500 万字左右的资料出版，就难免挂一漏万，再加上本人学疏才浅，尽管长期从事中国近代思想史研究，也先后出版了《晚清思想史》等一系列著作，对晚清思想史有一定的研究，并形成和提出过自己的学术见解和观点，但一些应该收入的资料可能没有收入，一些限于篇幅不该收入的资料又收入了。对此，要向广大读者说一声抱歉，并希望广大读者提出宝贵的意见，以便再版时加以修改。

郑大华

2023 年 4 月 15 日

图书在版编目（CIP）数据

晚清（1840—1911）思想史资料选编/郑大华，俞祖华主编 . —长沙：岳麓书社，2023.6

ISBN 978-7-5538-1750-7

Ⅰ.①晚… Ⅱ.①郑…②俞… Ⅲ.①政治思想史—史料—汇编—中国—1840—1911 Ⅳ.①D092.52

中国国家版本馆 CIP 数据核字（2023）第 000662 号

WANQING（1840—1911）SIXIANGSHI ZILIAO XUANBIAN

晚清（1840—1911）思想史资料选编

主　　编：郑大华　俞祖华

出 版 人：崔　灿

策划编辑：饶　毅

责任编辑：饶　毅　赵颖峰　李业鹏

责任校对：舒　舍

封面设计：胡　斌

岳麓书社出版发行

地址：湖南省长沙市爱民路 47 号

直销电话：0731-88804152　0731-88885616

邮编：410006

版次：2023 年 6 月第 1 版

印次：2023 年 6 月第 1 次印刷

开本：710mm×1000mm　1/16

印张：332.5

字数：5200 千字

书号：ISBN 978-7-5538-1750-7

（全十二册）定价：1580.00 元

承印：湖南省众鑫印务有限公司

如有印装质量问题，请与本社印务部联系

电话：0731-88884129